教育部人文社会科学重点研究基地
云南大学西南边疆少数民族研究中心文库

中文社会科学引文索引（CSSCI）收录集刊

西南边疆民族研究

第30辑

主编　何　明
副主编　李志农　朱凌飞

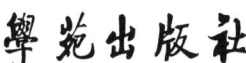

图书在版编目（CIP）数据

西南边疆民族研究 . 30 辑 / 何明 , 李志农 , 朱凌飞主编 . — 北京：学苑出版社 , 2023.7

ISBN 978-7-5077-6692-9

Ⅰ . ①西… Ⅱ . ①何… ②李… ③朱… Ⅲ . ①少数民族—西南地区—年刊 Ⅳ . ① K280.7-54

中国国家版本馆 CIP 数据核字 (2023) 第 101290 号

责任编辑：战葆红
出版发行：学苑出版社
社　　址：北京市丰台区南方庄 2 号院 1 号楼
邮政编码：100079
网　　址：www.book001.com
电子邮箱：xueyuanpress@163.com
联系电话：010-67601101（营销部） 010-67603091（总编室）
印　刷　厂：北京建宏印刷有限公司
开本尺寸：889 mm×1194 mm　1/16
印　　张：17.5
字　　数：450 千字
版　　次：2023 年 7 月第 1 版
印　　次：2023 年 7 月第 1 次印刷
定　　价：100.00 元

目 录

健康人类学

主持人言:有关传统医学的文化逻辑与现实意义 ………………………… 景 军 何 明 / 3
病痛体验与秩序感知的转换:医学人类学视野中的白裤瑶仪式治疗 ………………… 张 琪 / 5
"斯色毕":传统医学有效性的地方案例 ………………………………… 李小芳 罗木散 / 15
声望竞逐与运气之灵:凉山彝区仪式治疗中的医患关系 ……………………… 庄 柳 / 27
"组织起来":20世纪50年代前期民族地区的卫生行政与干部
　　——以黔南为中心 ……………………………………………………… 李飞龙 / 38

边疆研究

清末中缅中越划界对"瓯脱"运用之比较 ……………………………………… 赵 琪 / 53
近代滇南边境地区边疆建构的历史探析 ………………………………… 余 猛 谷跃娟 / 64
近代云南对外贸易法律制度探究 ……………………………………… 陈泫伊 木 薇 / 73
论中越边民跨境行为的法律再规制
　　——基于滇东南边境地区的调查 ……………………………………… 华袁媛 / 86

民族政策与民族工作研究

关于学校民族团结进步教育资源论构建的几个问题 ………………… 刘 璐 褚远辉 李姗泽 / 101
中华民族共同体建构的历史维度
　　——20世纪30年代三本《中国民族史》的对比分析 ……………………… 赵杰翔 / 111
少数民族对国家通用语言的态度与铸牢中华民族共同体意识研究
　　——以延边朝鲜族自治州朝鲜族双语教育为例 ………………………… 朴政君 胡 立 / 120
边疆民族地区青年"五个认同"提升的路径探析 ……………………………… 王超品 / 130

民族史与历史人类学

《白国因由》与南诏大理国的历史建构 ··· 李丽双　马宜果 / 141

土司学视域下"国家认同"的概念辨析
　　——兼论石柱土司秦良玉对明朝的国家认同 ································· 雷信来 / 149

乾隆朝金川土司治下土民婚姻与家庭问题研究
　　——基于档案文献和田野调查的考察 ·· 王惠敏 / 159

民族学人类学理论与方法

格尔茨列传：1950—1990 ··· 宋红娟 / 175

具身田野中：身体视域下的自我与他者 ·· 冯琳 / 187

人类学视域下的正义概念解析 ·· 高孟然 / 210

社会与文化研究

土家族摆手祭祀的原始宗教内涵论析 ·· 申莉 / 221

作为社会剧场的仪式研究：基于巴厘和新村葬礼的比较分析 ·················· 徐德信 / 235

藏密各族高僧对现代政治共同体建构的贡献 ································· 文厚泓　和春燕 / 245

流动的"共同体"：一个凉山彝族村庄的人类学考察 ························· 杨梅　约其佐喜 / 256

研究述评

人口流动背景下的群体认同重塑
　　——评《流动社会的秩序》 ·· 郑佳琪　冯雪红 / 271

健康人类学

主持人言： 有关传统医学的文化逻辑与现实意义

景 军 何 明[*]

DOI: 10.13835/b.eayn.30.01

《西南边疆民族研究》今年开设"健康人类学"专题，其中包括医学人类学、体育人类学、饮食人类学等内容。第一批选用四篇稿件，其中三篇有关西南少数民族仪式治疗，一篇关于 20 世纪 50 年代黔南卫生制度建设。四篇论文的耦合之处，是传统医学的本体论和实践方式与文化逻辑和现实生活的密切关联。所谓传统医学的本体论，即涉及病因和诊疗的唯心主义世界观与唯物主义认识论之重叠。回顾历史，所有传统医学的缘起，都离不开神药两解的辩证论。这就是说，传统医学一方面以鬼神作祟解释疾病产生的缘由和防御疾病的策略，另一方面依靠实用理性作为诊断和治疗基础。易言之，如果说"厌胜"是传统医学本体论的主要表现形式之一，那么有关气候变化导致"时疫"的观念则是另一种主要表现形式。

在这四篇论文中，张琪有关"白裤瑶"仪式治疗的研究，是作者在广西南丹县瑶族村寨从事将近一年时间的田野研究的一部分。在白裤瑶的观念中，疾病的成因是阴间"德拉"对人体的破坏。"德拉"分为神灵、恶鬼、亡者，疾病的成因，被归于神灵的不悦、恶鬼的贪婪或亡者的不满，仪式治疗的目的是取悦神灵、驱鬼除邪、慰藉亡灵。张琪认为，以马林诺夫斯基等人为代表的人类学经典阐释，仅仅强调了仪式治疗的精神慰藉作用，而没有重视仪式治疗的灵验问题。至于何为灵验的问题，"白裤瑶"的相关看法包括身心痛苦的减少或消失，也包括仪式对人与神关系的调整。张琪的结论是，在医学知识暂时无法做到全面普及的当下，仪式治疗起到的舒缓性心理辅助功能非常重要，其意是说一旦医学知识全面普及，仪式治疗的功能就会消亡。这样的结论多少有些简单化，因为在接受现代医学治疗的同时还接受仪式治疗的案例，比比皆是，屡见不鲜，对做出此类选择的患者而言，两者并不冲突。

李小芳、罗木散撰写的论文，将张琪顺带提出的灵验问题推到极致。这篇论文同样基于长期的人类学田野调查，提出的核心问题是四川省美姑县彝族"斯色毕"仪式治疗的效果到底在什么意义上可谓灵验。在很多人看来，仪式治疗不过是一种"迷思"，其效果没有医学价值。李小芳、罗木散却告诉我们，主要针对痛风、关节炎、风湿症的"斯色毕"诊疗仪式，不但使用禳除咒和止疼药，还将戒酒、预防劳累损伤、规避盲目治疗等道理，也纳入仪式，以其庄重性和群众基础，规劝人们改变导致肥胖症、高血压病、糖尿病以及其他代谢性疾病的生活方式。根据这篇论文作者的推断，诊疗仪式达到的慢性病预防效果，远比以病论病的临床策略和公共健康宣传更有效。既然如此，在彝族地区，国家推行的慢病防治工作，与仪式治疗之结合，实属必要，遗憾的是此等认知仅限于在彝族地区长期工作的一部分医生。

---

[*] 景军，清华大学社会学系教授；何明，云南大学西南边疆少数民族研究中心研究员。

庄柳有关四川省美姑县民间信仰的研究，也确认了毕摩诊疗仪式在彝族地区的普遍性，提出讨论的问题却不一样。这个研究以医患关系作为切入点，分析了毕摩诊疗仪式牵扯到的社会信任问题。作者认为，仪式治疗出现有失灵验之际，并不会影响毕摩的声望，其原因有二。第一是失败的原因可以用"命相"互抵或"运气"之说解释。第二是医患关系伴随着高度信任，毕摩的社会身份是帮助患者化险为夷的善士，而不是要从中获利的市侩。病家对毕摩的回报，并非看重治疗效果，而是对善意相助的回馈和对彼此信任的维系。若换一种方式表达，倘若失去对善意对信任的认同，医患关系就会从生命信托之道，偏移到别处，尤其在高度商品化的卫生体系作用之下，生命信托之道，必然让位于市侩之欲和消费之心。

与以上三篇论文不一样，李飞龙有关20世纪50年代黔南卫生制度建设的论文之重点，在于说明国家行动之统一。其分析显示，即便在我国少数民族地区，中华人民共和国成立初期建立的卫生制度，是沿着大一统模式逐步推进的，尽管这一进程带有一些少数民族地区特点。在黔南少数民族地区，历史上最早形成的卫生体系扎根在民族医学，尤其是苗医学。随着汉族人口的迁入和增加，中医在局部地区形成了另一套卫生体系。晚清至民国，医学传教士成立的诊所和政府主持的防疫行动及医院建制，成了黔南第三种卫生体系出现的基础。中华人民共和国成立初期的卫生制度建设，以"合作诊所"途径将中医和苗医学纳入其中，同时以传染病防治工作和组织举办少数民族卫生员培训班的方式，将西医也纳入其中，但是规避了黔南其他民族的医疗传统，对被认为属于封建迷信的仪式治疗，更为嗤之以鼻。然而，正如李飞龙所说，在体制之外，少数民族村寨仍存在大批"巫婆神汉"，所谓的"迷信活动"，忽隐忽现，受打击之后，转入地下藏身，但从未泯灭。如同前面三篇论文所示，仪式治疗在改革开放后经历了一个逐渐复苏的过程，而且成了我们于今可以审视医疗多元主义历史与现实的一面透镜。

总之，这四篇论文的耦合之处就是对传统医学的文化逻辑和现实意义之挖掘。

病痛体验与秩序感知的转换：
医学人类学视野中的白裤瑶仪式治疗*

张 琪**

摘 要 理解仪式治疗何以有效，需走出"社会—心理"的共性生物视角，从"文化逻辑"切入考察信仰者对"疾病"与"治疗"的双重文化建构。在白裤瑶的信仰中，疾病本质上是人与阴间"德拉"的关系异常造成的身体构成异常，这套宗教宇宙观将抽象疾病进行具体化的还原处理，排解对疾病认知不清的恐惧；治疗本质上是神灵修缮人与"德拉"的关系并恢复人的身体构成，神灵的超越性为治疗提供了技术和道德上的风险控制，缓解疗效无法预期的焦虑。白裤瑶的仪式治疗向病患阐明的是人在宇宙世界稳定存在的秩序条件，从而将"治疗疾病"转换为"重建秩序"，淡化对身体病痛的关注，引导病患通过感知存在意义上的秩序来确认自身的安全。

关键词 仪式治疗；秩序；白裤瑶；瑶族

DOI：10. 13835/b. eayn. 30. 02

一、问题的提出

仪式治疗是诸多民族宗教信仰体系的重要内容之一，心理作用是其得以存在并被不断实践的功能性基础。例如，马林诺夫斯基（Malinowski）立足于个体层面的功能论，认为仪式治疗的作用在于它能够满足个体精神慰藉的需求；[1]而莫斯（Marcel Mauss）和列维—斯特劳斯（Claude Levi-Strauss）则注重社会层面的心理共振，强调仪式治疗的个体心理效应建立在共同体的经验需求之上，它来自文化共同体的"经验一致性"[2]，是"处于压力之下的社会需要的转化"[3]，仪式首先使得集体的紧张得到疏解，个体便能在其中得到宽慰。这种"社会—心理"式的研究理路贯穿了仪式治疗研究的始终，其具体的心理学过程是通过象征符号的使用与传导，使得病患一方面感受自身与社会文化传统的同属，另一方面确证身体和

---

* 本文是四川大学"从 0 到 1"创新研究一般项目"少数民族传统社会组织参与民族地区疾疫防控的动员优势研究——以瑶族'油锅'和'寨老'组织为例"（项目编号：2020CXQ16）的阶段性成果。
** 张琪，人类学博士，四川大学公共管理学院副研究员（专职科研），研究方向：宗教人类学、南岭走廊民族、华西人类学社会学史。
[1] 参见马林诺夫斯基：《巫术、科学、宗教与神话》，李安宅译，北京：中国民间文学出版社 1986 年版，第 175 页；马林诺夫斯基：《文化论》，费孝通译，北京：华夏出版社 2002 年版，第 75—80 页。
[2] 参见克洛德·列维-斯特劳斯：《结构人类学（1）》，张祖建译，北京：中国人民大学出版社 2006 年版，第 178—196 页。
[3] 马塞尔·莫斯、昂利·于贝尔：《巫术的一般理论献祭的性质与功能》，杨渝东等译，桂林：广西师范大学出版社 2007 年版，第 148 页。

精神与超自然世界的连接，从而达到心理暗示与情感建设，进而产生生理体验。①

上述研究虽然探讨了心理作用的作用方式与过程，但是并没有回答心理作用是如何产生的。从宗教人类学的"主位"视角出发，于信仰者而言，仪式治疗的有效性并非由于心理作用，而是一个"真切"的事实，他们的文化中自有一套观念体系可以逻辑化地解释仪式何以治愈疾病。信仰者必然认可与接纳这种解释，心理作用才可能产生。因此，要理解仪式治疗何以对病患产生心理作用，首先需要走出"社会一心理"视角，从文化内部去理解信仰者自身对仪式治疗机制的看法，它包括两个方面：一方面是信仰者对于"疾病是什么以及如何产生"的解释，即疾病的文化建构，主要呈现为一个族群的病因论；另一方面是信仰者对于"疾病如何消除"的解释，即治疗的文化建构，包括"谁来治疗""怎样治疗"以及"如何保障疗效"三个方面，主要呈现为一个族群对治疗师和治疗术的认知。

从20世纪30年代开始，"病因论"便已经成为民族医学研究的核心起点②，有学者通过整理海量民族志对全球范围内的地方性病因论进行了梳理与分类，发现它们往往是嵌入当地的宗教信仰之中。③ 国内学者近年来在此方面的研究成果颇丰，一类以阐释具体病因为主，例如在内蒙古地区的萨满治疗体系中，灵魂的游离是致病的主因，因此治疗的关键就在于仪式招魂④；在云南哈尼族的观念中，某些疾病源自人与努高的误解与怨恨，仪式通过化解两者的矛盾来治疗疾病⑤；另一类追溯到病因背后的宗教宇宙观与人观的结构性问题，例如在受道教影响颇深的瑶族地区，人们将疾病归因于天上、地面和地下三界的不和谐，利用仪式重组三界秩序就能消除疾病⑥；对于海南美孚黎而言，当组成人的灵魂、花和肉体有所缺损时就会生病，仪式通过恢复其完整的构成来达到祛病目⑦，等等。然而，相较于病因论，对文化如何建构"治疗"的考察却少有兼顾。

本文以瑶族白裤瑶支系的仪式治疗为研究对象，在呈现其病因论的同时，考察治疗师与治疗术的族群知识体系，窥探白裤瑶文化所建构的"疾病"与"治疗"之本质，进而探讨仪式治疗产生心理作用的文化逻辑，理解其在当下的实践合理性。白裤瑶是布努瑶支系里一个讲本地土语、无文字的族群，主要分布于广西南丹县里湖乡、八圩乡以及跟里湖接壤的贵州荔波县瑶山乡，约4万人口，其男子所着民族裤装为一条齐膝白色低胯短裤，因此有了"白裤瑶"的他称。白裤瑶称"瑶族"即为"努"（nɯ），自称为"多努"（to nɯ），"努"表示"人"，"多"意为"小孩"，因此多努便引申为"瑶族的后代与分支"⑧。白裤瑶的宗教信仰与主流话语中深受道教影响的瑶族宗教有诸多区别，保留了较为系统的原生巫觋色彩⑨，

---

① 参见 Dow James, "Universal Aspects of Symbolic Healing: A Theoretical Synthesis," *American Anthropologist*, Vol. 88, No. 1, 1986; Kirmayer Laurence, "Healing and the invention of metaphor: The effectiveness of symbols revisited," *Culture, Medicine and Psychiatry*, Vol. 17, No. 2, 1993.
② 参见 Wellin Edward, "Theoretical Orientations in Medical Anthropology: Change and Continuity over the Past Half-Century," *Health and the Human Condition*. Michael H. Logan and Edward E. Hunt, Jr., eds, 1978.
③ 例如 Clements Forrest E, "Primitive Concepts of Disease," *American Archaeology and Ethnology*, Vol. 32, No. 2, 1932, pp. 185-252; Rogers Spencer L, "Disease Concepts in North America," *American Anthropologist*, Vol. 46, No. 4, 1944.
④ 乌仁其其格：《蒙古族萨满教宗教治疗仪式的特征及治疗机理的医学人类学分析》，《西北民族研究》2008年第3期。
⑤ 徐义强：《哈尼族的原始宗教信仰与仪式治疗》，《宗教学研究》2012年第1期。
⑥ 参见罗宗志：《信仰治疗：广西盘瑶巫医研究》，北京：中国社会科学出版社2012年版；冯智明：《身体认知与疾病：红瑶民俗医疗观念及其实践》，《广西民族研究》2014年第6期。
⑦ 刘宏涛：《仪式治疗新解：海南美孚黎的疾病观念和仪式治疗的文化逻辑》，《民族研究》2013年第1期。
⑧ 2013年至今，笔者多次进入里湖乡进行田野调查，其中2013年11月—2014年10月在瓦庸寨连续居住一整年。以瓦庸为中心，田野范围涉及里湖乡其他白裤瑶村寨和荔波瑶山乡。
⑨ 张琪：《阴传：白裤瑶巫医的职业身份获得——兼与盘瑶师公之比较》，《宗教学研究》2018年第4期。

因此其仪式治疗也呈现出一定的独特性。

二、疾病的文化建构

白裤瑶人对待疾病一直采用神药两解的治疗方式，所谓药解，既包括传统瑶医使用的草药，也包括现代医学手段。但是药解被认为只能暂时缓解身体的病痛，而宗教仪式才能从根本上解决导致疾病的源头问题。疾病的源头问题指向的是人们对于"疾病是什么以及如何产生"的病因论认知，它是仪式治疗体系中首要的观念与知识构成。在白裤瑶的文化中，疾病的成因被表述为阴间的"德拉"对人的身体构成产生的消极影响。

（一）阴间的"德拉"

白裤瑶人将宇宙世界分为"瓢呱"（p^{h}ẓao kua，直译为"黑暗世界"）[①]和"熬归"（ŋaokuɛ，直译为"天亮"）两部分，他们也用汉语"阴间"和"阳间"分别表达，但内涵不完全等同。阴间的存在主体叫作"德拉"（tɬɛ），分为三种类型：一种是心好的"德拉"（tɬɛ ҫao ʔoŋ, ҫao ʔoŋ，直译为"心好"），它大致等同于汉语意义上的神，后文以"神灵"称之；一种是心坏的"德拉"（tɬɛ ma ʔoŋ, ma ʔoŋ，直译为不好），它大致等同于汉语意义中的鬼，后文以"恶鬼"称之；还有一种由死者灵魂所化的努高（nɯ kau，直译为"人旧"），它与汉语意义中的祖先不同，前者包括一切逝者，后者通常是指去世较早的先辈。

在白裤瑶的信仰中，神灵都被想象成人的形象，它们是一种先验存在，一方面它们有着超越于宇宙中其他一切存在的能力禀赋，不但创造了宇宙世界和人，掌控着自然规律，还能够与阴阳两界中的各种存在打交道，提出要求，甚至发号施令，是宇宙世界的管理者；另一方面，神灵拥有超越于宇宙中其他一切存在的内在道德，它们主持宇宙世界中的公道，驱逐与压制邪恶的存在，从而保护着人的健康与安全，有着"心好"的天然本性，是正义与德行的最高化身。恶鬼的本性为恶，它们习惯于不劳而获，时常以伤害人的方式换取人们献祭的食物或其他物资。恶鬼的存在形态是多样化的，有的以自然界中的具象之物的面目示人，例如彩虹就是一种恶鬼，它每次出现时都将头部埋在田土里吸水，会影响庄稼的生长。有的恶鬼以抽象形态或是神秘力量的形式存在，例如可以将一个人的疾病传导至其他人身上的赛鬼（tɬɛ sɛ）。还有的恶鬼有着残缺不全的拟人形态，例如偷取儿童灵魂的葳尼（ve ni）便是一位身体极度佝偻的老太太。努高是由人死之后的灵魂所化，当一个人死亡时，神灵"瓦布"（va pu）会派阴差来带走他的灵魂。灵魂在带路歌的引领下先是走遍阴间的360个峒场，包括各个菜地、猎场、圩市、山峰、河流、树林等，最后跨过打狗河，爬上天梯，直至进入岜地高坡的天门就算正式成为阴间的一员。

[①] 文中使用的瑶话音标为笔者在田野调查中自行整理，并参考了瑶山乡瑶话的语音资料和都安、大化等地区布努瑶的语言词典，采用 IPA 国际音标进行简易标注。

(二) 人的身体构成

人的身体是由一个肉体、一个灵魂和若干花三部分组成。肉体由父母身体里的"酸"结合而成，灵魂是由神灵娲王（va vaŋ）所造，花由神灵花婆（ve ləu pie te）用剪刀剪成。娲王将灵魂和花一起投入母腹之中，进而与肉体相结合产生新生命，这即是白裤瑶神话传说中所谓的"娲王造人"。此外，一个人的父系努高也能提供少量的花。人在世的时候，身体里只有一个灵魂，具有严格的一一对应关系。当死亡之后灵魂被瓦布带离身体时，会即刻"一分为三"。在相邻的都安、大化地区的布努瑶布努支系中，人们认为人死后分身的三个灵魂一个住在祖宗的发源地特卡拉苏，一个住在坟墓里，一个住在家里的香炉上或牌位上。① 白裤瑶的观念与此类似，但又有所不同。在白裤瑶的信仰中，第一个灵魂将成为阴间的努高，第二个灵魂跟随尸体进入坟墓，长期存在于墓地及其周边区域的地下，第三个灵魂则落脚于堂屋中的神灵古撒（ku pʰʑe）的神龛处②。古撒是白裤瑶的家神，家中所有逝者的一个灵魂长期聚集在这里，与古撒一起保佑家中的人畜平安。肉体、灵魂与花的关系是：肉体乃一个人的物质载体，它装载着灵魂与花；灵魂使人有了生命，一旦脱离身体，人就会变得虚弱多病，直至死亡；花的作用是维系肉体和灵魂的紧密结合，并且保护肉体和灵魂不受损伤，一个人在出生时需要瓦王或努高注入足量的花，在以后的岁月中，当体内的花逐渐损耗时还需要瓦王或努高进行补充。

(三) 疾病的成因

正常状态下，神灵与人是保护者与被保护者的关系，白裤瑶想象中神灵与人在形象上的类同便是对二者之间亲和性的一种展现。神灵虽然不会主动放弃对人的保护，但在人对神灵有所不敬或冒犯时，神灵弃人而去甚至施以惩罚。恶鬼与人是阴阳两界里没有天然交集的两种存在，但是当恶鬼突破神灵的防线从阴间来到阳间抢夺食物等物资时，两者必然会产生矛盾与冲突。白裤瑶想象中努高与人在形象上的巨大差异，展现的正是人与努高之间水火不容、势不两立的对立状态。而努高与人的关系则是平日各自在阴阳两界营造生活，不轻易打扰对方，但在年节时期会应邀相会，犹如远方的亲属，平日里各自营生，但却在年节时期走访团聚，加强感情联系。当努高因为生者的遗忘与怠慢，或是因某些紧急情况，例如在阴间缺粮、坟墓遭到损毁、生前还有心愿没有达成而需要知会生者时，便会在没有邀约的情况下进入生活世界。

当神灵弃人而去或是惩罚于人，恶鬼闯入阳间意欲强取豪夺，努高有事需要知会于人，人与"德拉"之间的正常关系模式便被打破，人的身体构成就会受到影响，出现病痛的反应。第一，灵魂从身体里掉落。"德拉"通过制造惊吓，例如突如其来的声音、猛然出现的动物、一阵疾风吹过、摔了一跤或是人吓人，使得被惊吓者的灵魂从身体中掉落到阴间，由于无法自行找到返回阳间的路便一直受困在那里。第二，肉体和灵魂的损伤或是两者的分离。"德拉"可能会直接伤害人的肉体和灵魂，或是扰乱两者之间的

---

① 参见吕大吉、何耀华主编：《中国各民族宗教资料集成：土家族卷、瑶族卷、壮族卷、黎族》，北京：中国社会科学出版社1998年版，第243页；叶建芳：《人观与秩序：布努瑶送魂仪式分析》，《广西民族研究》2014年第6期。
② 每一户白裤瑶人家的堂屋或者厨房中都挂有一叠红纸，红纸上画着一个人骑在一匹马上，这便是古撒的神龛，在家屋中进行的一切宗教仪式都是在神龛下方搭建祭台进行。

紧密结合，甚至将人的灵魂偷走然后藏匿在阴间。第三，花的缺失。娲王和努高可能会在婴儿出生时不向其体内注入足够的花，也可能在身体里的花出现大幅损耗时不为其进行补充。花的不足便会导致灵魂与肉体越发容易受伤，或是越发难以紧密结合，灵魂也更容易因为各种原因而掉落，或是被"德拉"偷走。身体构成上一旦出现以上三种异样情况，要么身体会逐渐虚弱不堪，要么反复出现病痛，更甚者是久病不起。

因此所谓疾病，在本质上是由于人与"德拉"之间的正常关系被打破，使得肉体、灵魂与花出现损伤、缺失或是无法紧密结合而导致的身体反应，其源头是"德拉"与人之关系的异常所造成的身体构成的异常。此外，触犯生活中的一些禁忌也会生病，例如中老年女性忌进入坐月子妇女的家门，人们在"休息日"期间忌下地干农活等等，但这并未超出上述的病因论范畴。人们之所以避讳坐月子的妇女，是由于她们身体虚弱，容易引得恶鬼乘虚而入，而身体同样虚弱的中老年妇女去串门时可能会把恶鬼带回自己家中；设置"休息日"的目的也是为了避鬼，因为过量的劳动之后身体会变得虚弱，容易成为恶鬼伤害的目标。

三、治疗的文化建构

仪式治疗的观念体系也必然包含对于"疾病如何消除"的理解，用以回答实践者对于"谁来治疗""怎样治疗"以及"如何保障疗效"的疑问，它由关于治疗师和治疗术的知识体系构成。

（一）治疗师：巫医"努豪"

在白裤瑶的传统文化中，治疗疾病的巫医叫作"努豪"（nu mhao，nu 表示"人"，mhao 表示"与鬼神有关的"）。一个普通人成为巫医需要经历被神灵附体并传授疾病治疗术的过程。白裤瑶信仰中的所有神灵都是潜在的附体者，当它们附体在人的身上时被统称为"基多"（dʑi to）。附体于每个巫医身上的神灵不尽相同，但数量都为十五对。神灵挑选附体者的标准有两条："足够的个体资质"与"神灵对他的熟悉度"。个体资质包括良好的记忆力和成为巫医的意愿。熟悉度指的是当一位巫医去世之后，神灵会选择下一个附体对象进行转移，此人必须是神灵最为熟悉的人。只有足够熟悉，神灵对他才会有足够深入的了解，保证自己的选择不会出现失误。白裤瑶的居住、生产、仪式都以父系血亲群体为基本单位，与神灵接触最多甚至朝夕相处的自然是巫医的父系血亲成员，因此神灵会从该群体中选择下一个附体对象，且通常在三代之内寻找人选。

当十五对神灵看中了一个附体目标，便逢每月初五、十五和二十五的时候来到此人身边，可以一次全部到齐，也可能逐次前来。当附体开始，被附体者的身体和行为会出现异常变化，通常会经历三个阶段：阶段一，看见阴间、灵魂等异常景象和事物，听到异常的声音；阶段二，遭受呕吐、失眠、对事物过敏等怪病的折磨；阶段三，精神上出现短暂的失常，做出诸如吞咽利物、跳河跳崖等危险行为。在身体异常的前两个阶段，巫医处于意识清醒的状态，知道自己的所作所为；当进入第三个阶段时，巫医意识会变得模糊，这是神灵向他传授治疗术的关键。这个时期巫医会看见十五对神灵从天上飘来或是从地下冒出，它们的身形和样貌有的清晰可辨，有的模糊不清。神灵在巫医耳边念诵一些不同于日常语言的词句并向他解释含义，反复叮嘱他牢牢记住。白裤瑶人常常将此比喻成"上课"，神灵是老师，巫医是学生。神灵为了提高传授知识的速度，会让被附体者失眠，通宵达旦地"上课"。有的被附体者一边听着神灵的讲话，嘴里一边复述，报道人常形容这就像学生跟着老师"读课文"一样。当所有异常症状都消失，表示神灵已经完成附体，被附体者在家中的私密处（通常在其卧室中）立上一个神龛作为神灵的居住之所，供上酒水、米饭，再点燃一碗天然的香木供神灵吸食，他便可以宣告自己的巫医身份。

附体神灵时刻都监督着巫医的举动，它们为巫医制定了相应的规范，保障其治疗行为的道德性与专业性。首先，职业生涯不能半途而废。一个人宣告成为巫医之后，一方面神灵会监督他在体力和精力允许的情况下尽可能用一生帮助有需要的人，不能看心情行事，更不能半途而废。巫医只能在两种特殊情况下退出：当有一位来自古沃艾沃奥（ȵu və ɤe və ɤo）的附体神灵突然离开，巫医就会变回普通人；或是随着巫医年纪的增长，体力和精力都跟不上了，他便可以向神灵请示之后结束巫医生涯。其次，必须保证治疗过程的连续性。一方面巫医在答应求助者之后必须在三天之内开展治疗，另一方面巫医不能在治疗未完成的情况下中止治疗。再次，必须保证治疗仪式的准确性。巫医必须按照神灵传授的方法开展仪式，如果仪式的类型张冠李戴、程序和步骤混乱不堪、具体的操作随心所欲，同样会受到神灵的惩罚。最后，不能将仪式治疗作为盈利手段。虽然求助者都会给巫医一定的食物甚至是金钱作为回报，但巫医不能"嫌贫爱富"，不能向求助者主动提出物质要求，遇到特别困难的家庭时，巫医需要分文不取。如有违反以上规定，神灵就会惩罚巫医，轻则让他食欲不振、精力锐减，重则怪病与怪事缠身，例如掉发、便血、精神错乱等。

（二）治疗术："拉碰"与"择盖"

仪式治疗包括诊断和治愈两个阶段，巫医运用"拉碰"判断病因，运用"择盖"祛除疾病。

判断病因的技术叫作"拉碰"（la pʰom），"拉"是"推测、猜测"之意，"碰"表示"不好的情况、坏事"；也可以叫作"拉择"（la tsɯ），"择"与"碰"同义，但它所表达的事件的严重性不如后者。在白裤瑶的信仰中，附体于巫医的神灵除了正常的休息以及跟随巫医外出主持仪式之外，它们轮流飞翔于阴阳两界，将宇宙世界中发生的一切尽收眼底。它们清楚任何事件的来龙去脉，当然也包括一个人生病的前因后果。"拉碰"便是依靠神灵掌握的这些信息对病因做出诊断。

通常情况下，"拉碰"的方式有吊卦和看蛋两种，男性巫医多使用吊卦，女性巫医多使用看蛋。吊卦，是指巫医将一块石头悬吊起来，根据求助者的描述先对病因做出大致判断，然后根据判断向石头询问，当他询问中的信息与神灵掌握的信息一致时，例如是否因为掉魂，哪种"德拉"导致的掉魂，灵魂掉落在什么地方等，神灵就让石头摆动起来表示正确。看蛋，多用于诊断妇女和儿童的疾病，巫医对着鸡蛋陈述病患的病情和此前的经历，然后通过三种操作手法进行诊断：其一，将生鸡蛋打破流入碗中，神灵会根据它们掌握的信息使得蛋清与蛋黄呈现不同的形态和颜色，巫医据此确认病因；其二，将鸡蛋煮熟剥开，神灵会让蛋壳、蛋白和蛋黄呈现不同的形态和纹理，巫医据此给出诊断结论；其三，将鸡蛋立于米堆上，然后抓一撮米撒于蛋头，重复该动作三次，神灵使得蛋头上停留的米粒呈现出单双之分和数量之别，巫医据此判断情况。男性巫医一般使用吊卦，极少看蛋，女性巫医则相反。如果有巫医同时掌握两种"拉碰"的方法，人们就认为他/她的能力非同一般。除此，一些被人们公认为"能力非凡"的男性巫医可以仅靠观察当事人或者听取当事人的自我叙述就能准确判断病因，这种情况下真正知晓病因的仍然是附体的神灵，它们将自己掌握的情况直接讲给巫医听，巫医便可在不使用仪式器具的情况下陈述出来。

找到病因之后便运用"择盖"（tə ke）祛除疾病，"择"是"做、用"的意思，"盖"与"基多"同义，直译为"用'基多'"。对应于白裤瑶的病因观，如果是掉魂致病，治疗的途径是与致病的"德拉"进行沟通，以达至关系的和谐或互不纷扰，如求得神灵的原谅与保护，将恶鬼驱赶出人的生活世界，满足努高的需求与喜好，让它们不再制造惊吓，然后进入阴间寻回患者的灵魂。如果是肉体和灵魂的损伤或分离而致病，治疗途径同样是与"德拉"进行关系上的沟通与疏导，并视情况进入阴间寻回灵魂。如果是花不足而致病，则需要向娲王或努高求告，通过补充新花来治疗疾病，并视情况进入阴间寻回灵魂或是继续与偷走灵魂的恶鬼进行沟通。概而言之，"择盖"需要单独或配合使用两种具体的技术手段："联系与沟通'德拉'"和"穿越阴阳寻找灵魂"。

针对不同的病因，"择盖"的步骤、道具、地点和具体操作有所不同，但其中联系与沟通"德拉"的步骤具有相同的结构化模式，分为三个固定的组成部分：第一部分是巫医通过念词请求附体神灵与致病"德拉"建立联系，第二部分是联系建立之后的病情陈述和物品献祭，第三部分是神灵就患者的诉求与致病"德拉"之间进行谈判。巫医会以丢卦的方式确认谈判是否达成一致意见。他将两片竹卦握在手里，念词之后丢于祭台上，如果两片卦同为外表面或内表面，即同时显阳或显阴，表示神灵与致病"德拉"之间还有歧见；当出现一外一内，即一阴一阳，此谓显卦，表示双方意见达成一致，守在祭台旁的病患亲属饮下一杯酒，模拟酒桌上的场景，用举杯共饮来相互确认对方的意向，并庆祝沟通的积极进展。显卦之后方可进入下一个步骤，如此反复直到与"德拉"达成某种互惠，使得它们愿意结束对患者身体的不利影响。

在多种致病原因中，人的灵魂都会受困于阴间，此时需要巫医穿越阴阳将灵魂寻回。寻找灵魂这一步通常出现在一场"择盖"仪式的后半程，灵魂在什么地方掉落就在什么地方进行。巫医先是将一张符纸贴在自己的额头上盖住脸，符纸上画了一个人骑着一匹马，象征着在阴间骑马寻魂的场景，接着将一个糯米饭团放入黑布袋背在身上，作为阴间寻魂过程中的干粮。准备工作完成之后，巫医用一段念唱告诉附体的神灵可以开始阴间的行程，神灵便用一匹马将巫医灵魂带出身体，然后载着他找到阴间的入口并顺利进入，此时巫医开始呈现半睡半醒的状态。他低声描述神灵和他在阴间的见闻和遭遇，如离开了哪里、到了哪里、停留在哪里、路过哪些垌场、碰到了谁，在这个过程中，神灵保护着巫医的灵魂不被阴间的恶鬼骚扰。假如他们在途中遇到了某一个"德拉"，巫医便指示患者亲属烧掉一张纸钱作为敬献，嘴里问道："你有没有见到××（患者的名字）在哪里？"如果"德拉"的答案是否定的，他们便继续行路，如果是肯定的，巫医便模仿几声马叫，表示患者的灵魂已经有了下落，此时神灵、马匹和巫医都需要停下脚步休息进食。巫医拿起一炷香，放到嘴边模仿吃香的动作，象征神灵由此吸食到了香气；然后拿出一根稻穗，扯下谷粒放到嘴里咀嚼，象征马匹由此得到喂食；神灵和马匹吃饱之后才轮到巫医进食，此时他将黑布袋里的糯米饭团取出吃下。吃饱之后，他们继续在阴间行路，当找到患者的灵魂时，巫医就模仿几声公鸡打鸣，宣告灵魂找到，回到阳间的时辰已至。在一段念唱之后，神灵带着巫医的灵魂回到阳间，巫医恢复清醒，揭下额头上的符纸，烧几张纸钱敬献给神灵，然后指示患者亲属在祭台四周寻找三只蜘蛛。患者的灵魂从阴间回来时会以三只幼小的、颜色几近透明的蜘蛛形态出现,必须要找到三只蜘蛛才表示灵魂安然无恙地回到了患者的身体。找到蜘蛛之后,巫医拉长声调问在场的所有人:"××回来了吗?"大家齐声答道:"回来了!"灵魂此时重合于体,疾病得到消除。

(三) 疗效保障: 神灵的超越性

巫医"拉碰"和"择盖"的一系列治疗措施是如何得以正当、合理、准确地开展,从而保障治疗效果的呢,对此白裤瑶的文化同样给出了相应的解释。仪式治疗是否具备疗效,一方面取决于治疗师的个人天赋、道德和技术能力是否合格,另一方面取决于治疗术是否得到准确地使用。从治疗师的层面来看,首先,他们是神灵经过长期的了解与考验而挑选出的合适人选,神灵为此设定了高标准和严格的准入门槛,以此保证巫医具备过硬的基本资质;其次,神灵为巫医制定了相应的行为规范并对巫医进行实时监督,使得巫医不会滥用和妄用各种仪式技术。神灵对于巫医的挑选、培养、规制和监督,保证了巫医的治疗行为既合乎人们的道德期待,又使得仪式治疗具备了极强的专业性。从治疗术的层面来看,其一,"拉碰"与"择盖"两种具体的治疗技术并非巫医通过典籍或观摩他人习得,而是神灵如"讲课文"那样逐字逐句亲身传授的,神灵是这一整套技术与知识体系的先验拥有者,巫医在仪式治疗中所扮演的角色是这些技术的暂时承载者和神意授权的运用人选。其二,巫医在"拉碰"的时候,神灵通过使石头摆动、鸡蛋显影、米粒停留等方式将自己掌握的病因暗示于巫医,或是直接告知于巫医,通过巫医之口再传达给求助者。其三,巫医在"择盖"的时候,与致病"德拉"取得联系、进行谈判的是神灵;真正能够穿越阴阳的也是神灵,是在神灵的带领与作用下,巫医的灵魂才得以出窍并进入阴间寻找患者的灵魂。因此神灵才是各项治疗术在幕后的真正把控者,巫医仅是依照神灵的指示和规范,在患者与神灵间传送信息的同时,运用符咒、念词、器具等辅助神灵施展治疗术。

我们可以看到,不论是治疗师还是治疗术,幕后都有神灵全程参与,保证其严格运作于正确的轨道上。在白裤瑶的文化中,神灵一方面因其超越于宇宙中其他一切存在的能力禀赋而成为宇宙秩序的管理者与维护者;另一方面神灵具备超越于宇宙中其他一切存在的内在道德而成为正义与德行的最高化身。正是因为神灵具备这种超越性的能力禀赋与内在道德,因此白裤瑶人认为由神灵培养的治疗师和由神灵把控的治疗术,都是值得信赖的,"神灵"这个角色身份本身就是疗效的保障所在,白裤瑶人因对神灵的崇拜而相信仪式具备疗效。从治疗师到治疗术再到疗效的保障机制,整套治疗体系都是神灵负责并操纵的结果,它实际上是神灵给予人的一种保护,是人神关系的一种表达。

四、 思考与总结

在白裤瑶的信仰中,所谓疾病,本质上是人与"德拉"之关系的异常所造成的身体构成的异常,这是白裤瑶对疾病的文化建构,因此,仪式治疗本就是白裤瑶人关于"正常与异常关系的文化表达"。[①] 而所谓治疗,本质上是神灵凭借自身的超越性沟通人与"德拉",疏导或修缮两者之间的异常关系,从而恢

---

① 罗伯特·汉:《疾病与治疗——人类学怎么看》,禾木译,北京:东方出版中心2014年版,第342页。

复正常的身体构成，这是白裤瑶对治疗的文化建构。

厘清白裤瑶对于仪式治疗机制的主位解释之后，我们便可以尝试追溯心理作用得以产生的真正逻辑，它植根于白裤瑶所信仰的文化观念。首先，对疾病本质的认知，即人与"德拉"关系的异常所导致的人的身体构成异常，使得治疗的干预对象和实施目标变得清晰，疾病这种生命威胁变得易于理解，正如列维－斯特劳斯所说，"治疗术的本质在于使某一既定的局面首先从情感方面变得能够被想象，使肉体难以忍受的痛苦变得可以被思想所接受"[①]。也即是说，仪式治疗背后的这套宗教宇宙观将抽象的、复杂的疾病进行了具体的、结构化的还原论处理，使得疾病产生的原因变得有规则可循，从而排解因对疾病认知不清而造成的恐惧。其次，对治疗本质的认知，即神灵凭借自身在能力和道德上的双重超越性消除人与"德拉"关系中的异常，给予患者以及整个社区疾病能够被准确、恰当地干预，威胁能够被有效解除的强大预期和坚实信念。其逻辑在于，对于白裤瑶而言，神灵的全程参与和掌控为充满风险的治疗提供了其他方式（例如现代医学）所不能提供的风险控制，极大地提升了人们对治疗的信任度，从而缓解因疗效无法预期而造成的焦虑。最后，仪式治疗体系将疾病还原为人与"德拉"之关系的异常导致的身体构成的异常，将治疗解释为消除异常因素，这套观念体系实际上描述了人的各组成部分（肉体、灵魂和花）以及人与其他宇宙组成部分（神灵、恶鬼和努高）之间应有的秩序状态，并向病患阐明该秩序是人在宇宙世界得以稳定存在的根本条件，于是将"治疗疾病"转换为"重建秩序"，将生理上的需求转换为了心理上的需求，淡化了对身体病痛的关注，引导病患通过感知存在意义上的秩序，从而确认自身已经脱离危险，重获安全。

早期的仪式治疗研究采用的是"社会－心理"视角，该视角是一种立足于人类共性的生物视角，它外在于信仰者的文化，并没有触及文化本身关于仪式治疗机制的解释体系，而恰恰这一点才是理解其心理作用因何产生的前提。之后对病因论的考察，则使得仪式治疗研究从"社会－心理"视角转换到"文化逻辑"的视角上来，后者其实是对前者进一步溯源与归因的必然进路。而只有当我们进入不同民族宗教信仰体系的实质内容中，按照文化逻辑的理路去分析他们各自对"疾病"与"治疗"的双重文化建构，才能从根本上理解宗教仪式何以能够产生足以缓解生理病痛的心理作用，而这种强大的自我支持效应正是仪式治疗在当下仍被信仰与不断实践的原因。

---

① 克洛德·列维－斯特劳斯著：《结构人类学（1）》，张祖建译，北京：中国人民大学出版社2006年版，第209页。

Transformation from Pain Experience to Perception of Order:
Ritual Therapy of Baiku Yao from the Perspective of Medical Anthropology
ZHANG Qi

Abstract: To understand the effectiveness of ritual therapy, it is necessary to step out of the "sociopsychological" common biological perspective and start from the "cultural logic" to investigate the believers' dual cultural constructions of "disease" and "treatment". In Baiku Yao's belief, disease is the result of "abnormal body composition" caused by the "abnormal relationship between people and the underworld Dela". This kind of religious cosmology interprets the abstract disease as some specific circumstances, eliminating the fear caused by unclear cognition of disease. Treatment is about the gods repairing the relationship between human and Dela and restoring the constitution of human's body. Gods' transcendence provides technical and moral risk control for the treatment and relieves the anxiety caused by unpredictable effects. Baiku Yao's ritual therapy system clarifies the order conditions for the stable existence of human beings in the universe, thus transforms the "treatment of diseases" into "reconstruction of order", reduces the attention to physical ailments, and guides patients to confirm their own safety by perceiving the order in the sense of existence.

Key words: Ritual Therapy; Order; Baiku Yao (White-pants Yao); Yao Minority

"斯色毕"：传统医学有效性的地方案例

李小芳　罗木散[**]

摘　要　生物医学在当代社会仍然有许多难以攻克的难题，给了传统医学生存发展的空间。然而，传统医学的理论体系和实践过程是否具有"有效性"，长期以来困扰着医学人类学。基于四川省美姑县洛觉村为期一年的田野调查发现，当地社会十分推崇传统治疗仪式"斯色毕"，认为其在治疗"斯色那"病症（风湿性关节炎、痛风、劳损伤、艾滋病等）时比生物医学更具有效性。传统医疗实践的"有效性"如何成为被当地人认可的共识、如何构建地方医学权威，正是我们关注的问题。研究认为：传统医学的"有效性"无法依靠单一的评价体系，需要理解治疗过程中不同患病群体所期望获得的治疗效果和意义，并且这种"有效性"的地方共识在某种程度上也是医疗资源缺乏与现代生物医学的局限性所造成的结果。

关键词　凉山彝族；"斯色毕"；传统医学；医疗功效；地方知识

DOI：10.13835/b.eayn.30.03

传统医学的理论体系和实践过程是否具有"有效性"，这是长期以来困扰着医学人类学的问题，无论是从生物医学还是社会文化视角，似乎都难以找到足够的证据来自圆其说。在詹姆斯·沃尔德姆（James B. Waldram）看来，这个问题产生的原因，一方面在于人类学的民族志研究虽然描述了世界各国人民的治疗实践，也试图证明其"有效性"，但没有详细说明"有效性"对于传统医学的意义是什么；另一方面，人类学对传统医学某些方面的研究往往陷入西方科学思想中，并且通常使用对传统医学有偏见的生物医学来解释疗效问题，其结果是在医学人类学中缺乏理解疗效的共识，也导致我们在评估传统医学有效性方面显得能力不足。[①]由此，沃尔德姆呼吁医学人类学的研究应该回到田野中，去探索和理解传统医学系统本身如何理解疗效。国内相关学者也在呼吁放弃探讨医学疗效的"本质"，使人们的躯体、精神与社会等方面得到来自不同医学知识与实践的照顾。[②]这是在适应世界医学体系日益多元化的趋势，也是将个体的疾痛从纯粹的生物学意义延伸至更广泛的社会文化范畴。医学多元化需要逃脱科学主义的束缚，在治疗实践中找到医疗功效的解释逻辑和本土意义。

---

[*]　本文系西昌学院博士研究生科研启动基金项目"医学人类学视野在凉山彝族'斯色那'的疾病认知与治疗实践"（YBS202113）阶段性成果。子课题《原生性宗教与国家治理》、四川省哲学社会科学重点研究基地——彝族文化研究中心项目"凉山彝族的疾病认知与分类研究"（项目编号：YZWH1924）、国家民委人文社会科学重点研究基地中国彝学研究中心项目"建国70年凉山彝学研究回顾与展望"（项目编号：YXJDY1903）阶段性成果。

[**]　李小芳，西昌学院副教授，研究方向：医学人类学、彝族社会文化；罗木散，博士，四川省社会科学院助理研究员，研究方向：彝族社会文化、艺术人类学。

[①]　James B. Waldram, "The efficacy of traditional medicine: Current theoretical and methodological issues," *Medical Anthropology Quarterly*, Vol. 14, No. 4, 2000.

[②]　张有春：《人类学视野中的民族医学疗效评价》，《中央民族大学学报（哲学社会科学版）》2011年第3期。

生物医学在当下仍然存在诸多难以攻克的难题，给了传统医学生存发展的空间。乌仁其其格从民族精神病学的视角，研究了蒙古族地区安代治疗仪式的构成要素、治疗机制、特征，以及在传统社会中地方文化如何介入个体行为等问题，旨在阐释仪式治疗所承载的知识形式和文化特征。① 徐义强在研究哈尼族日常生活中的各种疾病体验和认知时，认为其都与原始宗教信仰中的神、鬼、灵魂观念息息相关，由此展示了一个受现代化影响较少的古老民族依然固守着的传统。他的研究将传统仪式治疗与生化医疗模式进行比较，进而对传统与现代、知识与信仰展开理论反思，认为仪式疗法的实际效果往往取决于患者对其信仰的程度，信仰的力量越强，医疗效果越是作用明显。② 刘宏涛在研究海南美孚黎的疾病观念时，将疾病的原因归咎于文化单位的失序。认为当地人的仪式治疗基本上不发挥"安慰剂效应"，仪式治疗更多的是一种表达特定文化观念的社会行为，它是否能够改变自然身体的状态并不十分重要，只要人们在文化上将病因归结为人的结构性构成不完整或不纯洁，仪式治疗就有疗效。③ 与刘宏涛不同的是，在萨满精神医术的疗效问题上，色音认为其主要是治心因性的精神疾病，治疗手段也是一种心理治疗，由此认为萨满医术中包含着现代精神医学中使用的一些治疗方法和治愈机制。④

从上述的研究内容可知，尽管国内医学人类学对传统治疗方法有了相关成果，也在呼吁医学多元主义应对传统医学有更多观照，但很少涉及传统医学功效背后复杂的评价逻辑和本土解释路径。因此，本文基于美姑县洛觉村为期一年的田野调查，以地方医疗实践"斯色毕"为案例，试图揭示传统医学"有效性"的社会文化过程，进而理解民族医学为何被当地人信奉与实践的文化逻辑与机制。

一、研究缘起

在凉山彝族社会，到处流传着这样的说法，"'斯色那'只有毕摩才能治愈，医院治不好；得了'斯色那'，如果去医院一定会瘫痪，要第一时间找毕摩做仪式，而且仪式不能做错"。尽管彝族社会对毕摩的仪式治疗向来十分推崇，但是几乎没有其他哪类病症能获得如此高的本土共识。从孩童到大人，从乡土到城市，从农民到"干部"，几乎都能讲述出关于"斯色那"被治愈的实践案例。

在本文所关注的洛觉村，"斯色那"同样是十分常见的问题，即便是孩童也能知晓一二。而年纪稍长者大都宣称自己曾经患过"斯色那"，做过"斯色毕"仪式，以至于乡政府门口的职守大爷，小卖部的主人都能主持"斯色毕"仪式。"斯色那"就如同感冒发烧一般，在当地人看来是每个人不可避免的地方性疾病。人们在讨论"斯色那"时，就如正常的家长里短，对这类知识如数家珍，也乐于为病人出谋划策。当地人通常将它与风湿病联系在一起，并将其归咎为自然环境和鬼怪说，认为神怪群体"斯色"是主要的致病因素，它们来自地下界，经常出没于沼泽地、湿地、河边或深谷等地势低洼的地方。

将疾病咎于神鬼的信仰，在许多民族的文化里十分常见。在漫长的人类社会发展史上，当人类难以解释一些现象时，通常将其归因于自然鬼神"作祟"，在特定时空下这也不失为一种"科学"的解释之道。特定的自然环境也成为人类认识世界最为直接的空间。"斯色那"有着诸多生理疾病的症状，似乎与

---

① 乌仁其其格：《"安代"治疗仪式的民族精神病学阐释》，《文化遗产》2008年第3期。
② 徐义强：《哈尼族的原始宗教信仰与仪式治疗》，《宗教学研究》2012年第1期。
③ 刘宏涛：《仪式治疗新解：海南美孚黎的疾病观念和仪式治疗的文化逻辑》，《民族研究》2013年第1期。
④ 色音：《萨满医术：北方民族精神医学》，《广西民族大学学报（哲学社会科学版）》2014年第6期。

自然环境有一定的联系。然而，当我们向村民、地方公务员、小学教师、毕摩等群体请教该问题产生的原因时，他们大都认为这种疾病是由于个体触犯了某些禁忌所致，例如，吃过牛羊肉后在河边洗手就容易患上"斯色那"——这种解释较为普遍。这类禁忌在村里很多人的记忆里仍然存在，父母总会在孩子们吃过牛羊肉以后告诫他们先吃大蒜后才能洗手。尽管从医学上无法做出准确解释，但其涉及彝人的自然生态观念，也与彝人的生存环境有关。

这样的禁忌和解释并非空穴来风，是千百年来被验证过的地方性知识，也表明"斯色那"在当地与彝族人的生活息息相关。那么，从生物学和文化上应如何理解"斯色那"的定义，为什么彝族人认为它只能被毕摩主持的"斯色毕"仪式所治愈；而这个治疗仪式又有怎样的实践逻辑，毕摩、患者及其家人在其中扮演什么角色；这种治疗实践具备有效性的地方共识如何被建立，如何成为地方权威；这是接下来本文试图探讨的问题。

二、"斯色那"的症状与范围

在凉山本土，"斯色那"的概念由"毕摩"和"苏尼"来识别与界定。毕摩通常被认为是"念诵经文的长者"，是专门替人祭祖、祈祷、祭祀的祭师，也是彝人心目中有知识的老师；苏尼则是彝族社会中的萨满，具有驱鬼治病、占卜、咒语等法术。[①] 当地的毕摩与苏尼认为："斯色"来自上中下三界，一般分为"穆乌斯色""底曲斯色""达俄斯色"，即上界天空来的"斯色"、中界原野来的"斯色"和下界地下来的"斯色"三大类。三界致病的部位对应于人的身体构造，天空来的主要致病于人的头部，原野来的主要致病于人的上身，地下来的主要致病于人的四肢。主要症状为：嘴歪眼斜、眼花缭乱、腰痛、腰痛背弯、四肢酸痛、四肢乏力、四肢麻木、四肢失去知觉、脚跛、腿部肌肉萎缩、瘫痪、关节疼痛等。本土知识还将人们患上"斯色那"的原因归咎于个人出生时所获得的"命宫"，认为在牛方（东北方）和羊方（西南方）者，极容易患此疾病。[②]

目前，相关研究除了从毕摩、苏尼的解释中认识"斯色那"外，通常认为"斯色那"属于现代医学的风湿病一类[③]，或者认为"斯色那"是彝族对风湿病的认知[④]。由于风湿病在当地比较频发，人们认识到"斯色那"和风湿病有诸多相似之处，他们在谈及"斯色那"时会毫不犹豫地说，"'斯色那'就是医生说的风湿病"。实际上，深入田野就能发现，"'斯色那'就是风湿病"的说法，同样也是被现代医学所建构出来的话语。医生在无法用彝语向当地彝人描述风湿病的症状和原因时，会将其笼统称为"斯色那"，从而为当地人找到了现代医学的解释路径。但在当地人语义中的"风湿病"更多是指"风湿性关节炎"，而"斯色那"不仅包含风湿病的各类症状，还囊括了其他一些病症，具有极强的包容性。

从洛觉村的田野调查所获取的资料中，可以将最常见的"斯色那"简括为：风湿类疾病（风湿性关节炎与痛风最为常见）、神经性面瘫、劳损伤、艾滋病等。这几类病症在某些症状上十分相似，都有外显

---

① 张泽洪：《中国西南彝族宗教的毕摩与苏尼》，《宗教学研究》2012年第4期。
② 蔡富莲：《凉山彝族护身符〈斯土色土〉的文化解读》，《贵州民族研究》2018年第3期。
③ 阿子阿越：《彝族医药》，北京：中国医药科技出版社1993年版，第118页。
④ 唐钱华：《疾病诊疗的地方性经验与民族医学价值的探讨——以凉山彝族"斯色那"治疗为案例》，《北方民族大学学报（哲学社会科学版）》2017年第2期。

的病症。

在风湿类疾病中，风湿性关节炎、神经性面瘫更多困扰着常年生活在当地且年纪较大的彝族人，特别是50岁以上的人群所患的"斯色那"多数与此相关，这与他们所长期生活的自然环境不无关系——潮湿、阴冷。而随着彝人不断向外流动，其生活的区域不再固定于单一的场所，风湿性关节炎和神经性面瘫也不再具有地域性，因此年青一代的"斯色那"更多表现为"痛风"。痛风就外部症状而言，与风湿性关节炎有相似之处，都表现在关节上的酸痛、肿胀。近一二十年来，痛风现象在凉山社会广泛出现，已成为当前彝族"斯色那"病例中最为普遍的类型。这与彝族人的生活习惯相关，在物质条件突然性改善的情况下，人们无节制地享用啤酒和肉食，导致痛风问题越加严重。

劳损伤在传统的彝族观念中并不存在，或者说很少被强调。所以许多洛觉村的老人在表达自己身上因常年劳作而积累下来的损伤时，都将其称为"斯色那"。这样的观念既与他们缺少医学知识有关，也是由于"劳累而导致损伤"在彝族社会并不是一种光彩的解释，所以人们更愿意将其称为"斯色那"。

近些年来，备受艾滋病困扰的村庄有时候也将其称为"斯色那"，特别是一些患者为了避免因艾滋污名带来的生活困境，更愿意寻找更为"传统"和符合地方观念的概念进行表述。所以，当艾滋病引起的某些症状开始在个人身上体现出来时，人们会求助于毕摩，举行"斯色毕"仪式。

从上述现代医学意义上的疾病中，可以发现"斯色那"在彝族社会具有极强的广泛性和包容性，并且几乎都是慢性疾病或现代医学无解的病症。就疾病的分类上来看，传统医学具有广泛性，而现代医学则显得过于细致。医生会对人体出现的任何细微变化做出精准诊断，使得人们过于关注自己的身体细节，对各类轻微病症的过度关注反而容易引起心理上的恐慌。而传统医学概括性的分类，某种程度上是在减轻人们对疾病的心理负担。同时，传统医学的包容性，使得某些不符合地方文化理念的病症能够获得当地人的理解和同情（就像艾滋病），从而在传统文化的外衣下摒弃"成见"去更多关注患者的"生物公民权力"[1]。基于"斯色那"在定义上的广泛性和包容性，其治疗效果的"有效性"也具有多重意义，无法用单一的现代生物医学评价体系进行解释，也无法只归咎于文化、心理等作用。

三、"斯色毕" 有效性的多重意义

（一） 药物与"安慰效应"

詹姆斯·沃尔德姆（James B. Waldram）认为在生物医学的霸权下，传统医学武器库中最为强大的工具——"安慰效应"容易被忽视，甚至不被承认。她强调宗教或象征性治疗系统不一定包括消除症状，而是改变患者对待疾痛的意义或改变患者的生活方式——既重视减轻身体上的痛苦和疾病，通常也会关注修复情绪状态。[2] 此外，传统医学的诸多宗教性仪式不仅能让患者获得心理支持，也让其家属积极参与到疾病的治疗中。正如克莱曼所言，"人类生活中的失败和灾难造就了宗教，而宗教也使人类面对灾难时

---

[1] Petryna Adriana, *Life Exposed : Biological Citizens after Chernobyl*, Princeton, N. J.: Princeton University Press, 2002.
[2] James B. Waldram, "The efficacy of traditional medicine: Current theoretical and Methodological Issues," *Medical Anthropology Quarterly*, Vol. 14, No. 4, 2000.

能克服自我怀疑和对失败的恐惧心理，从而积极对待世界"。① 国内的研究在涉及民间仪式疗法时，已经关注到其对个体文化与心理上的作用。例如相关研究认为，萨满治病具有积极的心理暗示作用，在萨满跳神治病的过程中，使用了特殊的心理疗术，具有一定的效果。② "斯色毕"即对与斯色有关疾病的仪式治疗。"斯色毕"遵照严格的仪式过程，每场仪式中均由泥坑、水沟、关隘和除秽架等相互搭配构成独立的仪式单元，并辅以草偶、泥塑、经文、咒语等，创造出具有神圣性的仪式空间；在此仪式空间内，病人能够迅速理解自己的病症，不至于被长期困扰，从而强化对疾病治疗的心理认同，起到良好的安慰效应。

在良好的心理作用下，辅以药物治疗，显然能对一些病症起到积极作用，也使得"斯色毕"仪式在某种程度上展示了"有效性"。在"斯色毕"仪式中，毕摩使用松枝（ꎨꏃ）、大蒜（ꊈꑭ）、辣椒（ꎿꄯ）、花椒（ꉐꃴ）、接骨草（ꑸꑲꁱ）、菊三七（ꎨꈬꁈ）、贯众（♪ꑟ）、杜鹃（ꎔꀗ）、野樱桃（ꑋꃀ）、木姜子（ꎨꄮ）、香樟（ꀉꋦ）、繁缕（ꑫꐈꃀꉐ）、野八角（ꇁꑟ）、槲寄生（ꈾꁱ）、蕨（ꌋꑮ）、剑叶凤尾蕨（ꁈꑟꎴꑸ）、川续断（ꑠꀃꊰꌐ）等彝区常见的植物，通过"熏蒸"疗法进行辅助治疗。这些植物并非没有药用价值，例如香樟中的芳樟醇、肉桂酸、茴香脑和苯乙烯等成分，以及菊三七中菊三七碱的类结构成分、腺苷等成分，具有抗炎、止痛的作用。③

"斯色毕"仪式中的心理作用与药物疗法受到当地县医院周医生的认可，他坦言：

> 毕摩做仪式有心理上的安慰作用，特别是对一些慢性病来说，心理治疗本来就会起到很好的作用。还有一点就是有些病的发病时间本来就不长，过几天就会自愈，比如感冒。还有毕摩做仪式，杀牺牲，病人生活就改善了，免疫力增加，病也会有所好转。像你们所说的"斯色毕"仪式中用到的草药熏蒸，肯定是有治疗效果的，就像中医中用到的很多方法一样，它至少也是一种物理疗法。

通过"斯色毕"仪式的心理暗示与药物配合，一部分较轻的症状（例如腿脚酸痛、面瘫等），确有明显好转；特别是对老人们普遍存在的劳伤情况，由于仪式对病症的认可，他们借此获得休息时间，得以康复身体。

（二）仪式中的"约束力"

中医病因理念强调"病从口入"，认为人类的许多疾病与其饮食习惯相关。同样，在现代医学的治疗过程中，医生总会根据患者的病症详细嘱咐饮食。可见疾病治疗不仅需要吃药以求立竿见影，还需要配合长期合理的生活习惯规律。"斯色那"就其包含的风湿类病症而言（特别是痛风），减少高脂肪、高蛋白以及酒精等摄入，能够起到缓解或抑制作用。毕摩在"斯色毕"仪式过程中，宣布病人在此后的日常生活中需要注意的饮食。这些饮食要求与现代医学对风湿疾病列出的禁忌类食物基本一致，包括动物内脏、牛羊肉、豆制品等。由此可以确定，即便当地彝族民众无法用科学术语解释各类食物、酒精与风湿

---

① 阿瑟·克莱曼：《道德的重量：在无常和危机前》，方筱丽译，上海译文出版社2008年版，第14页。
② 乌仁其其格：《蒙古族萨满医疗的医学人类学阐释》，中央民族大学2006年博士学位论文，第109—111页。
③ 邱尔作等：《彝医毕摩"斯色毕"医病仪式中"日补"与"斯色"病的相关性分析》，《中国民族医药杂志》2016年第12期。

病的相关性，但依靠千百年来的生存经验，他们取得了相应的地方性知识，几乎形成了一套社会常识。

在洛觉村，村民的传统食物以土豆、玉米、荞麦、牛羊肉、猪肉、鸡肉以及豆类食品为主，并且因湿寒的自然环境，人们喜好喝酒，已演绎为一种民族的待客文化。这些年来，随着当地村民不断向外流动融入现代生活，加之物质生活水平逐渐提高，人们的肉食和酒精摄入量远超于过去，导致痛风病在当地越发常见。在现代医学对痛风病仍无法完全治愈的当下，约束个人饮食习惯成为缓解其病症的主要策略。倘若以世俗力量让当地人改变现有的生活习惯，不仅约束力较弱，也难以保证个体行为的延续性。然而，作为彝族地方知识和信仰体系，毕摩文化具有社会事实意义的约束力。特别是借助仪式的权威，能让个体在仪式空间内获得日常生活中无法得到的具有"神意"的嘱咐。具体来看，"斯色毕"首先通过毕摩主持的仪式，营造具有神性的氛围和空间，使病人处在不同于世俗生活的阈限阶段，并自愿遵照毕摩的指示做事。其次，毕摩借助仪式将自己的嘱咐内容解释为具有宗教意义的禁忌，他会郑重地告知病人患了"斯色那"后要养成良好的饮食习惯，禁止饮酒、吃牛羊肉和豆类食物等。仅从合理的饮食安排上来看，倘若酒精、豆类制品、牛羊肉等被列为禁忌事项，将有助于风湿病症的治疗。部分患者经过治疗后，在患病期间对上述食物完全不吃，甚至是终身不再食用。

毕摩仪式的约束力除了通过彝人的信仰力量来规范个体的行为，还能够调动患者的社会关系来实现共同的监督作用。毕摩或苏尼占卜确定某人所患的病症为"斯色那"后，会在熟人社会中迅速传播，由此成为一种村民共识来形成集体的约束力。人们会在日常生活中不断嘱咐和警告患者改变生活饮食习惯，同时也在一些集体活动中为其单独安排饮食，对其提供帮助，引导其改变生活方式。

相关研究认为，近年来我国高尿酸血症及痛风的患病率直线上升，这可能与我国经济发展、生活方式和饮食结构改变有关。[①] 因此，当痛风病患者以"斯色那"的名义进行"斯色毕"仪式治疗后，因个人生活方式和饮食习惯得到调整，病情逐渐被控制，从而促成了当地人对"斯色毕"仪式有效性的认可。

（三）修复社会关系

克莱曼认为疾痛才是治疗者应该关心的问题，它指病人及其家人，乃至更广的社会关系，是如何接受患病事实，带病生活的，又是如何对付和处理病患的症状以及由其引起的各种困苦烦恼的。[②] 所以对于一些严重的病症，仪式治疗的作用更多的在于关照患者及其家属的心理和情绪。更重要的是，部分患者所追求的疗效，其实是期望通过被广泛认可的仪式来让自己和家人获得解释疾病的途径，进而被地方社会相对正常地对待。艾滋病患者对仪式的此类需求尤为明显。

艾滋病，医学上称之为"获得性免疫缺陷综合征"，是由于感染了人类免疫缺陷病毒而导致免疫系统的崩溃，但相比于其生物性特点，人们更加关注艾滋病的"污名化"，已演绎成一种广泛存在的社会现象。[③] 艾滋病患者时常承受着严重的社会污名，成为"另类人群"，无法过上正常的社会生活。这种污名问题在凉山社会同样十分严重，正如凉山一名常年在外打工的艾滋病患者讲述的：

---

① 曾学军：《〈2010年中国痛风临床诊治指南〉解读》，《中国实用内科杂志》2012年第6期。
② 阿瑟·克莱曼：《疾痛的故事：苦难、治愈与人的境况》，方筱丽译，上海译文出版社2010年版，第1—2页。
③ 刘颖、时勘：《艾滋病污名的形成机制、负面影响与干预》，《心理科学进展》2010年第1期。

> 我不知道如何面对我的家庭，更别说其他人，现在整个村子都知道我得了艾滋病，他们开始在背后对我指指点点，看我的眼神都不一样了。我成了他们茶余饭后闲聊的对象，在村子里根本抬不起头来，也不想在村里生活，只能一直在外打工。我知道不可能一直在外面打工，但回去也不知道怎么面对生活，我又不会马上死去。

因此，当这类病症仍无法被治愈时，无论采用哪种治疗手段，都应该去修复患者的社会环境，使其能被正常对待。在本文的案例中，艾滋病患者将自己的病症归入"斯色那"的范畴，从而找到了解释路径，避免迅速陷入整体的社会污名中。

许多患者也知晓自己所患病症为艾滋病，所以他们求助于仪式治疗既有"有病乱投医"的无奈，也是为了不让自己因外显的症状成为当地社会的"另类"。艾滋病患者在某些并发症开始出现时，通常也有身体肿胀的症状，他们通过毕摩或苏尼的占卜仪式将其确认为"斯色那"，进而举行严格的"斯色毕"仪式。这类仪式所用牺牲较少，成本较低，仪式过程较为简单，深受彝人青睐。"斯色毕"结束后，无论病情是否有明显的好转，当地人都能够对患者的病症作出解释；而对病人而言，相比于艾滋病带来的生理伤痛，他们更在乎外部社会的评价，所以"斯色毕"的有效性不在于其结果而在于其解释逻辑和仪式过程的正当性。

当然，这种"有效性"也并非只由毕摩仪式独立实现。目前，国家对各地的艾滋病问题越发重视，投入越来越大，使得患者能够获得诸多免费药物，对抑制艾滋病症状有明显作用。因此，在药物缓解生理问题、仪式修复社会环境的双重路径中，艾滋病患者通常能获得较好的治疗，"斯色毕"仪式的有效性也由此被这类人群所认可。

四、"斯色毕"何以有效？

（一）共识的多方建构

无论是哪种毕摩仪式，在洛觉村从来都不只是毕摩的专属活动，从十一二岁的小孩到七八十岁的老人，都能在仪式中找到自己的位置。在当地最为重要的"吉觉"仪式中（"吉觉"是彝族驱遣类仪式中以遣返祸害、扭转劣势和转返他人咒术攻击为特征的季节性仪式[①]）能看到如下的场景：十一二岁的孩童能够熟练协助毕摩制作仪式所需的神枝；等到仪式进行到一半，较年长的男子通常带着一名二十多岁的青年宰杀绵羊、剥皮砍肉；两三名十三四岁的少年负责宰杀较小的山羊；而刚十岁出头的孩子则在火塘边独自烧鸡毛，并将其整理得干干净净。在仪式过程中，每当需要在场人员高喊"哦……嚯……"时，所有人不分男女老少，都能异口同声齐呼，并且与毕摩要求的时间点完全一致。在尤为关键的鸡鸣环节，所有在场人员，每听鸡鸣声起，便全员高吼，甚为震撼。此后的任何仪式环节，所有人在与毕摩的配合中都显得十分熟练，无需毕摩做出提示。由此可以看到，这样的仪式不仅在于祈福去灾，还能让新一代的年轻人在其中学习毕摩文化。

[①] 蔡华、张可佳：《民族学视野下的义诺彝族"吉觉"仪式》，《民族研究》2010 年第 3 期。

长期频繁的仪式活动成为一种生活方式，大人们在仪式中衡量孩子的动手能力，培养他们在仪式中积极帮忙、勤奋能干的品质。在这样的环境中，集体意识在长时间的仪式活动和毕摩文化熏陶中逐渐养成，当地社会也有意将孩子培养成为熟悉毕摩文化的人才。实际上，在现代学校教育在彝区还未普及前，参加各类毕摩仪式是孩子们学习先辈知识的重要途径。就目前的洛觉村来看，孩子们既接受了学校教育，也在各类仪式中学习传统知识，并积极参与其中，等到他们长大后又将继续遵照祖先的文化仪式安排生活。

从这些事例中可以发现，在洛觉村（或者更大范围的凉山社会），彝人深受毕摩文化的影响，对于这些仪式有着共同的集体意识。因此在"斯色毕"仪式中，基于共同的信仰和文化，毕摩、患者以及其他当地人形成了对疾病病因解释和治疗策略的多方共识。能够建立共识是仪式治疗的前提，也是其"有效性"被承认的基础。

（二）仪式失败的仪式再解释

在当地人的普遍共识里，"斯色那"是医院束手无策而毕摩仪式能够解决的问题。然而，并非所有的仪式都能获得成功，在村里同样有仪式治疗失败的"斯色那"患者。对于这些失败的治疗案例，当地人有其解释路径，申明"斯色那"未被治愈并非仪式无效，而是由其他原因造成。

第一，未能治愈是因为诊断有误，实际上并未患"斯色那"。

> 洛觉村二组的阿作阿曲，今年七十多岁，由于左脚背肿胀，行动不便，经常盘腿坐在公路边，我们在调研中也多次接触到。就医学意义而言，她的病症可能是脚背上长脓，只需要在西昌的大医院做个手术就能治愈。然而，在美姑县新区医院住院两个星期后，病情也未见好转。后来，毕摩为阿作阿曲做了一场"斯色毕"仪式，但也不见好。问及"斯色毕"仪式为何无效，阿作阿曲与其他亲友都认为这不是"斯色那"，是占卜出了问题。

第二，未能找准关键的病因，导致没能举行准确的"斯色毕"仪式。

在当地人看来，"斯色毕"如同医生对症下药一般，需要找到导致"斯色那"的主要原因。倘若"斯色那"未被治愈，则是"因为运气不好，没有找出主要的鬼"。洛觉村的书记在谈及"找准关键鬼"的问题时，说得惟妙惟肖。

> 一个人得了"斯色那"以后，在占卜中就会看到很多斯色鬼。一个斯色鬼来了，实际上也会带着一些朋友一起过来玩，但是导致人得病的主要只有一个鬼。所以，能不能找到这个关键的鬼就很重要。有些毕摩就可能会被其他的鬼误导，导致做的仪式没有用，"斯色那"也就不能被治好。

第三，"斯色毕"仪式十分强调制作准确的泥偶，如果未用泥偶会加重病情，甚至再也无法治愈。村里存在这类失败案例。

曲别根佳，今年五十多岁，读过初中。当年得"斯色那"时，正处于毕摩仪式被禁止的时代，所以他的父亲（也是毕摩）偷偷带着他到山上做仪式。由于时间紧急，加上他的父亲比较害怕，所以没有制作泥塑，匆匆做了仪式。仪式之后，病情加重，曲别根佳从此成为哑巴。

第四，未能及时做毕摩仪式或因为打针输液导致残疾。

在村民的讲述中，有许多案例可以证明"斯色那"以后如若不能及时治疗则导致终身残疾。村委会工作人员尔福讲述了两个失败的案例。

> 之前美姑县有个老县长的儿子，得了"斯色那"，但是医院说是痛风，他老婆是个汉族，不相信"斯色毕"，然后就去医院输液治疗，没有及时做毕摩仪式，现在就是残疾瘫痪了，一直没上班，只能住在家里面吃工资。还有一个人，现在五十多岁了，小时候得了"斯色那"，但是那时候不能做毕摩仪式，所以就去吃药，后来也残疾了，残疾以后再做仪式就没有用了。

埃文斯－普里查德认为阿赞德人的怀疑态度是巫医信仰模式中不可缺少的一部分，怀疑是他们对巫医失败的一种解释，它针对的只是某些巫医，实际上它强化了人们对其他巫医的信任。① 同样，彝人对"斯色毕"的失败案例有其合理的解释路径，使得这项仪式始终具有地方性的治疗权威。特别是当地社会中确实存有"斯色那"病症被治愈的患者，使得乡土熟人社会对毕摩的治疗仪式深信不疑。

（三）医疗条件的限制

洛觉村的普通民众、公务员、教师、村民、毕摩、乡村医生，几乎都认为"斯色那"是医院无法治疗的疾病，并强调现代医学的打针和输液技术曾导致患者加重病情。这给当地人留下了十分深刻的印象，也成为他们不再信任医学的重要依据。尽管田野中未发现关于"斯色那"患者被打针、输液后瘫痪的案例（据称村内曾有一老者，但已去世），但早些年因有限的医疗资源和医学知识，当地医院确实存在滥用药物而导致患者病情加重的情况。

例如，卫生院医生吉吉史布的母亲因在县医院打了庆大霉素，导致耳聋。

> 当时的县医院就在广场那儿，特别小，而且医生少，设备很落后，诊断错误和药物使用错误是比较普遍的，我的母亲就是因为被打了庆大霉素以后才导致耳聋。

时至今日，美姑县的医疗资源仍相对匮乏，能够治疗的病症十分有限。在医院提供的近三年住院统计中，列出了51种病例，其中患有支气管肺炎、肺部感染、急性支气管炎、慢性胃炎、肺炎等五类疾病的病人数量最多。具体统计如下：

2017年全年，住院病人总数17471人，其中支气管肺炎2124人，肺部感染833人，急性支气管炎

---

① E. E. 埃文斯－普里查德：《阿赞德人的巫术、神谕和魔法》，覃俐俐译，商务印书馆2006年版，第207页。

558人，慢性胃炎482人，肺炎444人；这五类约占25.4%。2018年全年，病人总数量14949人，其中支气管肺炎1959人，肺炎485人，肺部感染473人，急性支气管炎348人，慢性胃炎307人；这5类约占23.9%。2019年1月到2019年8月，病人总数量11096人，其中，支气管肺炎1264人，肺部感染480人，肺炎299人，急性支气管炎232人，慢性胃炎174人；这5类约占22%。[1]

这些统计数据表明，无论是在乡卫生院还是在县城医院，住院就诊的病例中并无"斯色那"病症。这种现象既与当地医疗资源短缺相关，也表明现代生物医学对"斯色那"的诸多病症无从下手。据当地医生介绍，近些年来在国家"精准扶贫"的政策支持下，外来专家对口帮扶县医院，极大提高了他们的治疗水平，但设备条件落后、缺少药物，使得他们在面对许多疾病时仍束手无策。例如风湿类疾病，县医院除了必要的止痛药外，无其他药物可以提供给患者，并且这类药物往往价格较高，当地人限于财力很少能求助于医院。即便人们能够获得药物，但这类病症无法完全被生物医学治愈，时常有复发的可能，使得当地人在面对"斯色那"时越发倾向于成本较低、但具有一定疗效的"斯色毕"仪式。

目前，国家的医疗体制呈现出多种不同的医疗体系并存的局面，而并非是纯粹的混合在一起。[2] 同样，在地方医疗资源相对匮乏的美姑县，多元化的病因解释和治疗方式得到当地民众乃至医生的认可。县医院的周医生用彝语跟病人交流，他一见到病人首先用彝语问，"怎么样，哪里不好，发烧吗，病了几天，头痛吗？"，进而问病人，"你是不是得了'冉'？"（"冉"是彝族人对某类疾病的认识和理解，很多当地彝族人其实也不一定知道这是什么病）遇到风湿类疾病，周医生会问，"来医院之前有没有做"斯色毕"仪式，没有就先回去做了再来"，他认为，"疾病的治疗三分靠药物，七分靠心理因素和个人体质"。可见，民间的仪式疗法在某种程度上也被当地医生所认可。因此，当地方医疗活动能够被纳入解释病因或治疗疾病的多元医疗体系中时，本身就证明了其具有"有效性"。

五、结语

"斯色毕"仪式表明，传统医学对疾病的定义和治疗方式具有广泛性和包容性。因此，探讨传统医学是否具有"有效性"的过程，无法依靠单一的评价体系，需要理解其对不同患病群体所产生的意义。并且也不能简单地去展示医疗体系的多重意义，而应关注当患病或遭遇不幸时，人们如何利用自己所掌握的相关信息去应对疾病[3]。周如南在解释彝族毕摩的仪式治疗时，认为其治疗的逻辑本身是嵌合在地方社会的文化系统或权力网络当中的，并不剥离其在彝族社会中单独发挥作用，而是通过仪式情境中毕摩、病人、"做迷信"的家庭、围观者和邻居们的互动而生产出仪式的功能和意义。[4] 换言之，仪式参与者都有其主体性，他们会尽其所能去实践一套共享的医疗观念来帮助患者走出困境。

在本文的案例中，彝人在遇到劳损伤、痛风、艾滋病等十分棘手的疾病问题时，通常都会求助于"斯色毕"，但不同患者从仪式中获得的意义具有差异性。对于患有劳损伤的老年人，仪式能够使其安心休息调养。对于痛风患者，仪式有效是因为毕摩借助"斯色毕"改变了患者的生活习惯，并强化了社会

---

[1] 此数据由美姑县医院提供的统计数据整理所得。
[2] 莫瑞·辛格、林敏霞：《批判医学人类学的历史与理论框架》，《广西民族学院学报（哲学社会科学版）》2006年第3期。
[3] 张有春：《一个乡村治病过程的人类学解读》，《广西民族大学学报（哲学社会科学版）》2011年第4期。
[4] 周如南：《折翅的山鹰：西南凉山彝区艾滋病研究》，中国社会科学出版社2015年版，第273页。

环境对患者的监督作用。而对于艾滋病患者而言，彝族的认知思维和集体主义的家支结构原本就有减少歧视的因素；[1]同时，他们还借助传统的仪式路径来进一步避免地方社会可能对他（她）造成的污名标签，也能获得同情和理解。正如克莱曼在谈到神经衰弱问题时，认为研究中将精神－社会问题医学化为疾病，因而把所有关注都集中在这些问题的躯体化表达上，而不是从关系、角色、规则、标签上寻找它们的根源因素。[2]"斯色毕"仪式，正是从关注患者心理状态、生活习惯、社会关系、角色标签等方面成为一种具有地方性的治疗权威。

需要注意的是，尽管本文强调传统医学的有效性，但从美姑县的案例来看，医疗资源匮乏、村民无力承担就诊费用以及生物医学的局限性等问题也是促使人们选择传统医学的原因之一。但即便如此，对于传统医学的研究也不应该是现代医学科学的配角，而应探究人类健康、疾病苦痛、医疗制度以及人类的生物文化适应性，并从社会文化的视角系统审视和阐述人类健康的多重意义。[3]

---

[1] 周如南：《折翅的山鹰：西南凉山彝区艾滋病研究》，中国社会科学出版社2015年版，第314页。
[2] 阿瑟·克莱曼：《苦痛和疾病的社会根源》，郭金华译，上海三联书店2008年版，第189页。
[3] 景军：《当代中国医学人类学评述》，《医学与哲学》2019年第15期。

Si—se Bi: Local Case of Effectiveness of Traditional Medicine

LI Xiaofang   LUO Musan

Abstract: Biomedicine still has many difficult problems in contemporary society, which givestraditional medicine room for survival and development. However, whether the theoretical systemand practical process of traditional medicine are effective has long troubled medical anthropology. Based on a one-year field survey in Luojue Village of Meigu county, the local society highlyvalues the traditional treatment ceremony Si—se—Bi and believes that it is more effective thanbiomedicine in treating Si—se Na diseases (rheumatic arthritis, gout., labor injury, AIDS, etc.). We pay attention to how the effectiveness of traditional medical practice becomes a consensusrecognized by the local people and how to build local medical authority. The study holds that theeffectiveness of traditional medicine cannot rely on a single evaluation system, and it is necessaryto understand the therapeutic effects and meanings of different groups of patients during thetreatment process. Moreover, the local consensus on the effectiveness is also the result of the lackof medical resources and the limitations of modern biomedicine to some extent.

Key words: Liangshan Yi Nationality; Si-se Bi; Traditional medicine; Medical efficacy; Local knowledge

声望竞逐与运气之灵：凉山彝区仪式治疗中的医患关系[*]

庄 柳[**]

摘 要 医患关系是医学人类学的重要关注主题之一。目前的相关研究多集中在专业或正式医疗领域内，而较少关注仪式治疗中的医患关系。基于对大凉山腹地一个村落的田野调查，本文从医者声望在流动中的交换与互惠，以及在治疗失败时对疾病与疗效归因的两个维度对凉山彝人仪式治疗中的医患互动机制及疾病的解释体系进行了研究。从仪式治疗领域对医患关系另一种自然状态的探寻，无论是从学理上为医患关系的研究寻找新的理论发生点，还是在现实应用中对反思和改善专业医疗领域所面临的医患关系困境提供新的思路，皆有其意义与价值。

关键词 凉山彝族；医患关系；仪式治疗；互动机制；疾病解释

DOI：10.13835/b.eayn.30.04

一、仪式治疗中的医患关系

医患关系不仅是医学、医疗人类学、医学社会学、伦理学等领域的重要研究内容，更是衡量医疗照护体系（health care system）质量的重要标准，医患关系影响因素作为医患关系研究中的核心内容，更是学界的关注焦点之一。而学界对医患关系的研究主要来自医学社会学与医学领域，研究者们从体制、医患沟通、网络信息技术、知识权力与求医成本等方面对医患关系的影响因素所做的研究。"既有研究虽突破了一定的学科限制，但总的看来，医学以外的其他学科门类的研究者尚比较有限。在某种程度上，医患关系研究还具有业内讨论的色彩。从理论上说，研究者的异质性越高，研究视角就越丰富，跨学科的成果就越多。同时，医学学科及医疗实践的生物性、社会性、人文性也要求从不同的学科角度展开对医患关系的研究，将之嵌入具体的社会、经济、文化背景下进行考察，从而形成百花齐放、百家争鸣的局面。"[①]因而，对医患关系的后续研究，既需注重定量研究的方法，亦需从人类学、民族学等学科的文化相对视角，立足医疗民族志，将其置于具体的社会文化情境之中，为医患关系的解释提供另外一种文化叙事。

医疗人类学的相关研究已经表明，民俗医疗（folk medicine）方式根植于宗教信仰与文化价值观之

---

[*] 本文系国家社会科学基金一般项目"川甘青地区传统藏族社会的亲属制度和基础政治结构"（项目编号：21BMZ003）、国家社会科学基金青年项目"缅甸政治转型中的社会情绪研究"（项目编号：19CSH036）的阶段性研究成果。
[**] 庄柳，云南民族大学社会学院讲师，研究方向：文化人类学。
[①] 赵怀娟：《我国医患关系研究评价》，《医学与社会》2012年第10期。

中，其医疗实践中蕴含着为病人提供"融洽的医患关系"与"可信的病因解释"的文化逻辑①。仪式治疗作为民俗医疗中的重要一元，在众多少数民族地区更是当地民众主要的医疗求助方式之一。因此，对仪式治疗医患关系的影响因素及其互动机制的探讨，无疑对反思以西方生化医学（Biomedicine）为代表的主流医学系统所面临的医患困境具有价值与意义。正如席文（Nathan Sivin）所言："民俗医疗或许并不像某些人所宣称的，代表着现代医学的未来；然而如果我们试图思考医学的未来时，民俗医疗却可以为我们提供无比珍贵的思想源泉。"②颇为遗憾的是，目前学界对仪式治疗医患关系影响因素及其互动机制的系统研究较少，散见于国内外相关研究之中。早在1938年，列维-施特劳斯（Claude Lévi-Strauss）就对巴西南部印第安南比夸拉人（Nambicuara）的仪式治疗行为进行了观察，对巫术、信仰与治疗间的作用机制进行了探讨，认为巫师对象征符号的有效操演是形塑医患信任的重要因素③。杜斯勒（William W. Dressler）也对位于西印度群岛东部的圣卢西卡（St. Lucia）人的医患关系做了调查，认为对仪式治疗理念的认同是患者抱持对仪式治疗者良好信任的原因，强调了共享的治疗理念对医患关系的影响④。刘小幸在对四川凉山与云南楚雄凉山彝族自治州进行多元医疗体系的研究时，亦发现当地仪式治疗呈现出良好的医患关系，认为共享的病因解释与治疗理念是形塑仪式治疗良好医患关系的重要因素⑤。他们多从病因解释、治疗理念对仪式治疗良好医患关系的成因进行了探讨。

笔者进行田野调查的美姑县地处青藏高原东北部的横断山脉与四川盆地西南边沿交汇处，凉山彝族自治州东北部，属大凉山腹心地区⑥。L村位于美姑县西北角，为行政村之一，距离县城约12千米，截至2015年11月，全村实际有村民213户，共计761人，其中男性393人，女性368人，人均年可支配收入达4368元，⑦为合姑洛乡8村中最富裕的村落。互惠或礼物交换是人类学史上的经典论题，正如莫斯（Marcel Mauss）所言："很显然的，若要了解某一人群关系的内涵，从交换的角度去看人们的互动，应该是相当有帮助的。"⑧笔者通过对位于四川省凉山州美姑县境内L村近一年的田野调查发现，村人与仪式治疗者间之所以呈现出良好的医患关系，这种和谐医患关系的背后，不仅基于当地社会系统中"名声"与"礼物"的互惠交换而建构，同时，源于村人从"运气"角度对疾病所做的病因解释更是治疗失败中医患矛盾得以化解的重要原因所在。因此，笔者希望以互惠为基点，审视凉山彝族仪式治疗中良好的医患关系的成因及其互动机制。

二、关系建立的起点：凉山彝人的声望

在等级观念盛行的彝人社会中，名声是影响等级、地位高低的重要因素，在彝人的社会生活中发挥

---

① 汪丹：《分担与参与：白马藏族民俗医疗实践的文化逻辑》，《民族研究》2013年第6期。
② Sivin Nathan, "Traditional Medicine in Contemporary China," *Philosophy East and West*, vol. 40, 1987.
③ Lévi-Strauss Claude, "The Sorcerer and His Magic," in Peter J. Brown ed., 1998. P129-137.
④ W. Dressler William, "Ethnomedical Beliefs and Patient Adherence to a Treatment Regimen: A St. Lucian Example," in Peter J. Brown (ed.), *Understanding And Applying Medical Anthropology*, Mayfield Publishing Company, 1998. P243-247.
⑤ 刘小幸：《彝族医疗保健：一个观察巫术与科学的窗口》，昆明：云南人民出版社2007年版，第1—20页。
⑥ 美姑县地方志编撰委员会：《美姑县志：1991—2009》，北京：方志出版社，2017年，第1—2页。
⑦ 洛觉村村民委员会：《美姑县合姑洛乡洛觉村2016年村落基本情况统计》，内部资料，2016年。
⑧ 莫斯：《礼物：旧社会中交换的形式与功能》，汪珍宜等译，台北：远流出版事业公司1989年版，第9页。

着重要作用。彝谚有云："彝人要脸不要命，汉人要命不要脸；狗要争狗脸，马要争马脸。"以此凸显彝人对名声的重视，视名声高过身家性命。① 若某人名气甚大，其他彝人则竞相与其结交，以借助此人的名气提升自身及其所属家支的名气。举办婚礼、丧礼、"尼木措毕"送灵归祖仪式等大型活动时，有名之家往往门庭若市，宾客往来不绝，而名微之人的活动通常只有亲属及其近邻参加。触犯某些社会禁忌时，相较于普通彝人，有名之人所受处罚往往更轻，往往会以"大事化小"的方式结束，不过此人亦会付出名声暴跌的代价。

尽管近现代以来，凉山彝族的社会制度已经随着社会的发展有了较大改变。但是传统社会中的兹、莫、毕、格、卓五种不同职能的等级制度并未完全消失，并在很大程度上还仍旧影响着当地的人们。"兹"，本义为"做主"，引申为"首领、头领、酋长"等，相当于"君"，是父系氏族时期产生的没有特权的领袖；"莫"，本义为"见识"，引申作"调解纠纷"或"处理案件"等，相当于"臣"，是自然形成的调解纠纷和执行习惯法的人，今又称其为"德古"；"毕"本义为"念诵"或"朗读"，引申作"祭祀""祝辞""禳解"等，相当于"师"，是从事祭祀掌神权的人，现今主要指以毕摩为代表的凉山彝族仪式治疗者；"格"，本义为"会"或"熟练"，引申作"工匠"，是指掌握一门技术的手工艺者，主要从事手工工艺和工匠管理；"卓"，本义为"一般"或"普通"，是指从事畜牧生产的普通劳动者。莫和毕处于同等的社会地位，为兹执掌事务的协助者；格、卓则为主要的劳动生产者，为氏族提供生产资源②。

而以毕摩为代表的仪式治疗者在父系氏族时期便享有很高的社会地位，是一种颇具名望的职业。除执掌祭祀活动，他们还义务为村人治病，以此取得名声，维系自身权力与地位。时至今日，毕摩虽然不再作为统治阶级而存在，但其作为神职人员义务为村人主持日常祭仪的功能依旧延续至今。彝族民间依然保留着"兹纳毕啊得，毕得忌赫起"的传统，即毕摩在主持仪式时，即使土司来了也不用起身相迎，起身迎接反而会使土司难堪，以此凸显毕摩身份的尊贵和彝族民间对毕摩的敬重。而今毕摩的社会地位虽大不如前，但毕摩受到的礼敬仍远超常人。毕摩又分为"毕惹""茨度""尼则"三个等级。等级的晋升，不仅需要毕摩能够熟练地掌握相应的祭仪知识，更多的则是来自村人的认可。尤其是"尼则"毕摩的晋升，必须是在得到村人的认可后，受到村人邀请主持"尼木措毕"送灵归祖仪式成功后方可，否则即使该毕摩基础知识再丰厚，也注定无法晋升，终身停留在"茨度毕摩"这一层次。因而毕摩需依靠不断为村人主持相关祭仪，慷慨服务村人的方式来提升自己的名气，以此晋升到更高等级。历史记忆与现实需求皆促使毕摩们以追求名声为第一目标。

毕摩作为传统治疗方式的实施者，在数量上甚至超过当地专业卫生部门的从业人数。1996年美姑县毕摩文化研究中心成立时，曾对全县毕摩人数做过统计，当时美姑县共有毕摩8000余名，2010年底再次统计时，仅余2913名。短短15年间，随着老毕摩的逝世以及毕摩学徒的断层，毕摩人数减少了5000多人。中心工作人员更是悲观地预测，如果2016年末再做一次统计，估计全县毕摩人数连2500人都不到，平均到美姑县292个村落，每村只有约8.56个毕摩，但与每村仅2名卫生员③相比，村人的仪式治疗者拥有量仍然远超卫生员拥有量。经笔者统计，洛觉村作为美姑县远近闻名的"毕摩村"，至今仍有老少毕摩共29名，约为平均数值的3.4倍。

---

① 郑艳姬、李根：《彝族诺苏语境中的"哦尼"文化》，《云南社会科学》2013年第1期。
② 吉郎伍野、阿牛史日：《凉山毕摩》，杭州：浙江人民出版社2007年版，第5页。
③ 按照美姑县卫生局的规划，这2名卫生员并不承担具体医疗事务。

表 1　2016 年洛觉村、全县村落（平均）毕摩及卫生员拥有量

	毕摩拥有量	卫生员拥有量
洛觉村	29 人	2 人
全县村落（平均）	8.56 人	2 人

资料来源：表格数据由美姑县毕摩文化中心工作人员提供（由作者绘制）。

由此，处在社会较高社会等级的毕摩们必须十分爱惜自己的名声，否则其在民众中的威信便会受到折损。有名之人易从中获利，不当的行为则会损害名声。比如，在村里听到这样的事例：前 L 村某组组长在村庄铺设公路期间，因施工队寄宿在其家中，便向村人宣称施工队由他引进，在村庄公共设施的改进中其功不可没，寄以提高其名声。而村人对此并不买账，因为大家都知道施工队由美姑政府引进，此人行为属盗名之举，以为不耻。后此人因贪污村民低保触犯众怒，被村民强制换届，从此名声跌至谷底。此外，颇为值得注意的是，在新任组长的选举中，因村人拉格具有初中学历，属同龄人中文化较高之人，且性情敦厚，做事相对公平公正，遂为大部分村人选为新任组长。但村委干部虑其名声太小，恐难以服众而拒绝提名，而让组上名气相对较大的一位毕摩来担任新组长。拉格选举的失败更是凸显出名声在彝人社会的重要作用。也难怪村人常对笔者说起："名声大了，什么都容易得到，地位、权力、金钱都比较容易，在家支的地位也高。名声小了，什么都做不成。"可见，凉山彝人必须重视自身的名声，否则会受到社会严厉的鄙视与谴责。

三、医患和谐的动因：流动中的声望竞逐

莫斯描述了以毛利人（Maoris）为代表的美拉尼西亚社会中所存在的一种高度发达的交换体系，认为他们比数百年来的法国农夫及渔人更汲汲于经商，有一种拓展性的经济生活与横跨不同地理和语言区域的贸易活动，并以送礼及还礼制度代替现代社会中的市场经济体系。而莫斯认为正是来自森林与礼物本身的灵，即毛利人口中的 hau，是驱使人们进行全面报偿（total presentations）行为的原因，首次对礼物交换这一人类生活中的普遍习俗做了系统性的研究，并将其与社会秩序的塑造联系起来，认为礼物交换的本质之一便是"一种欲建立、维持或改善关系的表示"[①]。萨林斯则在此基础上根据互惠的类型将其细分为慷慨互惠（generalized reciprocity）、均等互惠（balanced reciprocity）和负性互惠（negative reciprocity）三类[②]。慷慨互惠被认为是利他的交换过程，整个过程谨守着惠及他人的路径，而如果可能或者必要的话，他人也会报以回赠，理想类型则是马林诺夫斯基所谓的"纯馈赠"。此外，自 20 世纪 80 年代起，人类学家们还从礼物的不可让渡性（inalienability）这一新视角对互惠关系进行研究，认为正是礼物的不可让渡性促成了礼物回报的义务[③]。安妮特·韦娜（Annette Weiner）还断言："互惠的动机是其反面——在给予与接受的社会压力下保留某种东西的欲望。这种东西是能够证明和代表某个人或群体社会

---

① 阎云翔：《礼物的流动》，李春放等译，上海：上海人民出版社 2000 年版，第 2—10 页。
② 马歇尔·萨林斯：《石器时代的经济学》，张经纬等译，北京：三联书店 2009 年版，第 224—225 页。
③ 参见 H. Damon Frederick, "The Kula and Generalized Exchange: Considering Some Unconsidered Aspects of The Elementary Structures of Kinship," *Man*, vol. 15, 1980; Gregory C. A., "Gifts to Men and Gifts to God: Gift Exchange and Capital Accumulation in Contemporary Papua," *Man*, vol. 15, 1980 等。

身份的财产；保留这类财产还确认了某个人或群体与其他人或群体之间的差异，所有权也吸引着其他种类的财富。"①

在笔者看来，凉山彝族社会以毕摩为代表的仪式治疗者与病患之间的医患互动机制更接近于安妮特·韦娜的观点。彝人在日常生活中对名声的欲望与竞逐，同样适用于仪式治疗的医患互动过程，其行为呈现出萨林斯笔下所描述的慷慨互惠的特点，即毕摩所提供的仪式治疗服务与病患及其家庭做出的礼物回馈，在形式上皆以利他为目的。而慷慨性的医患互惠实则带来了彼此名声的提高，在实现治疗这一基本目标的同时，亦形塑了双方良性的合作关系。彝族民间至今流传着一套严格的戒律以规范毕摩的行为，如不可奸淫、偷盗、欺骗，不可私自减少仪式流程，不可主动向仪式举办家庭索取钱财等，违者将会被视为毕摩群体的耻辱，是毕摩学徒的第一课。如达果毕摩所言："我们毕摩图（求）的不是钱，就像你们汉族的雷锋一样；如果主动问主人家要钱，那多丢脸，大家会怎么看你？毕摩最重要的是名声，辛辛苦苦为病人治病，图的也是名声，不图他的钱，只要有了名声，赚钱还难吗？"2016 年 4 月 28 日，毕摩尔曲因当天受到邻村多户人家的仪式邀请，预计深夜才能结束所有仪式。但其生性较为胆小，害怕半夜返家途中撞鬼，便向其好友达体和我发出邀请，希望我们与其作伴，一道前往邻村举行仪式，并于半夜一同返家。对我来说，这可是一个参与观察的好机会，当然乐意为之；但对达体来说，这显然不是一个好的差事，便笑着对尔曲毕摩说道："尔曲哦，我们跟你去，什么都得不到，而你却可以赚好多名声，你倒是安逸（舒服）哦！"

对名声的竞逐是毕摩为患者提供慷慨性医疗服务的动力，但名声并不能自我赋予，须来自他人。因而，在毕摩与患者的互动过程中，从无主动上门之说，即便病患病入膏肓，毕摩亦须在受到病患或其家庭成员的邀请后才会为患者提供仪式治疗。2016 年 2 月初，村人尔舞病危，而当时笔者的房东类类毕摩却正值空闲时期。我便向房东问道："为什么你不去给尔舞治病呢？那可是你堂兄弟的妈妈，是你的亲戚呢。"面对我突如其来的问题，类类毕摩惊讶而又尴尬地说道："呃……哪有毕摩主动跑上门去给人家治病的，都必须主人家先请我们。你自己跑上去不符合规矩，人家会以为你想得名声想疯了，那多不好意思。"而患者或其家属不合礼节的邀请，亦会导致毕摩的不快。2013 年初春，邻村某村民下山来到类类毕摩家，准备邀请类类毕摩前往家中为其妻子举行"斯色额虎"驱风湿鬼仪式，见类类当时脚上穿着一双破鞋，便对其说道："类类毕摩，你去我们家做仪式，我就给你买一双质量好的新鞋子，你就不用穿破鞋了。"类类听后大感受辱，十分生气地回绝道："我不缺鞋子，我的鞋子虽然破了，但还能穿；我不去你家做仪式，你去找其他毕摩，谁需要新鞋子，你就找他给你做仪式。"类类表示，此人认为毕摩为村人举行治疗仪式就是为了报酬，曲解了毕摩做毕的性质与目的。但考虑到此人邀请自己是对自身的认可，所以只是强硬地回绝，并没有责骂。而若此人并非邀请人，类类定会对其厉声责骂，不再往来。

一旦毕摩受邀后，便会在约定的时日前往主人家中做毕。中途若遇他人邀约，即便其家境更为富有，能够偿付更多的酬劳，也会被毕摩以约定顺序为由拒绝，邀约之人亦会对此表示理解。2016 年 3 月 24 日，当笔者与类类毕摩正在田间讨论玉米的收成时，一通电话打断了我们的谈话。美姑县城一户十分富有的人家邀请其做毕，但类类毕摩立即礼貌地拒绝，理由便是自己已经提前答应了村中另外一户人家。见我十分疑惑，类类笑着说道："我们毕摩可不是那种嫌贫爱富之人，谁家给的好处多就去哪里。真那样

---

① 阎云翔：《礼物的流动》，李放春等译，上海：上海人民出版社 2000 年版，第 11 页。

做了，名声就臭了，以后也很少有人找你。毕竟毕摩最重要的就是名声。还有，既然都答应人家了，就算是得了人家的名声，你不去如何也说不过去。"如莫斯所言，"一个人送礼回礼，其实是为了报赠别人的'尊敬'与'礼貌'，一份邀请函就像一种礼数般需要回报[①]"。显然，名声既是毕摩进行慷慨性仪式治疗的动力，亦是保证其得以执行的约束力。仪式举办家庭的邀请给予毕摩以名声，毕摩一旦接受，便须认真履行义务。

在患者及其家庭一方，多会在仪式治疗的尾声，以礼物的形式偿付毕摩一定的报酬，以此感谢毕摩的慷慨服务。因仪式类型、规模不同，毕摩所付出的劳动和时间也有所差异，故村人会在经济许可的条件下，根据不同的仪式类型给予毕摩相应的报酬。以洛觉村为例，如"歇俄布"、"素非即"等小型祈福除秽仪式[②]，村人多给予毕摩50—100元不等的报酬作为回礼；"纽茨日"、"纳固依茨"等中型仪式则会给予毕摩200—300元不等的回礼；而耗时最长、劳动强度最大的尼木类大型仪式，村人会给予毕摩少则3000元，多则10000元的报酬作为回礼。虽然在回礼的价值上，各家会依据自身经济水平有所不同，但皆须满足以上标准。过多或过少的回礼不仅会冒犯其他回礼者，更会打破回礼的竞争平衡圈。不合礼数的回礼被村人视为愚蠢的行为，从而遭致贬低与指责。因而村人认为，在回礼时赚取名声的最好方式，便是在回礼的普遍标准之上略增礼物的价值，通常表现为货币报酬的增加。如普通村民以50—100元作为礼物感谢毕摩为其主持"歇俄布"仪式；某人若想合理地取得优于一般村人的名声，以100—150元作为回礼，即是一种稳妥而不失礼的方式。而若此人的所偿付的报酬高于150元，则会被村人视为故意炫富，不懂规矩。合乎规矩的回礼行为既使回礼者在人情上不亏欠于毕摩，又足以赚取好名声。

从互惠交换的双方来看，礼物的流动满足了彼此对名声的欲求与竞逐，可谓双赢之举。从而，在凉山彝族社会中，仪式治疗双方能够呈现出良好的医患关系局面也就不足为奇。如阎云翔指出，"礼物馈赠是人类社会中最为重要的社会交换方式之一。义务性的礼物往来维持、强化并创造了各种——合作性的、竞争性的、抑或是敌对性的——社会联结[③]"。而在凉山彝族社会中，以毕摩为代表的仪式治疗者与患者之间的互惠行为表现为对合作性社会联结的创造、维持和强化。毕摩的慷慨性仪式治疗服务与患者给予毕摩的报酬被看作礼物的互惠，互惠的动力则来自于整个彝人社会对于名声的竞逐。因此，可将毕摩与患者在仪式治疗过程中的慷慨互惠机制做如下概括：首先，患者及其家庭向毕摩发出仪式邀请，以示对该毕摩的认可。毕摩一旦接受邀请，便须承担为病患及其家庭如期提供慷慨性仪式治疗的义务；其次，仪式治疗结束后，为感谢毕摩的义务劳动，患者需以礼物的形式对毕摩进行馈赠，以履行交换行为所带来的道德义务，满足村人对名声的舆论压力；再者，双方的互惠行为建立起良性的合作关系，并在长期性的互惠交换中得以强化；最后，对名声的竞逐是互惠行为得以发生并维持的驱动力。

四、治疗失败的解释：疾病发生与疗效的运气归因

医疗人类学认为，对病因的解释是解析某一社会医学体系的重要线索。这一研究取向早期集中于

---

① 莫斯：《礼物：旧社会中交换的形式与功能》，汪珍宜等译，台北：远流出版事业公司1989年版，第63—87页。
② 此类小型仪式多在半日内即可举行完毕；中型仪式需1—2日时间；大型仪式则在3—5日之间。
③ 阎云翔：《礼物的流动》，李春放等译，上海：上海人民出版社2000年版，第1页。

"体液说"（humoral）病因论，其在欧亚大陆及拉丁美洲广泛存在，认为健康的前提是平衡，表现为几种对立因素——"冷""热""干""湿"等相互作用的结果①。艾伦·哈伍德（Alan Harwood）对波多黎各人在疾病治疗过程中表现出的"冷、热"病因解释也与此类似②。一些学者也关注到超自然病因论，较早的如20世纪初E. E. 埃文斯－普理查德（E. E. Evans－Pritchard）对阿赞德人的研究，更是将巫术作为疾病的根源进行解释③。此外，在早期病因论研究的基础上，乔治·M. 福斯特（George M. Foster）更是将不同社会的医学体系做了拟人论（personalistic）和自然论（naturalistic）两大类型的划分④。前者认为疾病是由自然、客观的原因所致，相应地治疗也应采取药物、物理乃至手术等自然手段，生化医学、中医、前工业化社会中的各种草医等均属此类；后者认为疾病乃是由超自然因素所致，相应的治疗应求助于巫医、萨满、灵媒等能与超自然力量沟通的治疗者，通过信仰和仪式等手段来实现。福斯特的二元划分实现了病因论研究的理论化，不过，由于诸多民族医学（ethnomedicine）系统都同时归属于以上两大类型，以及诸多社会存在多元医疗体系，体系之间又有重叠，因而福斯特对医学体系进行的理想类型划分在实际研究中依然面临困难。然而，姑且不论上述学者们对多元医疗社会中病因论研究的优缺，其结论大都趋向于将现有的病因解释体系划分为自然论与超自然论解释体系两大类。

随着专业医疗在地方的推进，看似洛觉村人的病因解释体系也存在拟人论与自然论并行的状况，如村人将感冒、发烧、刀伤、动物咬伤等病症归属于自然论范畴，将莫名隐痛、"斯色"、"措乌"⑤等疾病划归到拟人论范畴。但若问及村人致病的根本原因，他们仍会将病因解释转向拟人论，使得自然论与拟人论并行的病因解释体系更接近于疾病的分类框架。2016年4月初，村人子姑上山砍柴，不慎跌倒，导致脚踝扭伤。当笔者在其家中探病时，与其发生了如下对话：

> 我：你的脚怎么了？
> 阿牛子姑：上山砍柴崴到了，肿了。
> 我：为什么会崴到呢？
> 阿牛子姑：不小心被石头绊倒了，就崴了。
> 我：平时经常崴脚吗？
> 阿牛子姑：没有哦，就是运气不好才会崴到，平时都不会，肯定是我的吉诺不高兴，所以我才会崴到脚，要是吉诺不好，不保佑我了，路上就可能有鬼推我。

在村人的致病逻辑中，运气好坏才是是否患病的根本原因，与自身受到的来自吉诺、库伙、沙库三

---

① M. Janzen John, *The Social Fabric of Health: An Introduction to Medical Anthropology*, McGraw－Hill, 2002, pp. 54—55.
② Harwood Alan, "The Hot－Cold Theory of Disease: Implications for the Treatment of Puerto Rican Patients," in Peter J. Brown (ed.), *Understanding and Applying Medical Anthropology*, Mayfield Publishing Company, 1998, pp. 251—258.
③ 参见 E. E. 埃文思－普里查德：《阿赞德人的巫术、神谕和魔法》，覃俐俐译，北京：商务印书馆2006年版，第1—10页。
④ M. Foster George, "Disease Etiologies in Non－Western Medical Systems," in Peter J. Brown (ed.), *Understanding and Applying Medical Anthropology*, Mayfield Publishing Company, 1998, pp. 111—117.
⑤ "斯色"主要表现为关节疼痛，村人认为此病不可去医院治疗，必须请毕摩治疗，在医院打针、输液有导致残疾的危险，多数村人将其汉语译为"风湿"，但笔者认为"风湿"并不能完全概括此种疾病，故依旧使用彝族称谓；"措乌"表现为精神、行为失常，以致失语或胡言乱语，并认为上医院治疗无效，须请毕摩做毕才可治愈。

类运气神灵①的庇佑状况息息相关。无论是划归到自然论还是拟人论的疾病，其致病根因皆非自然因素或致病鬼怪作祟，而是因村人自身所拥有的运气之灵的庇佑能力不足或缺失所致。当笔者问及村人，如遇仪式治疗失败，他们是否会责怪毕摩。村人均表示不会责怪毕摩，认为毕摩只是作为仪式主持者，沟通患者与鬼神的中介人而存在，而相应等级的毕摩皆能熟练主持相关祭仪，因而治疗者角色在疾病治疗过程中所发挥的作用并不大。如村人达体所言："毕摩所主持仪式的流程，所用道具、牺牲的类型都是毕摩经书上规定好的，每一步怎么做，仪式牺牲、道具怎么选，都有严格的规定。尼木措毕等较为复杂的大型仪式还配有专门的图纸，相应等级的毕摩根本不可能搞错，所以仪式治疗失败不可能怪罪毕摩，他们只是负责主持仪式而已。"因而治疗成败的关键仍在以吉诺为代表的运气之灵的状态。此后，笔者就运气之灵与疗效的关系对村人进行了追问。村人吉吉说道："如果病人与毕摩的吉诺天生不匹配，那么仪式治疗必然失败，甚至还可能导致病人病情加重。那做再多的仪式也没有效果，如果同一个毕摩连续失败三四次，病人一般都会邀请其他毕摩为其治病，这是很明显的吉诺不合。若毕摩与病人吉诺相生，治疗的效果就会很好。"

2007年彝族年间，村人勒冲从广东务工返家，突觉全身无力，初以为是水土不服，便选择在家卧床休息。数日后，仍感全身疲惫、精神萎靡，便让其妻子找到达果毕摩进行鸡蛋占卜，卦象显示患者为"斯勒"风湿鬼所侵，须邀请毕摩举行"斯哲涩哲"驱风湿鬼仪式。勒冲妻子当日便邀请达果毕摩为丈夫举行仪式。仪毕，达果毕摩让勒冲在家休养等待康复。而约一周后，勒冲的病情仍然不见好转，便让妻子再次邀请达果毕摩为其举行此仪式。不幸的是，二次仪式过后勒冲的病情如故，便怀疑自身与毕摩的命宫吉诺不合②。当日，达果毕摩便拿出《算命经》占算，果然如勒冲所猜测的一般，两人命宫吉诺不和，仪式失败的原因遂得以解释。达果毕摩便让其另请其他毕摩为其举行治疗仪式。

后其妻邀请类类毕摩为其进行鸡蛋占卜，卦象显示与达果毕摩所做并无二致，勒冲便更加肯定是因吉诺相冲导致仪式失败。村人所认为的吉诺相克导致仪式治疗失败的说法在此得以充分体现。村人达体等人则提供了另一种说法，认为病人的运气之灵在仪式治疗期间的状态是影响治疗效果的关键。如遇病人运气太差，遭遇的鬼怪太过厉害，运气之灵再努力也是徒劳，很多久治不愈的疾病都属此种情况。2016年2月初，村人尔舞突然病重，只能卧病在床，生活无法自理。尔舞的仪式治疗过程持续大半个月之久。遗憾的是，尔舞因疾病未能治愈而离世。笔者有幸参与了这一漫长的疾病治疗过程，得以较为深入地理解村人对运气之灵、鬼神与疾病的看法。

2月10日当天，在得知尔舞病重后，我便与其孙达体一道前往探病。到她家时，便得知其子维吉已经邀请类类毕摩为老阿妈做过鸡蛋占卜，卦象显示为祖灵所化邪灵作祟，须邀请毕摩为其举行"纳"劝祖灵仪式。2月12日，维吉邀请毕摩玛玛为其母举行仪式，几日后，尔舞的病情依旧。2月18日，维吉再次邀请维石毕摩为其母亲举行该仪式，非但没有取得效果，几日后，尔舞的病情反而更加严重。2月26日，当维石毕摩为尔舞举行二次仪式后，尔舞终于再也承受不住病痛的折磨，当天傍晚离开了人世。当晚，众亲朋及邻里便前来吊唁。此时，我难忍心中疑惑，便向维吉问道："为什么毕摩们为你母亲做了多次仪式都没有效果，直到她今晚去世，你都没有责怪或者怨恨过他们？"维吉略感疑惑地反问我："为什

---

① 运气之灵多为祖灵所化，因"吉诺"对人的影响最大，故村人常以"吉诺"代称运气之灵。
② 村人一旦邀请某位毕摩为其举行治疗仪式，即表示对该毕摩的认可，因而皆听从毕摩的安排，不会提出在仪式治疗前先让毕摩占算彼此命宫吉诺是否相符的要求，这被村人视作是对毕摩的不信任和不尊重。

么要责怪毕摩呢？人家毕摩只是来帮忙的，要做什么仪式都是提前根据鸡蛋占卜所显示的内容算好的，毕摩只是中间人，他们不行，换其他毕摩来一样不行，归根究底，还是我母亲自己的运气不好，吉诺太差了。哪有理由去责怪毕摩呢？"而一道来吊唁的村人克石补充道："在我们这里，毕摩给病人做仪式治疗时，即使病人当场病危、死亡，主人家仍会好言感谢毕摩的辛苦劳动，恳请毕摩离开，然后为死者准备后事。这一切都是病人自己的运气，和毕摩没有关系。"

综上，就运气之灵与疗效的关系，大致可从以下两方面得以归纳：一、病人与毕摩命宫吉诺的匹配程度。若命宫吉诺匹配，则有助于疗效的提升，反之则会导致病情加重。二、患病期间病患所属吉诺的状态。若患病期间，病患吉诺状态不佳，无法抵御鬼怪入侵，举行再多的仪式亦无效果。此外，吉诺状态不佳还会导致鸡蛋占卜无法准确显示病人所遭遇鬼神的类型及病人的病灶，从而误导仪式类型的选择，无法做到"对症下药"，导致仪式治疗失败。简言之，彝人均将仪式治疗成败的原因归结于运气之灵，而非以毕摩为代表的仪式治疗者的技艺水平或相关仪式的操演能力，仪式治疗者只是作为鬼、神与人的中介者而存在。因而，在仪式治疗中，患者与神、鬼才是矛盾的双方。正常情况下，仪式治疗者与患者之间自然不存在产生医患纠纷的可能。村人对疗效的归因，使得以毕摩为代表的仪式治疗者免于因仪式治疗失败而遭受责难，反而以慷慨施助者的形象活跃于村人的视野当中，成为仪式治疗良好医患关系格局的重要原因。

五、讨论

以绝对理性为基础而建立的现代社会，似乎并没有兑现其美好社会的愿景与承诺，当代社会的角落无不充斥着现代性的张力。着眼于医疗领域，当今世界的现代医疗体系亦是以西方生化医学为顶点，从上往下地开始从各个方面向地方逐级推进。在现代性的裹挟中，以西方生化医学为主导的专业医疗层面在当代社会出现了前所未有的医患关系困境。研究者们从体制、医患沟通、网络信息技术、知识权力与求医成本等诸多方面对医患关系所做的研究也并没有为专业医疗层面的医患关系困境找到满意的答案或者是强有力的解决策略。而医学领域的现代性不仅带来了西方生化医学在全球范围内的推广，还促进了医疗体系在各个社会的多元共生。在专业医疗领域出现现代性的困境之时，是否意味着我们可以尝试从诞生于简单社会或初民社会的仪式治疗领域寻求医患关系的另一种自然状态。

在凉山彝族社会，对疾病与疗效的归因是形塑凉山彝族仪式治疗医患关系格局的重要原因之一。相较于现行专业医疗领域中，患者将医生作为治疗失败的直接责任人的追责机制，彝人认为以吉诺为代表的运气之灵的状态好坏才是导致疾病是否发生、是否有疗效的直接因素。尤其是对疗效的归因——彝人将治疗失败的原因归结于患病期间，庇佑自身的运气之灵状态不佳，无法为病患的灵魂提供足够的庇护，以致鬼神入侵而患病——直接使得以毕摩为代表的仪式治疗者免于受到治疗失败后来自患者及其家属的责难，这也成为当地医院医患冲突事件远少于周边汉族地区的重要原因。此外，凉山彝族仪式治疗过程中医患双方的互动机制即慷慨互惠，因慷慨互惠而创造的合作性社会联结亦是其医患互动呈现出良好格局的重要原因之一。与基于等价交换原则的商品经济模式的现代专业医疗机构的运营模式相比，凉山彝人社会中发生的仪式治疗行为呈现出礼物经济的特征。凉山彝人社会将仪式治疗者为病患提供的仪式治疗服务视为慷慨馈赠，患者为仪式治疗者提供的报酬则以回礼的形式存在，礼物的互惠交换成为架构医患双方治疗行为的桥梁。

凉山彝族社会的声望机制亦足以成为这一礼物互惠交换行为的内在动力。在等级观念明显的彝人社会中，名声与社会地位的高低紧密相连，以毕摩为代表的仪式治疗者同病患间的医患互动除满足基本的医疗目标外，对名声的欲求与竞逐是慷慨互惠得以发生的驱动力。如萨林斯（Marshall Sahlins）所言："从者慕之，盛名属之，皆因慷慨卓然，慷慨之人自然好评如潮，豪爽大方通常被视作领袖身份的启动机制，因为这为他带来了追随者。"[①] 医患间的慷慨互惠也在基本的医患互动中衍生出了稳定的社会关系，医患双方承担着道德的义务，违规或逾矩被看作有损名声的不智之举。毕摩所提供的慷慨性仪式治疗服务与患者的礼物馈赠以慷慨互惠的形式存在，而"因礼物的流动所创造的联结，便是人们之间的相互依赖关系[②]"，将其置于医患互动的社会文化情境中，便是形塑良好医患关系的关键因素。在诸如凉山彝族社会的大量民族地区，当地社会的民俗医疗或仪式治疗领域依然保持着良好的医患关系局面。因而，对其医患影响因素及互动机制的探讨，无论是从学理上为医患关系的研究寻找新的理论发生点，还是在现实应用中对反思和改善专业医疗领域所面临的医患关系困境提供新的思路，皆有其意义与价值。

---

① 马歇尔·萨林斯：《石器时代的经济学》，张经纬等译，北京：三联书店2009年版，第242页。
② 阎云翔：《礼物的流动》，李春放等译，上海：上海人民出版社2000年版，第4—5页。

Fortune and Gift: The Sociocultural Context of Doctor-Patient Relationship of the Liangshan Yi People's Ritual Treatment

ZHUANG Liu

Abstract: Doctor-patient relationship is one of the important topics in medical anthropology. At present, most of the relevant researches focus on professional or formal medical field, but less attention is paid to the doctor-patient relationship in ritual therapy. Based on the field survey of a village in the hinterland of liangshan mountains, this paper studies the doctor-patient interaction mechanism and its influencing factors in the ritual therapy of liangshan yi people from the perspectives of exchange and reciprocity of the reputation of medical practitioners in the flow and attribution of disease and effect when treatment fails. The exploration of another natural state of doctor-patient relationship from the field of ritual therapy has its significance and value, whether it is to search for a new theoretical point for the research of doctor-patient relationship from the perspective of theory, or to provide new ideas for reflection and improvement of the doctor-patient relationship dilemma faced by the professional medical field in the practical application.

Key words: Liangshan Yi People; Doctor-Patient Relationship; Ritual Therapy; Reciprocity; Disease Explaination

"组织起来": 20世纪50年代前期民族地区的卫生行政与干部
——以黔南为中心*

李飞龙**

摘 要 20世纪50年代前期,黔南地区卫生行政的创建与卫生干部的培养,表达了国家推行大一统和塑造中华民族共同体意识的强烈意愿。黔南与汉族地区一样,均创建了现代卫生管理部门叠加卫生医疗机构的基层卫生行政,并将传统医药改造后纳入其中,辅之以临时性的爱国卫生组织。在卫生行政的执行者层面,国家将卫生干部分为骨干、基干和辅助三种不同的群体,分类予以使用。简言之,不论是卫生行政还是卫生干部,都被"组织起来",纳入国家统一管理的卫生网络之中。当然,在强调卫生行政与干部之国家属性的同时,也不是完全否认其具有的地方特征与民族性。

关键词 组织起来;民族地区;卫生行政;干部;黔南

DOI: 10.13835/b.eayn.30.05

一、问题的提出

自从20世纪70年代末期以来,西方汉学研究中出现了一股后来被称为"地方研究"的新趋势。[①]受此影响,近年来,中国学术界也开始注重"地方研究",逐渐将自然、组织、文化等地域要素纳入其中,且不断扩大"地方研究"的领域,诸如妇女、少数民族等。本文所讨论的民族地区就是"地方研究"的延续。遵循"地方研究"的路径,我们发现民族地区的权力结构、乡规民约,以及历史习惯,更具有地方特征。

在考察20世纪50年代前期的卫生防疫时,我们也发现许多民族地区的族群特征并不明显,地方的传统医疗,尤其是民族医药并未扮演着应有的角色。或者说,民族地区的卫生防疫并未显现出地方特征。许多民族地区与汉族地区一样,均是构建了现代卫生管理部门叠加卫生医疗机构的基层卫生网络,并将传统医药改造后纳入其中,辅之以临时转向常设的爱国卫生组织。同时,将卫生干部分为骨干、基干和辅助三种不同的群体,以便具体使用。简言之,不论是卫生行政还是卫生干部,都被"组织起来",纳入

---

* 本文受重庆市社会科学规划项目(项目编号:2021NDYB016)资助。
** 李飞龙,西南大学中共党史党建研究院教授,研究方向:近现代西南区域史。
① 陈耀煌:《从中央到地方:三十年来西方中共农村革命史研究述评》,(台北)《"中央研究院"近代史研究所集刊》第68期,台北:"中央研究院"近代史研究所,2010年,第143—180页。

国家统一管理的卫生网络之中，这是 20 世纪 50 年代前期民族地区卫生防疫国家化的重要原因。

关于卫生医疗史的研究，可谓是汗牛充栋①，尤以台湾地区为甚。大致而言，医疗史研究经历了一个从生物医学模式向"生物—心理—社会"医学模式的转变。尤其是受到福柯关于"知识—权力"话语分析影响后，医疗史渐由过去分析医生和病人的语境，从正面评价医生的成就，转向批评医生的霸权，进而考虑疾病复杂的社会影响。具体到 20 世纪 50 年代的卫生医疗史，亦有不少的讨论。② 不过，上述研究均未专门论述 20 世纪 50 年代前期民族地区的卫生行政与干部。

鉴于此，本文将选取黔南为考察对象，试图在"地方研究"的框架下讨论 20 世纪 50 年代前期民族地区卫生行政与干部的地方特征与民族性。之所以选择黔南，主要理由有二：其一，黔南并不是由单一民族构成，而是一个以布依族、苗族为主的多民族地区，少数民族多达 36 个，占总人口的一半以上。③ 民族间融合程度较高，与汉族接触频繁，有助于国家建立"组织起来"的卫生网络。其二，近代黔南地区的卫生医疗体系相对完善。清中以降，伴随着基督教与天主教的传入，西医被传教士带到黔南，加上稍早进入黔南的中医以及原有的苗医，共同构成了黔南地区卫生医药的基本框架。因此，20 世纪 50 年代的卫生行政与干部就涉及黔南地区"组织起来"的卫生网络，新旧机构的交替以及不同群体的改造等诸多问题。

二、创立、接管和改造：基层卫生行政的形成

与晚清从地方出发，各自为政发展起来的卫生行政不同，20 世纪 50 年代初期，国家在新解放区建立的卫生行政依据的是中央政府制定的法规，推行的是全国模式。黔南民族地区的卫生行政与汉族地区并无本质差异，逐渐形成了现代卫生管理部门叠加卫生医疗机构的基本框架。

（一）管理部门与医疗机构

黔南地区的卫生管理部门大致经过了从卫生科到卫生局的渐进转变。1950 年 7 月 1 日，就在黔南解放不久，独山专署卫生科即宣告成立。1952 年 12 月，独山专区改称都匀专区，独山专署卫生科相应改称都匀专署卫生科。1956 年 8 月，黔南布依族苗族自治州建立后，专署卫生科改称州卫生局。在专属卫生科的指导下，各县卫生科也宣告成立。1951 年 9 月，都匀县人民政府卫生科率先成立。1953—1954 年，贵定、三都两县卫生科相继建立。至此，都匀地委下辖的 12 县卫生科均告建成。④ 不过，黔南地区卫生

---

① 具体参见余新忠：《中国疾病、医疗史探索的过去、现实与可能》，《历史研究》2003 年第 4 期；余新忠：《当今中国医疗史研究的问题与前景》，《历史研究》2015 年第 2 期。
② 如李洪河：《新中国的疫病流行与社会应对（1949—1959）》，北京：中共党史出版社 2007 年版；胡宜：《送医下乡：现代中国的疾病政治》，北京：社会科学文献出版社 2011 年版；肖爱树：《1949—1959 年爱国卫生运动述论》，《当代中国史研究》2003 年第 1 期；胡克夫：《新中国社会主义卫生事业和防疫体系的创立与发展》，《当代中国史研究》2003 年第 5 期；艾智科：《新中国成立初期的城市清洁卫生运动研究》，《中共党史研究》2012 年第 9 期等。
③ 黔南布依族苗族自治州史志编纂委员会编：《黔南布依族苗族自治州志·民族志》，贵阳：贵州民族出版社 1993 年版，第 1—7 页。
④ 黔南布依族苗族自治州史志编纂委员会编：《黔南布依族苗族自治州志·卫生志》，贵阳：贵州人民出版社 1994 年版，第 23、25 页。

管理部门的力量显然不强，独山专署卫生科成立时仅有工作人员4人；有些县份直至1954年才建立卫生科，此时距离新政权建立已有5年之久。很难想象在卫生管理人员严重缺乏，卫生领导机构长期缺失的情况下，黔南地区是如何开展卫生防疫的。

我们发现，20世纪50年代初期，黔南地区的卫生管理部门并不仅是卫生科，各级人民医院也充当着卫生管理的角色。比如县级卫生医院，实行的是行政归属和业务关系分离制，即在行政归属上，县卫生院归县政府民政科领导，在业务关系上，县卫生院归省卫生处统一领导。这种业务和行政分离的机制，是在各县卫生科普遍缺失的背景下实行的，直至1954年，各县卫生科普遍建立以后，卫生科、卫生院才与民政部门完全脱钩，独立自成体系。卫生医院归属不明、领导权不清、独立性不强之原因可能是多方面的，但起码说明各级政权对医疗机构重视程度不够。

不仅如此，卫生医院的规模也不大。以黔南州人民医院为例，早在1950年2月，都匀县人民政府就派军代表接管了原国民党管辖的县卫生院。独山专署卫生科成立时，都匀县卫生院划归专署卫生科领导，明确为专署卫生院，此时全院仅有病床30张，医务人员20名。1956年黔南自治州成立时，黔南州人民医院病床增加到85张，工作人员有73人。如此规模，不论是病床数，还是医务人员数，均难满足黔南民众寻医治病的需要。就整个黔南地区而言，医务人员的数量也极为缺乏。1950—1954年，贵州省派往黔南地区的医师只有3人，然后又调走2人，实际上五年间下派的仅有1人，护士也只有6人。① 1949年，黔南地区共有医务干部54名，其中都匀县最多，为9人，望谟和紫云最少，分别只有1人。1952年，医务干部人数有所增加，为255人，其中丹寨县最多，为29人，三都县和长顺县最少，分别为6人和7人。② 多数县份的编制未满，如都匀专区医院编制为30人，实际远未达标。③

在县卫生院之下，各地还设有区卫生院和乡卫生所。为了照顾少数民族疾病治疗，1952年上半年，黔南专门在都匀的江肘、独山的下司、龙里的羊场和洗马、贵定的第六区、惠水的第四区和第八区、荔波的第三区，以及三都的桥桑等民族聚集区建立了9个民族区卫生所。截至1952年底，贵州省共建立民族区卫生所38个，省及专区民族巡回卫生工作队7个，巡回医疗组10个。④ 只是，不到一年，民族区卫生所又被改为普通卫生所。1953年4月22日，根据中央和西南卫生部的指示，以及贵州省第四届卫生行政会议关于民族卫生所改为区卫生所的决定，荔波县第三区的周覃民族卫生所改称为第三区卫生所。⑤ 民族区卫生所改为普通卫生所，可以看作实现了两者的同等管辖权，也可认为是黔南民族地区的国家化举措。

在卫生行政与少数民族需求之间，很难做到均衡。1953年，平越县（福泉县）凤山镇一村邱裕善代表函请在该处设立卫生所，以便周围民众可以治病和防治疫情。不过，平越县人民政府回复："根据我县省规定设立一院三所，机构人员均为固定，县不宜增添，根据现有三所，经研究不宜设立凤山镇，故此我县可以请示省是否增设一个所。"⑥ 凤山镇是少数民族占多数的乡镇，他们的要求理应得到满足，但是

---

① 都匀专属卫生科：《都匀专区1954年卫生工作报告》（1955年3月8日），黔南州档案馆：51-3-414。
② 《黔南布依族苗族自治州医疗防疫机构统计表》，黔南州档案馆：80-1-38。
③ 《都匀专区医院1952年度工作总结报告》，黔南州档案馆：51-2-285。
④ 陈曾固：《贵州一年来工作概括与今后任务》（1953年1月21日），耿晓红主编：《建国后贵州省重要文献选编》（1953—1954），2009年12月，第9页。
⑤ 荔波县地方志编纂委员会编：《荔波县志第9册·科教文卫》（评审稿），第172页。
⑥ 平越县人民政府：《凤山镇是否可以设卫生送请示省研究》（1953年5月2日），黔南州档案馆：51-3-93。

贵州省规定每县均只能设置一院三所,凤山镇就不能再单独设卫生所。

上述黔南地区卫生管理部门与医疗机构的讨论,告诉我们两个问题:其一,在卫生管理人员严重缺乏,卫生领导机构长期缺失的背景下,卫生医疗机构在其中扮演着相当重要的作用。但不论是卫生管理部门还是医疗机构,力量均比较薄弱,这可能是少数民族对到医院治疗疾病认可度不高的结果①,也可能是客观医疗条件有限,或者是各级政府对疾病治疗的重视不够。其二,随着新政权政治环境的稳定,黔南地区卫生医疗机构的民族特征逐渐变弱,国家化趋势明显。即便少数民族对卫生医疗有所需求,也因行政规划而无法得到满足,黔南地区的"地方化"特征,并未得到充分认可。

但是,针对卫生管理部门和医疗机构得出的结论,并不适应于黔南地区的卫生防疫。为了防治传染病,最早建立起来的是都匀民族卫生防疫站,内设防疫股、卫生股、检疫股、事务管理股、卫生宣传股,其中防疫股又分为流行病学组、疫情统计组、医师、消毒,流行病学组还有防疫和防治的区分。②都匀民族卫生防疫站编制的复杂程度远甚于专署卫生科,以及黔南州人民医院。为了充实各县防疫力量,1956年7月,以专区卫训班学员为主,组成了10余个疟疾防治组,下到各县协助开展疟防工作。同年11月,都匀民族卫生防疫站更名为黔南布依族苗族自治州卫生防疫站,下设卫生股、防疫股、行政股。1957年初,贵州省防疫大队三、四、六分队共70余人下派至黔南,与原州疟防组合编为五个防疫分队隶属州站,并下放各县。与专署卫生科与各级医院比较,不论是内设机构,还是防疫人员,防疫站都更加复杂,地位也极为重要。同时,从都匀民族卫生防疫站,到黔南布依族苗族自治州卫生防疫站,防疫站的民族性一直得以保留。

可以肯定的是,20世纪50年代前期黔南地区卫生防疫的地位要远重于疾病治疗。其原因是多元的。首先,预防传染病是20世纪50年代卫生工作的基本方针。1950年8月,在第一届全国卫生会议上,正式确立了"面向工农兵,预防为主,团结中西医"为中国卫生工作的三大原则。"预防为主"的卫生方针既是国家走向现代化的必然选择,也凸显了卫生工作以"人民"为主体的政治导向,更决定着各地会将防疫视为卫生工作的重心。其次,黔南地区疟疾、痢疾、天花等传染病疫情严重的客观事实,也会决定防疫的重要地位。以疟疾为例,仅在1955年10月中旬,黔南地区疟疾患者即达到28911人,其中死亡86人。③1956年,黔南14个县疟疾患者33948人,死亡90人。④如此严重的疟疾,不仅危害了民众的健康,还形成了"瘴疠之地"的说法。再次,以防疫为中心的理念是晚清以来历史的延续。从晚清开始创立的卫生行政,主要是围绕着防疫而展开,内容集中在清洁、消毒、检疫、隔离等方面。⑤除参与度有所区别外,20世纪50年代卫生防疫与晚清卫生防疫的逻辑是一致的。

以上原因导致了20世纪50年代黔南地区的卫生行政以防疫为中心。考虑到罗甸县疟疾疫情严重,1952年7月,贵州省在罗甸县城关专门设立了省级的疟疾防治所。1954年6月,疟疾防治所移交罗甸县

---

① 需要说明的是,20世纪50年代初期,民族地区的医院管理仍有诸多问题,民众的认可度不可高估。这里仅举两个事例:一是1953年,荔波县卫生院因夜里无人值班,病人死在床上无人知晓。这说明医院缺少起码的值班制度。二是1952年,在都匀专区医院仅有30张病床的情况下,平均每日病床的使用率仅为68%。我们不太相信这是由患者人数少所致,而是表明民众对医院的认可度低。参见都匀专区卫生科:《都匀专区1954年卫生工作报告》(1955年3月8日),黔南州档案馆:51—3—414;都匀专区卫生院:《都匀专区医院1952年度工作总结报告》,黔南州档案馆:51—2—285。
② 《都匀民族卫生防疫站组织编制表》,黔南州档案馆:80—1—38。
③ 都匀专属卫生科:《目前疟痢疾上升情况》(1955年10月25日),黔南州档案馆:51—3—414。
④ 黔南自治州卫生防疫站:《1956年工作总结报告》(1957年1月1日),黔南州档案馆:80—1—4。
⑤ 余新忠:《清代卫生防疫机制及其近代演变》,北京:北京师范大学出版社2016年版,第122页。

管辖，改称罗甸县疟疾防治站。1956年，为了加强县级防疫力量，贵州省决定将各县的防疫组、抗疟组合并成立县防疫队。原专属、自治州驻在县之巡回医疗队亦并入当地县防疫队。县防疫队与县医院均直属县人民委员会领导。① 截至1956年，黔南地区共有卫生防疫站4个、防疫巡回站1个、防疫疟防组75个，其中有40个为州直属单位，防疫干部达到550人。②

（二）联合诊所与爱国卫生运动委员会

清中以降，黔南地区逐渐形成了西医、中医、苗医共存的格局，并延续至民国。不论是何种类别，医师都被定义为自由职业者，尤其是中医，从来都不是一个专业群体。他们的成分复杂，有科举失败的儒生、四海为家的江湖医生，或仅凭某种药方的游方郎中。民国时期，虽然政府在医师职业资格准入制度上付出了努力，颁布了一些法令法规，对医师、助产士、药剂师、护士等职业都执行了相关的准入制度，比如1928年颁布的《医师暂行条例》。③ 但仍没有办法建立一个完善的职业资格准入制度，无法避免无证从医的现象。

新政权建立以后，根据各行业"组织起来"的原则，中西医工作者成立了都匀县卫生工作者协会，共有会员50人，不开业的医务人员也被纳入其中。协会根据会员居住的分布情况，分组定期学习国家的方针政策、时事和业务。每周集中开大会一次，内容也是学习中央文件。④ 通过卫生工作者协会，国家就将散居在都匀周边的医务人员纳入组织网络之中，并以学习文件的形式来改造传统医务人员思想。

1952年，卫生工作者协会被改造成联合诊所。都匀县的4家中药房兼诊所和4家西医诊所共同成立了联合诊所，他们的药械、家具和小部分现金被折算划入联合诊所之中。相比较以往分散就诊的情况，新成立的联合诊所在人数和分工上都超过了前者，计有中医师6人、西医师7人、助产士1人、从业人员4人，共18人；在分工上，联合诊所设有中医科，内、外、妇、儿科，治疗室（包括注射、换药和治疗），挂号收费处等。此时的联合诊所仍属于集体性质，自负盈亏，但必须接受都匀县卫生科的领导。1953年，联合诊所正式开诊。⑤ 其他县份的联合诊所也基本类似，比如民主人士周玉书在麻江城关成立了一个中医联合诊所，为麻江民众诊治疾病。⑥ 1952年7月，独山县联合诊所也宣告成立，共有中西医药人员11户12人。⑦ 至1952年底，已有都匀、独山、贵定、龙里、三都、瓮安、福泉等7个县建立了联合诊所。

都匀县联合诊所成立以后，服务区域随之扩大，分工也更加精细。1953年初，曾抽调一部分人员携带药品，到各区乡开展巡回医疗工作，担负各区的防疫和医疗任务。后又将巡回医疗改为固定的区乡诊

---

① 《贵州省人民委员批转贵州省卫生厅制发1956年卫生事业单位和中级卫生学校人员编制方案希按照执行\[（56）省卫人密字第281号\]》（1956年12月20日），黔南州档案馆：80-1-38。
② 《黔南布依族苗族自治州医疗防疫机构统计表》，黔南州档案馆：80-1-38。
③ 张在同、咸日金编：《民国医药卫生法规选编（1912—1948）》，济南：山东大学出版社1990年版，第52页。
④ 王文惠：《都匀联合诊所的建立和发展》，载黔南州政协文史资料编辑委员会编：《麻江文史资料》（第1辑），1983年11月，第191页。
⑤ 王文惠：《都匀联合诊所的建立和发展》，载黔南州政协文史资料编辑委员会编：《麻江文史资料》（第1辑），1983年11月，第192页。
⑥ 周家珩：《民主人士周玉书》，载政协麻江县委文史资料编辑委员会编：《麻江文史资料》（第4辑），2003年11月，第167页。
⑦ 邓照德：《独山县医药卫生的发展情况》，载独山县政协文史资料研究委员会编：《独山文史资料选辑》（第5辑），1986年12月，第127页。

所，加强民众医疗需求的日常服务。1953年下半年，联合诊所增设了骨科、针灸科、牙科等新业务。1954年，又自办了护士培训班，招收具有高小以上文化程度的社会青年6人，以补充护理人员之不足。1957年，都匀县联合诊所改建为都匀县联合医院（中西医），病床由原来的12张，发展到60张。此时，院内仅有老中医6人，老西医7人，人员不足。为此，都匀县委曾先后调入和分配大专毕业生3人，中专毕业生及转业军人7人，并且成立了党支部，先后调配支书2人，加强党的领导。恰逢各区纷纷建立区卫生所，联合医院就将各区分所撤回。①

至此，1949年之前的中西医完成了由卫生工作者协会，向联合诊所，再向联合医院的转变，并最终建成了社会主义的新型医疗机构。这种转变大体借助于三种手段：一是通过政治学习和各种运动来实现原有中西医人员的思想改造；二是不断增加社会主义新型医务人员的输入，尤其是刚从学校毕业的大中专学生和部队转业人员；三是设立党的组织，成立党支部来加强联合医院的领导力量。

当然，并不是所有的西医、中医、苗医都加入了联合诊所，还有一大批的民间医师散居各地。他们也被集中起来，参加各种学习。1956年，福泉县人民委员会卫生科将散居在各场镇及农村的28名中医、4名西医、91名草药医，全部组织起来，集中学习。② 根据都匀县的统计，共有中草药医299人，其中95%散居在各个乡村，其中不乏有伪职经历者。王司乡中草医韦德芳民国时期做过保长，新政权建立后一直不敢行医治病，经教育后，表示要积极参加防治工作。③

总的来说，新政权通过接管国民党的医疗机构，遣回传教士及其诊所，边缘化"巫医一家"的苗医药④，并将散落民间的西医、中医、苗医组织起来，或加入联合诊所，或集中学习，从而实现了传统社会自由职业之医师的改造，并将其纳入国家的统一管辖之中。不过，由于新政权在接管、改造和创立卫生行政时，并未过多关注黔南地区的民族性，如合理使用苗医药，致使卫生行政中的地方特征并不明显。

需要强调的是，除了卫生科、卫生院、防疫站和联合诊所外，还有围绕时段性中心任务的各级爱国卫生运动委员会。新政权成立之初，卫生运动主要以清洁大扫除为主。到1952年，卫生防疫的中心任务就转变为以反对美国细菌战为中心，并渐变为一种日常生活的政治。⑤ 1952年8月，黔南地区专门成立了专区卫生防疫委员会，下设秘书、卫生、宣传三个组，办公地点设在专区卫生科。1953年4月，专区卫生防疫委员会更名为专区爱国卫生运动委员会。抗美援朝结束以后，国家开始进入有计划的社会主义建设，这时爱国卫生运动的主要任务变为以改善农村卫生状况，保护劳动力，即以"除四害"、讲卫生、消灭疾病为主要内容。1958年2月，根据《农业发展纲要四十条》的要求，爱国卫生运动委员会又更名为"除四害"爱国卫生运动委员会，由主任、副主任和委员共11人组成。⑥ 虽然爱国卫生运动委员会不断变动，主要任务也时常改变，但仍可看出，从1952年开始，爱国卫生运动委员会已是卫生治理中的一种常

---

① 王文惠：《都匀联合诊所的建立和发展》，载黔南州政协文史资料编辑委员会编：《麻江文史资料》（第1辑），1983年11月，第192—193页。
② 福泉县人民委员会卫生科：《福泉县中医工作总结》（1956年7月4日），黔南州档案馆：80-1-14。
③ 都匀县人民委员会：《1956年中医工作总结》（1956年10月9日），黔南州档案馆：80-1-14。
④ 李飞龙：《新中国成立初期西南地区卫生防疫中的去污名化与权力扩张——以黔南疟疾防治为例》，《西南边疆民族研究》，2018年版，第25辑，北京：社会科学文献出版社，第204—214页。
⑤ 杨念群：《再造"病人"：中西医冲突下的空间政治（1832—1985）》，北京：中国人民大学出版社2013年版，第465页。
⑥ 黔南布依族苗族自治州史志编纂委员会编：《黔南布依族苗族自治州志·卫生志》，贵阳：贵州人民出版社1994年版，第26页。

设机构，并成为新中国初期医疗卫生体系中的重要组成部分。①

通过对卫生管理部门、医疗机构、联合诊所以及爱国卫生运动委员会的讨论，我们认为：新政权通过创立、接管和改造等不同手段，逐渐形成了一套完整的卫生行政体系，并将医药人员、医药资源置于国家系统之中，统一管理与支配。在国家卫生行政面前，黔南卫生地方特征的趋势是逐渐走弱的。

三、骨干、基干和辅助：卫生干部的培养

卫生干部的培养历来为国家所重视。1951 年 4 月 4 日，在政务院批准和颁布的《卫生部关于健全和发展全国卫生基层组织的决定》中，国家确定了卫生干部的主要来源，以及培养的基本原则。

> 为了健全和发展卫生基层组织，中央及各大行政区卫生部教育部应有计划地于三五年内在全国各地培养一定数量的医务干部，其中特别注重于培养医士与助产士等中级卫生人员，作为领导工矿农村卫生工作的骨干。各地专署与县（市）人民政府在条件许可下，应开办初级卫生人员训练班，抽调各乡村妇联干部、小学教师、新民主主义青年团团员等受训，作为工矿农村的基干队伍。此外，并应举办旧接生婆训练班。对于各地中医，应开办中医进修班（或学校），或动员其参加中、初级卫生训练机构，使其能用新的科学方法结合原有经验为人民服务。②

从《决定》可知，新政权基层卫生工作人员主要有三个来源，并分别扮演着骨干、基干和辅助等不同的角色。下面将逐一讨论之。

第一个来源是国家利用 3—5 年时间培养的医务干部。他们大多来自工农，从教育的初始阶段接受的就是社会主义的教育，理所当然地成为卫生工作的骨干，是工矿、农村卫生医疗的领导力量。

不过，20 世纪 50 年代前期，县级，甚至市级政府都还不具有独立培养基层卫生骨干的能力。比如，黔南地区就没有专门的卫生学校，直到 1958 年，才有省医士学校、助产学校及遵义护士学校调拨部分教师和学生到黔南，合并成立都匀卫校。创建时，有教职工 28 名，在校生 311 名。③ 在此之前，该地区的专业卫生人员主要来自贵州省的下派。关于民族地区医务干部的规模，贵州省全脱产卫生人员之培养可以作为参考。1951 年 5 月，中央民族访问团在凯里举办了少数民族卫生人员训练班，学员 57 人；卫生学校、医专及派往省外学习公共卫生的人员有 48 人。1952 年，贵州省成立了民族医疗队 20 个，共 64 人；培养高级卫生干部 12 人、中级 80 人；7 个专区，每个专区训练少数民族初级卫生人员（包括卫生员、接生员）60 名，共计 420 人。同年，贵阳医学院培训初级卫生员和卫生小组长 329 人、新法接生员 32 人。1954 年，贵州省卫生学校招收少数民族学生 101 人，该年贵州省共培养高级卫生干部 6 人、中级 211 人、初级 4212 人。1949—1954 年，贵州省在民族地区共培养全脱产的初级卫生人员 3400 余人，另有在职民

---

① 此外，还有大量非常规化组织——卫生工作队，比如肩负土改人员健康任务的土改卫生工作队。具体参见李飞龙：《卫生与政治：1950 年代前期西南土改卫生工作队研究》，《现代哲学》2018 年第 2 期。
② 《卫生部关于健全和发展全国卫生基层组织的决定》（1951 年 4 月 4 日政务院批准，同日公布），载中央人民政府法制委员会编：《中央人民政府法令汇编》（1951 年），北京：法律出版社 1982 年版，第 593—594 页。
③ 张弢：《黔南民族卫生学校》，载政协贵州省都匀市委员会：《都匀文史资料选辑·第 6 辑》（校史专辑），1987 年版，第 39 页。

族卫生干部537人。截至1955年，中级卫生学校也招收了少数民族学员483人，毕业216人。此外，贵阳医学院亦招收少数民族学生25人，大都分配在民族地区从事卫生工作。①

从贵州省全脱产卫生人员的培养规模看，省、市两级培养的全脱产高级、中级和初级卫生干部，以及医学院培养的青年学生，构成了此类群体的核心。但是，贵州全省培养的卫生干部仅有寥寥数千，分配在民族地区更是数量有限。尽管中央及各地均强调放宽条件招收少数民族青年到卫校、医学院和其他医疗机构学习、进修，并在有条件的地区创办初级卫生干部训练班及卫生学校，培养医士、助产士和中级检验人员等各种层次的卫生人员，但效果并不显著。尤其是基层条件艰苦，医务干部又兼具管理职权，致使他们更多地集中于地委、县、区的卫生行政机关、县级医院和防疫站等，广大乡村的卫生工作则基本由种痘员、接生员、保健员等兼职卫生人员来完成。

第二个来源是乡村妇联干部、小学教师、新民主主义青年团团员转化或兼任的医务人员。该部分人群多来源于新中国各项政治运动的锻炼和成长，由他们辅助医务干部，也能确保卫生工作政治方向的正确。

此类卫生人员训练的载体主要是民族卫生训练班、卫生人员训练班、短期训练班等。1951年11月15日，黔南地区第一期民族卫训班开学，招收学员65名，其中少数民族学员56名，内含苗族20名、水族9名、布依族13名、侗族13名、壮族1名，学习时间为8个月。1952年7月结业时有56人获得结业证书。第一期民族卫训班所教授课程包括政治、传染病、环境卫生、妇幼卫生、个人卫生及细菌学、解剖学、药物学、外科学、护理学、急救学、卫生行政等12门。第一期学员结业后，第二期民族卫训班又开始培训，共招收学员62人，其中少数民族40人，学习时间为6个月，该期学员全部获得结业证书。同时，黔南地区还举办了多期卫生人员训练班，学制相对较短，多为1—3月。第一期招收学员137名，其中少数民族62名；第二期招收学员140名，其中少数民族60名；第三期招收学员115名，其中少数民族39名。卫生人员训练班所授课程包括政治、卫生行政、环境卫生，以及疟疾、麻疹、百日咳、痢疾、肠炎、天花等传染病的防治、疫情报告、常用药物知识、六六六杀虫剂的使用、漂白粉饮水消毒等15门课程。此外，黔南地区曾组织过多次短期培训班，1950—1953年，共培训种痘员、卫生员7564人，这种短期培训班的时间最短。② 从民族卫生训练班、卫生人员训练班、短期训练班的培训内容看，各自的职能和分工相对明确，民族卫生训练班培训出来的卫生人员是作为基层社会的常规人员来使用，所以要求他们掌握的卫生知识较为全面，学制也最长；卫生人员训练班培养人员的主要任务是疫情监控和防治，他们所学知识基本为传染病的防控；短期训练班培训人员主要用于普及型种痘。

除正规的培训外，还有各村寨卫生人员的轮训。1951年11月中旬到12月底，贵定县卫生科和卫生院举办了基层卫生人员轮训班，参加学习的卫生员有150多人，多为各村寨的卫生委员。训练内容主要包括三个方面：一是思想政治方面。在学习上级政府关于卫生工作方针、政策的过程中，将农村缺医少药，以致造成有病无钱医、有钱难找医的困境，归因于国民党政府不关心人民疾苦，不重视设置区、乡卫生机构。并要求学员结合地方实际，从本人的家庭成员中或亲戚朋友中找到事例进行证明，以增强培训人员的政治认知。二是要求学员在工作中要做好动员，将民众组织起来。学员要以标语宣传的形式让民众

---

① 贵州省民族事务委员会编：《贵州民族工作五十年（1949—1999）》，贵阳：贵州民族出版社1999年版，第486页。
② 黔南布依族苗族自治州史志编纂委员会编：《黔南布依族苗族自治州志·卫生志》，贵阳：贵州人民出版社1994年版，第189—189页。

懂得"不干不净,吃了生病""病从口入"等道理。学员戴恩远结业回到桐荡村,即在11个自然村寨中,张贴了通俗易懂的宣传标语50多条。三是学习种牛痘技术,预防天花。训练班要求每位学员调查村里未种过牛痘的人进行补种,并造册送区卫生所备查。戴恩远从1952年元旦开始,利用12天的时间,通过带信、发通知、相互邀约、直接登门等方式,给320多名青年、儿童注入了牛痘疫苗。[1] 轮训班学员是最基层的村寨兼职卫生人员,只需完成种痘工作即可。

不论是训练班还是轮训班,初级卫生工作人员多为乡村社会的兼职人员,并不专职从事卫生医疗工作。他们很少得到国家的补贴,多从自己所在的村社中领取。那么,兼职卫生人员与所在集体其他成员之间,就无法避免地会产生利益冲突。罗甸县部分公社就有很多干部对创办保健室、培养保健员持保留态度,不加支持,对建立保健室、接生站所需的简易药品器械不予购置。有些合作社甚至不给保健员、接生员评计工分,即使被评上工分也极低,保健员、接生员的工作积极性受到影响。有些保健员、接生员反映,不愿做卫生工作,不愿多操心,"甘愿搞生产比较好"。[2] 另外,兼职的卫生人员虽然被国家定性为"基干队伍",但是他们与医务干部不同,不太可能拥有政治上升的空间。在经济利益受到影响,政治上升基本无望之下,很难想象这批"基干队伍"会严格执行国家卫生政策,民族地区的卫生成绩也因此被打了折扣。

在"基干队伍"中,小学教员是比较特殊的人群,国家要求将这类人群培养成兼职的卫生医疗人员。1952年秋,从江县人民医院就联合文教科举办了小学教师训练班,训练小学教师110人。该训练班以防疫读本为主,简要药物常识为辅。[3] 考虑到乡村小学教师一般都具有相对较高的文化知识和较为成型的价值观念,对这部分人群进行卫生训练,不仅能有快速实用之功效,更能达到思想改造之目的。

第三个来源是中医、旧接生婆等,他们是卫生医疗的辅助力量。此群体多是1949年以前就已存在于乡村社会中,价值观、政治观已经成型,原有思想很难被改造,旧有技术亦难以适应要求。由于旧产婆的改造已有学者论及[4],这里主要讨论中医的培训,以及较为特殊的监狱医训班。

新中国成立初期,中医的发展可谓是几经波折。1950年8月,在第一届全国卫生会议上,曾主张团结并改造中西医,要求"中医科学化、西医中国化",[5] 以致此后的中医发展出现偏差。比如在中医的进修和培训上,几乎统一步调地让中医学习西医的课程与治疗方法,给中医增设组织学、生理学、病理学、细菌学、寄生虫学、传染病学等专业知识,甚至认为"中医科学化"就是"中医西医化"。1951年12月27日,在卫生部颁发的《关于组织中医进修学院及进修班的规定》中,中医进修学校的课程标准为"基础医学(包括解剖、生理、病理、医史、药理、细菌、寄生虫学)、预防医学(包括公共卫生、传染病学)、临床诊疗技术(包括内、外科、急救学、针灸疗法、组织疗法)、社会科学(包括社会发展简史、新民主主义论、时事报告)等四种"。[6] 除临床诊疗技术的部分内容属于中医外,其余都是西医课程。而且此时的中医级别评定,具体行业标准都对中医发展不利。

---

[1] 戴恩远:《解放初的贵定基层卫生人员训练班》,载黔南州政协文史资料委员会编:《黔南文史资料选辑》(第9辑),1992年3月,第154—156页。
[2] 罗甸县人民委员会:《1956年卫生工作总结》(1957年1月),黔南州档案馆:80-1-36。
[3] 《从江县人民政府卫生院1952年度卫生工作总结报告》(1953年1月25日),黔南州档案馆:51-2-285。
[4] 李洪河:《新中国成立初期的旧产婆改造》,《中共党史研究》2014年第6期。
[5] 《全国卫生会议在京开幕,将制定卫生工作的总方针和任务》,《人民日报》1950年8月8日。
[6] 《卫生部〈关于组织中医进修学院及进修班的规定〉的通知》(1951年12月27日),载中华人民共和国卫生部中医司:《中医工作文件汇编(1949—1983年)》,1985年7月,第22—25页。

1954年以后，在国家不断纠正"中医科学化"走向"西医化"的误区后，黔南地区的中医培训才转入正常的轨道。1956年，中华人民共和国卫生部特别颁布了《关于吸收中医参加工作解决编制的指示》，该《指示》认为，全国各类卫生机构仅吸收1万名左右中医参加工作，"显然是太少了，要加大吸收力度"。因此，要求综合医院应配备中医4—5名，县人民医院应配备中医3—4名，区卫生所应配备中医1—2名等。[①] 为了提高中医师的政治和技术水平，贵州省人民委员会人事局和贵州省卫生厅还在贵阳市建立了中医进修学校，学制1年。第一期中，都匀专区有2个名额。[②] 1956年，为补充黔南州防疫站的医师力量，特吸收了30名中医参加到防疫站。[③] 黔南卫生主管部门对平塘县请示的中医参加工作一事，亦表示同意。[④] 同年8月，黔南州医院还增设了中医科。随后，独山、贵定、龙里、平塘、荔波等县人民医院也相继建立了中医科和中医门诊部。10月16日，贞丰县人民医院的中医科亦开始应诊。[⑤] 截至1956年，黔南州及各县医院已吸收中医药人员21名，包括中医15人、中药6人。都匀联合医师裘补奇，就是此时就任都匀医院中医医师的。[⑥] 中医人士再无需将精力集中于西医的"新的科学方法"，中医培训的课程亦不是以西医为主。1956年，贵州省卫生厅安排了50名中医到贵阳市中医进修学校学习，学制一年。在课程设置中，以中医药学术为主，中医课时数占70%，现代医学和预防知识占20%，政治理论课占10%。[⑦] 即便此时中医人员的思想改造还在继续，但起码可以进入国家正规的医学行政体制中，不再游离于主流医学组织之外。

还需特别提及的是都匀县监狱医训班，他们培训的是有文化的犯人。为了解决医务人员匮乏之问题，都匀县监狱甚至需要培训犯人作为医务人员。都匀县监狱收押男女犯人千余人，仅有4名医务人员，远不能适应医治犯人的需要，尤其是与平越县公安局劳改股合并以后，此问题更加突出。于是，都匀县监狱决定挑选一批年轻、有初中以上文化、罪行不大、改造较好的罪犯，以工读的办法建起了一个医训班。第一批有18人，他们采用国家审定的医士课本作为教材，安排解剖学、内科学、外科学、骨科学四门。这个无学制、缺师资、少经费，连名称都没有的训练班，与专业学校不同，却在短期内培训出了一批中等专业医务人员。待这些犯人刑满出狱以后，也学成了医务的专业技能，他们有的在劳改单位当医生，有的在厂矿上任职，有的回乡自行开设诊所。[⑧] 虽然此类人员不多，影响不大，但却成为那个时代基层卫生队伍建设的一个特殊注脚，也是地方特征的一个例证。

显然，20世纪50年代前期卫生干部的培养并不是杂乱无章的，而是按照骨干、基干和辅助分别展开。但当时，各地卫生干部的培养是由国家统一规划进行，未能照顾到黔南的地方特征。

---

① 中华人民共和国卫生部：《关于吸收中医参加工作解决编制的指示》(1956年6月29日)，黔南州档案馆：80-1-14。
② 贵州省人民委员会人事局、贵州省卫生厅：《通知报送中医入贵阳市中医进修学校学习》(1956年5月25日)，黔南州档案馆：80-1-14。
③ 黔南州人委：《关于吸收中医参加防疫站组工作的通知》(1956年10月6日)，黔南州档案馆：80-1-14。
④ 黔南州卫生科：《关于平塘县请示中医参加工作的指示》(1956年)，黔南州档案馆：80-1-14。
⑤ 贞丰县人民医院：《为通知我院中医科开始应诊时间由》(1956年10月17日)，黔南州档案馆：80-1-14。
⑥ 黔南地委宣传部：《关于吸收都匀联合医师裘补奇任都匀医院中医医师的函》(1956年8月27日)，黔南州档案馆：80-1-14。
⑦ 都匀专署：《关于选送中医医师进修的通知》(1956年6月8日)，黔南州档案馆：80-1-14。
⑧ 卢佑：《记一所特殊的医士学习》，中国人民政治协商会议贵州省都匀市委员会编：《都匀文史资料选辑》(第7辑)，1988年10月，第61-63页。

四、讨论

20世纪50年代前期，黔南地区卫生行政的创建与卫生干部的培养，表达了国家推行大一统和塑造中华民族共同体意识的强烈意愿。值得注意的是，这里所讨论的黔南本身就是多民族聚居地区，汉、布依、苗、水等36个民族杂居于此，民族间融合程度较高，与汉族接触频繁，包容性强。比较而言，黔南更容易接受国家推行的卫生行政，以及接纳卫生干部的培养模式，这既有民国时期卫生行政已经开始建设的历史因素，也与黔南地方特征不强密不可分。不管何种原因，黔南少数民族还是逐渐接纳了这种带有国家意志的治理方式。如此论断，虽然不免会有绝对化和简单化之嫌，但仍有助于理解新中国成立初期卫生行政和干部的属性。

当然，我们强调20世纪50年代黔南民族地区卫生行政与干部的国家属性，也不是完全否认其具有的地方特征与民族性。如上文提及的传染病防治问题，考虑到种痘、防疟都需要动员少数民族广泛参与清洁、灭蚊、服药等活动，就需要尊重少数民族原有的风俗习惯与乡规民约，以便获得少数民族支持和参与。即便如此，这种动员都大打折扣。以提倡少数民族喝开水为例，实际情况是，即便多年以后少数民族喝生水的现象仍是常态。再如，苗医药的使用，合作化时期国家试图将苗医药组织起来，纳入统一的管理体系中，但少数民族村寨仍存在大量游离于体制之外的民间巫医，他们隐藏在乡民之中，从事着近代就已存在，并延续至今的行医方式。即便国家培养的卫生干部也不能保证其一定会秉承国家意志，尤其是与少数民族联系紧密、级层比较低的基干、辅助力量，他们因与所处地域存在心理认同、物质利益，乃至血缘地缘关系，也不可能不受羁绊。因此，历史的延续、民间的惯习、传统的力量，并不会骤然消亡，它们会以各种形式影响国家的政策与实践。

同时，我们强调国家与地方社会的背离，不是承认两者是两元对立的，国家与地方社会也有融合的一面。黄宗智曾言，与西方文明比较，"中华文明的传统则一贯没有如此把二元范畴对立起来建构成非此即彼的选择"。[1] 此论点也可解释新中国成立初期黔南地区的卫生治理。国家创建的卫生行政以及卫生干部的培养，都有助于民族地区卫生设施的改观、传染病概率的降低、人口死亡率的下降，以及少数民族形象的提升。从20世纪50年代前期民族地区卫生防治的绩效看，不论从国家政策的顶层设计，还是基层社会的普通民众，无疑都是一件值得称道的进步之举。提升卫生治理水平，是国家、地方，以及少数民族的共同期望。

---

[1] 黄宗智：《国家与村社的二元合一治理：华北与江南地区的百年回顾与展望》，《开放时代》2019年第2期。

"Being Organized": Health Administration and Cadres of the Ethnic Areas in the Early 1950s
——Taking Qiannan as the Center

LI Feilong

Abstract: In the early 1950s, the establishment of health administration and the training of health cadres in Qiannan did not show obvious local characteristics and nationality. This is mainly because, like the Han nationality areas, Qiannan has established the basic health administration with modern health management departments superimposed on health and medical institutions, and incorporated the traditional medicine into it after transformation, supplemented by temporary patriotic health organizations. At the executive level of health administration, the state divides health cadres into three different groups: backbone cadres, ordinary cadres and assistants, and uses them by classification. In short, both health administration and health cadres are "organized" and included into the National Health Network under unified management. Of course, while emphasizing the national attribute of health administration and cadres, it does not completely deny its local characteristics and nationality.

Key words: organize; the minority areas; health administration; cadres; Qiannan

边疆研究

清末中缅中越划界对"瓯脱"运用之比较[*]

赵 琪[**]

摘 要 清末中国与邻国越南和缅甸在同一历史时期分别各有一次划界，中越划界时中国提出"去瓯脱以争界"，中国委员坚持"先改后勘"，获得成功；而中缅划界时中国采取"存瓯脱以分地"，故而提出要求中缅两国"以势定界"，反却失败。瓯脱实质即是两国领土之间之中间地带，在国家边界采以线型边界线之后，这类中间地带逐渐消失。相邻国家间在划分这类中间地带时，国际法先占理论起着重要的作用。清末中缅、中越两次划界中，中国委员对于国际法的各自认识以及"瓯脱"与"先占"理论的不同运用，最终影响了中缅、中越的划界结果。

关键词 中缅和中越划界；清末；瓯脱；国际法先占理论

DOI：10.13835/b.eayn.30.06

一、引言

清末时期，中国在西南边界与两个曾经藩属国（缅甸和越南）的殖民者通过条约划定了边界。中英中缅划界是薛福成在英国与英交涉的结果，最终以国际双边条约划定了中缅两国的边界；而中法中越划界则是邓承修、周德润在边界实地以会议纪要方式与法国达成的成果。

中缅、中越两次划界存在一些相似之处。首先，中缅和中越划界均是分别以前的旧界，也就是双方约定定界是以中缅、中越两国其时各自实际管辖的区域作为定界的基础。薛福成的日记明确记载，中英两国"言明他日会议界务，当依缅王齐薄（一译作谛保）所辖地以为麓界之基"[①]。中法两国划界的基础则从邓承修日记所载推出，邓承修前往广西划界出发前，觐见醇亲王奕譞，醇言："法越立约。越并不来告，越实无理。此行惟有自固藩篱，勘定中越界址，亦并非与法人分界也。[②]"此中"并非与法人分界也"一句及其后清政府多封要求"勘划现界"的电文一致，表示两国签约划界之立场为分别各国实际管辖之领土界线。

其次，两次边界划界的原因和时期也非常接近，均源于西方列强（英国和法国）对中国曾经的藩属国（缅甸和越南）的占领，始于19世纪80年代。中越边界是从1885年中法签订《越南条款》制订划界

---

[*] 本文获西南民族大学中央高校基本科研业务费专项资金项目资助，项目编号：2022SJL07YB。

[**] 赵琪，西南民族大学法学院副教授，硕士生导师，国家民委"一带一路"国别和区域研究中心东南亚研究中心研究员，研究方向：国际法学、边疆与边界问题。

[①] 薛福成：《出使英法义比四国日记》，长沙：岳麓书社1985年版，第666页。

[②] 邓承修：《邓承修勘界日记》，载萧德浩、吴国强编：《邓承修勘界资料汇编》，南宁：广西人民出版社1990年版，第116页。

原则始,分别签署了五个边界条约《桂越边界勘界节录》和《滇越边界勘界节略》(1886年)、《粤越边界勘界节录》(1887年)以及《续议界务专条》(1887年)①和《续议界务专条附章》(1895年)②,划定了中国滇、桂、粤三省与越南北圻边界的位置和走向。从1890年至1897年两国基本完成陆上标界,共签订五个边界议定书《广东越南第一图界约》(1890年)、《广东越南第二图界约》(1893年)、《桂越界约》(1894年)、《边界会巡章程》(1896年)、《滇越界约》(1897年),树立界石共计305块。而中缅划界从1886年中英签订《缅甸条款》制订划界原则开始,1894、1897年两国分别签订两个边界条约《续议滇缅界、商务条款》和《续议缅甸条约附款》。相比1894年前约,《附款》对于中缅南段昔马、科干一带领土的归属作了变更,商务条款也作了一些不同的规定,其余均保持不变。中英两国从1897年进行标界,至清朝灭亡,留下南、北各一段未定边界,达成三个边界议定书③:《委员陈立达与英员觉罗智勘定由太平江北南奔江起至瓦嵛山至界线垒石清单》(1898年)、《刘镇万胜与英员司格德勘划由太平江与南奔江交汇处起至南帕河与南定河交汇处止界线垒石清单》(1899年),树立界石计198块。

  虽然清末这两次划界时期接近,划界的基础也相同,但中缅、中越划界的结果却出乎意料不相一致。中越划界虽然有"西失东得"的评价,但总体来看中国是拓展了一定的边界,抑或可以说是收回了一定的旧界。而中缅划界虽有"西南两面均有拓展"的汇报,但国人的评价也有"交涉完全失败,殆无疑义"④的质疑。两次划界结果存在如此巨大的反差,原因是多方面的。中越划界在边界实地进行,中国委员得以对边界实情进行深入细致研究;划界时指导思想是相机设法,以"缓字奉商"⑤,"心内虽急,外示以缓,方能速竣。若敌测我急,更多胁制"⑥;所订立的条约文本细致、所绘地图相对精确。中缅划界则在远离边界的英国进行,中国委员对边界地形实情不了解;划界时心态急迫,欲急速定界以保国家疆圉并减轻中国在帕米尔问题上的谈判压力,却不想掉入谈判对手的圈套之中,对方"往往既允复翻","动轧停商"要挟⑦;订立的条文粗略,边界走向不清晰,所用地图又错误重重⑧。除此而外,定界委员们对于瓯脱(实际即为国际法所指之无主地)领土主权取得的认识也有所不同,从而最终导致了两次划界结果有所不同。

  下文笔者仅从清末在西南边疆的两次划界中对瓯脱认识的不同,进行比较,以探讨清末中国对于领土取得之国际法接受与运用的经验和教训。中越定界时间在先,两国首先讨论的是需不需要瓯脱,划哪里为瓯脱?中缅定界时间随后,两国商议的是目前哪里为瓯脱,两国该如何划分?从法律上来看,中越划界中法两国讨论的是瓯脱理论是否还有必要在实践中延续的问题,而中缅划界中英两国实质上践行的

---

① 《专条》对之前未划定的粤越边界之芒街以东及东北一带和海中各岛进行了划分,亦对《滇越边界勘界节略》之第二份、第五份会议纪要中未定边界也进行了确定。
② 《专条附章》对1887年《续议界务专条》滇越边界第二段、第五段边界之部分进行了更改,将猛峒上村、猛峒山、猛峒中村、猛峒下村、猛莽、猛润划归中国,将猛乌、乌得划归法国。1895年中法《续议界务专条附章》对于猛乌、乌得领土的归属改变,成为1897年中英《续议缅甸条约附款》签订的直接原因。
③ 目前能收集到的边界议定书只有这两个。
④ 张诚孙:《中英滇缅疆界问题》,北平:哈佛燕京学社1937年版,第150页。
⑤ 《接粤张都电》(光绪十一年十一月十二日),载邓承修:《语冰阁奏议(附中越勘界电稿)》,台北:文海出版社1973年版,第395页。
⑥ 《收粤都电》(光绪十三年正月二十一日),载邓承修:《语冰阁奏议(附中越勘界电稿)》,台北:文海出版社1973年版,第530页。
⑦ 参见薛福成:《出使英法义比四国日记》,长沙:岳麓书社1985年版,第695、760、914页。
⑧ 参见赵琪:《清代中缅划界的法律之误》,《西南民族大学学报(人文社会科学版)》2020年第1期。

是瓯脱之地如何划分的问题,也就是国际法对于无主地如何先占取得的问题。

二、瓯脱与国际法之无主地先占取得

(一) 瓯脱

中文"瓯脱"一词来源于匈奴语。《史记·匈奴列传》中记载:"东胡王愈益骄,西侵。与匈奴间,中有弃地,莫居千余里,各居其边为瓯脱。东胡使使谓冒顿曰:'匈奴所与我界瓯脱外弃地,匈奴非能至也,吾欲有之。'冒顿问群臣,群臣或曰:'此弃地,予之亦可,勿予亦可'。"文中"瓯脱"一词表示两国领土之间的中间地带,领土主权中立,不归邻近两国任何一国所有。我国史学界对"瓯脱"一词含义曾有非常激烈的争论[1],也有学者得出"'瓯脱'应是匈奴人对母系部落或母系部落组织的一种称谓"[2]的结论,但就领土划界来说,清末时清政府所持之"瓯脱"理论实质为两国领土之间之中间地带,亦称"隙地",即刘文性先生所谓之"弃地"[3]。

在国际领土关系上,中间地带也称缓冲区或缓冲地带,是连接两国领土之间的一定宽度的空置地,领土主权不归任何一国所有或者由两国共管,以避免两国边境事件的直接冲突和对抗。这种两国间的中间地带或缓冲区,最初渊源于部落属地的划分,避免邻近部落间的民众相互侵扰、争抢资源。部落间的中间地带可能会因相邻部落间语言相通或不相通而大小不一,并由相邻部落共同防卫避免第三方的侵犯[4]。这种来自古代部落属地划分的习俗,后来逐渐演变为国家领土划分的国际做法,并逐渐以条约的形式确定下来,直至1905年瑞典和挪威之间的条约还将沿两国陆地疆界二十五公里的地方划为中立地带[5]。之后,"中间地带"或"缓冲地带"(即"瓯脱"),随着线型国家边界线的出现而逐渐退出历史舞台,而兴起另一个国际地缘政治的概念——"缓冲国"。

因而,究其实质,近代中国在划界中所称之"瓯脱"就是近代国际法所指之无主地,它不归属边界双方任何一个国家所有,它仅是为了满足地缘缓冲而诞生的边境两国间的中间地带。无论是"中间地带""缓冲地带"或是称为"瓯脱",其实质都是避免两个邻国领土的直接接触,避免边境上的冲突。随着地理大发现的出现,西方列强对领土地理的渴求与竞争日趋激烈,国际法上对于无主地的"先占"理论开始兴盛,其法律要件也逐渐完善,直至现代这一理论仍旧被用于裁判国家间的领土争端。

---

[1] 对这一问题主要有4种观点,即"瓯脱"为边界上的防卫设施、双方的中立地带、官号或地名。参见杨茂盛、郭红卫:《中国近年"瓯脱"研究综述》,《社会科学辑刊》1995年第2期。
[2] 李焕青、王彦辉:《匈奴"瓯脱"考辩》,《史学理论研究》2009年第2期。
[3] 参见刘文性:《"瓯脱"释》,《民族研究》1985年第2期;刘文性:《"瓯脱"再认识——与张云、何星亮同志商榷》,《西北民族研究》1988年第2期。
[4] 参见恩格斯:《家庭、私有制和国家的起源》,载《马克思恩格斯选集》(第4卷),北京:人民出版社1986年版,第87页。
[5] 参见苏联科学院法律研究所编:《国际法》,国际关系学院翻译组、北京大学国际法教研室译,北京:世界知识出版社1959年版,第202页。

（二）无主地领土主权之国际法取得——先占及有效占领理论

随着西方列强势力范围的扩张，由地理大发现带来的对无主之地的获取逐渐盛行。国际法之无主地领土主权取得之先占理论即源于此。15、16 世纪之前，国家仅依据发现就可取得无主土地的主权。而之后，随着欧洲国家对非洲的瓜分，实际占有（即实际控制）成为取得无主地主权一个重要的先决条件，"即使是一块石头，也要握在手里才能证明对它的所有权利"，这句源于罗马法的古谚语随之被引入国际法中以满足欧洲各国相互制衡的需要。

西方学者认为，"先占的实际运作是一个复杂的过程，它以发现和象征性占领开始，经历有关先占的种种行为以及领土的使用，最终以排除他国权利的有效控制和主权行为的展示而结束"。其中，"有效占有的政策在争端解决中起了重要的作用"[①]。更有学者指出：（先占）"这一原则仅仅只是 19 世纪末英国学者的发明，这些学者认为未开化的人民没有国际法上的能力，因而才会将他们的领土定义为无主地，然后凭借罗马法上的先占理论来解释领土主权。"[②] 于是，这种将私法中的法律规则引入国际法的做法，导致了人们对于有人定居土地和无人定居土地取得的理性思考，并使先占成为国家取得无主地的法律方式。

事实上，国际法的实际占领理论在德国对非洲土地展开大范围的占领之前处于缓慢进展之中，正是德国的势力扩张刺激了其他欧洲国家开始公开地对非洲土地宣称主权。这种对非洲土地的掠夺直接导致了 1884 年柏林会议的召开[③]，会议达成欧洲国家间持续不断的领土纷争应以和平方式解决，更为重要的是提出了适用于非洲土地取得的一般法律原则（1885），即欧洲国家取得非洲大陆殖民地的权利仅仅只能通过有效占有——向其他国家呈送与占有相关的文件及声明——才能取得法律上的领土权利[④]。尽管后来的 1919 年《圣日耳曼昂莱公约》转而承认国家的领土完整以及政治之独立[⑤]，但《柏林会议关于非洲的总议定书》中对于领土取得有效占领的规定仍然被沿用、被司法判例所肯定。于是"各个国家接受了此项义务——将他们的（领土主权）主张通知其他国家，以达到一定程度的权威而足以保护其已获得的主权权利和自由。有效占领这一概念因此成为增强领土主权司法基础必要的一种反应"[⑥]。最终，国家发现有必要通过实际的行为安排和管理来维持他们所声称的主权，甚至必要时通过武力来排除他国主张的权力。这样的实际安排和管理，在国际法中即被视为有效占领，这是先占取得领土理论中最实质的要件。

---

① Surya P. Sharma, *Territorial Acquisition Disputes and International Law*, Hague: Martinus Nijhoff Publishers, 1997, pp. 64, 68.
② D. P. O'Connell, *International Law*, 2nd edition, London: Stevens & Sons Ltd., 1970, p. 470.
③ 1884 年 11 月 15 日至 1885 年 2 月 26 日，为解决葡萄牙、法国和比利时在争夺刚果河（亦称扎伊尔河）流域发生的矛盾，应对德国在非洲的崛起，并遏制操纵葡萄牙的英国在非洲中部取得霸权，德、法、英、比、葡、俄、美等 15 个国家在德国柏林召开了一个国际会议，也称为刚果会议或西非会议。会议通过了《关于非洲的总议定书》，《总议定书》共 5 章 38 条，规定了新帝国主义时期欧洲国家在非洲的殖民以及贸易，柏林会议所规定的原则被视为欧洲国家争夺非洲的一般规范。其主要内容有：划定"刚果自由邦"与法属、葡属殖民地的边界；宣布在该地区贸易自由；刚果河与尼日尔河自由通航；禁止买卖奴隶；任何国家以后凡在非洲取得新领土都必须是"实际有效"的占领并通告《议定书》各签字国；英国和法国应分别"保证"尼日尔河下游和上游的航行自由等。See Adekunle Ajala, "The Nature of African Boundaries," *Africa Spectrum*, Vol. 18, No. 2, 1983, pp. 177—189.
④ 参见《柏林会议关于非洲的总议定书》（1885 年 2 月 26 日于柏林）第 34、35 条，载中华人民共和国外交部条约法律司：《领土边界事务国际条约和法律汇编》，世界知识出版社 2006 年版，第 915—916 页；《国际条约集（1872—1916）》，北京：世界知识出版社 1986 年版，第 95—96 页。
⑤ 参见《协约及参战和国对奥地利和约（圣日耳曼条约）》（1919 年 9 月 10 日）第 10 条，载《国际条约集（1917—1923）》，北京：世界知识出版社 1961 年版，第 270 页。
⑥ Gillian D. Triggs, *International Law: Contemporary Principles and Practices*, London: Butterworths, 2006, p. 216.

到 19 世纪末时，大量的国家实践表明，国家只有对占领的领土建立一种有效的权力管理方式，国家才可以保卫其所声称的领土权力主张，亦即是国家才能取得并继续取得对领土的占领，国际社会也才会从法律上认可这种占领。随着有效占领理论的发展，这一概念对于国家领土取得的重要性已经越来越重要。著名的帕尔马斯岛案（Island of Palmas case）中，胡伯（Max Huber）法官明确提出了，近代社会以来如果国家先占行为之后没有维持主权的后续行为，是不能充分证明国家对于先占领土的主权的。其他如克里伯顿岛案（Sovereignty over Clipperton Island）、东格陵兰岛案（Legal Status of Eastern Greenland）的判决中，法官们也都表达了相同的观点。而且"尽管现代以来，越来越多的国际法庭判决也强调（国家）有效占领的行为，不过更久远的案例依然是重要的，因为这些案件所得出的基本理论几乎总是构成了现代司法判决的基础"[①]。

三、中缅中越划界中对瓯脱的认识及应用

（一）中越划界——"去瓯脱以争界"

中国划界谈判委员会对地缘的逐渐认识和了解体现在"去瓯脱以争界"主张的提出。最初中国仍想在中越中间设置瓯脱，以作为中法两国之间的缓冲区。后由于中国未同意法国提出的中间地带归越南管辖的方案，因而两国抛弃了瓯脱理论，中国亦趁势提出了"去瓯脱以争界"思想，并在划界中坚持"先改后勘"。

中越划界之始，李鸿章与法国驻华公使宝海（Frédéric Albert Bourée）达成越南问题分界草案三条，第三条对于双方的分界明确"在滇桂与红江中间之地划界，界北归中国巡查保护，界南归法国巡查保护"。但后来宝海被撤换，草案并未正式签字执行。故法方提出"自沿海某处起至红江上游之保胜止，就纬线之二十一度及二十二度之间，定一界限，凡在此界与北面中国边界中间之地"，法国与中国均不占据，亦不建筑炮台，只是"此段地方吏治之事，仍归越南官员办理"[②]。但当时清朝驻英法公使曾纪泽认为，法国此意让中国有名无实，中间之地仍归越南管理，实质与法国管理无异。故其在巴黎与法国的交涉中指出，中国政府更愿意"一个良好的国境加上一个保护地带，而不愿意一个中立地带"，不过在法国看来，这实际上是"中国想将我们提议的国境地带转变为领土的割让"[③]。后曾纪泽提议以广平关为分界保护起点，或该关左右确为瓯脱，许法国在河内划定租界，驻扎军队，但法国认为此划法难以商办[④]。因此，对于清政府后来给予划界委员的指示——"若于两界之间，留出隙地若干里，作为瓯脱，以免争端，

[①] Victor Prescott and Gillian D. Triggs, *International Frontiers and Boundaries Law, Politics and Geography*, Leiden & Boston: Martinus Nijhoff Publishers, 2008, p. 152.
[②] 曾纪泽当时对法国外交部文件的译文与邵循正先生的译文稍有出入，但意思大致相当。见《（曾纪泽）照译法国外交部节略》（一千八百八十三年九月十五日），载张振鹍主编：《中国近代史资料丛刊续编：中法战争》（第一册），北京：中华书局1996年版，第655页；邵循正：《中法越南关系始末》（国立清华大学出版事务所1935年初版），石家庄：河北教育出版社2000年版，第109页。
[③] 《法国外交文牍第一〇三号》、《法国外交文牍第一〇四号》（第五卷），载中国史学会主编：《中国近代史资料丛刊：中法战争（七）》，新知识出版社1955年版，第191页。
[④] "中央研究院"近代史研究所编：《中法越南交涉档》，1962年影印本，第1390—1391页。

最属相宜"①。——法国却改变了初衷,不再同意在中越边界之间设立一个中间地区,因为在法国看来,中国代表团"要企求的,一直是建立一种独置于其势力之下的中立区,这是避免被视为神圣的中国领土与保护国接壤的唯一办法"②。由于法国表示不再接受中间地带的划界方法,这样中国委员邓承修等人不得不改变之前"主瓯脱"的初衷,"以瓯脱必须遵旨力争不可,惟有决裂耳",转而"仍议争界为是"③,并在边界划定中,坚持"先改后勘"④,借重新勘定界线为名,将边界稍加开拓⑤。对于中越之间是否需要瓯脱,瓯脱如何划定对中国有利?在邓承修等人与两广总督张之洞的相互电文中也有过争论。最终讨论的结果,使他们都意识到瓯脱的设立对中国并非有利。邓承修从民之所属来阐述瓯脱不可划,认为如划瓯脱,"则民无所属,属越与法无异,尚费经营"⑥。而张之洞对此问题的看法更加深刻,他以中俄划界为例,得出结论认为中越之间的瓯脱不可划。

> 所谓界者,非欲设官征赋,中朝岂利越土。前电已言,不过以此为界,法兵不得逾此耳。若关南谅北仅名瓯脱,数年后,法必潜屯兵垒寇太逼矣。即如中俄接壤,东起兴安岭,西至伊犁,皆有内卡伦外卡伦,两重中隔数百里,即同瓯脱。咸丰以来,俄渐阑入。今与俄分界处,即内卡也,设无内卡,俄久入边矣。界宽则势缓备易。南关如门,谅北如栅,聊设斥堠足矣。即屯数营,出关四十里,路非甚远,运非甚难,饷非甚巨,可固疆圉,费亦何辞。即不可屯营,亦可其权在我。果使法许瓯脱,关外纵横甚广,游勇开矿垦山,足可自给,团结抗守,为我外卫,患不多耳,岂忧安插无地乎。敢申鄙策,伏望详裁。⑦

法国不同意划分瓯脱,反而促成了中国委员对一问题的深刻认识,双方转而采取线性方式划定边界,这种做法恰又符合了国际法上的边界确定之惯例,即 19 世纪末 20 世纪初,线型边界逐步开始确立,中间地带或缓冲地带渐被线形边界取代。中间地带向线形边界的过渡,是国家政治扩张的必然结果,是中央权力由中心向边缘控制强化的表现,更是国际法领土理论不断演进的必然。先占、时效等领土取得方式的不断兴起,让国家领土占有方式中增加了一个非常重要的前提,即实际占领。而位于两国之间的中间地带或瓯脱,事实上很容易让一个实力稍强的国家先行占据这片在法律还未有归属划分的土地,反而导致谁强大就归谁的结局。这样,不如双方在划分边界时,直接以一条线形边界而非一定宽度的地带来确定两国边界划分,更符合国家利益在边界的最大化原则。因此,邓承修提出的"去瓯脱以争界"主张无形之中帮助中国稳固了中越边界,不至于在其后与法国军力的对抗中由于清朝国家实力的衰减而失去所

---

① 《中越勘界往来电稿》(卷一,光绪十一年十月二十三日),载邓承修:《语冰阁奏议(附中越勘界电稿)》,台北:文海出版社 1973 年版,第 382 页。
② 《浦理燮致法兰西共和国驻安南东京总驻扎官琨玻函》之附件 1《法中东京勘界委员会法国代表团活动总报告》(1886 年 5 月 6 日),载张宁、孙小迎、李燕宁编:《法国档案中的清末中法(中越边界)划界史料选编》(中卷),北京:社会科学文献出版社 2016 年版,第 670 页。
③ 邓承修:《邓承修勘界日记》,载萧德浩、吴国强编:《邓承修勘界资料汇编》,广西人民出版社 1990 年版,第 147 页。
④ "先改后勘"是桂越划界中邓承修坚持的主张,也正由于此,后续的粤越勘界和滇越勘界,法方坚持要求中国承认"所勘之界为现有之界",而不同意桂越勘界时中方主张的"先改后勘"。
⑤ 参见吴汝纶编:《李文忠公全书译署函稿》卷十四,光绪戊申年金陵刻本(1908 年),第 49—51 页。
⑥ 邓承修:《邓承修勘界日记》,载萧德浩、吴国强编:《邓承修勘界资料汇编》,南宁:广西人民出版社 1990 年版,第 147 页。
⑦ 《中越勘界往来电稿》(卷一,光绪十一年十一月十二日),载邓承修:《语冰阁奏议(附中越勘界电稿)》,台北:文海出版社 1973 年版,第 394—395 页。

谓之瓯脱地。

（二）中缅划界——"存瓯脱以分地"

中越划界以是否需要在两国之间设立中间地带为前提，而中缅划界却是以中缅之间的中间地带（瓯脱）该如何划分为前提的。因而，薛福成采用了"存瓯脱以分地"的做法，期望在中缅北段野人山地与英国最终"以势定界"，中国取一而英国占三成，却仍旧以失败告终。

中缅划界之初，中英双方对中缅边界南、北各有一块土地——北段野人山地及南段野卡地——的主权原属有异议，双方各自认为对方对此两块土地均未能行使实际控制权力。

北段"野人山地，东界腾越、维西两厅边外之雪山，西界更的宛河（现今缅甸西北之亲敦江）西境之孟力坡；南界八募、孟拱；北界西藏米纳隆南之曼诸。其经纬线约起赤道北二十四度至二十七度半，京师西十九度至二十三度有奇。全境据厄勒瓦谛江及更的宛江上游"①。不过在姚文栋看来，"野人山实系中国现属各土司之分地，皆在云南界内，非瓯脱比也"。此因"有数百年新旧志书可据"；野人山以北"有甄（瓯）脱之地千八百余里，相传为明时茶山、里麻两土司故地，今亦野人居之，既不属华，亦不属缅"。山中有"树浆厂，距缅最远，向未属缅，而所关于我三省边防者甚大。按公法云：遇荒地不属邦国管辖者，无论何国皆得据为己有。此当以兵力豫（预）占，可以先入为主也"②。但云南官署的报告却将野人山视为非中国管辖之地，而英国探险队之报告指称缅甸所属最北至密支那③，因此在定界谈判之中，薛福成将"大金沙江以东之野人山地，仍作中英两国瓯脱，如此既可限制英人，杜其诱胁滇西土司之渐，而中国办理交涉稍觉得体，可免为各国所轻视"④。而且，从薛福成绘制的中缅分界地图⑤来看，其图上之实线是几乎将整个野人山划在了中国实际管辖之外，因此在谈判中薛福成所采取的策略是将其作为"分地"而非"划定旧界"来对待的。

南段野卡地介于"厄勒瓦谛江以东、云南山以西"的"中间空地"，"中国界直西至厄勒瓦谛江之岸，并称缅王官辖之权从未到过此处；然印度政府所派之官，则称得有证据，谓该处除华商外，其他华人始于近四年中渐渐来聚。故中国称厄勒瓦谛江以东皆其边地，欲以该江为界之说，当决意却之；然中国亦决意不改其说"⑥。

薛福成谈判之初，定下中国的谈判策略是力争北段野人山地为第一要义，尽量以大金沙江为界河；次为将大金沙江争取为两国公用之江（即中国船舶可在其上航行）；再次将于缅甸八募北岸之地设关收税，以避免中国之地用作关税之地；最后才争南段野卡地。薛福成定出这样的策略与北段野人山地的地理位置有着极大的关系，无论是云南总督王文昭还是专程前往云南实地调查的姚文栋的文章均对野人山

---

① 参见薛福成：《出使英法义比四国日记》，长沙：岳麓书社1985年版，第724页。
② 姚文栋：《云南勘界筹边记》（卷下），光绪年间刻本（成书时间约为1891—1893年间），第26、31、32—33页；成文出版社民国五十六年版，第143、154、156—157页。
③ J. T. Walker, "Expeditions Among the Kachin Tribes on the North-East Frontier of Upper Burma", *Proceedings of the Royal Geographical Society and Monthly Record Of Geography*, London: Edward Stanford, 1892, p. 162.
④ 《咨总理衙门 送科干地图》，载薛福成：《滇缅划界图说》，光绪壬寅冬无锡传经楼印（1902年），第24页。
⑤ 参见《薛星使滇缅划界图》，载薛福成：《滇缅划界图说》，光绪壬寅冬无锡传经楼印（1902年）。
⑥ 薛福成：《出使英法义比四国日记》，长沙：岳麓书社1985年版，第666页。

的重要性有过详细的分析，二人都建议薛福成要力争北段野人山地。姚文栋更是提出野人山为云南西路屏藩，野人山北之树浆厂为云南北路屏藩，亦是四川、西藏的屏藩，"云南实有倒挚天下之势"，"夫云南之得失，关乎天下；而野人山之得失，关乎云南。能保野人山则云南安，能保云南则天下皆安。一山之所系，实不浅鲜也"①。薛亦知"争野人山地，非期得地，期立妥约，保滇疆"。也同意姚文栋的说法"守吾界以遏其阑入，犹不失为中策。若并野人山弃之，则边防无险扼"②。带着这样的目的，薛福成拼尽全力在谈判中争野人山地。可是，野人山地地理的重要性，在英国也早有认识，故才有英国"决意却之"，中国"亦决定不改其说"之争。

抛开薛福成定南北两段重要性、先后顺序不论，但他在谈判中对于瓯脱之地主权取得的国际法认识确存有疏忽之处。对于瓯脱之地的国际法取得，姚文栋提到任何一国均可以据为己有，但其所有应当以武力占领为前提，应当说姚文栋的认识是符合当时的国际法规则的。而薛福成却以为"中英两国瓯脱之地，按万国公法本应均分"③。

正是由于对瓯脱之地的实际占领而取得领土权利之国际法认识不甚了解甚或是忽视，薛福成在谈判之初向英国提出"以势定界"——以大金沙江为界，英取野人山之四分之三，中国占四分之一。却不想对于率先创造了国际法先占理论的这样一个西方强国来说，这当然不是它欲达到的结果，实际控制以全取整个野人山进而可以北上西藏、西进四川才是它最终的目的。因此，对于北段野人山地之争，英军先出兵侵占，清朝只是向英国交递公文请退兵。而薛自视"英去昔董（即野人山地），必退至大金沙江以西，即可划江为界，以保固诸土司。乙酉旧议，英虽灭缅，而野人山地数千里，本非缅属，勘界时尚须两国均分，夏间向沙侯申此议，沙云颇有道理。今争划江为界，英自无辞，因江以西野人山地尚赢两倍也"④。可是薛对英的策略认识产生极大的偏差，英不会退兵野人山，更不会答应薛之条件以大金沙江为界来划定两国的边界。由于英国对野人山地的占领并未完全成功，实地的地形也未勘测完成，故薛福成被英国套进了其设计的一个圈之中，同意在条约第4条写入"北纬二十五度三十五分之北一段边界，俟将来查明该处情形稍详，两国再定界线"⑤。实质上，这只是英国人的预先设计罢了，只等实地勘测完成后，英国好以实际控制取得该地的主权权力。后来的事实也证明的确如此。或许英国早就有以高黎贡山为界的想法⑥，只因实地勘测并未完成之缘故而让这一想法未能在条约中明确；亦或许为引诱薛福成签约，英国故意提议暂时放下北段不作定界，待详细查明该处情形后再作定界。

对于南段，英国同样采用先征后谈之策略，薛福成也意识到了这一点，"印度部蛮横，又停商界务，据云俟征服野人再议。既以护商为名，扰我息马，现又派兵赴近盏西之开社。请告欧使，彼停商非理，

---

① 姚文栋：《云南勘界筹边记》（卷下），光绪年间刻本（成书时间约为1891—1893年间），第26页；成文出版社民国五十六年版，第143页。
② 薛福成：《出使英法义比四国日记》，岳麓书社1985年版，第679页。
③ 《咨总理衙门与英外部辩论野人山地》，载薛福成：《滇缅划界图说》，光绪壬寅冬无锡传经楼印（1902年），第20页。
④ 薛福成：《出使英法义比四国日记》，岳麓书社1985年版，第617—618页。
⑤ 《续议滇缅界、商务条款》（1894年3月1日，光绪二十年正月二十四日），载王铁崖：《中外旧约章汇编》（第1册），读书·生活·新知三联书店1957年版，第577页。
⑥ 尹明德重绘之滇缅界图中，在恩梅开江与潞江之间，作有一条虚线，约至北纬二十七度，旁注"恩梅开江分水岭"七字。从中英之后的数次交涉来看，英国并未提出主张，此虚线即为高黎贡山；但英国历次照会一直提出，中缅边界应以"恩买卡河（即恩梅开江）与萨尔温江（即潞江）中间之分水岭为暂时从权之界"，或"系自东流入恩买卡河，即小江诸河之水岭"，英国所指此分水岭即是高黎贡山。从上述英国之照会主张，以及当时签约界图来推测，滇缅界图中所注的"恩梅开江分水岭"极有可能就是高黎贡山。

不俟两国说妥，擅派兵，更非理，若不速退，我亦须派兵赴我应分之地，保护华商。……再，彼称中国向不重边务，又狃春间腾越镇厅告示，恐渐肆侵占"①。

光绪十九年二月（1893年3月），身心疲乏的薛福成向英国提出了四条划界意见②：中国不再要求以大金沙江划界，而仅对其时中国实际管辖的边界"行拓展之地，距边界外扯算酌中之数，阔20英里，自穆雷江起至北纬25°40′止归中国"；同意英国的提议，北纬25°40′以北的边界，暂行搁置待地理详细查明以后再议；孟连、江洪（即车里，现今之西双版纳）各处上邦之权皆归中国，并将怒江之东九乡之地即俗称科干地方划归中国；孟卯与马百里（即麻栗坝）间做一直线，直线以北划归中国。但最终英国不同意薛之拓展20英里的提议，仅同意包括昔马在内"划归中国之地，一在穆雷江北，一在穆雷江南，此二处絜长补短，仅五英里阔"，同时在条约中规定中国不得将孟连、江洪全地或片土让于第三国。

四、结语

清末两次划界分别可以叙述为中越划界时提出"去瓯脱以争界"，因而中国委员坚持"先改后勘"，获得成功；而中缅划界时采取"存瓯脱以分地"，故而最终要求"以势定界"，反却失败。

从中缅中越两段划界来看，清末中国对于边界划界的认识仍然存有"瓯脱"的意识。中越划界原本希望在中越间划出一定的瓯脱之地，以免中法两国边境上直接接触，引发争端，但由于中国不同意法国提出的管理权仍归越南的提议，故而法国后来坚持不再划定瓯脱，也导致了中国委员们对于瓯脱的认识逐渐清晰起来，进而认识到瓯脱之地终致"民无所属"，"数年后，法必潜屯兵垒寇太逼矣"。于是，中国委员们不再坚持设立瓯脱，转而争取边界的划定，提出了"先改后勘"，最终使得中国在粤桂两省的领土有了一定的拓展或者说是收回了一定的旧界。当然，这也正是说明了国人近代边界、边防观念的形成③。中越划界的成功看似缘于瓯脱理论抛弃的偶然，实质上偶然的背后定有必然。以邓承修为首的定界委员们在谈判中付出了艰辛的努力，和当地地方官员一起通力协作，在法国委员到达边界实地前，已有专人对边界进行了详细勘察，并绘制了相对精确的地图。当然，当时两广总督张之洞对于划界中国家实力与划界结果的认识也发挥了重要的作用。张之洞在中越划界前拟派冯子材、苏元春在粤越边界屯兵，只为"整顿军容，会哨耀武"，因为划界之事"恐非口舌所能为力。惟有盛我兵威，隐相慑制"④，自古争界，没有不借助兵威的⑤。张之洞对于国家划界中国家实力的认识，极符合当时的国际形势，国家实力是确保国家政策实施的有力保证。现实中，西方列强也是如此践行的。在法国出兵占领江平，而拒不理会中国的抗议撤兵时，粤越段法国划界代表狄隆（Dillon）给政府报告中说道，"我们在得到政府的答复以前，维持我方的行政和军事占领的权利，这样，临时占领变成永久占领的康庄大道，而维持现状不会再有同

---

① 薛福成：《出使英法义比四国日记》，长沙：岳麓书社1985年版，第695页。
② 参见《与英外部条拟展界让地办法》《与英外部续拟展界让地办法》，载薛福成：《出使公牍·奏疏》卷九，台北：文海出版社1972年版，第675—677、679—682页。
③ 吴智刚：《中法战争后清政府勘分中越边界中的观念变迁与措置纠葛》，《中国历史地理论丛》2017年第4期。
④ 《接粤督张电》（光绪十一年十一月初八日），载邓承修：《语冰阁奏议（附中越勘界电稿）》，台北：文海出版社1973年版，第392页。
⑤ 李志茗：《疆土为大局之所系——张之洞与中越勘界》，《中华文史论丛》2014年第2期。

样的危险。"①

而在稍后的中缅划界中，中国委员没有要求设立瓯脱，但却对中缅领土之间瓯脱的存在给予了承认，这样便给了英国军事占领法律上的借口——无主地谁先有效占领谁就取得主权。中国委员以期按国家势力的划界方式没能得到英国的认可，因为英国太熟知有效占领对于领土取得的真正意义，"以势定界"在英国看来并不是国际法对于领土占领的要件。于是，在中国同意让出四分之三的野人山地之后，英国仍不同意以大金沙江定界。事实上，中缅定界出现较大失误也并非薛福成之本意，但地图有误而未能派员前往实地认真考察测绘，对于国际法之"势"与领土取得的关系过于理想化，这些都造成了中缅定界的失败。虽然有效占领的国际法理论当时还没传入中国，但实际控制的古老习惯法却是完全可以理解的，如中越划界，管理与纳税都是任何一个古老国家对于自己领土事实上控制的证据。对于这一点薛福成的确是疏忽了。英国在北上占领野人山时也曾下达命令，如果发现有中国军队已经占领，英国的军队则停止前进。这实实在在让中国错过了维持野人山控制的最好时机。

虽然近代国家外交所知的各种条约在中国春秋战国时期就已经得到了使用②，但近代国际法诞生于欧洲，无疑是个不争的事实。国际法又随着欧洲列强势力的扩张，而在世界各地得以生根发芽，使得之前并不适用于基督文明以外国家的国际法逐渐被普遍适用，以开始调整欧洲之外国家的交往关系。同时，国际法又是一个长期演进的过程，是大量普遍适用于国家间的惯例逐渐法律化的过程，这一点在领土取得上又尤其如此。也就是，欧洲均势理论的确立以及实际运用，造就了国际法及其传播，也推动着国家间普遍适用的惯例演进为有拘束力的法。

中缅中越划界的委员们都重视国际法，但他们对于国际法的实际应用却有不同的看法。薛福成对国际法的总体认识集中体现在1892年所作的《论中国在公法外之害》一文中。文中薛福成论述了强国肆意运用国际法、弱国只希望借国际法而存身，而中国与西方强国相比"势有不逮"，故只能"以公法为依归，尚不受无穷之害"。不过薛福成对于公法的论述却疏忽了国际法诞生的实质，国家间缺乏相对均衡的实力，国际法是难以发挥作用的。张之洞则以中国的现势作为例证，指出西方国家并没有以公法对待中国，居今日之中国而言公法，是为不必要之奢谈。实际上他更懂得国家实力是国家政策实施保障的首要条件这一朴素国际关系思想，也更明白古老的以力制胜之国际领土取得——征服，"又有笃信公法之说者，谓公法为可恃。其愚亦与此同。夫权力相等则有公法，强弱不侔，法于何有？古来列国相持之世，其说曰：力钧角勇，勇钧角智，未闻有法以束之也"。因之，何为国际法、如何看待"瓯脱"与"先占"，最终影响了清末中缅、中越的划界结果。

---

① 法国外交部档案：《论文与资料·亚洲》卷69，张庚详译，雷如意校，转引自龙永行：《中越界务（粤越段）会谈及其勘定》，《东南亚研究》1991年第4期。
② 那时的各诸侯国间称之为会谈"盟约"，诸侯国之间"用庄严隆重的仪式来签订条约，并且用盟誓来对它进行确认——签约双方把各自的血滴在一碗酒里进行混合，或者把他们的手放在用来作为祭品的一个牛头上——这些条约的文件被仔细地收藏在一个称为'盟府'的神圣地方。"丁韪良：《汉学菁华》，沈弘等译，香港：中华书局香港有限公司2007年版，第351页。丁韪良的这一观点又可见其所著：《中国古世公法》（光绪丁酉仲夏上海书局石印），载梁启超辑：《西政丛书》（第7册），慎记书庄1897年；及 W. A. P. Martin, "Traces of International Law in Ancient China", *The International Review*, Vol. 14, No. 1, 1883, pp. 63—77. 原稿电子版扫描件可见于 http：//pds. lib. harvard. edu/pds/view/4581544？n=4&printThumbnails=no.

A Comparison of Application of "No—Man's Land" on Border in Sino—Myanmar and Sino—Vietnam Demarcation in the Late Qing Dynasty

ZHAO Qi

Abstract: There are Sino-Myanmar and Sino-Vietnam demarcations separately in thesame historical period in the late Qing Dynasty. During demarcation between Chinaand Vietnam, Chinese officials put forward a proposal of "Removing 'No-man'sLand' on Border and Striving for Frontier", by which China insisted on "Modificationbefore Demarcation" and succeeded. China adopted the policy of "Division of Landon the Base of Retaining 'No-man's Land' on Border" in Sino-Myanmar demarcation, but failed. "No-man's Land" on Border is essentially Land of Intermediaries between two neighbouring countries, which gradually disappeared after boundary line was adopted by countries. Occupation of International Law plays an important role individing such Land of Intermediaries. Chinese officials' different understanding of occupation of international law and application of "No-man's Land" on Border finallyhad a different impact on Sino-Myanmar and Sino-Vietnam delimitation.

Keywords: Sino-Myanmar and Sino-Vietnam Demarcation; the Late Qing Dynasty; "No-man's Land" on Border; Occupation of International Law

近代滇南边境地区边疆建构的历史探析*

余 猛 谷跃娟**

摘 要 边疆是一个包含地理、政治、文化、认同等不同面向的政治术语和系统概念，在经历从王朝国家向现代民族国家转型的过程中，边疆的不同面向发生了根本性质变，使得边疆问题的研究变得更加复杂。本文力图运用"边疆建构"这一概念来统揽边疆的不同面向，并以近代滇南边境地区为例，在分析清末至民国时期滇南边疆属性、国家治策经营以及边境族群认同发展变化的基础上，探析近代滇南边疆建构的历史实践。

关键词 近代；边疆建构；滇南边境地区

DOI：10.13835/b.eayn.30.07

当前，学术界已经从文化、地理、政治、经济等方面对"边疆"的概念进行了多样化探讨。[①]总的来说，各种不同的视角大多是从一国的核心地区与边缘地区进行对比来界定有关"边疆"的概念。如从政治管理的角度来看，"边疆"被认为是国家控制力所能及的边远地带；从文化的角度来看，"边疆"被认为是有别于一国核心区的"非主流文化"聚居区；从地理的角度来看，"边疆"是在自然地理空间布局上位于一国领土的边缘地带。这些研究对于进一步丰富"边疆"问题的探讨无疑是有所裨益的。然而，如何较好地统筹边疆的不同面向，却没有得到较为一致的共识，实证性的综合研究更是严重缺乏，这在一定程度上导致了现有研究中关于边疆建构的误读。本文以为，无论是政治边疆，抑或是文化边疆，都是建立在地理边疆基础之上，并且通过地理空间得以表达。与此同时，边疆这一地理区位，也因被赋予了政治属性和文化特征，才得以和"中心"区别开来而称之为"边疆"。因此，我们必须将边疆视为一个有机整体，在此基础上，分析边疆的不同面向在应对具体历史时空时所表现出的紧张与矛盾，以及如何将这一紧张和矛盾的弹性空间弥合乃至整合进国家主流的边疆话语体系。

---

* 本文系陕西省铸牢中华民族共同体意识研究项目"陕西历史文化与中华民族共同体意识研究（项目编号：2022MZW017）"、2022年长安大学中央高校基本科研业务费专项资金项目"嵌入性视角下宋代江南地区农村市场研究（项目编号：300102162608）"、云南大学民族学一流学科建设项目"近代红河土司与滇南边疆发展变迁研究"（项目编号：2017sy10061）阶段性成果。

** 余猛，长安大学马克思主义学院讲师，研究方向：近代边疆民族史；谷跃娟，云南大学西南边疆少数民族研究中心副研究员，硕士生导师，研究方向：西南民族史、边疆史。

① 周平在《我国边疆概念的历史演变》（《云南行政学院学报》2008年第4期）一文中认为边疆是主客观因素相结合的产物；马玉华在《治边政策：从清代到民国的梳理》（《南京晓庄学院学报》2012年第1期）一文中认为民国时期所谓的边疆应该包含地理、政治和文化三重含义；何明在《边疆特征论》（《广西民族大学学报（哲学社会科学版）》2016年第1期）一文中认为边疆是国家型塑及多重力量互动的产物。类似的文章还有很多，兹不赘述。

一、概念界定

众所周知,"边疆""边缘"是以"中心"作为参照而存在的。因此,只要有了人类结群,群体的边界也就随之产生。对于边疆而言同样如此,边疆是国家政治话语的重要构成部分,自从国家诞生伊始,边疆便如影随形地产生了。首先,边疆是一系列地缘性因素的聚合存在。传统王朝国家时期,王朝统治者秉持着"普天之下,莫非王土"的天下观,以王都中心为出发点,把国家地理版图的边缘区域,统称为边疆;将生活在这一区域的人群称为四夷,并对其采取了有别于中原地区的治策经营措施。由此,这一被划分出来的边缘性区域,因地缘、人群以及国家控制的特殊化,被称为边疆。然而,在传统王朝国家时期,这一边缘性的特殊区域并不是固定不变的自然地理空间,华夏主流文化构成其流动和身份转换的媒介,并且伴随着王朝政治力量的消长而发生相应的变化。

现代民族国家的边疆同样是地缘、人群、国家治理等多重力量型塑的产物,所不同的是,流动和重叠的边疆在这一时期是不允许的,国家之间领土主权的划分在双方权力领域的界面上通过国家行为进行了明确切割。"边界在这一过程中发挥了两个方面的作用,一方面,它为一个主权单位设定了一个明确的界限;另一方面,它为至少两个空间单位做出了明确的划分。"[①] 现代民族国家是作为传统王朝国家的对立面而存在的,但是并非现代民族国家一经建立,其边疆就天然具有了现代性。国家内部的不同区域在转变的形式与速度上会出现不同步、不平衡的现象。因此,在这些区域完成转变之前,已经具备了现代"民族国家"特征的整体政治框架与仍旧秉持着传统王朝国家特征的地方族群之间,就会产生持续不断的矛盾,这一矛盾和弹性空间的弥合乃至彻底消除,需要经历一个民族国家的现代转型过程。在这一过程中,地理、政治和民族构成了其中最为重要的几个维度,而本文所述的边疆建构正是力图从上述几个维度来展开探讨。

二、边疆建构的历史实践:近代滇南边境地区的个案考察

就近代滇南边境地区而言,不仅直面英、法和日本等西方殖民者的入侵,还承载着国家政治体制转化过程中,边境地区民族情况复杂、认同分化、历史问题众多、社会发展滞后等一系列问题。以中法划界作为一个历史时间节点,近代滇南边境地区进入了一个重要的发展时期,在边疆态势日趋严重的外力压迫和民族国家弃亡求生的内在动力下,滇南边境地区从政治、经济、文化领域到观念、认同方面不断进行着边疆建构的历史实践。这是一个从时间上看具有历时性,从结构上看包含边界、政治、民族多种因素和维度在内的系统性工程。

(一) 中越勘界:滇南边境地区边疆建构的前提基础

传统王朝国家时期,在以天子所在之都为中心的"一点四方"的天下格局中,边疆地区的人群被建

---

① (美)通猜·威尼差恭:《图绘暹罗——一部国家地缘机体的历史》,袁剑译,南京:译林出版社2016年版,第71页。

构为与"诸夏"相对立的"蛮夷戎狄"。荀子曾说:"诸夏之国同服同仪,蛮夷戎狄之国同服不同制,封内甸服、封外侯服、侯卫宾服,蛮夷要服,戎狄荒服。"① 即蛮夷戎狄虽然也属于"五服"之内,但是其与诸夏却不同制。何为不同制,孔子解释为"夷狄之有君,不如诸夏之亡也"②。这里的"诸夏"便是指接受华夏主流文化的中原地区,而"夷狄"则是指围绕中原王朝统治区域之外的四方"蛮夷"。

自秦建立统一的多民族国家以来,诸夏与四夷的人口分布就一直被这一建构的文化格局所表征,以华夏文化自居的汉族生活在"地域之中"的中原地区,中心的四周则散居着被称为"四夷"的各少数民族。此后,这一华夏文化视域下的"人口分布格局"不断被治史者所阐发,汉人班固便指出夷狄之人"其地不可耕而食也,其民不可臣而畜也,是以外而不内,疏而不戚,政教不及其人,正朔不加其国;来则惩而御之,去则备而守之。其慕义而贡献,则接之以礼让,羁縻不绝,使曲在彼,盖圣王制御蛮夷之常道也"③。此后,历朝的政治家在其基础上又提出了"天子有道,守在四夷"④ 的治边观。基于这种"守中治边"与"守在四夷"的边疆观,历朝统治者都认为中心与边缘的地位有主次之别,治边与治内有先后缓急之分,但是这种中心与边缘的主次之分以及华夷有别的思想并不是绝对的。韩愈在其《原道》一文中便称:"孔子之作春秋也,诸侯用夷礼则夷之,进于中国则中国之。"⑤ 朱元璋虽对边疆少数族群加以防范,认为"非我族类,其心必异",但同时也指出:"朕即为天下主,华夷无间,姓氏虽异,抚之如一。"⑥

就滇南边境地区而言,传统王朝国家时期,与中原内地的关系仍然围绕着"内诸夏,外夷狄"的互动模式而展开。雍正三年(1725),云贵总督高其倬以开化镇总兵冯允中调查中提出的铅厂山下小河南八十里的旧界问题,向雍正皇帝奏呈,雍正帝却认为:"安南自我朝以来,累世恭顺,深属可嘉,方当奖励是务,宁与争尺寸之地?况系明季久失之区乎,其地果有利耶,则天朝岂宜与小邦争利?如无利耶,则又何必与之争。朕居心惟以大公至正为期。视中外皆赤子。"⑦ 后中越双方便以铅厂山下小河离马伯汛(即今马关县城)四十里立界,但越南再次向清廷上表力争,务欲得马伯汛南至铅厂山下小河以北的四十里之地。对此,清廷以天朝大国自居,认为"朕统驭寰区,凡属臣服之邦,皆隶版籍。安南既列藩封,尺地莫非吾土,何必较论此区区四十里之壤。况此四十里之地,在云南为朕之内地;在安南,仍为朕之外藩,一毫无所分别。着将此地仍赏赐该国王世守之"⑧。即使在中法划界之初,面对临安府勐赖和勐梭之地的归属问题时,清廷仍然称:"勐梭、勐赖一段荒远瘴疬,弃之不足惜。"⑨ 由此可知,在地理意义上的有限边疆和观念上的无边帝国间出现错位时,清廷统治者依然以"天下"观念来建构所谓的天下体系,认为滇南边境地区仍然属于"四夷"和"边陲"之地。

地方官员、土司及民众在面对中法越南划界这一国家行为时,表现出了有别于清廷的多元化认识。清初,勐赖土司的领地跨越黑江两岸,当中越双方临安府一段以黑河为界划定以后,因不愿放弃黑江南

---

① 荀况:《荀子译注》,张觉撰,上海:上海古籍出版社1995年版,第372页。
② 李明复:《春秋集义》卷6《桓公》,景印文渊阁《四库全书》本第155册,台北:台湾商务印书馆1986年版,第297页。
③ 班固:《汉书》卷94《匈奴传》,北京:中华书局1962年版,第3833页。
④ 房玄龄:《晋书》卷56《江统》,北京:中华书局1974年版,第1529页。
⑤ 王祎:《大事记续编》,景印文渊阁《四库全书》本第334册,台北:台湾商务印书馆1986年版,第273页。
⑥ 《明太祖实录》卷53,台北:"中央研究院"历史语言研究所1962年版,第1048页。
⑦ 《清世宗实录》卷31,北京:中华书局1985年版,第480页。
⑧ 《清世宗实录》卷65,北京:中华书局1985年版,第1001页。
⑨ 《清德宗实录》卷243,北京:中华书局1987年版,第270页。

岸的领地，勐赖土司便两面应付，把江北领地属于临安府部分的钱粮交到建水县，江南领地属于越南部分的钱粮则交给越南。刘秉恬在乾隆四十六年（1781）十一月的奏文中对此记载："又因勐赖尚有带管之勐占及鲁瓮、漫力、漫麻、勐卑、勐斋等五寨，本系安南所辖夷地，私附于勐赖界内，从前刀正奇（勐赖掌寨）投诚之时，缘此五寨本非所属，未经报明一并入册，是以历来相沿勐赖有再纳安南年例银两。此临安府境与安南交错之情形也。"① 光绪十二年（1886）十月十六日，岑毓英和周德润在会奏与法使勘界的奏文中称："自云南澜泥沟起，至傜人寨止，因普梅河流彼此形势不同，界线迥别，又北圻之三蓬均据河北，普梅河全失其险，并与滇界太逼，无可设防。"② 光绪十九年（1893）三月，分办界务委员广南府兴禄称："卑府到界之初，风闻越属之三蓬人民麇集，相率归附，意欲抗令法员，将三蓬地方划归中国。"③ 上述边境土司、勘界大员、分办界务委员分别从不同立场出发对其自身所认为的滇南边疆做出了不同的理解。

1882年，法国驻华公使宝海在天津与李鸿章会晤约谈中法两国有关中越"分界"问题，此后，两国依次签订了《滇越边界勘界节略》（1886）、《续议界务专条》（1887）、《续议界务专条附章》（1895）和《滇越界约》（1897）。至此，中法双方对于中越边界的勘定宣告结束，这使得传统意义上世为藩属的安南之地在西方扩张势力和现代民族国家理论的强势植入下成了界外之地。从此，中越陆地边界从弹性边界、模糊边界转变为现代意义的条约边界。光绪十一年（1885），时任两广总督张之洞在查明钦州与越南接壤地方的情形后就曾感慨道："从前越为属藩，中外界限尚可稍为浑涵。今该国归法人保护，此时勘界，一归越壤，其土地即沦为异域，其人民即弃为侏僚。"④ 中越国界的勘定，将使得"南交二千年来同轨同文之土地，阮氏不能有，刘氏不能有，中国亦不能有"⑤。显然，传统王朝国家时期模糊的边疆概念与近代民族国家话语体系下的清晰国界产生了激烈碰撞，理想中的"天朝大国"和现实中的外交失利，以及战场上的节节败退更加凸显了清廷统治者内心的矛盾。两种不同的边界话语体系同一时期共同作用于滇南边境地区，清廷被迫接受了中越划界这一事实，并逐步开始以现代民族国家话语体系下的"国界""主权"等概念重新审视和经营滇南边境地区。

从边疆建构的角度来看，中越边界的划定是将现代主权国家的国界理念运用于中越两国边界勘定的首次尝试，这一国家行为打破了传统王朝国家时期中越两国边界模糊不清、相互重叠的历史惯习，代之以非此即彼的划分和区隔。吉登斯曾指出："只有现代国家，才能准确地使其行政管辖范围同具有明确边界的领土对应起来。"⑥ 因此，中法划界以国家行为固定了双方之间的法定界线，使得"国家"对于滇南边境地区的土司及民众来说不再是抽象的概念，因为"国界"的勘定就是"国家在场"的直观表征。因此，中法划界首先为滇南边境地区边疆建构的历史实践提供了根本的前提基础。

---

① 王先谦《东华录》乾隆四十六年十二月癸丑条，引自林超民编：《方国瑜文集》第三辑，昆明：云南教育出版社，2003年版，第412页。
② 《新纂云南通志》七，牛鸿斌等点校，昆明：云南人民出版社2007年版，第552页。
③ 方国瑜：《云南史料丛刊》第10卷，昆明：云南大学出版社1999年版，第7页。
④ 中国史学会主编：《中法战争》七，上海：上海人民出版社，1957年版，第26页。
⑤ （清）唐景崧《请缨日记校注》卷3，李寅生等校注，上海：上海古籍出版社2016年版，第146页。
⑥ （英）安东尼·吉登斯：《民族－国家与暴力》，胡宗泽、赵力涛译，北京：三联书店1998年版，第59页。

（二）国家的治策经营：滇南边境地区边疆建构的主要内容

中法越南边界的勘定，虽然使得清廷对滇南边境地区的认识逐步由传统王朝国家边疆模糊、边界重叠的历史惯习向现代民族国家主权、国界明确界定的方向转型与过渡，但是国家行为所做出的边界、主权划分如何从顶层下沉到滇南边境地区，并获得生活在这一地区的土司及边民逐步认同，同样是近代滇南边境地区边疆建构这一主题的应有之义。为此，清末至民国时期，国家制定和实施了相应的治理和经营措施。

中法划界后，清廷在滇南边境地区所采取的经营措施涉及政治、经济和文化诸方面。政治措施方面，清廷调整了原有的军事部署，加强了对于滇南中越边境地区的驻防，同时增设临安开广道、建立边防对汛制度，在很大程度上突破了传统王朝国家时期清廷治理滇南边境的局限。民国初期，改土归流的推行一定程度上摧毁了滇南边境地区原有的社会结构，在此基础上，云南省府不失时机地对条件成熟的滇南边境地区采取行政设置的调整，使得该地区逐步纳入国家统一的行政设置之列。经济上，滇越铁路开通运营，极大地缓解和改变了滇南前期因交通闭塞而发展滞后的历史难题。土地清丈运动打击了地方势力兼并及隐匿土地的问题，使得滇南边境地区的少数民族被更加牢固地束缚在土地上，这在维护地方社会稳定的同时，也增加了边境少数民族向国家靠拢的可能性。禁烟运动的开展，打击了滇南边境地区少数民族因"羡例之故，而移居境外，甚至潜运界桩，失地失民"① 的行为，有力扭转了滇南边境地区民众资金外流、生计难以维持的窘境，促进了当地经济社会的发展。在文化措施上，国民政府和云南省府出于巩固国防、宣传国家边疆政策和边疆教育方针的目的，在滇南边境地区举办了大量的边地教育，一定程度上改善了该地区文化教育落后的局面。

这些经营治理措施的推行，在改善滇南边境地区经济社会条件的基础上，进一步缩短了其与内地的差异，密切了二者之间的经济文化联系。

但是，国家势力的进入必然会冲击滇南边境地区原有的社会结构，对当地土司及民众的自身利益造成影响，进而引起地方势力同国家间的博弈。清宣统二年（1910）冬月十五日，纳楼土司普国泰因对朝廷将其领地三猛的一部分划给越南持否定态度，认为"未奉明文，不予承认，便派兵目李成名率边民16人，前往猛得等地张贴布告，布告主要内容是：安抚该处百姓，令其继续耕种，照旧赴官厅上粮。当地民众承认是'大朝'百姓，愿意照布告行事"②。民国时期，滇南边境土司势力发展渐趋成熟，部分土司甚至拥有自己的武装、衙署，有的土司还游走于边境两国势力之间，极具生存智慧。如果采取过于强硬的手段武力改土，便有可能造成土司外倾的危险，因此云南省府被迫采取了缓进的改土方案③，使得改土归流的成效十分有限，多数土司都在这一方案的庇护下，以其所管辖地区乡长、区长的身份继续掌握着地方的实权④。

---

① 云南省志编纂委员会办公室：《续云南通志长篇》中册，昆明：云南省志编纂委员会办公室，1986年，第425页。
② 绿春县志编纂委员会：《绿春县志》，昆明：云南人民出版社1992年版，第14页。
③ 总的来说，滇南边境地区的"改土归流"是以李根源提出的急进和缓进两套方案作为指导思想展开的，张肇兴在其《迤西篇》中指出缓进方案的具体内容为"以恩惠煦人士，仍用旧职羁縻土司。于各土司地先设行政员，徐收其裁判权，而以次清户籍、垦荒地、兴教育、抚土民。土民苦苛政久，必且归心，有所举措，如水就下。然后举内政而敷布之，不必改土司之名，而已举郡县之制"，载谢本书等编：《云南辛亥革命资料》，昆明：云南人民出版社1981年版，第490页。
④ 郭纯礼、黄世荣、涅努巴西编：《红河土司七百年》，北京：民族出版社2006年版，第41页。

尽管如此，清末至民国时期，政府所采取的各项治策经营措施，仍然使得国家观念进一步渗入到滇南边境地区。民国二十一年至二十二年（1932—1933），"法国的殖民主义统治推进到中猛一带，法军在该地肆意妄为，并对民众宣传称三猛地方皆是法地，其粮款应上（缴）法国，当地土目随即派专人星夜赶去向纳楼土司普国泰报告情况"①。1937年前，"纳楼土司普国泰曾向龙云提出自己带兵去夺回下猛和中猛的那一半，但龙云说怕引起国际纠纷，不准"②。显然，这一时期，纳楼土司声称要夺回中勐的下半段和下勐地区的决心，和清末时期"未奉明文，不予承认"的态度相比，已发生了极大的转变。

因此，政府对于边境地区的经营和管理是边疆建构的又一重要维度。清廷及民国政府对滇南边境地区的经营，虽是在不同的政治体制下展开的，有不同的策略和效果，但二者之间既有承袭，又有发展。中央政权对边疆地区持续不断的政治实践，促进了边疆地区政治、经济的发展；教育的推行和文化的传播，有利于提高边疆民众的认知水平和认知能力，加快了边疆地区民族文化与内地文化的交融，提升边疆地区民众的国家意识。总之，各项经营治策措施的推进，是从各个层面对边疆地区进行建设、开发和整合，并使其逐步纳入国家一体化的进程之中。

（三）边疆危机：滇南边境地区边疆建构的外部推力

边疆危机的持续是近代滇南边境地区"边疆建构"不可忽视的又一重要影响因素。自中法战争以来，至抗日战争结束，边疆危机一直是国家采取"边疆建构"实践过程中既力图加以抵制，同时又试图加以利用的一个维度。一方面，边疆危机作为一种外部侵略势力，严重地影响着国家的安全稳定，干扰着国家各项边疆治策的达成，进而削弱了边疆建构的实际成效。然而另一方面，边疆危机的存在，又进一步加深了滇南边境地区民众的内部凝聚力，缓和了国家势力在进入边境地区过程中，二者间博弈的强度。因此，边疆危机又在一定程度上促进了国家对于滇南边境地区的直接控制和经营。

近代以来，滇南边境地区的边疆危机长期存在，中法战争爆发后，清廷由于在战场上节节失利，不仅丧失了滇南边境的大片领土，而且被迫结束了长达数千年之久的中越宗藩关系。这使得清廷不仅在经济上蒙受了巨大损失，同时也因滇南门户洞开而使得自身的统治和国家政局稳定面临极大威胁。如法国方面窃取了开矿、筑路等各项特权，不仅威胁到了滇南边境地区的华民生计，而且使中国内政、自我之主权遭到了严重的破坏。对此，李鸿章在光绪十一年（1883）给朝廷的奏折中表示："开矿、制造、运盐各节，通商以来各国觊觎已久，屡经总理衙门辩阻未行，该使欲于章程（即直督李鸿章奏与法使议订滇粤边界通商章程）内添此数条，意在抉我藩篱，攘夺华民生计，事关中国内政，须保我自主之权。"③民国二十九年（1940），日本占据了越南北部，抗日大后方的滇南地区变成了抗战前沿，为了防止日军借助于滇越铁路入侵滇南地区，碧色寨至河口段的滇越铁路连夜拆除，并沿滇越边境驻防。民国三十年（1941），又继续拆除滇越铁路碧色寨至开远段。铁路拆除以后，滇南驻军数万部队的作战给养都需依赖于公路运输，因此省府又奉命兴修鸡建段公路，这给建水地区人民群众带来了极为沉重的负担。④ 可见，

---

① 绿春县志编纂委员会：《绿春县志》，昆明：云南人民出版社1992年版，第16页。
② 尤中：《红河彝族纳楼土司史略》，《思想战线》1989年第6期，第62页。
③ 方国瑜：《云南史料丛刊》第10卷，昆明：云南大学出版社1999年版，第453—454页。
④ 建水县政协文史资料委员会：《建水文史资料选辑》，建水县政协文史资料委员会，1999年，第74—77页。

边疆危机极大地影响了国家的安全稳定，干扰了各项边疆治策的达成，并给滇南边境地区人民群众的日常生活造成了严重的破坏，进而削弱了国家边疆建构的实际成效。

然而，边疆危机的存在又从客观上促使边疆地方民众对国家的凝聚力和向心力明显增强。1899年6月，云南个旧锡矿工人约二三百名为反对法帝国主义者在云南勘测、修建铁路，举行了武装暴动，这些矿工扬言决心干掉法国铁路工程师，把海关中的外国税务司赶出蒙自，他们说如果让法国人修筑铁路的话，迟早法国人就会控制锡矿山，于是，参加暴动的矿工向蒙自海关和法国领事馆进攻，放火焚烧了海关税务司和帮办的公馆，这次暴动被人们称为"反对修筑铁路的一次示威"[①]。1885年，法军攻陷了镇南关，血腥屠杀正准备迎接春节的边关壮、汉各族群众，在遭遇到群众的反击后，法军于当年正月初一炸毁了镇南关，并在残瓦废墟上树立了一个柱子，上面用中国字写着"尊重条约较以边境门关保护国家更为安全"，紧接着，驻守边防的中国军民用另外一句威胁的文字来回答"我们将用法国人的头颅重建我们的门户"[②]。1937年七七事变后，日本侵略者又先后占据越南、老挝等地，直逼我国云南边境，在严峻的形势下，卢汉命第一集团军将驻防红河南岸的部队收缩到红河北岸，试图凭借红河阻挡进攻的日军，红河南岸的大小土司及各族人民见状后随即邀约赴蒙自谒见滇军第一集团军总司令卢汉，请求组织边防游击队，共同抗日。随着抗日局势的严峻，1941年滇南边境地区的土司又亲赴蒙自第一集团军总部拜谒总司令卢汉，要求组织边疆抗日联合游击队。红河江外抗日游击队的组建，大大激发了各族民众的抗日热情，他们节衣缩食，除承担国家的军粮外，还保障数千名抗日游击队员的供给。不少土司把以往收归司署所有的街捐、烟课用于抗日游击队，并积极配合驻军构筑各种防御工事，破坏通往越南的交通道路；协同驻军在边防线上巡逻、放哨；利用地形熟悉，语言相通，与越南边境有人际关系等有利条件，进入越南敌占区侦察敌情等。[③]

因此，尽管边疆危机的长期存在对近代滇南边境地区的治理经营，以及当地少数民族的社会生活都造成了严重破坏，但也在客观上为国家势力深入滇南边境地区提供了合理性资源，缓和了二者间冲突和博弈的强度，为地方族群国家认同的发展和国家意识的提升提供了外部推力。

三、边疆建构的历史特征

总的来说，从中法战争至滇南抗日战争结束，滇南中越边界的勘定、国家的治策经营和边疆危机的长期存在是影响近代滇南边疆建构历史实践最为重要的因素。西方势力的介入使得清廷被迫开始以"现代国家话语"体系下的"国界""主权"等观念来重新审视滇南中越边境地区。清末至民国时期国家采取的各项治策经营措施，促进了国家势力的下沉，客观上使该地区土司及民众的国家观念与认同得到了进一步发展。在这一过程中，虽然国家势力和滇南边境地方族群间不可避免地存在相互博弈，但是边疆危机的严峻态势又从外部作为一种推力，缓和了二者间博弈的强度。

在历史的维度下，通过对滇南边境地区边疆建构的深入剖析后可以发现，边疆建构这一历史实践是

---

① 刘明逵、唐玉良：《中国工人运动史》第1卷，广州：广东人民出版社1998年版，第280页。
② 中国史学会主编：《中法战争》三，上海：新知识出版社1955年版，第530页。
③ 郭纯礼、黄世荣、涅努巴西编：《红河土司七百年》，北京：民族出版社2006年版，第286—288页。

由主客两面共同构成的统一而不可分割的有机整体。这和传统上仅认为边疆建构是主观意识下的产物有所不同，该观点指出建构是经由人的意识作用于边疆而实现的，而意识又具有强烈的主观性。然而，我们必须清楚地认识到，意识虽然反作用于物质，但意识却是由物质所决定的，离开了物质基础所产生的意识都只是空想。就边疆建构这一问题而言，便体现为自然的地理边疆是边疆建构的基础，这从传统王朝国家时期的"五服制"以里程来划分便可窥见一斑。同理，近代以来，滇南边境地区中越国界的勘定同样对后来清政府以及民国政府围绕这一地区所开展的治理经营产生了极大影响。

边疆建构的历史实践包含了国家从上而下对边疆地区的经营治理，同时边疆建构的实际效果则反映为边疆地方族群自下而上的关于国家观念和国家认同的萌芽和发展。因此，边疆建构的历史实践还表现为双向性的特征，这也就决定了边疆建构不可能一蹴而就。国家势力的进入，以及国家为了加强对于边疆地区控制的意图，必然会遭到边疆地方族群的反抗，双方的博弈在所难免，当国家经营边疆地区的成本大于其可以从这一地区所攫取的政治、经济利益时，便会考虑调整经营策略，边疆地方群体由此获得了一定的生存空间。然而，当边疆危机直接威胁到了国家政权的稳定和合法性时，或者国家已经具备更大的能力来强化自身对边疆地区的经营治理时，便又会不遗余力地试图将其纳入自身政治体制一体化的管理之中。因此，边疆建构的历史实践还体现为中心和边缘，地方和国家双重势力间的博弈，表现出双向性的特征。

历史是不可以分割的，自然地理意义上的边疆古已有之。那些仅仅认为"边疆建构"的历史实践只是现代民族国家的产物的论点是值得商榷的。诚然，"边疆建构"这一概念是在现代民族国家语境下诞生的，但是"边疆建构"的实质和精髓却是和边疆的产生相伴始终的。传统王朝国家时期，中央王朝对于边疆地区的治策经营同样是边疆建构的表现。勤修供奉、遣使赐书、贸易互市等，无不是以培养边疆地区的向心力和凝聚力为出发点来展开的。近代以来，随着国界的勘定，原本变动的边疆、文化的边疆借用现代民族国家主权这一表征固定下来，但国界的固定并不等于完全意义上"边疆建构"的达成，其中国家对于边疆地区的经营治理是一个需要考量的重要因素。

因此，边疆建构的历史实践表现为长期性、持续性，在不同的历史条件下，因边疆地区不同的人类结群和政治生态，使得边疆建构的历史实践也表现出极端复杂性。在新的环境和历史条件下，边疆问题会表现出新的态势，这势必要求国家对边疆地区的经营理念和策略要结合新情况、新问题，做出适时的调整和改进。

The Historical Discussion on the Construction of Borderland in the Border Area of Southern Yunnan in Modern Times

YU Meng GU Yuejuan

Abstract: The frontier is a political terminology and systematic traditional concept that includes geography, politics, culture, and identity. In the process of transforming from the traditional dynasty to the modern state, the above mentioned different orientations of the frontiers have undergone fundamental qualitative changes, which makes the study of border issues more complicated. This research attempts to use the concept of "frontier construction" to summarize the different aspects of the frontier, and take the modern border area of southern Yunnan as an example, to analyze the Attributes of Southern Yunnan Frontier, the state policy management and the development of border ethnic identity in the late Qing Dynasty to the Republic of China. On this basis, I tried to explore the historical practice of the construction of the southern border of Yunnan in modern times.

Key words: Modern; Frontier construction; Southern Yunnan border area

近代云南对外贸易法律制度探究*

陈泫伊　木　薇**

摘　要　近代云南对外贸易法律制度产生于内忧外患、各股势力角逐、利益冲突尖锐与民族意识觉醒同时并存的特殊历史时期，历史局限与价值意义并存。总结近代云南对外贸易法律制度建立和演变的经验与教训，可为我们制定对外贸易规则、处理对外贸易关系，进一步完善现代云南对外贸易法律制度，提供历史借鉴。

关键词　近代云南；对外贸易法律制度；内容体系；历史作用

DOI：10.13835/b.eayn.30.08

近代的中国积贫积弱，中法战争之后，英法殖民列强凭借其工业革命形成的经济和军事优势，强行撞开中国西南门户，竞相蚕食边疆大省云南。在侵略与反侵略，受制与抗争过程中，云南对外贸易的商事活动与相关法律制度曲折发展。从1889年蒙自开埠到1937年全面抗战爆发短短49年间，伴随着中国从晚清进入民国时期，云南省也先后经历了4次政权更迭。虽然，政治环境的变化和进出口商贸活动的蓬勃开展，均对法律规范的颁行提出了诉求。但无法回避的是，近代云南对外贸易法律制度是在帝国主义强权政治和经济掠夺的背景下作为列强经济侵略的工具而产生，其与生俱来的殖民地属性也成为它难以消除的烙印。所以，云南历届政府都在致力于通过法制改革，抑制对外贸易法律制度中的殖民性因素，收回外贸主导权。从这一角度看，近代云南对外贸易法律制度建立和完善的过程，正体现了云南政府和民众为抵御侵略不断抗争的历程，也反映出云南历届政府为追求经济独立和贸易平等所做的不懈努力。

本文从与对外贸易有关的法律规范入手，在研究静态法律制度的同时，关注动态的法律运行，以期从法律层面来解读转型中的云南社会，凸显法律制度与地区经济发展和社会历史进程休戚与共、相辅相成的关系。

一、近代对外贸易法律制度的内涵和外延

作为社会中必不可少的行为规范体系和利益分配机制，法律通过调整人与人、人与社会之间关系来保障社会生活的正常运转和社会秩序的井然有序，最终以实现统治阶级所期望的社会关系和社会秩序为

---

* 本文系教育部人文社科高校思政教师专项项目"新时代学校思想政治理论课改革创新背景下大中小学法治教育一体化研究"（项目编号：21SZK10689002）的阶段性研究成果。

** 陈泫伊，法学博士，云南财经大学马克思主义学院副教授，研究方向：民族法制史、民族经济法研究；木薇，民族学博士，云南财经大学财政与公共管理学院副教授，研究方向：民族学、社会学。

目的。对外贸易活动作为社会生活的重要组成部分,也是需要一定的规则来维系和保障其运行的,这是对外贸易法得以产生的前提。但由于对外贸易活动不仅是贸易当事人之间的事,它会受到来自贸易当事国的政治、经济、军事和文化等方面的影响。与国家参加的国际组织、加入的国际公约、和其他国家与地区间缔结的国际协定,甚至与当下的国际大环境都有着密切联系。因此,任何国家的对外贸易法律制度,除本国制定的规范性法律文件外,也会囊括国际条约和国际惯例等内容。正因为对外贸易法律制度包含的内容十分丰富,而研究者由于研究侧重点、分析角度以及学术流派等方面的差异,在对外贸易法律制度内涵和外延的界定上一直存有分歧。

第一,调整范围存在广义和狭义之分。有学者认为,对外贸易法律制度的调整范围应该从广义的角度来界定[①],即除了贸易管理规范外还应包括商事交易规范,如合同法、运输法、票据法等与货物买卖相关的法律法规;同时,随着无形商品贸易的增长,服务贸易法和与贸易相关的知识产权法等法律规范也应纳入对外贸易法的调整范围。对于这样的观点,有学者并不认同,他们将对外贸易法律制度的调整范围限定在狭义的角度来研究,认为对外贸易法律制度仅指国家制定的专门用于规范和调整外贸关系的法律法规及由此形成的外贸制度[②],具体包括国家所颁布的对外贸易法、海关法以及商检法等等,它强调的是国家对于对外贸易活动的管理关系。这类关系属于纵向的法律关系。

第二,法律渊源存在国内法和国际法之分。在这一方面,学者们的态度比较一致。均认为对外贸易法的法律渊源除了本国制定的与国际贸易相关的法律规范外,还应包括诸如世界贸易组织、国际商会、国际法协会等国际组织制定的与贸易有关的规则或协定。[③] 这些规则或协定由当事国自愿参加,在加入时还可以根据本国国情提出相应的保留条款。

第三,法律规范的性质存在国家法和民间法之分。通常我们所说的对外贸易法是指由国家的立法机构制定颁布的规范性法律文件以及国家之间签订的与贸易有关的条约或协定,它的制定者是国家,规范的对象是从事贸易活动的人或组织,这些法规规范是统治阶级意志在对外贸易方面的集中体现,用以规范和管理对外贸易行为。[④] 但在繁纷复杂的社会现实中,维系社会秩序的不仅有国家的制定法,还有民众在对外贸易实践中自发形成的习惯法,这种习惯法有些是商业组织制定的成文规章,有些则完全是不成文的。

综上,近代云南对外贸易法律制度是指在历届政府对外贸易政策的指引下,由国家和云南省政府相关部门制定的规范性法律文件为主体构成的规范体系。它立足于国家对云南省的对外经贸活动进行管理和控制的法律、法规,内容涵盖国内法和国际条约,性质涉及国家法和一定领域的商事习惯法。近代云南对外贸易法律制度是云南省管理对外经贸活动的主要依据,也是贸易部门和经营主体借以开展进出口贸易活动的重要保证。由于篇幅有限,本文对近代云南对外贸易法律制度的研究仅着眼于国家对云南地区对外贸易活动进行管理调节的规范体系,以国家调节对外经贸过程中发生的各种社会关系为研究对象,旨在梳理近代云南对外贸易法律制度的建构,比较不同时期对外贸易法律制度的变化,提炼特征、探讨影响。

---

① 冯大同:《国际贸易法》,北京:北京大学出版社1995年版,第5页。
② 黄东黎:《国际贸易法》,北京:法律出版社2004年版,第3页。
③ 郭寿康、韩立余:《国际贸易法》(第二版),北京:中国人民大学出版社2006年版,第10页。
④ 郭寿康、韩立余:《国际贸易法》(第三版),北京:中国人民大学出版社2009年版,第308页。

二、近代云南对外贸易法律制度的内容体系

近代云南对外贸易法律规范体系由四个区块构成，分别是中央政府和西方国家签订的条约、国家颁布的规范性法律文件、云南省政府颁布的规范性法律文件，以及云南各海关会同当地行政官员、英法领事制定的涉及本海关具体工作内容和工作程序的规章制度。国家法规与国际条约相互配合，基本法与地方性法规相互衔接，初步形成了近代云南对外贸易的法律规范体系。

（一）条约

晚清政府和民国政府均与英法国家签订过针对云南对外贸易以及相关问题的条约。这些条约除涉及开埠通商、建立海关外，还包括进出口货物的监管、关税税则、缉查走私等具体事宜，属于总括性的规范性文件，是对外贸易管理和机构运行的重要依据。

表 1　云南对外贸易相关条约概览表

名称	签约国家	日期
烟台条约	中国—英国	1876.9.13
中法会订越南条约	中国—法国	1885.6.9
中法会议越南边界通商章程	中国—法国	1886.4.25
中法续议商务专条	中国—法国	1887.6.26
中英续议滇缅界、商务条款	中国—英国	1894.3.1
中法续议商务专条附章	中国—法国	1895.6.20
续议缅甸条约附款	中国—英国	1897.2.4
滇越铁路章程	中国—法国	1903.10.29
关税条约	中国—英国	1928.12.20
关税条约	中国—法国	1928.12.22
陈列货样相互免税暂行章程	中国—法国	1929.4.1
规定越南及中国边省关系专约	中国—法国	1930.5.16
云南铁路草约	中国—法国	1936.2.20

资料来源：王铁崖：《中外旧约章汇编》第一、二、三册，北京：生活·读书·新知三联书店1957年、1959年、1982年版。

在开埠通商、建立海关方面，条约规定了确切而详尽的内容。如1887年6月，清政府被迫与法国签订的《中法续议商务专条》，此条约第二条规定："按照光绪十二年三月二十二日所定和约第一款，两国指定通商处所，广西则开龙州，云南则开蒙自。缘因蛮耗系保胜至蒙自水道必由之处所，以中国允开该处通商与龙州、蒙自无异。又允法国任派在蒙自法国领事官属下一员在蛮耗驻扎。"[①] 据此，蒙自、蛮耗

---

① 王铁崖：《中外旧约章汇编》第一册，北京：生活·读书·新知三联书店1982年版，第515页。

成为西南地区最早开设的商埠。又如1895年，俄、法两国取得了对清政府的贷款权，法国借机提出进一步扩张在中国西南边疆陆路通商的要求。同年6月20日，双方签订了《中法续议商务专条附章》，该条约第三条规定："议定云南之思茅开为法越通商处所，与龙州、蒙自无异，即照通商各口之例，法国任派领事官驻扎，中国亦驻有海关一员。至法国领事官所住公馆，由地方官相帮照拂，其法国人民及法国保护之人前来思茅，均照咸丰八年五月十七日条约第七、第十、十一、十二等款及光绪十二年三月二十三日商约第三款办理。其运往中国各货物，准由水道如罗梭河、湄江等河运入，并准由陆路如猛烈或倚邦至思茅、普洱之官道。其货之有应纳税项者，即在思茅输纳。"① 因为该条约的订立，思茅关正式设立。关区范围覆盖今天普洱、西双版纳一带，凡经普洱地区通往缅甸、老挝和内地的商路均归其管辖。

在对外贸活动进行规制方面，条约规定了诸如走私漏税予以罚没的条款。《中法会议越南边界通商章程》第十款规定："凡过关报货以多报少查有确据，即将货物全罚入官，私自过关起卸、绕路、拆卖及一切有心偷漏税亦将货物全罚入官，捏报货物名色、件数并所出所往之地不符者亦将货物全罚入官。"② 《中英续议滇缅界、商务条款》第九条规定："运货经过中国地段如在此约所准之路之外及有偷漏等弊，可将该货充公。"③ 蒙自、思茅、腾越关开关后，海关对走私偷漏税的行为均按以上条约规定进行处理，处罚方式也主要是没收货物为主。这种处理方法一直延续到20世纪30年代初。

除此之外，以上条约还涉及海关设置和人员组成、进出口货物的监管、关税税则等内容，初步建立起了近代云南对外贸易的新秩序，也成为近代云南对外贸易法律制度的发端。

（二）国家颁布的规范性法律文件

除条约外，国家层面也颁布实施了大量与对外贸易有关的法律法规，搭建了对外贸易法律规范体系，从法律层面保障和推动了云南对外贸易的发展。

表2 民国时期对外贸易法律规范概览表

名称	颁布施行及修正时间
暂行工艺品奖励章程	1912.12.5，1923.3.31修正
农商部奖励规则	1912.5
缉私条例	1914.12.30
海常关与厘金各口卡发给机制洋货运单办法简章	1915.11.15，1916.3.10修正
华商机制土面粉领用空白运单办法简章	1916.11.7
机制各种洋式棉货征税办法	1917.4.23
国定关税条例	1917.12.15
全国国货展览会条例	1923.4.14

---

① 王铁崖：《中外旧约章汇编》第一册，北京：生活·读书·新知三联书店1982年版，第622页。
② 王铁崖：《中外旧约章汇编》第一册，北京：生活·读书·新知三联书店1982年版，第480页。
③ 王铁崖：《中外旧约章汇编》第一册，北京：生活·读书·新知三联书店1982年版，第579页。

续 表

名称	颁布施行及修正时间
奖励国货办法	1924.4
机制洋式货物税现行办法	1924.7.23
出厂税条例	1927.7.23
裁撤国内通过税条例	1927.7.23
奖励工业品暂行条例	1928.6.18
特种工业奖励法	1929.7.31
海商法	1929.12.30
海商法施行法	1930.11.25
凡与外人订立运售铁、钨、锰、锑等矿砂契约须先由部核准方有效令	1930.8.15
取缔洋货冒充国货令	1931.4
倾销货物税法	1931.2.9
倾销税法施行细则	1932.12.7
商品检验法	1932.12.14
中国国货暂订标准	1932.4.9，1934.6.4 修正
实业部发给国货证明书规则	1932.4.9，1934.6.4 修正
海关进口税税则	1928.12.7，1930.12.29，1934.6.30，1935.12.2 修正
海关出口税税则	1931.5.7，1934.6.8，1935.6.25 修正
废除苛捐杂税令	1934.6.25
稽查进口货物运销暂行章程	1936.5.23
惩治偷漏关税暂行条例	1936.7.4
防止陆运走私办法	1936.5.13
防止陆运走私办法实施细则	1936.5.13
运输银币银类请领护照及私带处罚办法	1935.1.23
缉获私运银类银币处罚给奖办法	1935.11.23 修正
设匦告密办法	1936.6.3
缉获私货从优给奖办法	1936.6.3
财政部所属缉私机关互相缉获私运货物处理章程	1936.2.20
稽查进口货物运销暂行规章	1936.5
进口货物原产国标记条例	1932.12.16

续　表

名称	颁布施行及修正时间
海关缉私条例	1934.6.19
海关缉私充赏办法	1929.6.12
海关处置缉获走私船只办法	1934.7.21

资料来源：施泽臣：《新编实业法令》，上海中华书局1924年版；商务印书馆编译所：《法令大全》，商务印书馆1924年版；中国第二历史档案馆、沈家五：《张謇农商总长任期经济资料选编》，南京：南京大学出版社1987年版；立法院编译处：《中华民国法规汇编》，上海：中华书局1936年版；徐百齐：《中华民国（现行）法规大全》，共5册，民国二十五年辑印，北京：商务印书馆1936年版。

此外，海关总税务司署为加强制度建设，也专门制定了一系列全国通行的部门规章，包括：《大清海关章程》《各国商船进出起下货物完纳钞税条款》《运出入内地货物事宜》《通商各口通共章程》《给发存票事宜》《发给免重征执照事例》《运出入内地征税给照验货各新例》《子口税章程》等规范。

结合前文所列法律规范，可对晚清政府、北京政府和南京国民政府时期的对外贸易法律制度进行一个简单的分析和比较。

清朝末年，晚清政府因面临民族危机和社会危机日益深重的双重困局，为维持统治，不得不进行法制变革。但由于变法的目的和统治者自身的局限性，只是在体例和形式上进行了变动，很多方面均未深入。在对外贸易管理方面，由于受清政府与西方列强签订的诸多不平等条约的影响，从对外贸易的货品种类、管理机构到关税税则均受制于人。

相较于晚清政府，北京政府因为政府性质发生了根本性转变，法律体系也随之发生更替。为满足执政需要，北京政府专门设置了法律修订部门，并开展了较为频繁的立法活动。就对外贸易法律制度的构建而言，在1912年至1916年，特别是张謇任工商、农林和农商总长期间，是北京政府较为系统地制定和颁布对外贸易法律规范的时期。其后则主要是对已颁行的法规进行修订或对某些法律规范颁布实施细则，如1917年农商部颁布的"关于振兴实业奖励办法"和"提倡国货之训令"，1919年财政部颁布的"维持土货之训令"，1924年农商部颁布的"新发明物品给予奖励金"[①] 等。从内容上看，北京政府时期颁布的与对外贸易有关的法律规范主要涉及对外贸易管理和对外贸易促进两个方面，其主旨是通过裁厘减税等财税措施和给予奖励等激励手段，调动经营者积极性，振兴国货，取代洋货、鼓励出口，以实现国内经济和对外贸易的良性互动和双向发展。

南京政府时期，立法工作再上新台阶。上至行政院、立法院，下至贸易活动的具体主管部门如工商部、财政部、农矿部，都积极作为，在立法方面均有建树，制定和颁布了大量与对外贸易相关的法律法规。在法规数量、涉及领域、对后世的影响力等方面都和前朝不可同日而语。在立法内容上，相对于前期对外贸易法律制度多项规范的缺位，南京政府既出台了有关对外贸易规制管理、对外贸易促进、对外贸易商品检验等多部法律，还颁行了大量实施办法和施行细则。特别是《倾销货物税法》和《倾销税法施行细则》的颁布，开启了与国际立法接轨的新局面。可以说，南京国民政府构建了较完备的对外贸易规范体系，是近代对外贸易法律制度的集大成者。这一时期的对外贸易法律制度，不论从法规数量、调控范围、效力等级和立法程序上看都体现了法制的进步性。

---

① 《北洋政府公报》，第105、106期。

近代对外贸易法律制度是在中国惨遭西方列强入侵，主权丧失，民众奋起抗争的大背景下，受对外贸易大幅增长所推动，为规范日益繁盛的对外贸易活动，在政府的主导下建立起来的。纵观清末民国时期的对外贸易法律制度的变迁，从最开始的被迫变革到后期的主动立法，体现了统治者理念的变更。同时，对外贸易法律制度从模糊到明确，从简易到完备，从零碎到体系化的发展过程，也展现了近代中国法律演进的历程。

（三） 云南省政府颁布的规范性法律文件

云南省政府依据国家颁行的法律规范，结合本省的实际情况，也颁布了专门适用于本地区对外贸易活动开展的规范性法律文件。

表3 云南省对外贸易法律规范概览表

名称	颁布时间
云南征收厘金暂行章程	1917，1921 修正
土货出口章程	1919
云南省征收内地厘金暂行章程	1925.7.1
修正云南禁止生银银币出境条例	1929.5.23
云南禁止现金出口广毫入口惩奖条例	1930.1.3
云南省财政厅征收特种消费税章程	1931.1.1，1935.2 修正
云南省财政厅征收特种消费税章程实施细则	1931.1.1，1935.4 修正
云南省财政厅征收特种消费税章程管理细则	1931.1.1，1935.4 修正
云南省财政厅稽征收条银出口税办事细则	1932.1.12
拟定征收大条银复出口收税条例	1932.1.12
云南富滇新银行大锡押汇章程	1933.7.17，1934.7.19 修正
云南富滇新银行预买特货汇款章程	1933.7.17，1934.8.6 修正
云南省建设厅公务人员服用国货委员会章程	1934.7.30
云南省奖励工业暂行条例	1935.5.30
云南省奖励工业审查暂行标准	1935.8.21

资料来源：云南省政府编印：《云南省现行法规汇编》上、下册，1934年9月；《云南省现行法规汇编（续集）》第一集、第二集。

从内容上看，云南省除了贯彻执行国家的对外贸易法律规范以外，在对外贸易货物种类限制、税收征收以及对外贸易促进等方面均制定了相应的规范性法律文件，以管理和推动云南对外贸易活动的有序开展。如云南省对白银出口的限制，先后颁布了《修正云南禁止生银银币出境条例》《云南禁止现金出口广毫入口惩奖条例》《云南省财政厅稽征收条银出口税办事细则》《拟定征收大条银复出口收税条例》等法律规范，其中不但规定了违禁行为的界定、缉查机构、处罚办法，还规定了举报奖励等内容。《云南禁止现金出口广毫入口惩奖条例》就规定："本省边地与缅越及外省接界之平彝、罗平、河口、开化、广南、富州、腾越等七属，均委派专员会同地方官切实禁止生银银币出境，此外各属则分别委派县长、行政委员、税务委员、县佐等一律认真查禁。"① 同时还规定："凡违禁绕越贩运或挟带生银银币出境，一经官吏查获，即将带运之生银币全数充公，其充公之款以十分之五充赏，以十分之五报解财政厅核收。"其中对于官员渎职和受贿也列出了极为严厉的惩治办法，如"奉行不力及借故滋事者"从严惩处；"受贿私放及舞弊者"枪毙。

在对外贸易促进方面，颁布了《云南省建设厅公务人员服用国货委员会章程》《云南省奖励工业暂行条例》《云南省奖励工业审查暂行标准》等章程条例。如《云南省奖励工业暂行条例》就规定了八种奖励的类型，"制品能大宗行销外埠者"属于其中之一。奖励办法包括有：延长专利期限；制成品减少或免除本省各项税捐；原料来源酌量减少或免除本省各项税捐；发给奖金以及授予荣誉等举措。此外，云南省政府在税款征收方面也颁布了一些规章条例。诸如《云南征收厘金暂行章程》《土货出口章程》《云南省征收内地厘金暂行章程》和《云南省财政厅征收特种消费税章程》等。这些规章条例的制定一方面是为了解决云南省出现的财政问题，但另一方面，特别是龙云政府时期发布的征收特种消费税的有关规定，详细区分了本地产品和进口产品的种类，制定了不同的税则，税收上的优惠对调动本省工商从业者的积极性无疑是一种切实的鼓励。工商业的发展对推动云南进出口贸易的增长起到了积极作用。

（四） 云南省各海关制定的规范性法律文件

除国家和云南地方政府颁布的规范性法律文件外，云南省各海关还根据本关的实际情况，会同当地行政官员、英法领事，分别制定涉及本海关具体工作内容和工作程序的法律规范，包括：《蒙自关通商章程专条》《蛮耗分关通商章程专条》《思茅关通商管理章程》《腾越关会订试办章程》《云南府分关章程》。此外，针对海关的某项职能或监管领域，各海关也颁布了一些法律文件，如货物监管方面制定了《河口分关对航行于红河运载进出口货物木船的监管办法》《河口分关管辖铁路所载各洋货进口土货出口章程》《蒙自关碧色寨车站分关章程》《关于空运出口包裹的规定》等法律规范。

三、 近代云南对外贸易法律制度的历史作用及局限

近代云南对外贸易法律制度产生于内忧外患、各股势力角逐、利益冲突尖锐与民族意识觉醒同时并存的特殊历史时期。由于与生俱来的半殖民性，限制了它作为法律屏障对本地区贸易的保护功能，这是其历史局限。但不可否认，作为云南地方法律体系的重要组成部分，近代云南对外贸易法律制度在推动云南法制近代化进程和促进近代云南地方政府提升治理能力方面发挥了无可替代的作用。

---

① 云南省政府编印：《云南省现行法规汇编》上编，财政卷，1934年版，第3页。

（一）近代云南对外贸易法律制度的历史作用

对外贸易法律制度的构建与其所处国家、地区的社会、经济发展状况休戚相关，而对外贸易法律制度的施行又会反作用于地区的经济发展和社会历史进程。

1. 近代云南对外贸易法律制度推动了云南法制近代化进程

法制的近代化转型主要表现为：从古代封建王朝以人治为主的立法及法律运行模式转变为近代民主国家通过有立法权的国家机关按程序创设法律，并依法调整经济关系和社会运行的模式；立法目的也从维护封建专制统治和自然经济秩序向维护近代资本主义民主国家正常运转和商品经济发展进行转变。[①] 中国的法制近代化进程开启于清末，戊戌变法和清末新政均是其表现，但鉴于当时的统治阶级和社会性质，致使这一进程无法继续推进。中华民国建立后，由于国家性质、政权组织形式和经济基础都发生了根本性的转变，也因此为法制的近代化提供了基本条件。与此同时，西方法律文化中包含的正义、平等、自由、权利、法治等观念在中国的传播，也激发了中国向西方法制靠拢的愿景。从南京临时政府到北京政府再到南京国民政府，虽然历经政权更迭，但是法制的近代化进程从未中断。

在这一历史进程中，云南的法制近代化转型也在逐步展开。列强以武力打开中国的西南大门，并强迫中国政府与之签订一系列不平等条约，以巩固和保护其既得利益。这些不平等条约构建的国际贸易新秩序以及立法、司法结构，不是云南社会经济自我发展和演化所形成的，而是西方殖民者强加给云南的。这就导致了云南本身所固有的法律体系及法律传统遭到了前所未有的挑战，也将云南的法制推到了必须变革的境地。云南对外贸易法律制度的建立最初就是随着不平等条约的签订以及条约体系的形成而逐步形成的。可以说，以商事规则为主体的条约体系，深刻影响了云南的法制变迁。一方面，它阻断和破坏了传统的法律秩序，另一方面又推动了近代法律体系的构建。正如马克思在讲到印度革命时曾说过："英国在印度斯坦造成的社会革命完全是被其极其卑劣的社会利益驱使的……但问题不在这里，问题在于，如果亚洲社会没有一个根本的革命，人类能不能完成自己的革命？如果不能，那么英国不管干出多大的罪行，它在完成这个革命的时候毕竟是充当了历史不自觉的工具。"[②] 虽然西方资本主义列强的侵略行径给云南的社会经济带来了沉重打击，但是，它带来的西方先进的制度和理念，加速了云南小农经济的瓦解，从客观上推动了云南社会的近代化进程。同时，民国以后，随着社会形态和政治体制的变更，云南的法制状况也发生了翻天覆地的变化。虽然，条约体系所建立的新秩序对于构建近代云南法律体系影响较大，但历届云南省政府均不是消极遵从，而是积极应对。为顺应时代潮流以及大力促进对外贸易发展的需要，云南省政府制定和颁布了大量经济性法规。这些法规的出台，从内容上改变了中国传统的重刑轻民的法制模式。同时，由于对外贸易法律制度当中除包含市场规制法律规范外，还包括有国家对市场主体奖励、促进的举措以及宏观调控方面的法律规范。以上相关法律文件又细分为货物进出口监管制度、缉私制度、进出境检验检疫制度、反倾销措施、税收制度、对外贸易保护、扶持和奖励制度等。法制化水平和实现法治的程度，是衡量法制近代化的重要指标。对外贸易法律规范的制定和实施，填补了法律制度的空白，从而有利于云南地方法律体系的完善，是云南法制近代化转型的重要体现，也成为保

[①] 张晋藩：《综论中国法制的近代化》，《政法论坛》2004年第1期。
[②] 中共中央马克思恩格斯列宁斯大林著作编译局编：《马克思恩格斯选集》卷2，北京：人民出版社1995年版，第687页。

障近代云南法制运行和推动云南法制近代化进程的重要一环。

2. 近代云南对外贸易法律制度促进了近代云南地方政府治理能力的提升

对外贸易法律制度着眼于对外经济与贸易活动，通过国家管理和调控，从总体上促进对外经济与贸易结构和运行的合理化发展，以实现经济效益，维护社会总体利益。主要包含三方面的内容，即市场规制法律规范、奖励促进外贸相关实业发展的法律规范和宏观调控的法律规范。这些法律规范侧重于国家经济管理职能，这与传统的政府职能是有区别的。"传统的政府功能仅限于征税、治安和防御外敌入侵等消极的政治统治方面，而鲜有对社会经济生活的管理和干预。"[1] 近代中国由于社会经济的发展，政府组建了许多新型的经济管理机构，以加强对社会经济生活的管控。在对外贸易管理方面，从清末近代海关的设立以及商部、农工商部的转变到民国时期财政部、实业部的设立，均表明政府职能朝专业化方向发展。经济管理部门的建立和经济管理职能的强化，意味着近代政府从传统的政治性职能向社会调节职能的转化。这种从单一向多元化职能转变的趋势，体现了政府行政体系的完善和行政能力的加强，也表明了国家近代化进程的不断深入。

对外贸易法律制度本身就是国家经济调节职能的重要体现，它的健全和发展也进一步推动了国家从传统向近代化迈进的步伐。权限分明、职责统一、名实相符的行政体系的形成和政府职能的转变，使政府管理角色更加趋于职业化和专业化。近代云南对外贸易法律制度的构建，有益于云南地方政府近代化管理机构的设置和管理职能的完备，也有益于近代云南地方政府治理能力的提升，最终对云南社会经济的发展和近代化进程产生深远影响。

（二）近代云南对外贸易法律制度的历史局限

对外贸易法律制度是一国对外经贸政策最直接的反映。但由于法律的运行受到多重因素制约，从而导致法律规范在内容上存在是否能真正与对外贸易政策高度一致的差异，在发挥的作用上也存在是否能切实起到促进和保障本国对外贸易发展的问题。近代云南对外贸易法律制度是在西方列强入侵，国家主权丧失，近代中国沦为半殖民地半封建社会的大背景下产生的。由于建立在一系列不平等条约的基础上，近代云南对外贸易法律制度从诞生时起就带有浓厚的半殖民色彩，成为西方殖民国家进行经济侵略的工具。最显著的特征在于近代云南对外贸易法律制度贸易保护功能的缺位。

1. 限制出口严于限制进口

贸易保护主义强调奖出限入，自由贸易主义则对进出口不加干涉和限制，而近代云南对外贸易法律制度在西方列强的干预下建立，陷入了限制出口严于限制进口的怪圈。如《越南边界通商章程》《中英续议滇缅界、商务条款》规定：中国铜钱、米、豆、五谷禁止出口；各种军器、火药、食盐禁止进口；鸦片禁止贩运买卖。民国时期，中央政府和云南地方政府更加大了对货物出口的管控力度，如中央政府颁布了《凡与外人订立运售铁、钨、锰、锑等矿砂契约须先由部核准方有效令》《金器禁止出口范围》《严查白银偷运出口给奖办法》，云南政府颁布了《修正云南禁止生银银币出境条例》《云南省财政厅稽征收条

---

[1] 郑大华、彭一平：《社会结构变迁与近代文化转型》，成都：四川人民出版社2008年版，第443页。

银出口税办事细则》《拟定征收大条银复出口收税条例》等。从这些规定可以看出，在近代云南对外贸易的货品种类中，除鸦片外，限制进口的货物仅有军火和食盐两项，而出于对粮食短缺的考量和对矿产及贵重金属的重视，限制出口的货物种类不断增加。限制出口固然在一定程度上可以保护稀缺资源外流，但是在对外贸易发展过程中，对于进口货物的限制往往比出口货物的限制更重要。通过对进口货物采取一定的限制措施，不但能保护国内某些弱小产业的生存和发展空间，更能体现出政府发挥其调控职能，影响社会经济的总体运行。然而，不论是清末还是民国时期，政府颁布的对外贸易法律规范在进口货物的限制方面基本未作涉及。

2. 关税的贸易保护功能缺失

关税是对外贸易法律制度的重要内容，是管理贸易的主要手段和原则，因其一直被用作限制货物进口的措施，所以也被称为关税壁垒。[①] 就近代云南的关税制度而言，由于近代中国的关税主权掌握在西方列强手中，所以它在抵御外国商品冲击、保护和扶植本国幼弱的工商实业、维护国家和地区在对外经贸往来中的应得利益方面非但不能起到半点积极作用，反而完全沦为外国殖民者的掠夺工具，为帝国主义的经济侵略大开方便之门。

近代中国丧失了海关关税自主权后，关税税率长期被限制在"值百抽五"的低水平状态。进口洋货只需缴纳 2.5% 的子口税便可在中国内地通行无阻，然土货出口则无此优惠，过关纳税，遇卡抽厘，税负沉重。1928 年之后，中国与除日本外的主要国家签订了关税新约，收回了关税主权，并于 1929 年 2 月 1 日颁布实施了《国定进口税则》，结束了协定关税的旧时代，迈进了关税自主的新时期。虽然工商业者普遍认为 1929 年税则的进口税率与国外相比仍然偏低，如"各国纸烟的进口税率多在 100% 至 300%，而中国进口税率仅为 40%；棉织品新税率仅为 7.5%—10%。"[②] 但就关税自主权而言，其进步意义是不可否认的。

相较于其他省份，云南一直处于更为弱势的状态。从与云南有关的条约内容来看，云南执行的关税税则和税率在多数时候与其他省份并不同步，经常受到英法列强的"特殊关照"。在协定关税时期，进出口税的征收是根据《中法续议商务专条》《越南边界通商章程》以及《中英续议滇缅界、商务条款》的规定实行特殊的减税办法：洋货输入在"值百抽五"的基础上减十分之三；土货输出则在"值百抽五"的基础上减十分之四。这样的极低税率，完全丧失了关税对本国经济的贸易保护功能，也使得云南彻底沦为资本主义列强的商品倾销市场和自然资源、廉价原材料的供给地。进入关税自主时期，国民政府提高了进口关税税率，对尚属稚嫩的国内工商业起到一定的保护作用，也有力地维系了国民经济的平稳运行。但由于 1930 年中法签订了《规定越南及中国边省关系专约》，越南过境税的持续征收，对云南再次产生了负面影响。虽然国民政府从成立伊始，就致力于废除不平等条约，限制洋货倾销，促进国货出口，但由于越南过境税无法废除，还是在很大程度上制约了云南对外贸易的发展。这项税收直至 1946 年，《中法新约》在重庆签订后才彻底免除。在大多数国家都相继免除过境税的背景下，法属越南却对中国货物持续保留征收过境税，这正是法国殖民者对云南进行变相掠夺的表现。

总之，处于半殖民地半封建社会的历史背景下的中国政府根本不可能完全自主地运用关税手段来保

[①] 郭寿康、韩立余：《国际贸易法》（第三版），北京：中国人民大学出版社 2009 年版，第 214 页。
[②] 叶松年：《中国近代海关税则史》，上海：上海三联书店 1991 年版，第 308 页。

护本国工商实业、促进对外贸易发展,帝国主义列强基于本国利益也不希望看到中国自主地运用关税手段来达到贸易保护的目的,所以,虽然国民政府名义上取得了关税自主权,但是离真正的关税自主还很遥远。

四、结语

"以史为镜,可以知兴替;以人为镜,可以明得失。"研究近代云南对外贸易法律制度,总结其建立和演变的经验、教训,有助于我们鉴往知来,为今天制定对外贸易规则、处理对外贸易关系,进一步完善现代云南对外贸易法律制度,提供历史借鉴。

从近代云南对外贸易法律制度建立和曲折发展的过程,我们可以得出这样的结论:对外贸易法律制度的演变并不足以使一国拥有与经济强国同等的贸易地位。法律制度的转型只能获得形式上的平等而已,要想构建一个能够在对外贸易过程中真正保障本国或本地区利益的法律制度并使之得以有效运行,关键在于国家主权的独立和综合国力的强盛。中国现在已经是世界第二大经济体,也正在实施更加积极主动的开放战略,不断拓展开放领域和空间。在经济全球化和国际区域合作深入发展的新形势下,作为中国面向南亚、东南亚重要门户的云南省,除了主动服务和融入国家"一带一路"、长江经济带建设,积极参与孟中印缅经济走廊、中国—中南半岛国际经济走廊和澜沧江—湄公河合作发展外,还需吸取历史经验教训,根据自身经济社会发展水平以及本省的产业基础,构建有利于云南经济发展和转型升级的对外贸易法律制度。在维护国家主权的同时,结合"亲诚惠容"的周边外交理念[①],寻求更为趋于平等合理的对外贸易规则以实现贸易双方的互利共赢。

---

① 中共云南省委:《中国共产党云南省第十次代表大会报告》,2016年12月。

Research on the Modern Legal System in Yunnan's Foreign Trade
CHEN Xuanyi MU Wei

Abstract: The modern legal system in foreign trade in Yunnan originated in a special historical period when internal and external troubles, competition among various forces, sharp conflicts of interest and awakening of national consciousness coexisted. Because of its inherent semi—colonial nature, it limits its role as a legal barrier to function as a trade protection for the region. But it is undeniable that as an important part of Yunnan's local legal system, it played a unique role in promoting the modernization of Yunnan's legal system and promoting modern Yunnan local governmental structures to improve their governance capabilities. Summarizing the experience and lessons of the establishment and evolution of the modern Yunnan foreign trade legal system can provide us with a crucial historical reference for formulating foreign trade rules, handling foreign trade relations, and further improving the modern Yunnan foreign trade legal system.

Key words: modern Yunnan; foreign trade legal system; content system; historical role

论中越边民跨境行为的法律再规制

——基于滇东南边境地区的调查[*]

华袁媛[**]

摘 要 在中越边境地区，国家法律法规在对边民出入境、务工、通婚、贸易等跨境行为的规制中未能获得令人满意的效果，这一失范状态既源于边境地区特殊的地理、历史、民族、文化背景和经济发展状况，也因为法律规范本身存在着滞后于社会发展、与实践脱节的问题，因此应当重新检视边民跨境行为的法律规制，不仅需要梳理完善现行法律法规，创新治理机制，将边境地区乡村基层自治组织纳入边民跨境行为的规制体系，而且需要充分发挥经济和文化等多元手段规划边民跨境行为的积极作用。

关键词 中越边境；边民；跨境行为；规制

DOI：10.13835/b.eayn.30.09

一、问题的提出

边民，即生活在国界沿线一定区域范围内的常住居民，虽然对该区域范围存在着不同的理解和界定，但边民因毗邻国界在生产、生活过程中呈现的"跨境"特征不仅客观存在，而且成为影响边境地区治理的因素之一。以中越边境地区为例，因国界线绵长且绝大多数为陆地边界，两国边民自古就有跨境交往的传统，存在着相对稳定的互市、通婚和经常性的跨境往来，在边境法治的国家视野下，这些跨境行为中不乏有违法律的部分，有时还存在着触犯刑律的情形。边境地区依法治理实践中困扰国家相关部门的"三非"（非法入境、非法居留、非法务工）问题即为此类现象的集中体现。

在学界的视野中，对边民跨境行为的研究主要集中在几个方面：一是基于法学的视角，从非法移民的角度分析边民跨境行为的原因、影响及其治理对策；[①]二是基于民族学、人类学、社会学的视角，从通婚、互市等社会事实出发分析边民跨境流动在文化、经济、政治（国家认同）等方面具有的意义；[②]三是

---

[*] 本文系国家社科基金重点项目"国际视野下中国西南跨界河流开发风险与法律对策研究"（项目编号：15AGJ005）、文山学院校级科研基金委托项目"法人类学视域下文山州边境地区跨境通婚创新治理机制研究"（项目编号：15WSWT03）的研究成果。

[**] 华袁媛，法学博士，文山学院副教授，研究方向：民族法学、法人类学、边境地区法治等。

[①] 罗刚：《云南边境地区非法移民问题及其治理研究》，北京：法律出版社2012年版。

[②] 谷家荣：《滇越边民跨国流动与社会稳定研究——基于国家、地方与边民的视角》，《广西民族研究》2011年第2期；周建新、蒙秋月：《跨境谋生：现象与策略——以广西那坡县那孟屯中越边民跨国谋生个案为例》，《广西民族大学学报（哲学社会科学版）》2013年第1期。

基于人口学的视角,从个体行为选择的角度分析边民跨境流动的社会因素。①总体来看,边民跨境行为研究的焦点主要集中在对原因和影响的解读上,现有法学视角的研究虽然关注到了边民跨境行为的治理问题,但对规制边民跨境行为的法律规范本身的针对性检视较为缺乏。

本文在对滇东南地区麻栗坡、河口、绿春、马关等边境县实证调查的基础上检视国家法律体系中规制边民跨境行为的法律规范,一方面意在发现现行法律规范的不足,为国家边境法治的完善提供必要的建议;另一方面也希望引起学界对边境法治实践中边民跨境行为特殊背景和原因的关注,从制度完善和治理实践两方面为边民跨境行为的依法治理提供可行的思路,以期能够提升边民跨境行为法律规制的效果,推进边境地区治理体系和治理能力现代化的进程。

二、边民跨境行为法律规制的现状

目前,在国家的法律规范体系中,规制边民跨境行为的国家法律规范涉及法律、行政法规、部门规章、地方性法规、地方政府规章和国际协定6个类别,涵盖了国际法和国内法、全国性法律规范和地方性法律规范几个不同的层级,并在实际运行中呈现出不同的效果和状态。

(一)对边民出入境行为的规制

规制边民出入境行为的相关法律规范中,居于最高效力层级的是《中华人民共和国出境入境管理法》,该法包括总则、中国公民出境入境、外国人入境出境、外国人停留居留、交通运输工具出境入境边防检查、调查和遣返、法律责任、附则共八章九十三条,其中第九十条授权边境的省、自治区经国务院批准可以根据中国与相关接壤国家间签订的边界管理协定制定地方性法规和地方政府规章,有针对性地管理边境地区居民的跨境往来行为,为各边境省区边境管理的地方立法提供了制度空间,广西壮族自治区和云南省即据此于2017年先后出台了《广西壮族自治区边防治安管理条例》和《云南省边境管理条例》,此外,规制中越边民出入境行为的法律法规还包括《中华人民共和国出境入境边防检查条例》《广西壮族自治区中越边境地区人员入境出境暂行规定》《云南省边境地区公安边防管理规定》《云南省中越、中老边境地区人员出入境管理规定》等。

根据上述法律法规,对边民行为的法律规制主要在几个方面:(1)通行证件。人员实施跨越边境的行为必须持有合法的通行证件,可以是护照(需要提前申请入境签证),也可以是边民通行证(不需要申请签证,在入境时加盖入境章即可)。(2)通行地点。必须从口岸或者指定的出入境通道通行,并接受边防部门的查验。(3)通行范围。持边境通行证入境中国的邻国边民,只能在边境地区(根据中越之间的两个协定,指的是边境县范围内)活动,如果需要进入内地,必须重新办理相关手续。

根据笔者在滇东南边境地区调查的情况来看,对边民出入境行为的法律规制效果并不十分理想。第一,从指定地点出入境的规定难以有效落实。根据相关法律规定,边民合法出入境的地点包括口岸和指

---

① 保跃平:《跨境婚姻行为选择的主体性特征及制度困境——以云南边境地区为例》,《南方人口》2013年第4期;赵定、李效生:《历史与现实:中俄边民跨境流动的社会因素分析》,《人口研究》2003年第3期。

定的正式通道，但是边民通常都是依习惯从近便的通道出入境，不会特意绕行到指定地点，一些未持有边民通行证的越南边民为了到中国务工，也会从便道偷渡入境；第二，是通行证件的查验难以严格落实。在口岸等比较正式的跨境通行地点，边民的出入境行为都是严格依法持通行证件经查验后通行，但是在前述从便道出入境的情况下，边民虽然会随身携带边民通行证件，但是因便道通常不设边防查验关口，因此也就未经过边防查验的程序；第三，通行范围的限制也存在被违反的情况。边民日常性的跨境行为基本上都不会超出法律规定的范围限制，但也有极少数邻国边民在入境我国后违反法律规定到内地打工（笔者在生活的州府某建筑工地就曾偶遇来自越南的工人）。

值得指出的是，在边民日常性的跨境劳作、走亲访友、互市赶集等行为中，虽然也存在着出入境行为违反法律规定的现象，但是其背后具有一定文化和历史习惯上的原因。

案例1[①]：

> 麻栗坡县杨万乡哪宾村边民杨某，2010年经介绍与婶婶家的亲戚结婚，杨某的婶婶和妻子都来自附近的越南村庄。杨某早年一直在广州一带打工，2012年因为妻子生孩子，他回家务农，岳父家在界碑附近有一片约半亩的坡地，因为离家较远不划算来种，而杨某家正好在附近也有土地，只是这几年外出打工，一直荒置，杨某就在自家和岳父家的地里一并种上了玉米。

这一案例中，边民杨某在该土地耕种和收获的过程中就不大可能会依照法律规定每次出入境都持边民通行证绕行数十公里从指定地点出入境，此类基于一定社会关系和文化背景，但是违背了国家出入境法律法规中"持合法通行证件从指定地点经查验出入境"这一规定的日常性边民跨境行为在边境地区是较为常见的。不过，一些现行法律规范也体现了对边民这一特殊身份人群出入境行为的特别对待，如在《广西壮族自治区边防治安管理条例》的"边境地区边防治安管理"一章中明确规定公安边防部门必须采取措施对边民的正常往来活动提供出入境便利。《云南省边境管理条例》第二十六条也规定边境查验机关应当对边民的跨境探亲、旅游和贸易活动提供出入境便利，体现了既依法管理又尊重边民传统民俗和习惯的规制原则。

（二）对邻国边民入境务工行为的规制

基于中越两国边民历史沿袭的亲缘、族缘关系，农忙时节的跨境帮工一直是边民传统习惯的一部分。近年来，随着中越两国之间和边境地区与中国内地和沿海地区之间经济发展差距的加大，越南边民大量涌向中国内地和沿海务工，越南边民成为填补我国中越边境地区劳动力缺口的主要来源。在中越边境的河口县，根据2012年统计的数据，当时在河口境内务工的越南人总数达3000—4000人，分布在宾馆、餐饮、商场、加工厂等行业，偏远的香蕉林、农场中也零星有一些越南雇工，大部分为非法务工。

在现行的法律规范体系中，没有专门规制边民入境务工行为的法律规范，适用的是《中华人民共和国出入境管理法》中有关外国人在中国务工的规定。根据该法第四十三条，外国人在中国境内非法就业

---

① 访谈时间：2012年8月6日，地点：麻栗坡县杨万乡哪宾村杨某家中。

有三个认定标准：没有依法取得工作许可和工作类居留证而在中国境内工作；超出工作许可限定范围在中国境内工作；外国留学生违反规定岗位范围和工作时限在中国境内工作。获得工作许可和工作类居留证件是合法务工的基础性条件，但根据笔者在滇东南边境地区的调查，入境务工的越南边民绝大多数并不具备这两项条件，在帮工性质的短期跨境务工中，入境务工的越南边民通常都是亲友介绍，并由熟人带领送交雇主，且大多数是非法入境，也未申办工作许可和工作居留证件。长期务工的入境越南边民获取工作许可和工作居留证件也有一定难度，按照相关法律法规，中国颁发的外国人在华工作许可通常都是针对单位、组织聘请或雇佣的具有一定专业技术技能的外国人，对于申请合法工作证件的主体设定了要求，越南跨境务工人员工作的农场、小加工厂等大多不符合该要求，即便有雇主符合要求，办理合法工作证件所需的花费也使越南边民不愿意主动去办理。根据笔者从河口县公安局获得的信息，外籍务工人员合法务工需要办理的证件包括健康证、暂住证、劳动务工证，办理完毕总共需要500多元的费用，但当地入境务工人员一般从事的都是低技能要求的体力活，如砍香蕉、种植、建筑散工、木材厂工人等，工资收入并不高，500多元的费用对于绝大多数越南务工人员来说是一笔不菲的花费。并且，根据越南方面的法律，出入境证件的最长停留期限只有3个月，如果到期不办理续期，那么6个月之后就会被注销户口，这意味着想要获得合法务工身份必须每3个月往返越南1次以办理延期手续，考虑到成本和往返之后可能失去原先工作岗位的风险，实际上极少有边民依照法律规定办理合法务工手续。因此，现行法律法规对邻国边民入境务工行为的规制实际上难以落实。

（三）对邻国边民在中国境内居留行为的规制

根据属地原则，别国公民一旦进入我国主权领土范围内，就应当受到我国法律的规制。现行法律规范对邻国边民在中国境内居留行为的规制主要在两个方面：一是合法入境是合法居留的前提，因为办理居留证件首先需要提供入境的证件和相关法律手续；二是在合法入境的前提下，依法办合法停留和居留的手续。《中华人民共和国出境入境管理法》规定了持护照签证入境的外国人在中国境内居留的时限和办理延期的条件和程序，但针对边民这一特殊的外国人群体，现行法律规范中给予了一些不同于其他外国人的特殊对待，如《云南省边境管理条例》第二十七条规定，如果邻国边民以务工为目的需在中国境内停留和居留，属于临时帮工性质的，用工方必须在3日内到公安机关申报登记；如果属于长期务工性质，则必须按照《中华人民共和国出境入境管理法》办理工作许可和工作类居留证件。云南省公安厅发布的《边境管理须知》则更具体地规定，越南边民入境后如果要在云南省边境县（市）临时停留，必须持有效的《越南社会主义共和国出入境通行证》到当地公安机关的出入境管理部门或派出所申办《云南省边境地区境外边民入境停留许可证》，有效期限1至15天；如果需要停留3个月以上，必须持《越南社会主义共和国出入境通行证》和与停留事由相关的证明，到当地县（市）公安机关出入境管理部门或派出所申办《云南省边境地区境外边民临时居留证》，证件有效期限3个月至1年。

从实践来看，对边民入境后居留行为的规制在中越边境地区难以严格执行。基于族群交往和传统习俗的走亲访友、边贸互市等跨境往来行为通常不存在长期停留的情况，越南边民在中国境内长期居留的主要原因是务工和通婚。在以务工为目的的居留行为中，入境越南边民对现行法律规范的违反在合法入境这一前提条件和办理合法居留证件这一基本要求上都有体现。正如前文所述，目前中越边境地区的跨境务工绝大多数为非法务工,并且伴随着非法入境的情况,自然也就不可能实现合法的居留行为。

在以通婚为目的的居留行为中,相关法律规范的规制效果也不理想,虽然我国法律已经明确了合法缔结跨国婚姻的条件和程序,并且在《中国边民与毗邻国边民婚姻登记办法》中对边民跨境通婚的条件和程序给予了便利边民的简化,但因为中越边境地区经济落后、边民法治意识和文化程度较低等客观原因,加上该地区落后的生产方式使得入境通婚的越南妇女即便未经过合法婚姻登记仍可以获得在该区域内正常的生产生活空间,因此中越边境地区边民的跨境婚姻绝大多数处于未获得国家法律认可的状态。与跨境务工不同,以通婚为目的的居留行为以组建家庭、长期生活为特征,客观存在的婚姻关系和父母子女关系也使其与当地社区之间联系更为紧密,实践中处理其他非法居留人员的罚款、遣返等治理措施对于这些人员不仅难以发挥效果,而且会带来一些负面影响。笔者在马关县调查时就获知,过去边防部门曾经对非法跨境通婚采取过遣返措施,不仅没有效果(边防派出所的警员向笔者笑言,执行遣返任务的边防官兵还未返回驻地,被遣返的入境通婚妇女已经从小道回到了家中),而且遭到边民的指责和抵触,认为拆散了自己的家庭。

(四)对边民跨境贸易行为的规制

现行法律规范体系中规制中越边民跨境贸易行为的法律规范主要有部门规章层级上的《边境小额贸易和边境地区对外经济技术合作管理办法》《边民互市贸易管理办法》和地方政府规章层级上的《广西壮族自治区边境小额贸易出口核销管理试行办法》《云南省边境经济贸易管理实施办法》。

《边境小额贸易和边境地区对外经济技术合作管理办法》限定了有权从事边境小额贸易的主体是我国边境地区经批准有边境小额贸易经营权的企业,除必须具备法人资格外,还有注册资金、经营条件、组织机构和专门业务人员等条件的特殊要求,一般边民通常不具备从事边境小额贸易的主体资格。《边民互市贸易管理办法》则明确了边民互市贸易的目的(两国边民之间生产生活用品的互补余缺)、空间范围(陆路边境20千米以内)、互市集市的设立程序、互市商品的贸易额度和数量限制等内容,并在第九条规定要严厉打击利用边民互市贸易进行走私的非法活动。《广西壮族自治区边境小额贸易出口核销管理试行办法》适用范围包括广西壮族自治区的凭祥、友谊关、东兴、水口四个口岸及具备海关监管条件的其他口岸,主要是为了支持企业出口和促进自治区经济发展、规范边境贸易出口核销行为而制定,对边境小额贸易的经营主体遵循了《边境小额贸易和边境地区对外经济技术合作管理办法》的规定,必须是边境地区经批准有边境小额贸易经营权的企业。《云南省边境经济贸易管理实施办法》是针对边境小额贸易、边民互市和边境地区对外经济技术合作的相关事务制定的管理办法,在云南省内与缅甸、越南和老挝陆地接壤的边境县市(包括经国务院批准的边境开放城市的辖区)适用,其内容上与其他相关法律相比主要有两点不同:一是规定了边民互市贸易中双方边民携带人民币出入境的金额不得超过6000元;二是明确所有边民互市行为必须在互市集日且在指定的互市市场内进行。

从实践效果来看,这些法律规范的规制效果也不尽如人意。中越两国边民自古就有互市贸易的传统,在市场经济的浪潮中,生活在边境地区的边民也经常利用中越两国发展程度上的差距和熟悉两国情况的便利从事一些跨境的生意,如将中国的工业产品拿到越南售卖,或者将越南的中草药、茶叶、木板、农产品等贩运到中国境内销售,这已经成为中越边境地区许多边民的致富之路,也是边民群体内公开的

"秘密"。笔者在麻栗坡县某边境村寨调查时，就亲眼见过边民藏匿在便道旁草丛中的从越南偷运入境，预备销往城市用作高档茶桌的大块木板。

案例 2[①]：

> 边民 H，48 岁，麻栗坡县某边境村寨村民，H 是村小组组长，与乡政府、边防派出所和村委会干部的关系都非常好。H 有不少越南亲戚从越南运送大块的茶桌木板给 H 在中国境内销售，双方分享收益。对于这样的跨境行为，H 说："我也知道国家对这样的做法不允许，但是我们地方也没有其他苦钱（意为挣钱）的门道，我们农民又没有什么工资，靠山吃山，挣点钱生活，其他违法乱纪的事情我们也不会做的。"

边境地区的不少边民都像 H 一样从跨境生意中获利，这样的跨境交易也成为边民重要的经济来源，但是，依照《边境小额贸易和边境地区对外经济技术合作管理办法》和《边民互市贸易管理办法》的规定，这样的边民跨境贸易行为并不符合法律规范。《边境小额贸易和边境地区对外经济技术合作管理办法》对边境小额贸易主体资格进行了限制，大多数普通边民都不具备该主体资格；依照《边民互市贸易管理办法》，边民互市的目的是生产生活用品的互补余缺，只能于互市集日在指定的互市点进行，并且每人每日的限额是 8000 元人民币以下，超出部分要按照规定征收进口关税和进口环节税，否则即为走私。在《云南省边境经济贸易管理实施办法》中更限定边民互市贸易中双方边民携带过境的现金不得超过 6000 元人民币。但实际的情况是，像 H 一样以跨境贸易为经济渠道的边民既不是按照边境小额贸易的方式进行企业化运作，也不符合边民互市贸易的规定，根据笔者在麻栗坡、绿春和河口看到的情况，边民的此类跨境生意大多是通过电话联系确定交易的时间和地点，并不会仅限于在互市集日和互市市场内进行，并且随着物价的上涨和边民购买能力的提高，边民携带过境的金额也常常不止 6000 元。

三、边民跨境行为法律规制失范的原因分析

边民跨境行为在国家法律规制上的失范，既有地理、民族、历史、经济等方面的原因，也有法律规范自身的问题，对这一现象的认识不能脱离中越边境地区特殊的历史、地理和文化背景，国家边境管理法律法规的完善也应当充分观照中越边境地区的客观事实。

（一）边民跨境行为的特殊背景

1. 地理因素

中越边境地区正处于云贵高原向中南半岛巽他台地延伸，由山区向平原、大海伸展的过渡地带，山岭海拔逐渐下降，主体山脉间的距离渐次舒展，但山脉褶皱尚存，地形细碎，地势崎岖，造成了该地区

[①] 访谈时间：2018 年 7 月 16 日，地点：H 的家中（应访谈对象要求，姓名用字母代替）。

对外交通北阻南敞、中部贯通的大势，存在着与东南亚一体的地理格局，这一地理特征成为中越边境地区两国边民自古往来频繁的天然基础，正如方国瑜先生在其著作《中国西南历史地理考释》中指出的那样："在这山脉高原地带，位置偏南而地势高，地形复杂，各地之间的自然环境差别较大，而又各与邻境的环境相同，故西南居民各与邻境居民多同族属。"①

2. 民族因素

中越边境地区同一或同源民族跨境而居的普遍状况成为边民跨境行为的另一个重要因素。按照范宏贵教授的研究，中越边境地区跨境而居的民族众多，因中越之间民族划分标准的不同而略有差异，依照中国的划分标准有壮、傣、布依、苗、瑶等12个民族，依照越南的民族划分标准则有京（越）、岱、侬、泰、布依等26个民族。这些跨境而居的民族虽然在中越两国存在称谓上的差异，但从民族的历史和文化特征上看皆来自同源的民族。范宏贵教授认为造成民族跨境而居的原因有两种：一种是因国界线的划分造成跨境而居，另一种是民族迁徙造成跨境而居②，并且，第一种情况并不排斥第二种情况的发生，在现代国家出现，国界线划分明确之后，仍然会出现民族迁徙的情况，不论是迁徙而来的外来民族还是自古生居于中越边境地区的民族，客观上标志着族群特征的语言、服饰、习俗、传统等文化内容并没有因之而发生根本性的改变，其族群内部的认同也并未因此而改变，加之在长期的共同生活空间下，基于同源文化的族群又不断地通过婚姻、血缘、亲缘等纽带强化和拓展着彼此间的族群联系，相互交往并不会因国界线的存在而隔绝。

3. 历史因素

对于中越两国边民正常的跨境活动，历史上的统治者多数时候采取了较为宽容的态度，"越南在中国未放弃宗主权以前，虽有疆域之分，然究属一家，实无明确的界线，双方人民混居杂处，婚嫁相通，往来听其自便"③。《清实录》也记载："粤西南境，地接交夷，土苗错处，各边封禁隘口，时有夷匪、汉奸潜出窜入，屡经设法查禁，而奸民出入如故，盖因商民出口贸易，并佣工觅食，俱乐隘口出入近便，又多娶有番妇，留恋往来，是以偷渡不能禁止。"④民国政府统治时期，边民的跨境交往一如往常，"双方边民感情融洽，经常互相过界趁圩，或探亲访友，或互帮耕种。其边界证件名为'长行过界准单'"。⑤1940年日军侵占越南，"长行过界准单"停用，但双方边民仍然一如既往跨境赶集，或做小生意，或探亲访友，维持着经常性的跨境活动。

中华人民共和国成立后至20世纪70年代战事爆发前，边境地区边民之间的联系在两国紧密关系的背景下越发密切，边境两侧有定期集市供边民进行交易，互通有无，在频繁的交往中，两国边民维持了融洽的感情，跨境通婚时有发生，还有一些脾性相投的边民结为"老同""干亲"（结拜兄弟姐妹）。即使在两国战事持续期间，边民之间的跨境往来也并未完全断绝，根据范宏贵教授在其《中越两国的跨境民族概述》一文中的记录，在20世纪70年代战事持续期间，越南保保族遇有丧事，为完成敲打铜鼓将亡灵送回中国故乡的风俗，会不顾危险穿越前线到中国云南富宁县请彝族的祭师，又冒着风险回到越南北江省

---

① 方国瑜：《中国西南历史地理考释》，北京：中华书局1987年版，第3页。
② 范宏贵：《中越两国的跨境民族概述》，《民族研究》1999年第6期。
③ 黄铮、肖德浩主编：《中越边界历史资料选编》，北京：社会科学文献出版社1993年版，第1056页。
④ 云南省历史研究所编：《清实录：越南缅甸泰国老挝史料摘抄》，昆明：云南人民出版社1986年版，第43页。
⑤ 黄铮、肖德浩主编：《中越边界历史资料选编》，北京：社会科学文献出版社1993年版，第1067页。

的倮倮族丧家。在漫长的跨境生活历史中，中越两国边民形成了跨境往来、相互交往的传统习惯。

4. 经济因素

经济利益是目前中越边境地区边民跨境行为的重要促因。一方面，中越边境绝大部分地区为山区，历史上一直以家庭式小农经济为主要生计模式，随着全球化浪潮的席卷，边民传统的生计模式逐渐失去了其在经济效益上的竞争力，农业生产尤其是家庭式小农经济已经不能满足边民追逐现代化生活方式的需求，于是逐渐有边民外出到工业发达的珠三角、长三角地区务工，并借此实现了经济生活的改善。另一方面，这些因社会分工体系的重塑而迁徙到工业发达地区的边民，被城市生活的价值观念洗礼，"放眼"外面的世界所看到的现代化生活方式和更为富足便利的物质条件成为对边民充满诱惑的"魔咒"，并随着边民在打工地和边境地区之间的季节性穿梭激荡着边地的思想观念和价值观念，在发展的愿望与边境地区极为贫困落后的现实反差中，发展经济成为边民的理性选择，经济利益成为边民行为的核心驱动力，有学者曾叹言："边民成为以追逐利益最大化为目的的个体。"①

对边民来说，受中越边境地区自然环境、历史基础等客观条件的限制，在当地谋求发展的机会和途径并不多，因中越经济发展程度的差距而造成的两国商品和劳动力的差价，成为生于斯长于斯的边民所能够掌控的谋取经济利益最具优势性的机会，前文中所描述的边民跨境务工、跨境贸易皆来源于此，甚至边民的跨境通婚，很大程度上也是基于追求更好经济生活条件的考虑。

（二）现行法律法规存在滞后和不足

在上述客观原因之外，国家法律规范本身存在的问题也是造成边境管理过程中执法困难的重要原因。

1. 国家法规范存在滞后性

随着中越两国改革开放的深入和"一带一路"构想的推进，中越边境地区的社会经济状况已经发生了巨大的变化，边民的跨境行为已经不再像过去一样以族群、亲友的人情往来为目的，而是凸显出追求经济利益的特征，行为的目的、方式、社会关联性都有极大的改变，然而规制跨境行为的法律规范却未能有效地回应这些变化。如规范边民互市贸易行为的《边民互市贸易管理办法》于1996年颁布，除2010年将边民互市贸易免征进口税和进口环节税的限额调至8000元人民币外，实施至今20余年未做其他修改。同样，《边境小额贸易和边境地区对外经济技术合作管理办法》《边民互市贸易管理办法》《云南省边境经济贸易管理实施办法》《云南省中越、中老边境地区人员出入境管理规定》《广西壮族自治区中越边境地区人员入境出境暂行规定》等法律规范都已经颁布实施超过20年未做修改，这与边境地区实际状况所发生的巨大变化极不适应。如《边民互市贸易管理办法》规定边民的互市商品仅限生活用品，否则即为违法，但随着中越两国改革开放的深入和经济关系的密切，经济交往已经成为两国边民友好往来、共谋发展的重要途径，将边民互市的功能再局限于生产生活用品的互补余缺已经不适应边境地区市场经济发展的现状和需求。同理，《云南省边境经济贸易管理实施办法》中对边民携带人民币出入境金额不得超过6000元的限制也已经不适应中越边民之间的经济交往现状，随着经济水平的提升，边民即便是购买年

---

① 卢鹏：《经济交往对中越边民国家认同的影响——以"江外三猛屯方"哈尼族为例》，《思想战线》2013年第2期。

猪、农机设备、家电等常见的农贸交易商品，其价格也已经超过6000元，更不用说跨境做茶叶、草药等生意的边民，其为经营携带出入境的人民币不可能限定在6000元以下。此外，既然边民的跨境经济往来已经突破了互补余缺的目标而具有了商品经济的性质，再将该交易限定在指定时间、指定地点进行自然也就难以落实，边民社会生活呈现出的这些现实的变化都需要法律规范予以及时有效的回应。

2. 法律规范与边民现实生活存在脱节

现行法律规范与边民跨境生活的现实脱节，设置的程序不合理，边民难以遵从，如国家法律规范对边民出入境行为的规制，虽然条文中明确了对边民基于习俗的跨境往来要在手续上给予便利，但对于其最基本的必须持合法证件、从指定地点经边防检查出入境这一规定，在边民的跨境生活中仍然具有一定的难度，特别是从指定地点经边防检查出入境的规定，以中越边境地区的地理状况和交通条件来看，很多时候难以执行——边防部门不可能在所有出入境道路设置边防检查关口进行查验，边民也不习惯为了接受查验绕道指定地点出入境。现行法律规范中对边民出入境行为的规制未充分考虑边民在边境地区居住和生活的客观情况，对边民在长期跨境生活历史中传承下来的风俗习惯和民族传统也未给予足够的理解和重视，导致了执行中的困难。

对边民跨境婚姻的法律规制也存在着与现实状况的脱节。一方面，国家的法律规范不仅对跨境通婚的合法缔结做出了明确的规定，而且在专门规制边民跨境婚姻的法律规范《中国边民与毗邻国边民婚姻登记办法》中，在条件和程序上给予了边民比一般跨国婚姻更为简便的条件和程序要求，如边民跨境通婚不需要提供护照，仅需提供合法的入境证件即可，结婚登记也不必像一般跨国婚姻一样到州级民政部门办理，只需到县一级民政部门办理即可。但实际的情况却是，即便简化了要求，对于中国边民来说很容易获得的合法通行证件、未婚证明等文件材料，对于越南边民来说，因为其政府官员的工作作风、边民自身的经济能力和知识水平较差等原因也不易获得。另一方面，中越边境地区农村仍是相对封闭的社区，入境通婚的越南妇女基于族缘、地缘上的同一性，较容易获得夫家社区内的"合法性"承认，跨境通婚的家庭绝大多数依靠传统农业为生，谋生活动范围限于当地社区，这种民间的认可已经为他们的基本生活提供了必要的空间，进而消减了获得合法婚姻登记的意愿。最终导致法律规范体系出于照顾边民的考虑而设置的便利措施在实际执行中不仅未能发挥预期的规制效果，而且容易造成对国家法律的误解，笔者在绿春县外办调查时，就有当地工作人员说："边民的跨境婚姻不仅不会危害当地村庄的治安，而且有利于解决当地大龄光棍汉的问题，对维护社会秩序有好处，不理解国家为什么要禁止。"这样的误解在边民中也广泛存在。

3. 法律规范的制定缺乏对当地实际情况的关照

有些规范虽是近期才颁布，但因为缺少对中越边境地区边民真实生活和文化背景的了解，导致条文与实际情况出入较大，执行中障碍较多。如2016年颁布的《云南省边境管理条例》规定不得在边境地区收留、雇佣、安置未持有效证件的人员，依照该规定，目前边民遵从习俗留宿和招待越南亲友的行为、在农忙时节亲友间相互帮工的行为都存在违法的可能，但实际情况是，这样的行为是边民习惯性生活的一部分，边民并不具有必须将其置于国家管理之下的意识，基层边防管理部门也没有人手来管理这些跨境行为，造成了法律条款的"空置"。再者，法律规范中规定的处罚措施在中越边境地区的实际环境中也难以落实，《云南省边境管理条例》规定对违反其规范的行为可以处以罚款，但以笔者在滇东南边境地区调查了解到的情况来看，因为越南边民普遍极为贫困，罚款基本上难以执行。笔者在麻栗坡县某边防检查站调查时曾向工作人员了解该条例执行的情况，得到的反馈是新的规定虽然对原来实行的制度进行了新的补充，强化了边防管理机构的处罚权力，但是对于边防管理中常常处于两难境地的边民基于特殊地理、历史和文化环境的跨境行为，仍然遵循了原有的管理思路，没有给予程序上的特别对待，所以对边民跨境行为依法规制的困难仍然存在。

四、边民跨境行为法律再规制的对策建议

在全面推进依法治国的背景下，对边民跨境行为的法律规制是边境地区依法治理的必然要求。为了保障法律规制的效果，确保边民跨境行为在国家法律规制的轨道下实施，不仅需要与时俱进地修改完善现行法律规范，而且需要充分理解当前边境地区边民生活中的"地方性知识"，使国家法对边民跨境行为的规制既符合依法治理的目标和原则，又充分考虑和尊重边境地区和边民的历史、习俗、传统和当下的发展需求，为边境地区的繁荣稳定和两国边民的共同发展提供制度保障。

（一）梳理完善规制边民跨境行为的法律规范

如前所述，目前国家法律规范体系中的部分法律法规出台年代久远，多年未做修订，在规制边民跨境行为的实践中已经呈现出明显的滞后性、脱节性，中越边境地区随着两国经贸往来日益繁荣而产生的许多新现象、新问题急需国家法律的回应，笔者认为，主要集中在三个方面：一是边民跨境经济贸易往来的新发展需要国家法律法规及时明确边民合法跨境贸易的范围和程序，并针对禁止性规定设计执法的程序和体制，如对于目前已经确实违反了《边民互市贸易管理办法》的边民跨境生意，应当及时修订法律，适当拓宽边民互市的范围限制，以利于边境地区的经济发展，同时保障有限的边境执法力量聚焦于关乎边境安全和稳定的重要事项上。二是对于具有一定历史文化背景的走亲访友等边民跨境行为，应当本着尊重历史和民族习惯的原则，在法律规制方式上有所区别，如对于现行法律规范关于合法出入境所要求的持证件从指定通道经边防部门查验的规定，考虑到边民跨境生活的实际情况，可以考虑将合法的出入境通道范围进行适当拓展，以满足边民便利通行的需求，对边民出入境行为的查验和监督程序也可以有限制地授权基层群众自治组织来完成，使边民在从近便的道路出入境的时候也可以依法进行查验和管理，兼顾国家边防管理与边民便利通行的需求。三是对于一些在国家法层面难以统一立法应对的边境地区特殊问题，可以尝试以地方立法的形式进行补充完善。如对于边民互市贸易的管理、边民跨境通婚的要件和程序、边民跨境务工的管理等问题，因为具有一定的地方性特点，也存在一定的复杂性，在短期内难以通过全国统一立法的方式加以应对，但是可以考虑以地方立法的形式进行尝试性的规制，中越边境地区基本上都是少数民族自治地方，民族自治地方在立法上的自治权能够为这一尝试提供依据。

（二）充分发挥农村基层组织在边民跨境行为规制中的作用

在现有的"军队管线、派出所管面、检查站管点"的边境防控模式下，规制边民跨境行为的实践过程基本上是由军队、派出所和检查站来实施，这些国家机构的执法过程具有严肃性、正式性的特点，但同时也存在着难以实现全面覆盖和实时监控的问题。在跨境生活的背景下，边民的跨境行为是普遍而且频繁的，上述国家机构在有限的人力、物力之下实际上难以实现严格管控，造成边境执法机构的两难——一方面严格依法规制边民跨境行为既不具备条件，又有违当地民族风俗和传统习惯，另一方面大量存在的边民非法跨境行为又成为这些国家机构业绩上的"污点"。在现有的法律规范体系下，较为可行的做法是充分发挥边境地区农村基层组织的功能，结合农村基层治理水平的提升，将对边民跨境行为管理和非法跨境行为防控的部分工作通过授权等方式赋予村民委员会甚至村民小组，并结合乡村基层党建建立和完善对被授权事项的监督机制，由最熟悉当地情况也最了解边民想法的基层组织来承接一些基层边防管理部门因受人手、设备限制而无法开展的工作，实现对边民跨境行为的全方位、全时段监控和管理。如前所述，边民出入境时需要进行查验的程序，就可以通过授权由基层组织来实施，并建立相应的程序控制机制保障合法、有效地运行。目前在麻栗坡、河口、绿春等边境县的边境村庄，都设立了界务员、网格员、综治专干等力量来协助边境管理机构开展边境防控，并且取得了良好的效果，这些做法就是调动基层力量参与边民跨境行为规制的有益尝试，如果能够设置相应的法律制度将乡村基层组织纳入边民跨境行为规制的实践体系中来，相信对于边境治理法治化水平的提升和两国边民合法、有序、友好的跨境交往都将发挥积极的作用。

（三）对边民跨境行为的规制需要非法律手段的补充

正如前文所述，边民的跨境行为具有历史、民族、地理、经济等多方面的因素，因此对边民跨境行为的规制除了法律法规之外，还需要经济、文化等手段的补充。

从实践来看，中越边境地区边民的跨境行为具有明显的经济倾向，而边境地区落后的经济面貌和匮乏的发展机会是促使边民通过跨境活动谋求经济利益的主要原因，边民的跨境务工、跨境贸易，甚至跨境通婚行为，都有受经济利益驱使的因素，所以对边民跨境行为的规制要发挥理想的效果，不仅需要法律制度的完善和执法水平的提升，而且需要从根本上拓宽边民发展空间，为边民提供更多可供选择的合法经济发展渠道，例如，对于边民目前存在的跨境贸易、跨境务工等行为，在保障国家基本治理需求的基础上，给予一些符合中越边境地区实际的合法空间，将其纳入边境地区依法治理的轨道，一方面可以发挥这些跨境行为的经济功能，促进边境地区的繁荣稳定；另一方面也有利于实施日常管理，防止其他违法犯罪行为借助边民跨境行为提供掩护或协助。

在文化方面，应当强化边民的国家认同感和国家利益的意识，将国家意识教育贯彻在学校教育、社会文化宣传和社区文化建设工作中，切实加强国家安全和国家利益意识的教育，提升边民识别危害国家安全行为的能力，教导边民遵守维护国家安全的公民义务，在常态化的跨境生活中主动维护国家利益，加强自我约束，避免做出危害国家安全和利益的行为。同时，尊重边民的民族文化和传统习俗，切实推进我国边境民族地区的文化建设，提升对邻国边民的文化感召力和影响力，使国家法律对跨境行为的规制获得边民的理解、认同和支持，对于推进"一带一路"倡议下的"民心相通"工程也具有积极而重大的意义。

可以预见，随着"一带一路"倡议的推进，边境地区的进一步开放和边民跨境行为的日益频繁，将使中越边境地区的依法治理面临更多新的挑战，目前边民跨境行为规制中存在的问题急需全面的研究和充分的应对。

On the Legal Reregulation of Cross-border Behaviors of Chinese and Vietnamese Border Residents
——Based on Investigation of the Southeast Yunnan Border Area

HUA Yuanyuan

Abstract: In the border area between China and Vietnam, national laws and regulations have failed to achieve satisfactory results in the regulation of cross-border behaviors of border residents. Failures have occurred across entry and exit, work, intermarriage and trade. This anomie is caused not only by the special geographical, historical, ethnic, cultural background and economic development of border areas, but also by the lag and disconnection of legal norms from practice. Therefore, the re-regulation of cross-border behaviors of border residents requires not only sorting out and improving existing laws and regulations, but also innovating governing mechanisms to incorporate autonomous grassroots organizations into the cross-border regulation system, while simultaneously giving full play to the positive significance of economic and cultural means for the regulation of cross-border behaviors of border residents.

Key words: China-Vietnam border; border residents; cross-border activities; regulation

民族政策与民族工作研究

关于学校民族团结进步教育资源论构建的几个问题*

刘　璐　褚远辉　李姗泽**

摘　要　研究学校民族团结进步教育资源论构建的含义、缘由、目标任务、价值涉性、逻辑理路、范畴要素及逻辑关系和落脚点，从资源论构建的视域出发加强学校民族团结进步教育的理论和实践建设，并开辟该项教育工作的新领域。

关键词　学校民族团结进步教育；资源；资源论；构建

DOI：10.13835/b.eayn.30.10

建设各民族共有精神家园和铸牢中华民族共同体意识是我国新时代民族工作的根本遵循，民族团结进步教育则构成铸牢中华民族共同体意识的重要路径，是我国各级各类学校经常性的重要教育工作和政治任务，民族团结进步素养是学生尤其是民族地区学生的重要素质结构。[1]一方面，这既是由我国作为一个统一的多民族国家的现实国情决定的，也是由学校民族团结进步教育的重要作用使然。学校民族团结进步教育是由多种要素（包括目标、任务、内容、课程、方法、途径、环境、政策、资源、体制机制、教育者和教育对象等）构成的复杂教育活动，资源是其中不可或缺的组成部分并发挥支撑保障作用。但另一方面，当前学界对学校民族团结进步教育资源的认识尚不全面、系统和深入，并影响了资源应然功能的充分达成。因此，就有必要加强学校民族团结进步教育资源研究并构建其资源论，以此开辟学校民族团结进步教育的新领域，并为其教育的实施和价值实现提供新的可能性与可行性。基于此，我们从以下几个方面开展学校民族团结进步教育资源论的构建研究。

一、学校民族团结进步教育资源论构建的含义

"概念是研究的'立论之基'，是'后续研究'的理论前提。"[2]科学的概念界定从来就是研究问题的逻辑起点和重要基础，同样地，学校民族团结进步教育资源论构建研究也要从揭示其内涵开始。学校民族

---

* 本文系教育部全国民族教育科研课题"滇西边境山区学前双语教学中开展民族团结教育的典型案例库开发研究"（项目编号：ZXYB18001）、云南省哲社规划重点项目"滇西少数民族聚居地区学前双语教育中的民族团结教育功能构建研究"（项目编号：ZD201914）、云南省"万人计划"云岭学者专项（云组通〔2018〕86号）的阶段性成果。

** 刘璐，西南大学教育学部博士研究生，研究方向：学前教育学、民族文化与教育；褚远辉，保山学院校长，二级教授，教育学博士，博士生导师，教育部高等学校教学指导委员会委员，研究方向：民族团结进步教育。李姗泽，西南大学教育学部教授，教育学博士，博士生导师，研究方向：学前教育学、教育人类学、民族文化与教育。

[1] 褚远辉：《民族地区学校民族团结进步教育资源研究》，《中国教育科学》2020年第5期，第70页。
[2] 苏德、刘子云：《双语教育研究回眸与前瞻》，《西南民族大学学报（人文社会科学版）》2018年第6期，第221页。

团结进步教育资源论构建是一项具有创新性的探索活动，学界开展的相关研究较少，持续性的研究成果也未见系统报道，可资借鉴的经验做法和成果更是微乎其微。尽管如此，我们还是尝试性地把其界定为在习近平总书记关于铸牢中华民族共同体意识重要论述的指导下，在相关专门和专题研究基础上，形成的对学校民族团结进步教育资源的系统化、结构化认识及其建构过程。由此出发可以延伸出学校民族团结进步教育资源论构建的几个认识要点：①学校民族团结进步教育资源论构建首先是一种认识过程。道理不难理解，如果没有在研究的基础上形成对学校民族团结进步教育资源的全面系统认识，要构建其资源论就无从谈起，毕竟认识资源是构建其资源论的前提条件。②学校民族团结进步教育资源论构建是以资源论的形成为中介和基础的。在开展相关研究的过程中，我们得到了有关学校民族团结进步教育资源的认识、态度、看法、观点、心理倾向、价值取向和评价等，而这些认识成果的逻辑化、体系化和结构化就构成了学校民族团结进步教育资源论，亦即关于学校民族团结进步教育资源的系统思想理论认识和学理学说体系。也只有形成了学校民族团结进步教育资源论，才谈得上对其资源论的构建，资源论的形成在资源论构建中的中介作用和基础性地位也由此可见。③学校民族团结进步教育资源论构建的理论和实践双重属性。学校民族团结进步教育资源包括理论形态的资源和实践形态的资源两种形式，与此相应的就是其资源论涵盖理论形态资源论和实践形态资源论，是理论形态资源论和实践形态资源论双重建构的过程。④学校民族团结进步教育资源论构建的工具和服务属性。学校民族团结进步教育资源论构建要服从和服务于学校民族团结进步教育过程的顺利推进和实效性的增强，尤其是要服从和服务铸牢各族学生中华民族共同体意识，而这实际就彰显了其资源论构建的工具属性和支撑保障作用。⑤学校民族团结进步教育资源论构建的系统性、逻辑性和整体性。学校民族团结进步教育资源论构建是一个复杂的系统工程，需要从明确其含义、缘由、指导思想、原则要求、目标任务、内容、逻辑理路和价值归宿等范畴入手，其中的重点是探寻这些范畴要素之间的关联性和逻辑关系，并实现这些范畴要素的整体性构建。⑥学校民族团结进步教育资源论构建必须坚持铸牢中华民族共同体意识。铸牢中华民族共同体意识是我国新时代民族工作、民族团结进步创建和学校民族团结进步教育的重要指导思想与根本遵循，这就决定其资源论构建要紧紧围绕铸牢各族学生中华民族共同体意识来进行，任何偏离这个原则要求的所谓资源论构建都是要坚决摒弃的。总之，正确界定和理解其涵义是开展学校民族团结进步教育资源论构建研究的起点和依据。

二、学校民族团结进步教育资源论构建的缘由

开展学校民族团结进步教育资源论构建不是凭空想象出来的，而是具有其客观的基础和依据。构建学校民族团结进步教育资源论的原因和理由大致有以下几个方面：①基于学校民族团结进步教育资源的重要性。资源是学校民族团结进步教育体系中的一个重要构成要素，并在该项教育过程顺利实施和预期成果取得中发挥重要支撑保障作用，无论是加强学校民族团结进步教育理论建设还是充分发挥其实践运用功能都离不开对资源以及资源论构建的研究。之所以开展其资源论构建的研究首先就在于其在学校民族团结进步教育中的特殊意义和作用。②基于学校民族团结进步教育资源建设的薄弱性和滞后性。从维护国家统一、边疆稳定、社会和谐、宗教和顺、民族团结进步和促进经济社会发展的战略高度出发，中

华人民共和国成立以来，党和政府高度重视民族团结进步创建和学校民族团结进步教育，我国的民族团结进步创建事业取得了举世瞩目的巨大成就，初步提出了具有中国特色、中国风格、中国气派的解决民族问题的理念理论和实践举措，同时也为世界各国处理民族关系和民族矛盾提供了中国方案。针对学校民族团结进步教育，学界也开展了多层次多视域多方面的研究并取得了丰硕的成果，在其中也关涉其资源问题。但这里存在的一个突出问题是现有的资源研究大多语焉不详，成果表达也比较含混，并且资源往往是与其内容、方法、途径、模式、课程、政策、环境氛围、条件、基地、体制机制等相关范畴混杂和混淆在一起，研究的独立和分化程度较低，还有就是在学校民族团结进步教育资源概念界定这个最基本的问题上都没有形成共识，当然就更遑论其他了。我们甚至可以说资源研究和建设上的不足已然成为制约学校民族团结进步教育纵深推进及实效性提高中的一个"瓶颈"，亟待通过加强资源建设和资源论构建来改变这种状况。而研究和建设上的薄弱性和滞后性也显现了开展其资源论构建的必要性与现实意义。③基于学校民族团结进步教育资源研究和建设的现实基础。学校民族团结进步教育资源认识上的缺陷固然给其资源论构建带来了一定困难和障碍，但资源始终是开展学校民族团结进步教育难以回避的一个重要问题，学界为此开展了相关研究。如有人从广义和狭义两个方面界定了学校民族团结进步教育资源的概念，认为广义的学校民族团结教育资源是指学校借以开展民族团结教育的目标内容、方式方法、途径模式及主体性因素等的叠加和总和，狭义的学校民族团结教育资源则更多偏重于民族团结教育的内容。①并把民族地区学校民族团结进步教育资源界定为"泛指一切有利和有助于民族地区学校民族团结进步教育目标任务达成、实效性提高以及铸牢各民族学生中华民族共同体意识的所有积极因素的叠加、总和与融合。"②有人研究了学校民族团结进步教育资源的质量问题，把目标达成性、思想性、教育性、完整性、区域独特性、契合性、有效转化性和发展创新性作为有质量的学校民族团结进步教育资源的应然属性，并回答了何为有质量的学校民族团结进步教育资源的问题。③有人从"学校民族团结进步教育资源的文献综述、民族地区学校民族团结进步教育资源的内涵和特征、民族地区学校民族团结进步教育资源的价值意蕴、民族地区学校民族团结进步教育资源的类型划分、民族地区学校民族团结进步教育资源的应然构建"等方面研究了民族地区的学校民族团结进步教育资源。④有人基于资源的保障作用探讨了高校民族团结教育的组织保障、制度保障、人才保障和环境保障，并构建了高校开展民族团结教育的保障机制。⑤有人则从资源整合的视域提出了生成"校内—校外有机结合的民族团结教育资源体系，以此为民族团结教育的持续、有效提供强有力的支撑。⑥也有人研究了特殊类型的民族团结进步教育资源，如口授相传、无文字记载地区的民族团结教育资源及其整合。⑦其他的相关研究还包括学校民族团结进步教育资源的挖掘开发、整合、体系构建、地方和校本课程资源建设以及学校民族团结进步教育的文化资源、语言文字资源、网络资源和共建共享资源等。尽管这些研究成果还比较零星、分散和不系统，通过这些研究也尚未形成学校民族团结进步教育资源的全面科学认识，但相关研究提供了学校民族团结进步教育资源论构建

---

① 褚远辉：《加强民族团结教育须树立资源意识》，《中国民族教育》2019年第11期，第12页。
② 褚远辉：《民族地区学校民族团结进步教育资源研究》，《中国教育科学》2020年第5期，第66页。
③ 褚远辉：《何为有质量的学校民族团结进步教育资源》，《中国民族教育》2020年第2期，第12页。
④ 褚远辉：《民族地区学校民族团结进步教育资源研究》，《中国教育科学》2020年第5期，第62—77页。
⑤ 焦敏、黄德林：《高校开展民族团结教育的保障机制研究》，《学校党建与思想教育》2013年第11期，第90—91页。
⑥ 欧阳常青：《论民族团结教育的价值、属性及其实践路径》，《民族教育研究》2019年第3期，第51页。
⑦ 雷娜：《加强民族团结教育资源的整合——以口授相传、无文字记载地区为例》，《中共山西省委党校学报》2015年第6期，第103—105页。

的成果经验和现实基础，丰富的学校民族团结进步教育资源思想也使其资源论构建成为一种可能与可行。④基于拓展学校民族团结进步教育研究领域的需要。增进新时代学校民族团结进步教育的实效性无疑需要探寻更多的新的切入点，而资源论构建在事实上就拓展了学校民族团结进步教育理论和实践研究的视野和领域，并将其作为加强该项教育工作的一条新思路和实施路径，以此带动学校民族团结进步教育研究水平和有效性的整体性提高。当然，开辟学校民族团结进步教育新的研究领域并不是目的，提高其教育的实效性则更值得我们关注和重视。⑤基于完善学校民族团结进步教育理论和实践体系的要求。学校民族团结进步教育的实效性在很大程度上取决于其理论和实践体系的科学建立，而资源论构建则是加强其理论和实践体系建设的一个重要内容，通过资源论构建来完善其理论和实践体系是符合事物发展逻辑和认识规律的。⑥基于实施和实现国家特定政策文件精神的需求。学校民族团结进步教育资源论构建不仅具有丰富的学理和实践经验依据，而且还具有坚实的政策根据。我国学校民族团结进步教育从来就是一项政策性很强的教育实践活动，为了保证该项教育工作的正确方向与健康发展，党和政府颁布实施了系列有关民族团结进步创建和学校民族团结进步教育的政策文件，其中的大多数提及了其资源及其改进问题。如2019年，在中办、国办印发的《关于全面深入持久开展民族团结进步创建工作铸牢中华民族共同体意识的意见》中就把新时代民族团结进步创建的薄弱环节归纳为"体制机制不健全和载体方式不适应"[①]，而体制机制和载体方式实际上就具有资源属性并可归结为资源问题。2020年，国家民委、全国总工会、共青团中央、全国妇联四部门联合印发的《关于进一步做好新形势下民族团结进步创建工作的指导意见》也高度重视民族团结进步创建中的资源建设，提出了"挖掘各民族文化的时代价值，为构筑各民族共有精神家园汲取更多文化养分""打造网上文化交流共享平台，促进各民族文化交流互鉴，把互联网空间建成促进民族团结进步、铸牢中华民族共同体意识的新平台""设立少数民族素质提质工程，丰富课程内容和形式，增加与民族团结进步相关、满足少数民族妇女需求的课程资源"[②]等诸多观点和举措，这些也与学校民族团结进步教育资源建设高度关联，而开展学校民族团结进步教育资源论构建正好适应和顺应了贯彻落实这些政策文件精神的要求。新时代学校民族团结进步教育资源论构建必须聚焦在铸牢各族学生中华民族共同体意识上，这可谓是一个根本性和原则性的要求。以上就是我们开展学校民族团结进步教育资源论构建的主要缘由，同时也阐明了开展相关研究的客观必然性。研究的缘由具体回答了我们为什么要构建学校民族团结进步教育资源论的问题。

三、学校民族团结进步教育资源论构建的目标任务

通过学校民族团结进步教育资源论构建到底要实现什么目的和达到怎样的结果？这就构成了其资源论构建的目标任务和价值取向，也是开展相关资源论构建必须要解决的一个重要问题。从一般意义来讲，构建学校民族团结进步教育资源论的目的就是要对其资源问题形成系统化、体系化和结构化的认识，并为其实践运用价值的实施与实现提供新的理论依据。因此，这里的学校民族团结进步教育资源论构建就

---

① 中共中央办公厅、国务院办公厅：《关于全面深入持久开展民族团结进步创建工作铸牢中华民族共同体意识的意见》，[EB/OL]. http://www.seac.gov.cn/seac/xxgk/201910/1138132.shtml.
② 国家民委、全国总工会、共青团中央、全国妇联：《关于进一步做好新形势下民族团结进步创建工作的指导意见》，[EB/OL]. https://www.neac.gov.cn/seac/xxgk/202002/1139637.shtml.

是一种方法手段和路径，旨在以此更加充分发挥资源在学校民族团结进步教育过程中的中介转化和支撑保障作用。由此出发，我们可以把学校民族团结进步教育资源论构建的目标任务分解为以下两个方面：①学校民族团结进步教育资源论构建的本体性目标任务。本体性目标任务实质上就是指学校民族团结进步教育资源论自身的科学构建，即通过确定学校民族团结进步教育资源论的构成范畴要素，分析这些范畴要素之间的逻辑关系，把这些范畴要素按照特定的逻辑关系和标准组合起来并形成其资源论，从而加强和改进对相关资源的研究和认识。在这里，我们把其资源论构建本身作为了一种目标任务，而且是本体性的目标任务。之所以把其称为本体性的目标任务，就在于我们研究的主题是学校民族团结进步教育资源论构建，同时还在于构建学校民族团结进步教育资源论是发挥其实践运用功能的前提和基础。②学校民族团结进步教育资源论构建的工具性目标任务。显然，学校民族团结进步教育资源论构建不能就资源而资源，也不能为构建而构建，构建其资源论的目的不仅是为了深化对资源问题的认识，更在于充分发挥资源在该项教育工作中的实践运用价值，这就是学校民族团结进步教育资源论构建的工具性目标任务，也可称为价值性目标任务。虽然我们从形式上把学校民族团结进步教育资源论构建的目标任务划分为本体性和工具性两个方面，但这种划分也只具有相对的意义和为了理论研究的方便。其实，学校民族团结进步教育资源构建的本体性目标任务和工具性目标任务是相互联系、相互依存、相互促进、高度融合和辩证统一的。一方面，本体性目标任务（资源论的构建）的科学确定为工具性目标任务（资源论构建的实践运用价值）的实现提供了内在依据和可能性；另一方面，工具性目标任务的充分达成又有助于显现本体性目标任务的价值意蕴并提供其动力来源，并且工具性目标任务是本体性目标任务的自然衍生和符合逻辑的发展结果，这两者之间的互动关系结构就搭建了学校民族团结进步教育资源论构建的方向指引和动力支持系统。简单地讲，构建学校民族团结进步教育资源论的目标任务无非就是要形成学校民族团结进步教育资源论和发挥资源论构建的实际效能与效益。目标任务是学校民族团结进步教育资源论构建中的一个重要范畴并在其中发挥指导和引领作用，可以说其资源论构建的其他方面工作都是围绕目标任务来进行的，同时目标任务还表征了学校民族团结进步教育资源论构建的结果和成果。当前，我们就是要紧密围绕铸牢各族学生中华民族共同体意识这一核心目标任务来开展学校民族团结进步教育资源论构建工作。

四、学校民族团结进步教育资源论构建的价值涉性

学校民族团结进步教育资源论构建还关乎思想观念、意识形态、价值观和研究立场等问题，不同的指导思想、原则要求、价值导向、心理倾向和研究立场决定了其资源论构建的科学性、思想性、适宜性、教育性和有效性。这就是学校民族团结进步教育资源论构建中的价值涉性，而且也是其中的一个带方向性和本质性的深层次问题。既然学校民族团结进步教育资源论构建中具有价值涉性，那么由此引申出来的问题就是我们究竟要以什么来指导、规范、规制和引领学校民族团结进步教育资源论构建，亦即其资源论构建的指导思想和原则要求。在我国，民族团结进步创建工作和学校民族团结进步教育必须坚持马克思主义和社会主义意识形态的主导地位，坚持以习近平新时代中国特色社会主义思想为指导，坚持党对民族工作的全面领导，坚持社会主义核心价值观的示范引领作用，全面贯彻党的十九大和十九届二中、

三中、四中、五中全会和习近平总书记"七一"重要讲话精神，遵循马克思主义民族宗教理论、党和国家民族团结进步工作方针政策以及党和国家领导人关于民族团结进步重要论述，重点是要认真学习和深刻领会近期召开的中央民族工作会议精神、习近平总书记在全国民族团结进步表彰大会上的重要讲话精神以及《新时代爱国主义教育实施纲要》《关于全面深入持久开展民族团结进步创建工作铸牢中华民族共同体意识的意见》《关于进一步做好新形势下民族团结进步创建工作的指导意见》等政策文件精神，特别是要坚持以铸牢中华民族共同体意识为根本方向，坚持以加强各民族交往交流交融为根本途径，坚持以"中华民族一家亲，同心共筑中国梦"为总目标，坚持稳中求进工作总基调，紧紧围绕共同团结奋斗、共同繁荣发展主题，秉持重在平时、重在交心、重在行动、重在基层理念，按照人文化、实体化、大众化总要求，大力营造中华民族一家亲的社会氛围，为实现中华民族伟大复兴中国梦凝聚磅礴的精神力量。①当前，建设各民族共有精神家园和铸牢中华民族共同体意识就是新时代学校民族团结进步教育的核心目标和本质要求，同时也是学校民族团结进步教育资源论构建的战略任务和贯穿始终的鲜明主线。任何离开或偏离这个主旨主线的所谓学校民族团结进步教育资源论构建都是毫无意义的，甚或是发挥负作用和走向其资源论构建反面的，这一点是我们必须要明确和坚持的；同时，根据其价值涉性，坚持正确的指导思想和原则要求就是解决学校民族团结进步教育资源论构建守正创新的根本之策。因为学校民族团结进步教育资源论构建不仅是一个学术、学理和理论问题，更是一个政治、政策和价值问题，坚持正确的指导思想来构建学校民族团结进步教育资源论至关重要，这本身也是由学校民族团结进步教育及其资源论构建的政治属性、政策属性、文化属性、价值属性、教育属性和意识形态属性所决定的。价值涉性的介入和融入要求正确处理学校民族团结进步教育资源论构建中的科学性与思想性、学术性与政治性、学理性与政策性、理论性与价值性的关系，并通过资源自身的创造性转化与创新性发展来构建科学的资源论，这同样是学校民族团结进步教育资源论构建中的一个根本性问题。事实上，我们过去在学校民族团结进步教育资源研究中存在的问题就与忽视其价值涉性有关。

五、学校民族团结进步教育资源论构建的逻辑理路

逻辑理路属于学校民族团结进步教育资源论构建中的方法论范畴，主要解决如何构建学校民族团结进步教育资源论的问题。学校民族团结进步教育资源内部结构的复杂性和外部制约因素的多样性决定其资源论构建逻辑理路的多维性。归纳起来，学校民族团结进步教育资源论构建的逻辑理路主要有以下三个方面：①纵向的学校民族团结进步教育资源论构建的逻辑理路。纵向的资源论构建逻辑理路是基于资源、教育资源、民族团结进步教育资源和学校民族团结进步教育资源的逐层递进关系，从对资源、教育资源和民族团结进步教育资源等的认识来揭示学校民族团结进步教育资源的质的规定性，进而构建学校民族团结进步教育资源论。资源是教育资源、民族团结进步教育资源和学校民族团结进步教育资源的元概念，从资源到教育资源，再到民族团结进步教育资源和学校民族团结进步教育资源是资源逐层具体化的过程，资源、教育资源、民族团结进步教育资源就构成了学校民族团结进步教育资源认识的前提性和

---

① 中共中央办公厅、国务院办公厅：《关于全面深入持久开展民族团结进步创建工作铸牢中华民族共同体意识的意见》，[EB/OL]. http://www.seac.gov.cn/seac/xxgk/201910/1138132.shtml.

前置性概念，因此就有必要从资源、教育资源和民族团结进步教育资源出发来界定学校民族团结进步教育资源概念，进而构建学校民族团结进步教育资源论，这实际上就是学校民族团结进步教育资源论的纵向构建过程。②横向的学校民族团结进步教育资源论构建的逻辑理路。在学校民族团结进步教育体系中与资源要素同时并存的就是目标、任务、政策、方法、途径、模式、基地、环境、氛围和体制机制等范畴，这些范畴也具有资源的特性和属性，与资源论构建相对应的就有目标论、方法论、途径论、政策论、模式论、基地论、环境论和体制机制论等的具体建构。开展学校民族团结进步教育资源论构建还要观照这些范畴和范畴论的构建，或者说学校民族团结进步教育资源论构建是与其他相关范畴论建构密切相关的，要从学校民族团结进步教育理论和实践体系建设的整体视域来构建其资源论，而不能孤立地看待学校民族团结进步教育资源论，并单一地从资源论来构建其资源论。横向的构建逻辑理路即要求把学校民族团结进步教育资源论构建作为一个整体和系统来对待，并基于其他范畴的资源属性，把其资源论构建与其他范畴论构建有机地联系和融合在一起，同时通过其他范畴论的建设来促进其资源论构建，形成学校民族团结进步教育资源论构建的合力。③内部的学校民族团结进步教育资源论构建的逻辑理路。从内部视角来看，学校民族团结进步教育资源论构建一般经历了以下环节和步骤：第一，把学校民族团结进步教育资源作为专门的研究对象和问题领域——学校民族团结进步教育资源论构建的开始；第二，明确学校民族团结进步教育资源论的构成范畴要素——学校民族团结进步教育资源论构建的前提和内容；第三，揭示学校民族团结进步教育资源构成范畴要素之间的逻辑关系——学校民族团结进步教育资源论构建的标准和依据；第四，实现基于特定逻辑关系的学校民族团结进步教育资源构成范畴要素的系统化、体系化和结构化构建——学校民族团结进步教育资源论构建的成果呈现；第五，学校民族团结进步教育资源实践运用作用的发挥——学校民族团结进步教育资源论构建的落脚点和归宿。尽管我们分别提出了学校民族团结进步教育资源论构建的三种逻辑理路，但其资源论的现实构建往往是把这三种逻辑理路有机地整合在一起的，局限和拘泥于某一逻辑理路的构建则具有片面性。在这里我们从纵向、横向和内部三个方面确立了学校民族团结进步教育资源论构建的逻辑理路，提供了其资源论构建的具体范式，并用以有效解决怎样构建学校民族团结进步教育资源论的问题。

六、学校民族团结进步教育资源论构建中的范畴要素及其逻辑联系

学校民族团结进步教育资源论构建是由相关范畴要素及其逻辑关系的意义联结而成。因此，对其范畴要素及其逻辑关系的研究和确定是学校民族团结进步教育资源论构建中最具实质性的一项工作，并以此解决其资源论构建中的具体内容。据此，开展学校民族团结进步教育资源论构建就要解决以下两个关键性问题：①研究并明确学校民族团结进步教育资源论中的范畴要素。学校民族团结进步教育资源论中的范畴要素是基于资源问题研究的，学校民族团结进步教育资源研究的内容就构成其资源论中的范畴要素。学界对学校民族团结进步教育资源的研究主要涉及资源的历史演变、资源观的流变、资源的形成发展及影响因素、资源素材的挖掘开发、资源的分类、资源的创新转化、资源体系的建立、资源的运用、资源的价值实现、资源使用效果的评估、资源体系的再构建和再运用等，而这些范畴要素就是学校民族团结进步教育资源论构建的内容。②研究并揭示学校民族团结进步教育资源论的范畴要素之间的逻辑关

系。学校民族团结进步教育资源论中的各个范畴要素并不是相互独立和彼此分割的,而是根据特定的逻辑关系串联起来而形成的一个完整结构体系(即学校民族团结进步教育资源论)。在学校民族团结进步教育资源论构建中,这些范畴要素主要是按照以下逻辑关系组合起来并进而形成其资源论的:学校民族团结进步教育资源概况(资源的内涵、特征和功能,资源的历史演变和资源观的流变,资源的形成发展及影响因素等)——学校民族团结进步教育资源素材的挖掘开发——学校民族团结进步教育资源的创新转化——学校民族团结进步教育资源的分类——学校民族团结进步教育资源体系的构建——学校民族团结进步教育资源的运用——学校民族团结进步教育资源的价值实现——学校民族团结进步教育资源的使用效果评估——学校民族团结进步教育资源体系的再构建和再运用等。这个过程的循环往复和螺旋式上升就表现为学校民族团结进步教育资源论构建的不断修正完善。总的来讲,范畴要素及其逻辑关系的研究与确定是学校民族团结进步教育资源论构建的两大要义,其资源论构建理应在这两个问题的研究上下功夫,同时这两个问题也构成了学校民族团结进步教育资源论构建的具体内容。

七、学校民族团结进步教育资源论构建的落脚点和价值归宿

学校民族团结进步教育资源论构建还有一个落脚点和价值归宿的问题,毕竟为资源论而构建资源论的观念和做法是没有什么意义的。在这里我们需要强调指出的是,学校民族团结进步教育资源论构建本身只是加强改进此项教育工作的一个具体内容和方法途径,在其间还要探寻其资源论构建的落脚点和价值归宿问题。应该讲,学校民族团结进步教育资源论构建的落脚点和价值归宿与其目标任务之间既有联系也有区别,共同之处是两者都是其资源论构建的方向和成果呈现,差异则在于落脚点和价值归宿强调的是最终结果,而目标任务既是出发点又是最终结果等。概括起来,学校民族团结进步教育资源论构建要归结到以下两个方面:①通过学校民族团结进步教育资源论构建来完善对其资源问题的学术理论认识,并为学校民族团结进步教育的纵深推进提供新的理论依据和支撑,这是其资源论构建的学理价值归宿。②通过学校民族团结进步教育资源论构建来提高其资源利用的效能和效益,更充分地发挥资源在学校民族团结进步教育中的中介转化和支撑保障作用,服务于学校民族团结进步教育过程的顺利实施和预期效果的取得,最终铸牢各族学生中华民族共同体意识,这是其资源论构建的实践运用价值归宿。而这两者之间也是目的和手段的关系。深化资源问题的学理认识是方法和手段,提高该项教育的实效性和铸牢各族学生中华民族共同体意识是目的和结果。也只有把这两个方面的落脚点更加紧密地结合起来,学校民族团结进步教育资源论构建才有意义和价值,也才能实现其资源论构建的应然目标,这也是我们开展学校民族团结进步教育资源论构建研究的初心和使命。

八、学校民族团结进步教育资源论构建的几个特点

学校民族团结进步教育资源论构建还具有以下基本特点,认识其特点也是开展其资源论构建的一个重要方面:①学校民族团结进步教育资源论构建的综合性和系统性。学校民族团结进步教育资源论构建是一个由多种要素构成的复杂系统,要从其含义、指导思想、缘由、目标任务、内容、逻辑理路和落脚

点等范畴出发，研究这些范畴要素的逻辑关系，并系统地推进其资源论构建，秉持系统论和复杂思维的方法论对其资源论构建是不可或缺的。②学校民族团结进步教育资源论构建的稳定性和固定性。从形式来看，学校民族团结进步教育资源论构建主要包括范畴要素及其逻辑关系的确定，由此也提供了其资源论构建的框架结构，这种框架结构不仅适用于学校民族团结进步教育资源论构建，而且也适用于其他范畴论构建，并表现出固定性和稳定性的特点。这里的稳定性和固定性主要是针对学校民族团结进步教育资源论构建的程序、程式和框架结构而言的，并且稳定性和固定性特点也保证了其资源论构建的基本规范。③学校民族团结进步教育资源论构建的动态性和发展性。学校民族团结进步教育资源论构建是以其资源论为前提，而资源论是有关学校民族团结进步教育资源的认识、态度、观点、心理倾向和评价等的系统化，但这些认识要素的内涵也不是僵化和一成不变的。在我国，影响学校民族团结进步教育资源认识的因素复杂多样，如党和国家民族政策的发展演变以及学校民族团结进步教育理论和实践研究的深入等。我国学校民族团结进步教育是在国家相关政策指导和主导下开展的一种教育活动，这就导致了学校民族团结进步教育资源论构建的政策依附性。即"随着党和国家民族宗教政策尤其是学校民族团结进步教育政策的发展演变，学校民族团结进步教育资源建构的目标、任务、内容、方法、途径、环境和体制机制等也必将随之发生相应改变，展现了资源建构中的政策依附性趋势"。①另外就是学校民族团结进步教育尤其是其资源研究的深化也将深刻影响其资源论构建。学校民族团结进步教育资源论构建是基于资源问题认知的，资源问题研究的每一成果和进展都将改变资源要素的内涵、外延和价值意蕴，这些都会反映在其资源论构建之中并影响资源论构建的具体内容。因此，就要根据国家民族政策的发展演变和学校民族团结进步教育研究的最新成果，实现其资源论构建的动态调整和守正创新，从而使资源论构建更加契合时代发展的要求、党和政府民族团结进步教育政策的精神以及学校民族团结进步教育资源研究的实际，并通过有质量的学校民族团结进步教育资源论构建来提高该项教育工作的有效性。④学校民族团结进步教育资源论构建的形式性和价值性。学校民族团结进步教育资源论构建本身是一种形式，而通过这种形式展现的则是资源论构建在该项教育工作中的实际价值，其资源论构建就是形式和价值的内在统一和融合等。

总之，开展学校民族团结进步教育资源论构建工作具有重要的理论实践意义和现实针对性。我们的一个基本认识是从形式上构建学校民族团结进步教育资源论固然重要和必要，但更重要的则是如何充分发挥资源论构建的实践运用价值，把其资源论构建与学校民族团结进步教育实效性增强更加紧密地联系起来，并通过更加有效的学校民族团结进步教育来建设各族学生共有精神家园和铸牢中华民族共同体意识。当然，以上仅是学校民族团结进步教育资源论构建的初步框架结构和学术线索，其资源论构建还有待于通过后续研究来进一步完善。

---

① 褚远辉：《学校民族团结进步教育资源建构的趋势》，《中国民族教育》2020年第6期，第18页。

Several Issuesin the Construction of Educational Resources Theory of School National Unity and Progress

LIU Lu CHU Yuanhui LI Shanze

Abstract: This paper studies the connotation, reasons, goals and tasks, value-involvement, logic path, category elements, logical path, category elements, logical relations and finishing points of the construction of school national unity and progress education resource theory, and strengthens the theoretical and practical construction of school national unity and progress education from the perspective of the construction of resource theory, and open up a new field of this educational work.

Key words: National Unity and Progress Education in Schools; Resources; Resource Theory; Construction

中华民族共同体建构的历史维度
——20世纪30年代三本《中国民族史》的对比分析*

赵杰翔**

摘 要 树立和铸牢中华民族共同体是我国民族团结和国家发展的重要基础，而"历史的书写"在建构共同体的过程中是一个非常重要的维度。自20世纪初，中国就开始了建构中华民族共同体的进程，当时有一批学者带着强烈的历史使命感，试图通过民族史研究来构建中国各民族的认同感，在历史中寻找中国作为一个中华民族共同体的合法性。本文选取20世纪30年代三本重要的《中国民族史》著作进行详细分析，来看不同学者是如何进行民族史的书写，以及是如何用历史的维度去看中华民族共同体的建构过程，他们的研究不仅对于当时内忧外患的中国具有重大意义，对当代理解中华民族共同体的形成和发展也有深远影响。

关键字 中国民族史；中华民族共同体；民族认同；民族团结

DOI: 10.13835/b.eayn.30.11

一、引言：共同体何以可能？

在第二次新疆工作座谈会上，习近平总书记提出"牢固树立中华民族共同体意识"，在中央民族工作会议上他再次提出"积极培养中华民族共同体意识"，而到了党的十九大，"铸牢中华民族共同体意识"被写入党章。中华民族共同体中的"共同体"指的是对统一国家和中华民族的认同，因其对于民族团结和国家发展的重要意义，故已成为学术研究的热点议题。

有不少学者对中华民族共同体的建构途径进行探讨，比如邓新星提出推进中华民族共同体认同感的建构，需要进行中华民族历史命运共同体认同的锻造、中华民族国家政治共同体认同的建构、中华民族经济利益共同体认同的形塑、中华民族精神文化共同体认同的模铸。[①] 马俊毅认为培养中华民族共同体意识必须重视民族精神共同体建构，这既需要共同性内涵的融汇形成，又需要包容性内涵的涵养生长。[②] 而石亚洲等学者则指出共同的经济利益、共同的文化价值观、有机的社会整合和妥善处理民族认同与国家认

---

* 本文系中央高校基本科研业务经费项目（项目编号：63222038）的阶段性研究成果。
** 赵杰翔，南开大学周恩来政府管理学院助理研究员，研究方向：民族学、文化人类学等方面。
① 邓新星：《论中华民族共同体认同感的建构》，《西北民族大学学报（哲学社会科学版）》2016年第5期。
② 马俊毅：《培养中华民族共同体意识必须重视民族精神共同体的建构》，《中国民族报》2016年4月22日，第5版。

同之间的关系是国家认同建构的四大关键维度。① 另外，王明龙、马惠兰认为全社会要大力推进中华民族共同体的教育和宣传，才能真正使中华民族共同体意识愈加牢固。② 这些研究从不同的视角探讨了中华民族共同体的建构，其中不乏提及中华民族共同体建设的历史过程，但他们并非以"历史"或"民族史"为切入点。而笔者在本文中想要突出强调的是"历史"这一维度，尤其是民族史书写对于民族和国家认同的形成以及之后中华民族共同体话语建构的重要影响。

从1840年鸦片战争开始的很长一段时间，中国外有列强的侵略，内则有一系列的分裂内战，面临着严重的内忧外患。在国家风雨飘摇之时，不断有仁人志士站出来试图以不同的方式救国。20世纪初，孙中山先生发起并领导了中国的民主革命，提出了"五族共和"，这是一种建构近代民族国家的尝试，表达了他想团结国内力量，联合各族一致对外的政治理想。"民族"和"国家"并非两个对立的概念，相反两者互为前提，民族认同是国家认同的前提，国家认同可保护民族认同，而且国家可引导国民从民族认同上升和达到国家认同。③ 那么在当时面临分裂的中国，民族认同何以可能？民族认同又如何上升到国家认同？而且中国现实的民族成分远比孙中山提出的"五族"要复杂，那么该如何联合"五族"之外的各个民族一致对外呢？这些问题汇聚到一个总问题，即：中国作为一个民族成分复杂多元的国家何以可能团结成一个共同体呢？

关于民族国家的思考不仅是一个政治问题，也是一个具有强烈现实意义的学术问题。19世纪末20世纪初，中国的知识界兴起了一股新史学思潮，主张对国史进行重新解读和撰述，这不仅是民族国家建构的一个重要路径，也是时代的要求，而在国史的重建中，民族的历史受到了特别的重视。④ 于是在20世纪初至二三十年代出现了很多研究民族史的知识分子，比如较早的王国维、梁启超、白眉初等人，紧随其后的有王桐龄、吕思勉、宋文炳、李济、林惠祥等人，这些知识分子在忧国忧民的哀思中似乎是背负着使命和责任在做史学研究，他们前赴后继试图在史学中宣传民族主义，提高各民族的自尊心和认同感，在历史中寻找中国作为一个共同体的合法性。也正是在他们的不断努力下，中国民族史的研究逐渐学科化和体系化。

本文主要选取20世纪30年代的三本重要民族史研究著作进行对比分析，了解在同一时代背景下三种不同民族史的书写方式以及它们对民族国家和中华民族共同体合法性的追寻。这三本民族史著作分别是：1934年文化学社出版的王桐龄先生的《中国民族史》和世界书局出版的吕思勉先生的《中国民族史》，以及之后1939年商务印书馆出版的林惠祥先生的《中国民族史》，它们深深打上了民国的"时代烙印"，是当时知识分子强烈社会责任感和历史使命感的结晶，是我们当今研究民族史和民族关系的宝贵资料，也是我们理解中华民族共同体的重要参考。

二、王桐龄的《中国民族史》

王桐龄（1878—1953），河北任邱人，是我国现代著名的历史学家。他于清末考取秀才，后留学日本，

---

① 石亚洲、张方译：《多民族国家建构国家认同的关键维度与政策路径》，《中央民族大学学报（哲学社会科学版）》2019年第4期。
② 王明龙、马惠兰：《中华民族共同体的学术史脉络——以中国近代史和革命史为背景的讨论》，《北方民族大学学报（哲学社会科学版）》2019年第3期。
③ 贺金瑞、燕继荣：《论从民族认同到国家认同》，《中央民族大学学报（哲学社会科学版）》2008年第3期。
④ 方素梅：《民族主义与历史书写——以吕思勉的两部中国民族史为例》，《青海民族研究》2013年第4期。

是我国第一个在国外攻读史学而正式毕业的人。他认为他所处时代的国民对于民族观念发生了两种误解：一为对内之误解，是曰排满；一为对外之误解，是曰媚外。①对内的误解使得国内分裂，而对外的媚外则导致中国在外交中处于更加弱势的地位。为了纠正这些误解，他重新书写民族史，并在书本的序言中明确提出自己的观点，即：中国民族本为混合体，无纯粹之汉族，亦无纯粹之满族，无所用其排；中国文化常能开辟东亚，武力亦能震撼欧洲，亦不必用其媚。②

从王桐龄的字里行间，我们可以看出当时的知识分子在中国内忧外患的情况下，尝试从历史中寻找并重建中国各民族的自信心和认同感，因此强调中国各民族自古以来就是混合一体，这是民族认同和民族团结的重要基础。在序论中，王桐龄先生列举了大自然中不同物种适应环境以求生存的现象来说明"生物各有其环境，适合于环境则生，否则死"，③而环境时常会变化，因此生物也需要不断地变化来适应环境，"能蜕化者则生，否则死"④。他认为与中国一起出现的古埃及、古巴比伦等文明都发生了断裂，只有中国历经四千余年仍旧生生不息。因为虽然中国内部有过许多变乱，外部也受过许多骚扰，但是中国常能顺应环境，利用本族的文化抵抗外族武力，并不断融合外族壮大自己，这都是因为善于"蜕化"。王桐龄在这所说的善于蜕化主要指的是汉族，他认为汉族性情喜平和，儒教主义尚中庸，不走极端，不求急进，⑤是善于蜕化的一大原因。汉族不断蜕化和发展的历程也是各民族不断融合的过程，根据这个思路，王桐龄先生以汉族为主体、以民族融合为主线来梳理中国的民族发展史，主要将其分为八个时期来书写，即汉族的一个胚胎期、四次大蜕化和蜕化之间的三个休养期。

第一个时期为汉族的胚胎时代，主要是讲太古至唐虞三代汉族起源的过程，在这个章节中，王桐龄特别强调了汉族与苗族的接触，他认为论文化程度汉族要高于苗族，但是就移入中国内地的先后次序还需要再研究。第二个时期为汉族蜕化时代，主要是指春秋战国时期东夷、西戎、南蛮、北狄血统加入汉族，这一时期民族融合的动力主要是战争。第三个时期是汉族的休养时代，对应的朝代主要是秦汉，这一时期汉族和匈奴通过战争、通婚等方式相互融合，与乌孙的联系也比较多，主要的方式是将公主下嫁给乌孙。因此在本章中作者列举了两汉时期的杂婚表，以史料说明汉族与其他民族血统上的融合。第四个时期是汉族的第二次蜕化时代，主要是三国两晋南北朝时期，新加入的血统有匈奴、乌桓、鲜卑、氐、羌、巴氐。关于这一时期的民族史书写在本书中占了大量的篇幅，因为王桐龄先生在书中陈列了许多有关杂居、通婚、更名等族际接触的史料表，例如《五胡十六国中汉族女子入宫表》《五胡十六国中汉姓名人物表》《北齐公主下嫁汉族表》《后魏孝文帝改从汉姓一览表》等，这些到现在都是非常重要的历史研究资料，而且这些表从事实上说明了汉族和其他民族的融合。第五个时期是汉族的第二次休养时代，对应的朝代主要是隋唐。王桐龄首先指出隋唐血统并非纯粹汉人，并根据史料研究列举了9个疑点来支撑自己的观点，比如"隋唐先世家于武川，其地为匈奴、鲜卑人杂居地也"⑥以及"隋、唐皇室女系血统确为鲜卑人也"⑦等等。接着，他又分小节论述了高丽、百济、突厥、铁勒、沙陀、党项、吐蕃、奚、契丹

---

① 王桐龄：《中国民族史（上）》，长春：吉林人民出版社2013年版，第1页。
② 王桐龄：《中国民族史（上）》，长春：吉林人民出版社2013年版，第1页。
③ 王桐龄：《中国民族史（上）》，长春：吉林人民出版社2013年版，序论第1页。
④ 王桐龄：《中国民族史（上）》，长春：吉林人民出版社2013年版，序论第2页。
⑤ 王桐龄：《中国民族史（上）》，长春：吉林人民出版社2013年版，序论第2页。
⑥ 王桐龄：《中国民族史（上）》，长春：吉林人民出版社2013年版，第278页。
⑦ 王桐龄：《中国民族史（上）》，长春：吉林人民出版社2013年版，第282页。

血统的加入。从这一章节中,我们可以看出隋唐时期的民族融合达到了一个高峰。第六个时期是汉族第三次蜕化时代,主要是五代及宋元时期,这个时期的汉族在政治上处于式微的阶段,中国出现了多个由外族建立的政权,这些外族统治者有的主动亲近汉文化,比如由契丹建立的辽就在政治上仿唐制,也有的则排斥汉文化,比如元朝,元室宫中汉人很少,即使有汉族入宫担任大臣也会被赐蒙古名,汉人处于一种"逆同化"的过程,即汉人反而被别族同化。在这一章节中,王桐龄先生开始使用"汉化"一词,用史料呈现和论述了契丹、女真、蒙古和西域诸国人的汉化。第七个和第八个时期分别对应着明朝和清朝,王桐龄先生指出明朝是汉族的第三次休养时代,清朝是汉族的第四次蜕化时代,在描述这两个朝代的民族史时,他不再使用族别汉化的方式,而是直接使用了地域名称,比如明朝时的云南汉化和贵州汉化,清朝时的满洲汉化、内蒙古汉化和新疆的汉化。

王桐龄先生的民族史从太古时期一直书写到清朝,在中国政权更迭的脉络中带出了中国各民族的发展融合史,并且用丰富的史料说明了民族融合的多种方式和途径,如杂居、杂婚、更名、改姓、养子等等,而民族融合的结果就是他在结论中所说的"中国人民汉满蒙回藏苗六族混合体,不必互相排斥"。①而在整个论述过程中,他注意到了民族融合的多向作用力,即不仅是汉族在同化其他民族,其他民族在某些时期也会对汉族进行逆同化,而且除汉族外的其他民族之间也会进行互相融合。总之,王桐龄先生的民族史是一部注重史料整理和呈现的民族融合史,这样的书写方法以一种客观的方式说明了中国各民族历来就是"你中有我,我中有你"的混合体,因此民族认同是有一定基础的,中华民族在历史长期的互相交融中早已形成了共同体。

三、吕思勉的《中国民族史》

吕思勉(1884—1957),江苏常州人,是我国著名的历史学家,他与陈垣、陈寅恪、钱穆被人推崇为现代史学四大家,他一生刻苦钻研历史,写了很多具有重要价值的史学著作,其代表作有《白话本国史》《史籍与史学》《先秦学术概论》《中国民族史》《中国民族演进史》等。

吕先生的《中国民族史》主要描述了12个民族的起源和发展历史,并按地理将其分为北派、南派和中派。北派有匈奴、鲜卑、丁令、貉族和肃慎;南派有羌族、藏族、苗族、越族、濮族;中派则为汉族,白种诸族因为人数少所以他认为"不足计外"。在研究民族历史时,吕先生注意到了地理区位对于民族发展的影响,他认为北派大多是苦寒之地,故其生性好杀伐;而南派地势崎岖,较难团结;只有汉族所处的平原地区物产丰富、幅员广大,得天独厚的条件为汉族文明的创立奠定了良好的基础。吕先生并没有对民族进行分期,而是从民族的源流开始考证,进而论述各民族的演化和变迁,也兼而描述各民族的文化、风俗、社会、军事等内容,较为全面地为我们展现一定时空下的民族概况。对于需要详细讨论的内容,他则在每个章节之后以附录的方式呈现,比如在书写汉族史时,他将《昆仑考》和《三皇五帝考》等内容作为附录列在其后,呈现的是一种历史学的考据法。虽然本书是以族别梳理历史,也着重书写不同民族的文化特殊性,但是吕先生也会在论述过程中强调各民族与汉族之间的亲近关系,并认为每个民族都是中国必不可少的成分。比如在《匈奴》一章的末尾,他指出"此等非同化于中国,果何往哉?然

---

① 王桐龄:《中国民族史(下)》,长春:吉林人民出版社2013年版,第578页。

则中华民国国民中,匈奴之成分,必不可少矣"。①

在民国时期,有很多学者开始对现代"民族国家"的模式进行思考,吕思勉先生也不例外,在他的《中国通史》一书中,就有这样的思考:"世界上的人多着呢,为什么有些人能合组一个国家,有些人却要分做两国呢?这个原因,最重要的,就是民族的异同,而民族的根柢,则为文化。世界文化的发达,其无形的目的,总是想着大同之路走的,但非一蹴可就。未能至于大同之时,则文化相同的人民可以结为一体,通力合作,以共御外侮;文化不相同的则不能然,此即民族国家形成的原理。"② 在他看来,只有文化相同才能结为一体以成为民族国家共同抵御外部侵略。在这里,吕先生注意到了"文化"对于区分民族的重要作用,他认为"种族"是可以通过肤色、骨骼这些外观"一望可知",但是民族则"论言文、论信仰、论风俗,其异同不能别之以外观",③ 因此他在书写民族史的时候兼顾到了描述不同民族的文化。不过,他不仅描述了不同民族文化的"异",还强调了不同民族文化中与汉族相近的文化,比如"匈奴政教风俗,与中国相类者极多",④"北方诸族,传中国之文明最早者,莫如貊"⑤。又如在他的《中国通史》中所说的,位于亚洲东部的中国在世界上是自成其为一个文化区域的,因此在文化上有共通性。

总之,吕思勉认为不论是在民族文化的交融还是在地理区域文化的相似性上,中国都具有作为一个统一民族国家的合法性。正如他在《中国民族史》开头所说的:"一国之民族,不宜过杂,亦不宜过纯。过杂则统理为难,过纯则改进不易。惟我中华,合极错杂之族以成国。"⑥ 吕思勉不仅对于民族国家有自己的思考和见解,而且从文化、区域等角度论述了各民族虽异却趋同,因此可以"结为一体,通力合作",从这些论述中也可以看出他基于民族文化和民族史研究而产生的对国家治理的思考。吕思勉先生的史学不仅"求真",而且"致用",在他的论著中,不断强调治史的目的与功能,⑦ 故他关于民族国家的思考对于当时的中国社会具有重要的现实意义,同时他提出的文化上虽"异"却"共通"为中华民族的"多元"和"一体"埋下了重要的伏笔。

四、林惠祥的《中国民族史》

林惠祥(1901—1958),福建晋江人,是我国人类学和民族学学科的重要奠基人之一,他的《文化人类学》确立了中国人类学的体系,而出版于1939年的《中国民族史》,也是我们今天了解和研究民族史的重要著作。在序言中,作者认为民族史是历史的一种,也是人类学的一部分,因此,对于这两门学科来说,研究民族史都是重要的学术工作。而从另外一方面来说,民族史的研究也具有重要的现实意义:首先,林先生认为民族之分歧在今日国际或国内均为重大之问题,多少不幸事件均由于此发生,⑧ 因此对于民族史的研究可以为民族问题的解决提供实际政策的参考;其次,林先生认为民族主义是大同主义之初

---

① 吕思勉:《中国民族史》,长沙:岳麓书社2010年版,第50页。
② 吕思勉:《中国通史》,北京:中国画报出版社2012年版,第321页。
③ 吕思勉:《中国民族史》,长沙:岳麓书社2010年版,第7页。
④ 吕思勉:《中国民族史》,长沙:岳麓书社2010年版,第42页。
⑤ 吕思勉:《中国民族史》,长沙:岳麓书社2010年版,第118页。
⑥ 吕思勉:《中国民族史》,长沙:岳麓书社2010年版,第7页。
⑦ 方素梅:《民族主义与历史书写——以吕思勉的两部中国民族史为例》,《青海民族研究》2013年第4期。
⑧ 蒋炳钊、吴春明主编:《林惠祥文集(中):中国民族史》,厦门:厦门大学出版社2012年版,第1页。

步，民族史视各民族为平等的单位而一致叙述之，实即于学术上承认各民族之地位，故目的虽不在宣传提倡民族主义，然而实则收宣传提倡之效。[①] 从这些论述中我们可以很明显地看到林先生也试图通过对民族史的研究来宣传民族主义，以使学术有一定的现实之用，这与王桐龄先生"求真致用"的追求是一致的，当然，不仅是这两位学者，在当时国家面临严重危机的时代背景下，很多知识分子都希望自己的知识能"致用"，这也是当时新史学和边政学之所以快速发展的原因之一。

林惠祥先生的《中国民族史》是本文对比阅读的三本民族史中最晚出版的一本，在林先生之前其实就有很多学者对中国民族史做过研究。因此在第一章的第一节，他就对古今学者对民族的分类做了一个总结，从史料中的"东夷、南蛮、西戎、北狄"的分类再到早期学者如张其昀、宋文炳等的分类，他同时也提到了王桐龄、吕思勉和李济等学者的分类。他认为已有研究对民族的分类有一种历史上的分类和一种现代的分类，这两种分类并不互相矛盾，但是现代的分类更偏向于民族志，古代的分类则更偏向历史中的民族，所以做民族史研究应该更偏向于历史上的分类，因此他在书中的章节标题主要用了东胡、突厥、氐羌等古代用名；不过他同时认为为了理清现代民族与历史民族的关系，也需要顾及现代民族的分类，故在古代民族名称之后会用括号标注现代民族的分类，比如东胡（满族来源之一）、突厥（回族来源之二）、氐羌（藏族来源之一）等等。林先生在书中并没有对"民族"一词做出解释，但他认为现代我们称之为"族"的，在历史上称之为"系"，因此本书中的正标题都沿用古代的名称"系"，而副标题则使用现代的"民族"。根据林先生的分类，他主要书写了16个历史上民族的历史，即：华夏系、东夷系、荆吴系、百越系、东胡系、肃慎系、匈奴系、突厥系、蒙古系、氐羌系、藏系、苗瑶系、罗缅系、僰掸系、白种和黑种，而这16个历史上的民族在不断地混合和发展之中，最终主要融合为8个现代民族，即汉族、满族、回族、蒙古族、藏族、苗瑶族、罗缅族和僰掸族，虽然这8个民族不能概括当时中国所有的民族，但已超越"五族共和"的思想，将更多的族群纳入了中华民族之中。

林先生认为中国的各民族在历史的发展过程中就已经互相杂糅了，而且有日渐同化的趋势，因此他写这本民族史也希望国民能舍去古时部落时代狭隘的民族观念，而应该用一种大同思想去看民族关系。在书中，林惠祥先生用一张《中国古今民族系统表》来表示各民族之间千丝万缕的联系，几乎所有历史上的单一民族都成为现代不同民族的来源，而现代的民族都来源于多个历史民族。从林先生在书中所呈现的古今民族对应之间复杂的线条中，可以清晰地看出林惠祥先生想要表达的观点：中国的各个民族从来就不是纯粹的，都是"你中有我，我中有你"的混合状态。如他所说"历史上诸民族永远互相接触，无论其方式为和平或战争，总之均为接触；有接触即有混合，有混合斯有同化，有同化则民族之成分即复杂而不纯矣"[②]。而正是因为这种混合和同化，各民族具有了统一认同的可能性，也就成为早期中华民族共同体思想的来源之一。

五、三本民族史的对比

成书于20世纪30年代的三本民族史面临的是同样的时代背景，同样是硝烟不断的中国社会，三位史

---

① 蒋炳钊、吴春明主编：《林惠祥文集（中）：中国民族史》，厦门：厦门大学出版社2012年版，第1页。
② 蒋炳钊、吴春明主编：《林惠祥文集（中）：中国民族史》，厦门：厦门大学出版社2012年版，第5—6页。

学家也都带着强烈的爱国主义情怀书写中国各民族的发展史，他们都希望能通过民族史的研究建构起国民的民族认同，也试图在史学中寻找中国各民族作为一个共同体的合法性。我们可以发现这三本民族史具有一些共同的特点：首先，三位学者都认为中国并没有纯粹的民族，各民族在历史的过程中不断混合或者融合，是一种"你中有我，我中有你"的状态，因此不应相互排斥，而应该互相承认、彼此认同；其次，他们都认为在民族融合的过程中汉族是主体，居于中国诸民族的主干地位，其他民族则不断主动或被动地与汉族进行融合；最后，在当时的时代背景下，三位学者的民族史都打上了时代的"烙印"，他们的学术研究背后都有着一些政治诉求，即他们试图通过民族史学的书写在一定程度上宣扬民族主义，证明中国各民族经过长期的发展融合已经成了统一体，所以应该团结起来一致抵御外族的侵略。

三本民族史虽有着一些共同点，但其书写方式并不相同，也各有特点。王桐龄先生看到的主要是各族之间的"同"而不是"异"，他看到的主要是中国境内的这些族群在几千年的发展进程中是如何越来越相互融合与"趋同"的。[①] 王先生著作的一大特点就是整理和使用了大量的史料，用客观记载的材料来证明各民族之间的融合是长期而且频繁发生的，文中列举的大量表格不仅是民族融合的实在证明，而且也清晰地表明了民族融合的动力，如通婚、改姓、杂居、移民、养子等等。另外，王先生的著作相比于其他两位学者，在研究视角上有一个创新之处，即他不仅看到了汉族对于其他民族的同化，也看到了其他民族作为主体时对汉族的同化，即"逆同化"；他不仅看到了被动的同化，而且看到了主动的同化；同时他也关注到除了汉族之外其他民族之间的同化，还有反向的消极阻止同化的力量。这个分析视角让我们知道同化的作用从来都是一个相互作用、不断变化发展的过程，而且不同民族之间的同化是具有多种可能性的。

如果说王桐龄先生的民族史是一部"民族融合史"，那吕思勉先生的民族史则是对不同民族进行历史考察的"民族族别史"，虽然书中也有对不同族系之间的关系进行阐述，但更多是在对各个民族的起源和演变进行考证。吕先生著作的一大特点是从史料中梳理出了各民族的文化特点，颇有当代民族学或民俗学研究的意味，而且他也关注到了各民族与汉族文化的交融和相似之处。

林惠祥先生的民族史是三本中成书最晚的，在他之前已经有很多不同的民族史书写方式，但是他能在总结前人的基础上，另辟蹊径，采用古今对照的方式进行梳理，因此本书的一大特点就是不仅清楚地表达了各个民族古代与现代之间的关系，而且能向我们呈现各民族是如何互相融合的。比如我们可以清晰地知道汉族的来源有华夏系、东夷系、荆吴系和百越系等；而满族的来源有东胡系、肃慎系等等，这样的史学研究不仅证明了汉族没有纯种，连其他民族也没有纯种，中国各民族自古就处于一种融合的状态。

六、余论：民族史书写与中华民族共同体的建构

本文呈现了三种不同的民族史书写方式，王桐龄、吕思勉、林惠祥三位先生肩负使命，在硝烟弥漫的中国用民族史的书写来证实中华民族共同体的合法性。这些早期的民族史研究不仅奠定了"民族史"

---

① 马戎：《从王桐龄〈中国民族史〉谈起——我国 30 年代三本〈中国民族史〉的比较研究》，《北京大学学报（哲学社会科学版）》2002 年第 3 期。

这一学科的基础，启发了后续民族学、人类学的相关研究，对于我们思考当今的民族问题也具有重要意义。

习近平总书记对"中华民族共同体意识"的阐发是对新时代国家建设面临的国际、国内新挑战和新问题进行深刻、富有时代性的思考之后的理论创造和政策创新，[①]但这种创新并不是凭空而来，而是有明确历史依据的，三位先生的《中国民族史》就用不同的方式告诉我们在漫长的时间长河中，中华民族早已是"你中有我，我中有你"的不可分割的共同体。正如费孝通所指出的："中华民族作为一个自觉的民族实体，是近百年来中国和西方列强对抗中出现的，但作为一个自在的民族实体则是几千年的历史过程中形成的。"[②] 总之，历史以及历史的书写是中华民族共同体建构中的重要维度，只有回望民族和国家的历史，才能更好地认识现在，也才能在将来更好地建设中华民族共同体。

---

① 扈红英：《中华民族共同体认同建构研究综述与意义发掘》，《西南边疆民族研究》2019年第27辑，北京：社会科学文献出版社。
② 费孝通：《中华民族多元一体格局》，北京：中央民族学院出版社1989年版，第1页。

The Historical Dimension of the Construction of the "Chinese Nation Community"
——**A Comparative Analysis of Three Editions of Chinese Ethnohistory in the** 1930s
ZHAO Jiexiang

Abstract: Establishing and founding the "Chinese Nation Community" is an important foundation for national unity and national development in China. The writing of history is a very important dimension in the process of building the community. Since the beginning of the 20th century, China has begun the process of building the Chinese nation community. At that time, a group of scholars with a strong sense of historical mission tried to build the sense of identity of Chinese nation through the study of ethnohistory, in order to find the legitimacy of "Chinese Nation Community". This paper makes a detailed analysis of three important works on the Chinese ethnohistory in the 1930s to see how different scholars wrote the history and how they viewed the construction process of the "Chinese Nation Community" from a historical perspective. Their researches are of great significance not only to China with internal and external troubles at that time, but also to the formation and development of contemporary understanding of the "Chinese Nation Community".

Key words: Chinese Ethnohistory; Chinese Nation Community; National Identity; National Unity

少数民族对国家通用语言的态度与铸牢中华民族共同体意识研究

——以延边朝鲜族自治州朝鲜族双语教育为例*

朴政君　胡　立**

摘　要　语言态度并不是一成不变的，会受到社会环境和个人经历的影响，随环境、时间而变更，并反映在其语言习得成效及语言水平上[①]。少数民族成员对国家通用语言的态度不仅会影响双语教育的效能，更会反映出公民身份意识和国家认同以及中华民族共同体意识。延边朝鲜族自治州政府在民族双语教育工作中，要求各级机关和学校摆正对国家通用语言的态度，以文化认同为纽带，有效地实施双语教育。一方面，提高了少数民族对国家通用语言文字的使用能力，在习得中华文化的过程中促进其民族认同、公民身份认同及国家认同的协调统一。另一方面，加强了少数民族对中华民族的认同，增进了民族团结，提高了民族教育的质量，对我国少数民族铸牢中华民族共同体意识具有积极的启示作用。

关键词　少数民族公民；国家通用语言；中华民族共同体意识

DOI：10.13835/b.eayn.30.12

实施双语教育的根本目的，是在学好本民族语言的前提下，进一步学好使用第二语言，促进个人以至整个社会的进步与发展。因此，双语教育是民族教育的一个重要组成部分，搞好双语教育有利于民族教育的发展[②]。在实施双语教育的进程中，少数民族公民对国家通用语言的态度不仅影响双语教育的效能，更会反映出国民认同和国家认同，对中华民族共同体意识的建构具有潜移默化的作用。

一、少数民族对国家通用语言的态度与中华民族共同体意识的建构

一般意义上，民族是在长期的历史发展过程中所形成的具有共同语言、共同地域、共同经济生活以及表现于共同文化上的共同心理素质的稳定的共同体。各民族在文化形成和发展过程中凝结起来的并通

---

* 本文为国家民委民族研究项目"铸牢朝鲜族大学生的中华民族共同体意识研究"（项目编号：2019－GMG－033）阶段性成果。

** 朴政君，延边大学人文社会科学学院副教授，研究方向：民族教育；胡立，延边大学人文社会科学学院硕士研究生，研究方向：民族教育。

[①] 纪学玲：《语言态度、语言能力及其相关性个案研究》，《文学教育（上）》2019年第4期。

[②] 戴庆厦、董艳：《中国少数民族双语教育的历史沿革（上）》，《民族教育研究》1996年第4期。

过民族文化表现出来的心理状态,亦称"民族性格",是民族特征之一[①]。性格集中反映一个人的心理面貌,是心理素质的重要组成部分。性格是指人对现实的态度及其行为方式所表现出来的个性心理特征。所谓态度是以某种方式行动或做出反应的心理准备状态[②],是个人对待社会、他人、自己的一种稳定的心理倾向,包括了对事物的评价、好恶和趋避等方面[③]。态度所具有的心理倾向蕴含着个体的主观评价以及由此产生的行为倾向性,而主观评价会体现个体对特定对象的认知和情绪。民族成员中的独立个体在社会化的进程中,作为个体在塑造自我概念的同时,作为民族的一分子会逐渐形成本民族意识,将经历塑造民族自我的过程并反映在民族群体对事物的态度和行为倾向上,逐渐形成民族文化心理。

语言文字是民族文化的重要组成部分,而语言态度是人类语言生活中的一个重要组成部分。语言态度分为感情方面和理性方面:感情方面的语言态度是在情绪、感情上的感受和反映,与语言环境、文化传统乃至个人生活上的特殊经历有关。理性方面的语言态度,指的是说话人或听话人对特定语言的实用价值和社会地位的理性评价;理智的态度当然主要取决于特定语言在使用中的功能。语言态度也分为个人与社会两个方面,体现感情方面和理性方面[④]。从语言态度的结构上可以看出,个体的语言态度会受到社会环境和个人经历或者文化水准和认知水平的影响,能反映在个体语言成效及语言水平上,甚至会影响到民族的发展进程。

《中华人民共和国宪法》(以下简称《宪法》)明确指出,"中华人民共和国是全国各族人民共同缔造的统一的多民族国家。凡具有中华人民共和国国籍的人都是中华人民共和国公民。各民族都有使用和发展自己的语言文字的自由,都有保持或者改革自己的风俗习惯的自由。任何公民都享有宪法和法律规定的权利,同时必须履行宪法和法律规定的义务"。国家从法律的角度确认了我国少数民族的合法身份,并赋予了作为公民的权利和义务。

为了发展社会主义的教育事业,提高全国人民的科学文化水平,《宪法》明确指出,"国家推广全国通用的普通话"。中央教育部根据《宪法》制定了《中华人民共和国国家通用语言文字法》(以下简称《国家通用语言文字法》)并明确指出,"各民族都有使用和发展自己的语言文字的自由,公民有学习和使用国家通用语言文字的权利",其目的是推动国家通用语言文字的规范化、标准化及其健康发展,使国家通用语言文字在社会生活中更好地发挥作用,促进各民族、各地区经济文化交流。

国家通用语言文字是中华民族历经五千年传承和发展起来的灿烂的精神文化,为中国各民族建立和谐民族关系,加强民族团结合作,促进经济文化交流起着重要的媒介作用。《国家通用语言文字法》的出台,反映了国家政府对国家通用语言态度的导向作用,为少数民族公民中华民族共同体意识的建构创建了有效的互动平台。

纵观中华人民共和国成立后的双语教育实践,国家的各项政策法规始终保障各民族使用和发展本民族语言文字的自由,使得少数民族公民的民族认同得到巩固和提升的同时,也能充分感受到本民族在社会中的平等地位。随着社会的发展,现代化媒体手段的普及,各民族间的文化交流和经济交流频繁,进一步凸显了少数民族公民对国家通用语言的需求,在国家通用语言态度上对其实用价值和社会价值的认

[①] 张念宏:《中国教育百科全书》,北京:海洋出版社1991年版,第369页。
[②] 荣格:《心理类型》,吴康译,上海:上海三联书店2009年版,第255页。
[③] 郑日昌:《大学生心理卫生》,济南:山东教育出版社1999年版,第146页。
[④] 陈松岑:《新加坡华人的语言态度及其对语言能力和语言使用的影响》,《语言教学与研究》1999年第1期。

知水平有了显著的提高,导致国家通用语言文字学习的积极情绪产生。当少数民族公民国家通用语言文字的使用能力得到逐步提高并在社会交流和职场发展带给自己满足感时,中华民族共同体意识逐渐变得清晰并有效地得到建构。

延边朝鲜族自治州在践行《宪法》为少数民族公民赋予的兼通国家通用语言和民族语言为目标的民族双语教育过程中,从政府到学校到朝鲜族公民个体,以文化认同为纽带,摆正对国家通用语言的态度,有效地实施双语教育,使得朝鲜族公民的国家通用语言文字的使用能力大幅提高。不仅促进民族文化的传承与发展,同时完善民族认同、公民身份认同、国家认同三者的协调统一,进一步加强筑牢了中华民族共同体意识,从而形成了平等团结互助和谐的民族关系,这一切充分表明了中华民族共同体意识的建构与少数民族公民对国家通用语言态度有着明显的效应关系。

二、延边州双语教育的实施现状及成效

延边朝鲜族自治州地处中国东北吉林省东部中朝俄三国交界,是我国最大的朝鲜族聚居区,据2017年的统计,朝鲜族人口占35.80%,汉族占60.22%[①],呈现出"大杂居、小聚居、相对稳定而集中"的特征,这种地理生态环境有利于朝鲜族与其他民族的相互交往、相互影响、彼此合作、互相帮助,形成了得天独厚的双语教育的条件。

(一)延边州双语教育相关政策的制定与实施现状

根据《中华人民共和国民族区域自治法》,延边朝鲜族自治区(现称自治州)成立于1952年9月3日,同时颁布了《人民政府组织条例》并规定:"延边自治区人民政府以朝鲜文为行使职权的主要工具,并应同样采用汉文。"这就是双语制[②]。

在双语制下,延边朝鲜族人民在各种集会和公众场合都能自由地使用民族语言,在单位和学校以朝鲜文为主要工具,国家、地方机关及大街小巷各类商铺的牌匾上同时出现朝鲜文和汉文,且在横牌上左朝鲜文右汉文、上朝鲜文下汉文,在竖牌上右朝鲜文左汉文等。使得朝鲜族人民从客观上认识到,在延边朝鲜族自治州范围内朝鲜族文化充分得到尊重,民族文字地位凸显,使得朝鲜族人民不由自主地产生当家作主的自豪感的同时,逐渐地形成中国公民身份认同意识。在国家通用语和朝鲜语的语言环境和社会生活环境下,朝鲜族人民在不断地与各族人民互相交往、交流和合作的过程中,从情感上不排斥国家通用语言文字,逐渐意识到国家通用语言学习的必要性,形成了对国家通用语言文字持接近态度。延边朝鲜族自治州政府成立伊始,为了培养朝鲜族双语师资,在州内开办了教授双语的学校,在延边大学中文系中招进朝鲜族大学生,培养了大批朝鲜族双语师资输送到朝鲜族中小学承担国家通用语言课程教学,使朝鲜族学校国家通用课程得以正常运行,学生的思维水平和学业有明显的进步。朝鲜族教育得到社会的认可,尤其是朝鲜族家长对国家通用语言教学的认可为学校顺利实施双语教育起到了积极的促进作用。

---

① 延边州统计局:《延边统计年鉴2017》,北京:中国国际图书出版社2017年版,第89页。
② 戴庆厦、董艳:《中国少数民族双语教育的历史沿革(上)》,《民族教育研究》1996年第4期。

1. 出台鼓励国家通用语言和朝鲜语兼通的民族教育条例

延边朝鲜族自治州成立以来，特别是改革开放后，朝鲜族教育得到了长足发展。但随着改革开放的深入，《国家不包分配大专以上毕业生择业暂行办法》的出台和聘用合同制实施，以及经济全球化进程的加快，国内外文化经济的交流频繁。尤其步入21世纪后，朝鲜族教育面临教育思想单一，观念滞后，课程、教材改革迟缓，双语教学改革成果不够明显，教师队伍不稳，学生生源减幅较快，单亲、无亲子女的教育已成为社会问题。朝鲜族教育现有发展水平与人民群众对高质量教育需求的矛盾日渐显露，严重冲击和影响了朝鲜族教育的健康发展，延边朝鲜族教育改革迫在眉睫。

为了更好地推进民族教育事业，2004年5月28日，根据《宪法》和《国家通用语言文字法》，吉林省第十届人民代表大会常务委员会第十次会议批准了《延边朝鲜族自治州人民代表大会关于修改〈延边朝鲜族自治州朝鲜族教育条例〉的决定》，出台了现行的《延边朝鲜族自治州朝鲜族教育条例》（以下简称《条例》）。

《条例》第三章第二十五条明确规定，"朝鲜族中小学用规范的朝鲜语言文字授课，经自治州教育行政主管部门批准，具备条件的部分课程可以用汉语言文字授课，职业技术学校和中等专业学校可以用朝鲜语言授课，也可以用汉语言文字授课。在基础教育阶段，要加强朝鲜语文教学和汉语教学及外国语教学，使学生兼通朝、汉语，为学习使用多种语言文字奠定基础"。其中增添了"经自治州教育行政主管部门批准，具备条件的部分课程可以用汉语言文字授课，要加强朝鲜语文教学和汉语教学及外国语教学"，明确了朝鲜族中小学生要达到双语兼通，为学习使用多种语言文字奠定基础，并明示了作为中华民族一员的朝鲜族公民把双语兼通作为语言的基本要求，从理性层面上呈现了自治州政府促进民族交往交流交融的开放态度。为了有效地进行双语教育，《条例》在第五章第三十九条明确指出，"自治州人民政府应优先发展师范教育，切实加强教师队伍建设，造就一支以朝鲜族为主的素质良好的双语兼通的教师队伍。自治州各级人民政府应鼓励朝鲜族教师学习使用汉语言文字，对熟练使用朝、汉两种语言文字进行教学的教师，应予以奖励"。呈现了自治州政府高质量进行民族团结进步为目标的朝鲜族教育改革的意志。

2. 国家通用语言教育与民族教育的有效结合

20年来，延边朝鲜族自治州政府将《宪法》、《国家通用语言文字法》以及《条例》的精神层层下达，在各级教育机关和学校组织学习和讨论。明确地要求自治州的朝鲜族公民不仅要享受公民的权利，同时要履行好公民的义务，把国家通用语言的学习提升到国家认同高度，认清推广全国通用的普通话的社会价值和实用价值，把双语教育当作民族教育的重中之重，有效地建构了较为完善的民族双语教育体系。

（1）思想观念发生可喜变化，组织领导体系得以健全，资金扶持力度不断加大。多年来延边朝鲜族自治州始终不松懈对《条例》的学习宣传，使各级党政领导对改革与发展朝鲜族教育有了更加深刻的认识，以高度的政治责任感和强烈的历史使命感深化朝鲜族教育改革，为提高朝鲜族下一代的核心素质，使他们作为中华民族的一员能够肩负起报效祖国、服务社会，更好地促进中华生存与发展的历史责任，要求改革并主动推进改革，"坚持民族性，突出适应性，力保先进性"的教育理念越来越被更多的人所接受，为不断深化朝鲜族教育改革奠定了良好的思想基础。为了促进朝鲜族教育改革，延边朝鲜族自治州建立了领导干部联系学校制度，深入实际、指导工作，州各级政府用多种渠道筹措朝鲜族教育改革和教育科研专项资金，为民族双语教育工作第一线的校长和教师打消后顾之忧。

(2) 双语改革实验不断取得成效，朝鲜族学生在中国少数民族汉语水平等级考试（MHK）中取得优良成绩。朝鲜族教育改革伊始，为了扭转各县市双语改革实验仅凭高涨的改革热情，缺乏统筹规划，带有较大盲目性的倾向。延边州委、州政府的领导和教育行政部门做了大量的调查研究，由州朝鲜族教育改革工作领导小组办公室发出《延边州双语教学改革实验方案》，确定了22所实验校，进行五种不同类型的改革实验，并不断加大指导力度，使双语改革实验走上正轨，朝鲜族学生兼通国家通用语言和朝鲜语的效果明显，中国少数民族汉语水平等级考试（MHK）顺利实施。

（二）大力提升学校双语课程领导力

在朝鲜族学校育人模式的建构过程中，课程无疑是最关键的环节，是学校育人目标和办学理念的载体，课程变革是学校转型的关键。延边朝鲜族自治州朝鲜族中小学校长均是朝鲜族公民，在贯彻《条例》精神，实施朝鲜族学校双语教育进程中，以校长为核心的学校双语课程领导共同体，发挥了积极有效的双语课程与教学领导力，使得延边州双语教育取得了引人注目的民族教育育人成果。

1. 双语教育在民族地区的常态化

在朝鲜族教育改革中，最重要和难度最大的莫过于教师队伍建设和双语教学改革。

延边州教育行政部门根据《条例》精神，于2005年颁布了《延边州朝鲜族中小学双语教学改革实施意见》（以下简称《实施意见》），把以校长为核心的双语课程共同体建设和双语教育放在了朝鲜族教育改革与发展的"重中之重"，指出加强和改进双语教育，按照有利于民族长远发展，有利于各民族科学文化交流的要求，大力加强国家通用语言教学，积极进行双语教学改革，逐步实现朝鲜族学校教材、教学用语双语化，以促进朝鲜族教育教学整体水平的大幅度提高。

通过对《实施意见》的学习研究，延边州朝鲜族中小学双语课程领导共同体充分认识到国家通用语言的社会价值和实用价值，形成了实施双语教育的统一意识和态度，在全州范围内形成了小班化背景下的双语教育改革。为满足延边地区朝鲜族教学的需要，延边州政府提出了双语兼通的要求，各级朝鲜族中小学以2006年颁布的，对民族中小学双语教学具有统一规范作用的《全日制民族中小学汉语课程标准》为准绳，全面推进双语教学改革，改革包括教学目标、教学内容、教学方法和教学管理的改革，有效地提高了朝鲜族中小学生实际运用国家通用语言的能力，中国少数民族汉语水平等级考试（MHK）也逐渐步入正轨，朝鲜族学生的MHK成绩逐年提升，大学生适应情况反映良好，就业率明显提高，生活、学习、工作和社会交往中自我效能感大幅度提升，朝鲜族社会对延边州双语教育持肯定的态度。在十二五期间，朝鲜族教育经过5年多的改革研究与实践，建立了新时代朝鲜族义务教育学校双语有效教学理论体系，提出了新时代朝鲜族教育大双语教学观，创立了基于课程标准的"分层导学四环"小班化双语教学模式，以小课题项目研究驱动，开发了朝鲜族义务教育学校双语拓展型校本课程资源，民族双语教育特色鲜明，可谓我国民族双语教育的典范。

2. 建立学校双语课程领导共同体

双语教学成功的关键在于教师。建立一支双语型教师队伍，是对少数民族学校教师队伍素质的新要求，它是民族教育与时俱进、持续发展的需要，也是适应时代发展与民族进步的需要。双语型教师队伍的建设，需要由教师培训部门承担，更重要的是学校以校本培训为载体实施。吉林省珲春市第一实验小学建校于 1918 年，在民族教育实践中，先后获得省民族教育先进校等诸多荣誉，是典型的、具有民族教育特色的朝鲜族小学，是延边朝鲜族自治州典型的双语教育示范学校。

（1）建设双语型教师队伍。在双语教学的实践过程中，珲春第一实验小学为解决优秀教师、复合型人才短缺的问题，建立了校本培训机制，以教师自主学习、反思、同伴交流、专业引领来促进教师专业成长，同时由校本培训逐步向校本教研发展。该校经过自身的双语培训与指导体系，培养出了很多双语型人才。目前，该校语文、信息技术教师基本达到双语兼通，体育、科学、朝鲜文、数学等科目教师也基本上能用双语授课，36 名朝鲜语文教师全部能够进行双语授课，20 名国家通用语言教师中有 10 名能够进行双语授课。教师们在通过各种方法，提高自身的双语课程与教学领导力及语言能力。为了进一步提升教师双语课程领导力，该校建立了长远规划，精师强教。学校把双语型教师队伍建设纳入教师终身学习和继续教育的规划，初步建立了双语型再教育体制。

（2）基于个性差异的双语教学策略研究。双语教育是包含双语教学的，双语教学是双语教育的重要途径之一。珲春市第一实验小学在双语教育中发现了双语教师的课程领导力薄弱的问题，从 2015 年至 2017 年，以"朝鲜族小学小班化个性差异教学策略行动研究"州级规划课题为主线，在学科课程与教学专家的引领下，基于"MBTI 性格类型"动力学分析，使每一个教师清晰地认清在双语课程实施的过程中，师生个体分别都具有自己优势的教学方式和学习方式，理解每一个师生对双语课的教与学的态度和其表现出来的行动是不同的。比如，国家通用语言课程组在过去对全体学生一概分强调大声朗读或反复书写单词，那些性格比较内向、直觉型的学生不愿意大声朗读，也不愿意做反复书写的作业，因而经常受到老师的批评，甚至被老师认为是奇怪的学生，而受批评和被否定的有些学生逐渐对国家通用语言课程反感，甚至有恐惧感。通过个性差异教学策略的行动研究，逐步地在默读、思考问题和有效交流上进行了教学方式和学习方式上的改善，有效地提高了学生课程参与度和学好国家通用语言的自信心。为了提高学生国家通用语言的使用能力，该校组织双语实践活动，主要有竞赛活动和校园广播，学期末学校还组织评选"读书之星""优秀书香班级""书香家庭""十大读书王"等。通过丰富多彩的书香校园系列活动，学生的双语阅读力、思考力、表达力和双语交流水平都有了明显的提高。

（3）双语教育"家庭化"。吉林省珲春市第一实验小学的 97.12% 的学生是朝鲜族。众所周知，朝鲜族家庭历来重视子女的教育，既具有传统感，也具有时代感。在双语教育过程中，家长作为学校共同体成员对国家通用语言的学习持有开放的态度，同时积极地为学生学好国家通用语言创造条件。据史料分析，该校从双语教育没有兴起的时期开始，非常注重招进优秀的双语教师，自 20 世纪 60 年代初，该校的双语教学质量很高，等到子女上初中的时候，很多家长意识到孩子们有必要进一步学习实用功能最强的国家通用语言以适应社会的发展，就直接送子女上普通学校或普通班学习。随着现代化传媒手段的普及，民族间文化、经济的交往越来越频繁，让自己的子女双语兼通是朝鲜族家长的迫切需求。因此，珲春市第一实验小学凡是有双语教学竞赛及其他相关活动的时候，家长们积极鼓励子女参与，并配合学校搞好相关工作。之所以珲春市第一实验小学双语教育工作能有自己的特色，是因为学校形成了坚实的由校长、教师、学生和家长组成的学校双语课程领导力。

（三）朝鲜族对国家通用语言的态度与民族文化教育

朝鲜族崇尚教育，是我国55个少数民族中为数不多的拥有自己语言文字的民族之一。但是，随着经济和社会的发展，朝鲜族教育所面临的形势更加国际化、多样化。传统的朝鲜族教育培养出来的人才也就越来越不适应社会的发展需要，改革朝鲜族教育的模式和方法显得尤为迫切。语言、文字是民族文化的重要组成部分，属于民族文化精神层面，能有效地反映出民族历史发展的水平。各民族在历史发展过程中创造和发展起来的独具的文化特点体现在物质层面上和精神层面上。如何通过民族文化教育使得朝鲜族公民既有对本民族语言的认同和良好的民族情怀，更有对国家通用语言的更加合理的认识、情感，来提高双语教育的有效性，是朝鲜族教育改革的要点。

1. 完善民族历史教育，构建新时期朝鲜族文化

在朝鲜族教育中，特别重视民族双语教育，《朝鲜族民族文化教育》课程是延边朝鲜族自治州规定的地方课程，教材由延边出版社发行（朝鲜文）。通过广泛的民族移民史的教育，朝鲜族青少年从小就了解到自己的祖先在清末到民国期间从朝鲜半岛进入中国领土耕作生息，与其他民族一起经历抗日战争和新中国的建设。中华人民共和国成立初期，人民政府就承认朝鲜族是合法中国公民和中国合法少数民族。朝鲜族是在海外朝鲜民族后裔中唯一被主权国家赋予与其他55个兄弟民族享有同等地位，并可以享有身为中国公民的法律、政治以及民族自治等方面合法权益的分支。假如有人问及"朝鲜族的人是中国人吗？"，朝鲜族人们很自然地回答道"当然，我们是中国人。"虽然有些朝鲜族老一辈（朝鲜族1代和1.5代[①]）由于血缘关系对朝鲜半岛会有一些感情，并认为朝鲜或韩国是其母国，但是中华人民共和国成立后生长在中国的朝鲜族3代、4代以及年青一代所认同的祖国是中国，不似祖辈对朝鲜半岛有过度的依恋和向往，无论是理性还是情感归属上，都认为自己是朝鲜族，不是朝侨也不是韩侨，而是中国人。

在文化层面上，在中国共产党的民族政策下，朝鲜族语言文字得到完好的保存并得到了有效的发展。尤其是，延边的朝鲜族普遍认为，朝鲜族的母语是朝鲜语，不是韩国语，但也会说韩国语，韩国语里面夹杂大量英文外来语，且口音也不一样，朝鲜语则受到汉语一定程度上的影响，与朝鲜语言和韩国语言有较大差别。而第二语言是国家通用语言，除了朝鲜语和国家通用语言，朝鲜族青少年在学校学习英语或日语，即第三语言。事实充分表明，朝鲜族非常成功地适应和融入了中华文化中，而且没有遗失本民族文化，朝鲜族语言文字很好地传承与发展了民族文化。通过朝鲜族迁入后在与东北各民族产生文化碰撞过程中形成的教育意识，在历史发展中不断演化，形成了朝鲜族独特的文化、教育以及朝鲜族的民族认同和国家认同[②]。

通过朝鲜族社会人口学特征对其国民认同影响的实证研究发现，性别、学历、成长环境、出生地、移民世代、访韩经历等诸多社会人口学特征因素，都没有影响到中国朝鲜族的国民认同程度。无论身处何地、无论属于哪个社会阶层，朝鲜族作为中华民族一员都具有非常高的国民认同[③]。

---

① 第1代为成年后从朝鲜半岛迁徙到中国，中华人民共和国成立后没有返乡，留在我国境内、并被赋予公民身份的朝鲜族。1.5代为在朝鲜半岛出生，幼时跟随家族迁徙到中国，并在我国境内成长，并被赋予公民身份的朝鲜族。
② 金海英：《延边地区朝鲜族教育意识的历史变迁与展望》，《贵阳学院学报（社会科学版）》2018年第6期。
③ 朴政君：《中国朝鲜族的国民认同现状分析》，《延边大学学报（社会科学版）》2015年第2期。

2. 加强民族团结教育，促进文化融合

民族关系是一种特殊的社会关系，也是文化的关系。如何通过文化融合过程有效地缩小民族关系的距离，改善民族关系，构建和谐、平等、团结、互助的民族关系，提升少数民族公民的中华民族共同体意识，使其从中发现自己的核心竞争力，提升顶尖优势，创造卓越，来达到促进民族大团结，保障国家的稳定发展和边疆的安定发展，是国家推广全国通用的普通话意义所在。

在民族关系问题上，民族认同与国家认同是否统一是构建和谐关系的重要因素，在多民族国家，如果民族认同超越国民认同时，会出现狭隘的民族排他性，不仅会影响民族团结，甚至会影响国家的稳定发展和边疆的安宁。在民族认同上，农村成长的朝鲜族比城市成长的朝鲜族具有更强的民族认同；大学以下学历所属者比大学以上学历所属者具有更强的民族认同；延边地区的朝鲜族比其他地方的朝鲜族具有更强的民族认同。在文化认同上，农村成长的朝鲜族比城市成长的朝鲜族文化认同更强。在国家认同上，与社会人口学特征无关，都有确信的国家认同，而国家认同越强越对中国持有更加肯定的态度[①]。

基于以上的事实，延边朝鲜族民族教育在强化双语教育改革，提高双语教育质量的同时，注重小班化教育，加强农村学校的物质投资和改善教育环境的同时，强化农村师资力量培训，让农村学校的朝鲜族学生能够得到优质的教育。除此之外，延边朝鲜族政府始终把民族团结作为生命线，不断地改善各民族关系，"汉族离不开少数民族，少数民族离不开汉族，各少数民族之间也相互离不开"的思想已经深深扎根于延边州各族群众心中，不断打牢中华民族共同体的思想基础。

朝鲜族各级学校的领导非常注重各族师生的团结，通过双语教育有效地促进交流、合作，并且各级教育行政部门提倡民族学校与普通学校之间的交流合作，有效地形成了民族文化传递的风景线。在延边朝鲜族学校双语教育的历程中，我们可以清晰地看见，朝鲜族学生不仅有效地适应本校内各项双语学习活动，也能够无语言障碍地积极活跃地参与到与联谊校的各项活动之中。为了提高双语教育质量，改善民族关系，使学生从小开始学会适应与其他民族学生进行双语言沟通，有的学校给学生结对子，在家长的协助下，利用休息日和假期进行良好的互动。实践发现，朝鲜族学生的语言交流能力、表达能力、沟通能力和社交能力有了明显的提高。更为可喜的是，其他民族同学也通过与朝鲜族学生的沟通，慢慢了解了朝鲜族文化，也学会了一些朝鲜语日常用语，因此，有的非朝鲜族学生喜欢上朝鲜语，计划在大学选择朝鲜语言文学专业。

三、延边州双语教育成效的启示

延边朝鲜族自治州大力地进行朝鲜族教育改革，全面推进双语教育，有效地培养兼通国家通用语言和朝鲜语人才的实例充分显示了态度对意识建构的影响力。延边朝鲜族自治州朝鲜族对国家通用语言的态度的形成与发展历程对我国少数民族公民中华民族认同构建具有积极的启示作用。

第一，民族地区政府应正确阐释和履行国家通用语言政策法规。民族地区政府对国家政策法规的理解水平以及是否出台符合本地区少数民族教育实际的相关政策法规，首先会影响着少数民族公民对国家

---

① 陈松芩：《新加坡华人的语言态度及其对语言能力和语言使用的影响》，《语言教学与研究》1999年第1期。

通用语言态度的情感因素。延边朝鲜族自治州民族政策法规的制定与实施使得朝鲜族公民从情感上意识到本民族的传统文化——语言文字得到尊重、保护并能得到使用而感到自豪,民族认同得到提升的同时,不会产生被强迫地接受国家通用语言的压迫感。其次会影响着少数民族公民对国家通用语言态度的认知因素。《条例》凸显了在基础教育阶段兼通国家通用语言和朝鲜语是作为中华民族一员的朝鲜族公民语言的基本要求,是身为中国公民应享有的合法权益,有效地提高了对国家通用语言价值的认知水平。

第二,应提升民族地区双语课程领导力。在全球化时代,尤其是世界已步入第四次产业革命,经济快速发展,社会文明程度不断提高,人们的行为方式、价值体系都发生了明显的变化,人们个性发展的诉求日益彰显,更加关注个人幸福感和生命价值,把职业规划和生涯教育已提到议事日程上。民族学校是民族人才成长的摇篮,如何使得少数民族学生具备适应终身发展和社会发展需要的必备品格和关键能力,归根结底,民族学校的学校(校长)双语课程领导力是关键,校长的双语课程领导力既是激发少数民族公民学习国家通用语言的积极行为倾向的关键,又是有效地推广国家通用语言的行动保障。

第三,应通过国家通用语言和本民族语言的学习,为学习多种语言奠定基础。随着国际化的趋势,跨地区、跨民族的语言接触日益频繁,多种语言的需求和其实用价值和社会价值明显提升。我国少数民族中小学多语言学习是在双语学习的基础上发展起来的。通过十多年的双语教育实践,使得延边地区朝鲜族学生的国家通用语言水平有了明显的提高,也反映在朝鲜族学生英语学习能力上。L3(英语)学习者作为有经验的学习者,更注重在L2(汉语)学习中提炼有效的学习经验。L3(英语)学习会引起学习者语言系统质量的改进,促进学习者语言学习技能、语言管理技能以及语言维持技能的发展[1]。有效地促进少数民族学生的学业发展,学习国家通用语的信念得到坚定。

第四,积极发挥双语教育在建立和谐民族关系中的媒介作用。中华民族发展壮大过程是良好的民族关系和生产性的民族关系建立与发展的过程。民族关系的形成与发展过程是通过民族文化传承来达成,语言文字在各族人民相互沟通和共同奋战的过程中起到的媒介作用是毋庸置疑的。少数民族地区除通过《民族文化》地方课程外,还可以组织校友会成员或各地方政府和各级教育部门的关心下一代工作委员会以及地区大学关心下一代工作委员会联合组织老干部、老战士、老专家、老教师、老模范等"五老"团协助各级学校进行民族历史文化教育和民族团结教育。比如,通过各民族与其他民族共同建设美好家乡,或在各族同事(学)的帮助下度过国家通用语言学习难关,顺利完成大学学业,适应新的工作环境并得到职业发展的实例,有效地宣扬中国共产党的民族政策,赞美民族合作、团结的成果,会有效地呈现国家通用语言在建立和谐民族关系中的媒介作用。

第五,应预防本民族语言磨蚀现象。少数民族学生以其他语言代替本民族语言,在一些本民族语言课堂上也使用其他语言,有可能出现本民族语言磨蚀现象。一方面对中华民族文化的有效传承和发展带来消极的影响,另一方面也会影响双语学习质量,更会影响多语言学习,将影响民族教育质量。各级民族学校应采取必要的措施积极预防本民族语言磨蚀现象。

---

[1] 徐世昌、曹艳春:《少数民族大学生L2(汉语)水平对L3(英语)词汇学习策略的影响》,《教育理论与实践》2012年第18期。

A Study on Ethnic Minority's Attitude to the Common Language of the Country and Consolidating the Sense of Community for the Chinese Nation
——**Taking the Bilingual Education of the Korean Nationality in Yanbian Korean Autonomous Prefecture as an Example**

PIAO Zhengjun HU Li

Abstract: Language attitudes are not static, they will be affected by social environment and personal experience, change with the environment and time, and are reflected in their language acquisition effectiveness and language level. The national language attitude of ethnic minority members not only affects the effectiveness of bilingual education, but also reflects the consciousness of citizenship and national identity, as well as the sense of community for the Chinese nation. In the work of ethnic bilingual education, the government of Yanbian Korean Autonomous Prefecture requires institutions and schools at all levels to correct their attitudes towards the common language of the country, and to effectively implement bilingual education with cultural identity as a link. On the one hand, it improves the ability of ethnic minorities to use the national common language and characters, and promotes the coordination and unity of their ethnic identity, citizenship identity and national identity in the process of acquiring Chinese culture. On the other hand, the identification of ethnic minorities with the Chinese nation has been strengthened, ethnic unity has been enhanced, and the quality of ethnic education has been improved, it has a positive enlightening effect on my country's ethnic minorities casting a strong sense of community for the Chinese nation.

Key words: Citizens of ethnic minorities; Attitude towards national common language; a strong sense of community for the Chinese nation

边疆民族地区青年"五个认同" 提升的路径探析*

王超品**

摘　要　实现边疆民族地区青年"五个认同"的提升既能厚植边疆民族地区青年的爱国主义情怀，又有助于增强边疆民族地区青年对中华文化和中国道路的自信；更有利于实现边疆民族地区青年的报国之志，为实现"两个一百年"奋斗目标凝聚青年力量。数字媒体时代，将新媒体应用于提升边疆民族地区青年"五个认同"的同时，也面临着严峻挑战。明确这些挑战会更加有利于我们探索提升边疆民族地区青年"五个认同"的新路径。探索新媒体和信息化驱动的边疆民族地区青年"五个认同"提升的有效途径是一个重大的理论与现实问题。

关键词　边疆民族地区；青年；"五个认同"；提升

DOI：10. 13835/b. eayn. 30. 13

党的十九大报告指出："青年兴则国家兴，青年强则国家强。"[①]青年是国家发展的生力军，青年的发展直接关系着"两个一百年"目标的实现。青年"五个认同"的提升不仅关系着青年自身的成长成才，还关系着国家的繁荣发展以及执政党政权的巩固和长治久安。当前，在数字媒体时代背景之下，各种社会思潮通过网络迅速传播并对青年的价值观产生了广泛影响，尤其是对边疆民族地区的青年。边疆民族地区青年主要包括长期生活在西藏、新疆、内蒙古、广西和云南等地区的 12—35 岁的少数民族群体和汉族群体。边疆民族地区的青年作为新时代青年的重要组成部分，由于受到地缘环境、信息技术手段、教育程度、民族文化和民族属性等因素影响，需要在挖掘和整合各种有效数据和信息之后，去考量和审视边疆民族地区青年"五个认同"提升过程中面临的现实问题与挑战。因此，如何提升边疆民族地区青年的"五个认同"，并使边疆民族地区青年积极投身到新时代中国特色社会主义现代化建设过程中，为实现"两个一百年"奋斗目标提供坚强有力的青年力量支撑，是当前党和国家推进边疆民族地区青年工作的首要任务。

---

* 本文是 2021 年度国家社会科学基金一般项目"新时代党的依法治边方略研究"（项目编号：21BKS167）阶段性成果；2019 年度云南省哲学社会科学规划项目一般项目"习近平总书记'五个认同'重要论述在西南边疆民族地区的实践研究"（项目编号：YB2019001）的阶段性成果。

** 王超品，云南大学马克思主义学院副教授，硕士生导师，法学博士，思想政治教育博士后，云南大学东陆青年学者，研究方向：马克思主义中国化。

① 本书编写组：《党的十九大报告辅导读本》，北京：人民出版社 2017 年版，第 69 页。

一、边疆民族地区青年"五个认同"提升的理论与现实考量

党的十八大以来，习近平总书记高度重视民族工作，在十九大报告中又再次强调了民族团结的重要性。在强调认清民族关系的主流与末节、大力倡导民族团结方面提出了许多十分重要的论断，促进了新时代民族工作思想的创新发展。高度重视民族团结，增强"五个认同"，无疑是习近平总书记新时代民族工作思想的核心。在中央第二次新疆工作座谈会和中央民族工作会议上，习近平总书记多次强调，"做好民族工作要坚定不移走中国特色解决民族问题的正确道路，让各族人民增强对伟大祖国的认同、对中华民族的认同、对中华文化的认同、对中国特色社会主义道路的认同"。2015 年 8 月 24 日中央第六次西藏工作座谈会上，习近平总书记指出："必须全面正确贯彻党的民族政策和宗教政策……不断增进各族群众对伟大祖国、中华民族、中华文化、中国共产党、中国特色社会主义的认同。"[1] 第一次完整提出了"五个认同"的概念。"五个认同"的提出是实现政治发展、民族团结和社会稳定的需要。自"五个认同"提出以来，迅速成为学术界普遍关注和研究的热点问题。国内学者们从不同视角对"五个认同"进行研究，主要集中以下方面：第一，以"五个认同"与大学生的教育相融合为角度的研究。第二，研究如何强化各民族对"五个认同"的学习。第三，关于"五个认同"重要性的研究。第四，关于"五个认同"影响因素的研究。第五，关于"五个认同"之间相互关系的研究。此外，国外学者对民族认同、国家认同和文化认同研究的较多。对民族认同关注多的学者主要有托马斯（Thomas），菲尼（J. Phinnery），菲利克斯·格罗斯（Feliks Gross），赫尔姆斯（J. E. Helms）等等。从现代以来，吉登斯、泰勒、哈贝马斯、卡斯特等人将关注点转移到现代性对认同问题的影响和作用上。他们都较为赞同在现代性的影响下，全球化、多元文化以及文化产业化的发展引起了个体对自身身份认同的多样性和模糊化。关于国家认同的研究以本尼迪克特·安德森、凯杜里、金里卡等为代表，他们都主张应当要根据各民族的不同地域、心理、文化等多因素特点，强调尊重各民族之间的差异，借此维系对国家的归属感和认同感。关于文化认同方面的研究，以亨廷顿、伊格尔顿和吉登斯为代表，在世界范围内影响甚广。可见，学术界从不同的视野对"五个认同"及其相关内容进行了系统研究，成果丰硕。但也存在研究内容不够具体化、深入化的问题，研究方式方法也略显单一。笔者主要针对边疆民族地区青年这个特定的群体作为研究对象，着力阐述在数字媒体时代背景下，全球化浪潮中西方价值观的渗透，非理性社会心态和数字媒体的复杂性等对边疆民族地区青年"五个认同"的提升带来的问题与挑战，重点针对这些突出问题，提出具体的实现路径。

认同的形成需要有能够连接民族成员个人与政治共同体的连接点。这个连接点不仅仅是局限于血缘上的，而是需要历史记忆和文化沉淀形成的稳固的结点。边疆民族地区青年"五个认同"的问题具有其自身的特点和特征，民族语言与社会认同有着天然的联系。"言说者通过语言的使用来界定自己和他者，他们把自己的语言视为社会认同的符号"。[2] 此外，边疆民族地区部分青年"民族文化差异大，民族宗教感情强烈"[3]，容易受到"民族分裂势力和宗教极端势力的干扰。"[4] 本文结合当前边疆民族地区青年的特点，

---

[1] 习近平：《依法治藏富民兴藏长期建藏加快西藏全面建成小康社会步伐》，《人民日报》2015 年 8 月 26 日。
[2] Claire Kramsch, Language and Culture, New York: Oxford University Press, 1998, p. 3.
[3] 许科龙波：《"五个认同"视域下边疆民族地区高校民族团结教育探析》，《改革与开放》2017 年第 17 期。
[4] 崔榕：《少数民族中华文化认同的几个基本问题》，《中南民族大学学报（人文社会科学版）》2016 年第 3 期。

着力从以下三点来阐释边疆民族地区青年的"五个认同"的现状。

一是部分边疆青年国家意识薄弱本民族认同强烈。"当代族群研究理论多倾向认为,族群是人们主观上的认同,受固有理论模式的影响,往往把同一个族群视为铁板一块,强调其认同的同一性、延续性和静态性,而忽略了由于社会、历史文化与环境的多样性、差异性和动态变迁性,以及文化之间的交流和影响而造成的在认同上的多样性与复杂性"。① 进而导致本民族认同与中华民族认同之间存在一定的张力,这种张力在部分青年群体中比较明显,而且没有被足够重视。

二是对中华文化的认同问题比较突出。数字媒体时代,新的传播媒体的出现,许多社会思潮和网络语言的交织,使得现代民族地区青年一代对中华文化和本民族优秀传统文化的了解和认识在逐渐减弱,许多扑朔迷离的文化现象扰乱了青年对优秀传统中华文化的认同。常常表现为"西化"与"中化"、"先进"与"落后"、"传统"与"现代"的文化之争。泛西方化现象严重,主要表现为青年人崇尚西方的节日,诸如西方的情人节、万圣节和圣诞节在青年群体中盛行。

三是部分边疆民族地区青年的"五个认同"共识度低,需要强化。习近平总书记指出:"实现中华民族伟大复兴的中国梦,物质财富要极大丰富,精神财富也要极大丰富。一个国家,一个民族,要同心同德迈向前进,必须有共同的理想信念作支撑。"② 从某种程度上来讲,"五个认同"的形成是中华民族同心同德的信念支撑,它是政治认同问题在边疆民族地区的具体表现。"对于多民族国家来讲,由于各民族间在经济、政治、文化等方面较为明显的发展差异及由此产生的利益诉求的非一致性,导致民族认同与国家认同之间呈现出错综复杂的关系。历史上的经验教训反复证明:如果不能妥善协调这些关系,则会引起民族认同与国家认同的分离甚至对立,导致民族问题的激化,牺牲国家的稳定与发展、甚至导致政权的瓦解"。③ 中国是一个典型的多民族国家,边疆民族地区青年的"五个认同"培育问题逐步上升成为国家治理体系和治理能力现代化建设中的重大现实问题。"五个认同"是一个整体,其内在有机性来源于各民族历史和现实中的交往交流交融,来源于各民族之间的共性因子。边疆作为一种生活环境、生计条件、生存空间,相对于内地或"东部"发达地区,影响边疆民族地区"五个认同"共识度的主要因素包括政治环境、经济环境、文化环境、制度环境、生态环境、网络环境等。边疆民族地区的地缘政治、民族和宗教文化环境、制度环境、生态环境和网络环境会对"五个认同"共识度产生较大的影响。

二、边疆民族地区青年"五个认同"提升面临的问题与挑战

边疆民族地区青年对伟大祖国、中华民族、中华文化、中国共产党和中国特色社会主义的认同总体情况是好的,他们深深热爱伟大祖国和中华文化。但是,边疆民族地区青年的"五个认同"的提升还面临着一些问题与挑战。时代变化、社会变迁和政治文明的发展对边疆民族地区青年提出了新的要求。基于数字媒体时代对价值观多样化、社会心态多元化和数字媒体的技术路径复杂化等方面的影响,需要积极努力应对数字媒体时代背景下全球化浪潮带来的时代机遇与挑战,明确这些挑战会更加有利于探索边

---

① 李志农、廖惟春:《边缘理性与族属认同——基于3个玛丽玛萨人村寨的调查》,《思想战线》2013年第6期。
② 习近平:《习近平谈治国理政》第2卷,北京:外文出版社2017年版,第11页。
③ 蒋红、王超品:《多民族国家民族认同与国家认同整合路径探析》,《思想战线》2014年第2期。

疆民族地区青年"五个认同"提升的实现路径。

第一，互联网浪潮中，西方价值观渗透风险加剧。以美国为代表的西方国家惧怕中国的发展强大，试图通过价值观的宣传来进攻或颠覆中国的社会主义制度。其常见论调为，"没有什么中国特色，只有普世之路"。① 以此来宣扬普世价值。值得注意的是，互联网的迅速发展、新媒体盛行，信息量剧增，网络以其独特的优势也成为了边疆民族地区青年了解社会、获取信息的重要渠道，在现在这样多元信息相互激荡的环境下，边疆民族地区青年不可避免受到其消极影响。特别是青年群体接受新事物较快，更加需要正确的价值观引导，构建正确的思想意识和价值观念。然而，由于部分边疆民族地区存在信息控制技术落后的状况，网络信息过滤门槛低，进而导致多样的、参差不齐甚至庸俗的信息涌入了边疆民族地区青年的视野，很容易对尚未完全建立稳定价值观的边疆民族地区青年形成困惑，从而产生一些错误认识。

第二，青年群体的非理性社会心态不利于提升"五个认同。社会心态是"与特定的社会运行状况或重大的社会变迁过程相联系的，在一定时期内广泛地存在于各类社会群体内的情绪、情感、社会认知、行为意向和价值取向的总和。"② 社会心态容易受到一些负面事件的影响，社会转型时期出现的人口环境压力大、贫富差距大、诚信缺失等问题都会成为非理性社会心态产生的原因。由于当前国际国内形势错综复杂，"境外敌对势力大肆鼓吹'西藏独立''泛伊斯兰主义'和'泛突厥主义'，利用民族问题对我国进行渗透和分化瓦解活动，制造事端，破坏民族团结，其重要的手段就是在高校争夺少数民族学生的心，在民族、宗教、贫困、失业、人权等方面挑拨离间、传播歪曲信息，影响少数民族大学生对党的认同感和信任度。"③ 这就会导致部分青年学生对中国共产党的公信力存在非理性认知。从具体的影响因素来看，主要集中在以下几个方面："一是境外敌对势力在我国边疆地区渗透不良思潮，影响少数民族大学生的价值取向。二是边疆地区现代化和全球化的浪潮。三是少数民族大学生在民族社会环境中习得的价值观、风俗习惯与主流价值规范内化调适过程中的不适应"。④

第三，数字媒体时代提升"五个认同"的技术路径更加复杂化。数字媒体时代就是数字化的新媒体。数字化的传播从出现到兴起时间并不长，但却对现代社会的传播方式和人们的生活产生了深刻的影响。数字技术的发展，使计算机网、电信网和广播网这三大新媒体的基础传输平台互相融合，都具备了点对点、点对面以及多点对多点的传输优势。此外，数字新媒体的服务形式丰富多样。例如门户网站、电子邮箱、搜索引擎、数字电视、移动电视、网络电视、数字多媒体广播、手机电视、手机报纸、手机游戏、手机彩信、手机短信等。这些促使整个社会的结构和管理逐步数字化，无论是手机短信和网站平台，或者是其他新产生的传播形式，他们的传播形态都因信息载体的改变而改变，而数字化成为这些媒体形态的共同特征。数字媒体以其较高的传播速度、海量的传播内容以及多样的传播形式，对传统媒体全面颠覆，与此同时也给边疆民族地区青年"五个认同"的提升带来了一些挑战。有学者分析了移动互联网时代民族地区青年政治认同的现状，并指出："在移动互联网时代，各种社会思潮凭借网络沉渣泛起，国家意识形态遭到削弱，这对新时代青年的政治认同提升造成严重冲击，也直接影响着青年对国家的认同度，使得青年无法真正投入到国家政治实践中，支撑国家的发展。"⑤ 这表明在移动互联网时代，青年对国家

---

① 姜辉：《进一步增强当代中国主流意识形态自信》，《红旗文稿》2015年第3期。
② 马广海：《论社会心态：概念辨析及其操作化》，《社会科学》2008年第10期。
③ 宋芹：《加强少数民族大学生对中国共产党的认同建设》，《大理大学学报》2019年第9期。
④ 宋芹：《加强少数民族大学生对中国共产党的认同建设》，《大理大学学报》2019年第9期。
⑤ 张瑞、王清荣：《民族地区青年政治认同提升的若干思考》，《社会科学家》2019年第2期。

的认同受到各种社会思潮的冲击。多元思潮的汇聚、交融，一些文化分裂分子更是大肆利用新媒体发表大量的违反国家法律和道德的"挑衅性"言论，以及大量的政治、社会谣言等。敌对势力通过新媒体来攻击党和政府、抗衡以至消解主流意识形态。

三、边疆民族地区青年"五个认同"提升的现实路径

当前，结合边疆民族地区青年"五个认同"面临的具体问题和挑战，下面提出几点提升边疆民族地区青年"五个认同"的具体对策。

其一，通过制度机制建设，满足少数民族成员对美好生活的需要，确保一个民族都不能少。加强和完善制度机制建设是人类自身发展的必要条件和必然选择，是实现"五个认同"的重要政治保障。盖伊·彼得斯在《政治科学中的制度理论：新制度主义》一书中指出："每一种制度分析方法首先要回答的，也最为根本的问题是，它怎样定义制度"。[1] 有学者指出："制度机制通常由正式制度（例如政策、法规等）和非正式制度（如伦理道德、思维方式、生活方式等）构成，是社会冲突和合作积淀的结果，是公众遵从的规则。"[2] 首先，不断完善民族区域自治制度。从民族自治地方权力机关的职责上来看，最首要的职责是要维护民族成员的平等权益，切实保障国家和民族地方的法律和法规在自治地方的执行。除此之外，按照自治区内的各民族的社会发展状况和区域环境条件，平衡自治民族与国家的关系，协调自治民族与其他民族社会、经济、文化交往之间的矛盾与冲突。现代多民族国家处理民族认同与国家认同二者之间关系的制度实践表明，在废除民族压迫，实现民族平等的前提下，通过民族自治和区域自治相结合，增强了民族之间的沟通和交流，为文化多元化的保存确立了政治根基，同时，也增强了民族间的包容性，民族间的利益纠纷有效得以调解，减少了民族矛盾。这也从一定程度上说明了民主化程度的不断提升，也进一步表明了这一制度是多民族国家实现统一和各民族和睦相处的最佳制度选择。其次，建立健全法律保障机制。边疆民族地区青年"五个认同"的提升需要法律的保障，民族区域自治法是实现认同提升的法律约束机制。换言之，民族区域自治法的贯彻落实，必须依靠坚实的法制来保障。最后，建立多项民族政策的联动协调机制。中国共产党在领导各族人民争取民族解放、实现民族独立的过程中，逐步形成了对国内民族问题的认识和政策主张，其民族政策的价值取向具有中国特色的马克思主义民族观，也可以解读为中国共产党的民族观。进言之，民族政策的出发点和落脚点一般都是为了扶持少数民族地区的发展，实现民族团结。并成功探索出了民族团结政策、民族文化政策、民族教育政策、民族经济政策和宗教信仰自由政策。在新的时代背景下，需要建立以民族团结政策、民族文化政策、民族教育政策、民族经济政策和宗教信仰自由政策等多项民族政策的联动协调机制来充分保障少数民族青年的各项权益和权利，确保少数民族青年的政治、社会地位。通过多项民族政策的扶持来提升边疆民族地区的社会、经济、文化、教育、卫生、医疗的发展，逐步缩小少数民族与汉族的差距，缓和民族矛盾，培育国家认同，实现各民族的团结和国内政治局面的稳定。基于此，保护少数民族和少数民族青年的利益应当成为构建多项民族政策联动协调机制的基本价值底蕴，维护好边疆民族地区广大农村青年的基本权益。

---

[1] B. 盖伊·彼得斯：《政治科学中的制度理论：新制度主义》，上海：上海人民出版社2016年版，第29页。
[2] 杨光斌：《中国政府与政治》，北京：中国人民大学出版社2004年版，第62页。

其二，建立一支具有坚强意识形态阵地意识的边疆民族地区高校思想政治工作者队伍。"五个认同"共识度低和青年群体非理性社会心态的形成主要是教育出了问题，青年的教育主要通过学校教育来实现，边疆民族地区高校应当肩负起青年教育的重任。习近平总书记在全国高校思想政治工作会议上强调指出，高校思想政治工作关系高校培养什么样的人、如何培养人以及为谁培养人这个根本问题。要坚持把立德树人作为中心环节，把思想政治工作贯穿教育教学全过程，实现全程育人、全方位育人，努力开创我国高等教育事业发展新局面。习近平总书记对高校思想政治工作的这一定位，立足于实现国家发展和中华民族伟大复兴的全局性、战略性高度，深刻阐明了高校思想政治工作的意识形态属性。为我们明确指出，夯实意识形态主阵地，是高校思想政治工作的职责之所需，使命之所在。为此，应当通过行之有效的思想政治教育全面提升边疆民族地区青年的"五个认同"，努力建立一支具有坚强意识形态阵地意识的高校思想政治工作者队伍，尤其是边疆民族地区高校。从目前的实际情况来看，少数高校在办学理念上片面重视办学规模、学科建设、师资培训、学位点数量、科研项目获奖情况、名师队伍、就业情况等因素，其中一个突出的问题就是缺少一支高素质的思想政治工作队伍，尤其对于高校思政课教师来讲，2022年4月25日，习近平总书记在中国人民大学考察时指出："思政课的本质是讲道理，要注重方式方法，把道理讲深、讲透、讲活。"这一重要论述对思政课教师提出了更加明确的要求。思政课是落实立德树人根本任务的关键课程，思政课教师作为立德树人的灵魂工程师，作为青年价值取向和价值理念的引导者，责任尤为重大。特别是边疆民族地区高校思政课如何做到让青年学生愿意学、好好学，就需要思政课教师用心用情教，要帮助青年学生系好人生"第一粒扣子"，要抓住青年学生价值理念尚未完全形成的关键时期，充分发挥其主导性，用自身实际行动、用丰富的理论和鲜活的现实案例感召学生、引导学生，用心用情地帮助帮助边疆民族地区青年提升"五个认同"。

随着边疆民族地区高等院校和民族类院校的生源扩招，在校学生人数逐年增加，从事思想政治工作的专职人员也在不断增加，这也是当前高校工作面临的现实问题。与此同时，现在有一种具有普遍性的认识误区，即人为地收窄和限定高校意识形态工作的范围，认为意识形态工作只是党务工作的一部分，甚至只是书记和副书记的工作职责，其他领导如果想重视和抓好这项工作，反倒会给人以理论水平不高、业务能力不强的印象。这种认识是十分错误的。事实上，意识形态工作是一项具有根本性和全局性的工作，离开了对这项工作根本性、全局性的认识，我们也就无从把握意识形态工作的极端重要性。相比较而言，西方国家无论是在理论上还是实践上对此都已经形成了较为成熟的战略及机制。早在上世纪60年代，美籍德裔哲学家马尔库塞就提出了"科学技术意识形态理论"，认为，在发达工业社会，"技术'中立性'的传统概念不再能够得以维持"，因为，技术已经成为了"社会控制的现行形式"。随着技术的意识形态化，"发达的工业文化较之它的前身是更为意识形态性的"，即整个发达资本主义社会都被高度意识形态化了。作为以马克思主义为意识形态指导的社会主义国家，我们更应当坚持和运用历史唯物主义的阶级分析方法，肯定和重视意识形态工作的根本性及全局性。尤其边疆民族地区高校教师在意识形态问题上更应当做到守土有责、守土尽责、守土负责。值得肯定的是，只有切实增强高校的意识形态主阵地和高校意识形态思政工作队伍建设，才能促使边疆民族地区青年学生的"五个认同"得到有效提升。

其三，利用好新媒体平台，实现多媒体平台与信息平台双推进，以社会主义核心价值观引领边疆民族地区青年"五个认同"的提升。现代社会，是信息化高度发展、公共信息和资讯高度发达的社会，大众传媒对于公私领域的生活的渗透、报导及再现的能力，已经具备非凡的影响效果，因此对青年群体的观念意识的形成发挥着重要的塑造作用，尤其是在"人人都有麦克风"的"自媒体"时代，数字媒体时代也是一个全媒体时代，边疆民族地区青年"五个认同"的提升需要运用新型传播载体，发挥好引导、宣传、监督的效用。运用新媒体平台推进边疆民族地区青年"五个认同"的提升：一是完善网络法律法规；二是开展对正面效应的人物事迹的宣传；三是加强新媒体教育培训，提升"五个认同"教育工作者的技术应用水平和能力；四是优化整合资源力量，在巩固传统媒体的基础上建设利用新媒体进行"五个认同"教育的网络基地。在此基础上，加强多媒体平台和信息规范化建设，实现多媒体平台与信息平台双推进，管好用好大数据和信息平台。一方面，通过互联网、电脑、手机、数字电视机等终端，广泛宣传"五个认同"。并积极注重引导和规范民族地区青年的意识形态和价值判断导向，注重发挥知识精英引领先进社会思潮、激发和凝聚社会共识的作用；另一方面，通过信息平台把社会主义核心价值观教育与平等、公正、诚信等社会通识教育有机地结合起来。社会主义核心价值观是社会主义意识形态的本质体现。牢牢掌握意识形态工作领导权和主导权，坚持正确导向，提高引导能力，壮大主流思想舆论。离不开社会舆论特别是主流媒体的大力宣传。这就要求我们需要紧密结合大数据和信息平台，发挥网络在意识形态斗争中的主战场作用，加大力度对青年进行社会主义核心价值观的宣传教育，通过社会主义核心价值观来引领边疆民族地区青年"五个认同"的提升。

四、小结

边疆民族地区青年不仅是边疆民族地区建设的主力军，而且是"两个一百年"奋斗目标实现的关键力量和支撑。在数字媒体时代，应当重点关注边疆民族地区青年的非理性社会心态，通过一系列制度机制来调适民族认同与国家认同之间的张力；切实增强意识形态主阵地和意识形态思政工作队伍建设，引导青年坚决抵制西方错误社会思潮；利用好新媒体平台，积极引导青年群体的主流意识形态和社会主义核心价值观的培育。

About Analysis of the Ways to Improve the " Five Identities" of Youth in Frontier Minority Areas
WANG Chaopin

Abstract: To realize the promotion of " five identities" of the youth in the frontier ethnic areas can not only strengthen the patriotic feelings of the youth in the frontier ethnic areas, but also help to enhance the confidence of the youth in the frontier ethnic areas in Chinese culture and the Chinese way; it is more conducive to the realization of the frontier ethnic areas The ambition of the youth in the region to serve the country gathers the strength of the youth for the realization of the " two centenary goals". In the era of digital media, while applying new media to enhance the " five identities" of young people in frontier ethnic areas, it also faces severe challenges. Clarifying these challenges will be more helpful for us to explore a new path to enhance the " five identities" of youth in frontier ethnic areas. It is a major theoretical and practical problem to explore an effective way to improve the " five identities" of young people in frontier ethnic areas driven by new media and informatization.

Keywords: frontier ethnic areas, youth," five identities", promotion

民族史与历史人类学

《白国因由》与南诏大理国的历史建构*

李丽双　马宜果**

摘　要　从文化角度看，洱海地区是联结中国和印度两大文明的重要区域之一，同时也是历史上佛教传入中国的通道之一，因此在当地留下了与佛教有关的《白国因由》。《白国因由》不仅保存了诸多南诏国、大理国历史，从中我们还可以看到佛教是如何战胜本土宗教，并在当地得到广泛传播的。

关键词　《白国因由》；文本书写；云南历史；佛教传播

DOI：10.13835/b.eayn.30.14

从佛教文化传播的角度来看，洱海地区是联结中国和印度两大文明的重要区域之一，所以，童恩正曾经说过："中印古代交通的研究具有重大的学术价值，它关系到两大文明中心之间早期文化交流的研究。这两大文明不是传统上的印度文明和中国北方文明，而是印度文明和中国西南文明。"[①] 对此，孙来臣在《论"缅中关系史"的研究（一）——以中国对早期缅甸的"影响"为中心》中也认为："在13世纪以前，即元朝征服云南之前，对云南来讲是'印度近，中国远'。"[②] 历史上，阿育王因为在战争中的杀戮而悔恨，最后皈依佛教，并且不遗余力地向世界各地传播佛教，中国西南地区的苍山洱海一带在地理上距离印度颇近，较早地便受到了佛教的影响。《大理行记》记载说："然而此邦之人，西去天竺为近，其俗多尚浮屠法，家无贫富皆有佛堂，人不以老壮，手不释数珠。"[③]

印度学者R.塔帕尔认为，对印度孔雀王朝与中国交往做出精确判断是困难的，若是有过联系，则必然是经由印度阿萨姆与缅甸方向的东北山脉。[④] 这里的"东北山脉"应该就是云南西部的怒山山脉，这是从印度经过今天缅甸进入云南西部的必经山脉。《中国历史地图集》东汉"益州刺史部南部"图显示，东汉永昌郡与印度那加山脉相接，直接与古印度的盘越国为邻。[⑤]《大唐西域记》"迦摩缕波国"条记载："此国东，山阜连接，无大国都，境接西南夷。"[⑥] 任乃强认为"迦摩缕波国"即今天印度的阿萨姆邦[⑦]，也

---

* 本文受云南大学民族学一流学科建设项目资助，是国家社科基金重点项目"中华民族共同体意识的形成与发展研究"（项目编号：18AMZ004）、国家社科基金重大项目"中国民族思想史研究"（项目编号：18ZDA158）的阶段性成果。

** 李丽双，云南大学西南边疆少数民族研究中心助理研究员，研究方向：中国西南民族史；马宜果，云南大学西南边疆少数民族研究中心博士研究生，研究方向：中国西南民族史。

① 童恩正：《古代中国南方与印度交通的考古学研究》，《考古》1999年第4期。
② 孙来臣：《论"缅中关系史"的研究（一）——以中国对早期缅甸的"影响"为中心》，《亚太研究论丛·第三辑》，北京大学出版社2006年版，第233页。
③ 郭松年撰：《大理行记校注》，王叔武校注，昆明：云南民族出版社1986年版，第22—23页。
④ 转引自任佳等：《中国云南与印度历史现状和未来》，昆明：云南人民出版社2006年版，第6页。
⑤ 谭其骧主编：《中国历史地图集》，北京：地图出版社1982年版，第55、56页。
⑥ 玄奘等：《大唐西域记校注》，季羡林等校注，北京：中华书局2004年版，第799页。
⑦ 常璩撰：《华阳国志校补图注》，任乃强校注，上海：上海古籍出版社1987年版，第325页。

就是东汉时期的盘越国。另据《新唐书·南蛮传》记载，贞观年间巂州都督刘伯英上疏给唐玄宗说："松外诸蛮，率暂附亟叛，请击之，西洱河天竺道可通也。"① 唐人知道的这条从洱海地区直接通往印度的道路显然就是西汉武帝时期便已存在的"蜀，身毒国道"②。

通过分析历史文献，我们认为最早是印度人把佛教传入洱海地区的。根据《华阳国志·南中志》，永昌郡"有闽濮、鸠僚、僄越、裸濮、身毒之民"③。东汉明帝永平十二年（公元69）设永昌郡，其辖境与古代印度相接，自古以来便是中国与印度间的交通要道。这些"身毒之民"当中有众多的佛教徒，应该就是他们将佛教传入了洱海地区。此外，1990年11月云南大理制药厂技改工地在施工中发现一座东汉灵帝熹平年间（172—178）的砖石墓，古墓中出土了吹箫胡僧俑一式七件，"除一件头部残损外，其余六件均完好。其造型为：尖顶帽，窄长脸，高鼻大眼，跏趺坐，双手把长箫，作吹奏状，像高约10—12厘米。出土时周身有朱色"。④ 王海涛主张这些吹箫胡僧俑是云南最早的佛教造像⑤。作为永昌郡故地、"蜀，身毒国道"上的要冲，洱海地区是佛教最早传入中国南方的区域。

正是因为洱海地区有与古代印度的地缘关系和上述佛教传播的历史背景，才有了对印度阿育王的历史记忆和对观音的崇拜，才出现了《白国因由》。故《白国因由》是研究南诏国、大理国历史和佛教在中国西南地区传播的珍贵文献。

一、《白国因由》⑥ 关于南诏国大理国的历史书写

（一）南诏国历史及观音崇拜的记述

传世《白国因由》共有十八篇，为清康熙四十五年（1706）大理圣元寺主持寂裕所刊，原为僰文，由刊刻者译僰音为汉语。根据成于南诏国晚期的《南诏中兴二年画卷》等历史文献，《白国因由》保留有不少唐宋以前即流行于苍洱间的故事传说。该书主要叙陈南诏蒙氏和大理段氏开国之事，其特点是杂糅史事和神话传说，突出观音崇拜，呈现出浓厚的佛家色彩，当与《南诏图传》《僰古通》等诸书关系密切。文字通俗鄙俚，叙事纵横突兀。

《白国因由》开篇就认为释迦牟尼和观音曾经在"白国"⑦修行："此处古称灵鹫山，释迦如来为法勇菩萨时，观音为常提菩萨时，在此地修行。"⑧ 而且阿育王还把自己的儿子封在当地："王有三子，遂封孟

---

① 《新唐书·南蛮传下》，北京：中华书局1975年版，第6322页。
② 《史记·西南夷列传》，北京：中华书局1963年版，第2995页。
③ 常璩撰：《华阳国志》，刘琳校，成都：巴蜀书社1984年版，第430页。
④ 李朝真：《云南大理出土胡俑及其相关问题之探讨》，《东南文化》1991年第6期。
⑤ 王海涛：《云南佛教史》，昆明：云南美术出版社2001年版，第75—76页。
⑥ 《白国因由》，无名氏撰，创作时间有争论，我们认为当不早于明代中期，徐家瑞所言："至少可以相信为宋孝宗（1163—1189）以前作。其中亦有后世加入者。"（徐嘉瑞：《大理古代文化史稿》，北京：中华书局1977年版，第305页）1957年大理州民族社会历史调查研究委员会用原存圣元寺之版片（后毁于"文化大革命"中）重印，1984年大理州图书馆根据原本重新排印，1998年收入巴蜀书社出版的《南诏大理历史文化丛书（第一辑）》。
⑦ 从该书总体的行文叙述来看，"白国"地域范围是以洱海为中心的大理坝子，即历史上南诏大理国的核心区域。
⑧ 本段引文皆见《白国因由》，成都：巴蜀书社1998年版，第1页。关于"鄯阐（郸）"，南诏蒙氏设鄯阐府，治今云南省昆明市，大理国沿袭，元灭大理，置鄯阐万户府，后改为中庆路。

季于部郲，封仲子骠信苴于白国。"《白国因由》这样记述是要表明云南是佛教圣地，云南地方政权的建立者与阿育王有关，体现了作者从佛教角度来建构云南相关历史的叙事立意。由此，《白国因由》又载："骠信苴号神明天子，即五百神王也。传至十七代孙仁果，汉诸葛人滇赐与姓张。至三十六代孙张乐进求朝觐，上封云（南）镇守将军。唐贞观二年（628），天师观星奏曰：'西南有王者起。'上命访之，有细奴罗者出，遂为白国王。"这里说"有细奴罗者出，遂为白国王"实际上是为细奴罗的出场进行铺垫，接下来开始铺陈其家族历史。

《白国因由·天生细奴罗主白国第七》① 记述茉莉羌与黄龙交往而生九子之事。当时在金齿龙泉寺下有易罗丛村，村内一对夫妇生有独女茉莉羌，父母择配而不欲嫁平常人，蒙迦独乃求娶为妻。后蒙迦独因捕鱼溺死江中，茉莉羌见朽木而入梦，又与黄龙所化男子交往而生下九个龙子，幼子取名细奴罗。需要说明的是，此处所言之茉莉羌实际上是《后汉书·南蛮西南夷列传》九隆神话中的沙壹，对此徐家瑞说："《白国因由》中之茉梨羌，乃自佛教盛行后，将九隆神话化装压缩而成。"②

《白国因由·茉莉羌送子与黄龙第八》③ 记载，茉莉羌将众子送给黄龙，其中八个随之上天，仅留下幼子细奴罗。"皆现龙象"的八个儿子被玉帝封为"八部龙王"，而且"蒙迦亦现龙形，金光烁烁，真一条黄龙也"。因为后来细奴罗建立了南诏国，所以其蕴含的文化意义就是细奴罗建立的南诏国为神护佑，具有神圣性。文中则言留下跟随茉莉羌的第九子细奴罗"乃白国主也"。历史上细奴罗与白国并非一回事："盖此误认白国与蒙（舍）诏为一，不知白国乃为蒙（舍）诏征服，非蒙氏即白国也。"④ 值得注意的是，这个时期茉莉羌和细奴罗仍然生活在"金齿"地区，即今天滇西南至中缅边境一带，还没有来到洱海地区。

《白国因由·波细背幼主移居蒙舍观音授记第九》⑤ 记述细奴罗一家迁至"开南"（今云南巍山县），观音被细奴罗一家的善良感化，让细奴罗从"白国"张乐进求那里得到了禅让的政权，并授其"主大理国土十三代"。与众多其他地方文献相同，《白国因由》记述了张乐进求在祭天时见到神的启示，然后禅让。实际上还有一个细节就是"众皆佩服"，即其他政治首领也同意让细奴罗"登位称奇王"，带有众望所归的含义。

《白国因由·观音累世行化救劫第十六》⑥ 记述在天宝年间与唐军的争战中观音帮助苍洱"白兵"取得胜利。其中的情节特别生动："观音化作一老媪负石阻之。官兵行至感通寺下，见一老妇用草索背大石。兵见而问曰：'汝老妇如何背此大石？'答曰：'我年老不过背小的，你还不见年幼男子背的更大。'兵乃闻言而相语曰：'老妇之力尚且如是，若年幼男子必不可当。'乃缩然自退。"此处叙述天宝年间当地与唐军的军事冲突时称用"大理"，而唐玄宗时期或者南诏国时期还没有出现"大理"一词；该书称唐朝军队为"汉兵（人）"，称南诏军队为"白兵"，这也是很不准确的，因为"天宝战争"中南诏的军事力量应该是以乌蛮为主。我们认为，《白国因由》行文叙事上任意嫁接、纵横突兀的特点正体现了南诏大理国时期特别是明清以来，大理白族"自觉为我"的民族意识。另外"观音负石阻兵"的故事说明，至少到

---

① 本篇之事见《白国因由》，昆明：巴蜀书社1998年版，第7、8页。
② 徐嘉瑞：《大理古代文化史》，昆明：云南人民出版社2005年版，第30页。
③ 本段引文如未注出则皆见《白国因由》，成都：巴蜀书社1998年版，第8—10页。
④ 徐嘉瑞：《大理古代文化史稿》，北京：中华书局1978年版，第303页。
⑤ 本段引文皆见《白国因由》，成都：巴蜀书社1998年版，第10、11页。
⑥ 本段引文皆见《白国因由》，成都：巴蜀书社1998年版，第17、18页。

了唐代，观音已经成为当地的守护神，佛教在云南的地方化程度也已经很深了。

（二） 大理国历史及观音崇拜的记述

根据《白国因由》中《大杨明追段思平观音救护第十七》和《段思平讨大杨明观音指路第十八》[①] 的记述，后唐明宗天成三年（928）"大杨明"借民怨除义宁杨干贞而得国，听闻"人言段思平要得天下"，便"速令军士访而擒之"。就在军士追至上关快要抓到段思平时，观音化作一个老人救了段思平与其弟段思良。段氏二人自是出身不凡，乃三灵白帝之子。《大杨明追段思平观音救护第十七》引《僰古通》云："梅树结李，渐大如瓜，忽一夜李坠，有娃啼声。邻夫妇起而视之，见一女子，彼因无嗣，乃收而育之。既长，乡人求配弗许，忽有三灵白帝与之偶，生思平、思良。及长，无依无靠。惟甘贫度日，不敢妄为。"在观音的指点和帮助下，当然也少不了"三十六部酋长俱来拱服"，段思平建立了大理国，终"传二十二代"，而"大杨明信其谣言以自取绝灭，此莫之为而为者天也"。最后段氏"知是观音显化，遂立金像寺以崇报焉"。

二、《白国因由》中的观音崇拜与佛教战胜本土宗教

《白国因由》共有18篇，其中16篇与观音崇拜相关，由此可见观音在云南佛教中的地位，从《白国因由》相关的记述中我们还可以看到佛教阿吒力教派是如何战胜本土宗教，得到广大民众信奉并广泛传播的。

（一） 佛教在坝区战胜本土宗教

《白国因由·观音初出大理国第一》[②] 云："隋末唐初，罗刹久据大理，人民苦受其害。唐贞观三年（629）癸丑，得观音大士从西天来至五台峰而下，化作一老人至村，探访罗刹及罗刹希老张敬事实。"观音进入洱海地区是为了拯救被罗刹残害的百姓，同时传播佛教。观音化作老人，"村中人民一见老人如见父母，无不敬爱，备将挖人眼、食人肉种种虐害人民事，从头告知老人"。老人于是"弹指说法开示众人。村中男妇愈加恭敬，如儿女依从父母，朝夕奉教，不忍相舍。五台峰之佛出场即观音化现处，至今屡放祥光"。观音的出现一开始就突出救苦救难，并且有种种神异之象，所以能够得到民众的爱戴，佛教因此得以传播。

《白国因由·观音化身显示罗刹第二》[③] 记述了代表佛教的观音与代表地方势力的"罗刹"的交往。观音了解到，面对罗刹为害乡里，"剜人眼、食人肉"，"希老"张敬虽为阿育王之后、张仁果之裔，却也无可奈何，而且能够和罗刹交往的人只有张敬一个。观音幻化的梵僧通过张敬见到了罗刹，在交往中罗

---

① 本段引文皆见《白国因由》，成都：巴蜀书社1998年版，第19—21页。
② 本段引文皆见《白国因由》，成都：巴蜀书社1998年版，第2页。
③ 本段引文皆见《白国因由》，成都：巴蜀书社1998年版，第2、3页。

刹"善念忽生"。于是观音向罗刹借"袈裟一铺，犬跳四步"之地以容身修行，罗刹慷慨应允。观音第一次与罗刹的交往显示了观音的智慧，双方没有发生矛盾冲突。该篇记述白国的张敬为印度阿育王后裔，而从真实历史来看两者不论是在时间还是空间上都没有什么联系，只是从这样的历史叙事当中我们可以看到，洱海地区历史上曾经是佛教传播的重要通道。罗刹虽然"挖人眼、食人肉"，但仍然是有佛心的，所以在观音感化之下才会"善念忽生"，这说明佛教一开始在洱海地区传播是比较顺利的，没有遇到本土宗教的强烈排斥。

《观音乞罗刹立券第三》和《观音诱罗刹盟誓第四》①记述了观音为确保罗刹对于许诺自己"袈裟一铺，犬跳四步"之地无法反悔，而引其"立券"并"盟誓"的过程。经张敬居中联络交通，观音"延罗刹父子，请主人张敬，并张乐进求、无姓和尚、董、尹、赵等十七人，十二青兵，同至上鸡邑村合会寺。料理石砚、石笔、石桌至海东，将券书于石壁上"。从观音与罗刹的对话我们可以知道，罗刹应该是一个拥有政治力量的地方宗教首领，所以观音才会称呼罗刹为"大王""王"，观音才会向他借"结茅"之地。此外，罗刹作为拥有一定政治力量的地方宗教首领，代表了一个政治集团，而且在洱海地区众多政治集团当中势力不小，所以在"立券"时，才会找政治人物（张敬并张乐进求）、宗教人士（无姓和尚、董、尹、赵等十七人）、地方军事力量（十二青兵）参加观音的"立券"仪式。之后罗刹又接受建议，"往榆城西苍山下，对众立盟"。观音与罗刹盟誓表示佛教与洱海地区的本土宗教有了进一步的交往融合，是佛教在洱海地区甚至可以认为在云南传播不断深入的叙事表达。

《白国因由·观音展衣得国第五》②记述罗刹在与观音的交往中渐渐受到感化，不再作恶，说明佛教已经得到了更加广泛的传播。罗刹父子与观音盟誓之后，"只知与梵僧亲洽相忘于尔我，又何尝计较地界之多寡与得失也，时刻聆受开示，皆忘其食人肉、剜人眼，渐生善念，若有不复为恶之状"。在这样的情况下，"人民咸相谓曰：'美哉，罗刹父子得梵僧劝化，不复为恶矣'"。于是观音面对众人，"将袈裟一铺，覆满苍洱之境；白犬四跳，占尽两关之地。罗刹一见大惊，拍掌悔恨"。而"此时有五百青兵并天龙八部在云端拥护，大作鉴证，而罗刹父子悔恨不及矣"。在整个过程中我们看到，观音先以佛心感化罗刹父子，这可以理解为佛教渐渐取得了本土宗教首领的认可；然后佛教传播的区域开始扩大，信仰佛教的人众渐渐增加，佛教势力也开始强盛起来，所以才会有"五百青兵并天龙八部在云端拥护"。

《白国因由·观音引罗刹入石舍第六》③记述了罗刹父子发现国中土地尽为观音所有、民众拥戴观音，遂现悔意，观音寻机将其镇于石舍中、神塔下。由于观音神通广大，罗刹恶业最终结束。观音引罗刹入石舍的结果说明，佛教在洱海地区最终战胜了地方上的宗教政治首领，开始被上层政治集团和广大民众接受，佛教成为云南民间信仰之外的主要宗教，并且开始与本土信仰融合。

在处置了罗刹之后，应张敬再三哀留，观音"自雕我像遗汝"④，并言"国中见像即如见我"，众人"皆欢喜赞叹，遂建寺以供之"。但是鉴于信众未得佛教真义，观音便对众人说："人人有心，心即是佛。因此心放逸把持不定，不能见佛。"信众听后，"皆起信心，即礼拜曰：'望长者垂慈教诲我们。'"于是观音令婆罗部十七人用当地白人语言口授佛经，"不久皆熟。自是转相传授，上村下营，善男信女，朔望

---

① 本段引文皆见《白国因由》，成都：巴蜀书社1998年版，第3—5页。
② 本段引文皆见《白国因由》，成都：巴蜀书社1998年版，第5、6页。
③ 本段之事见《白国因由》，成都：巴蜀书社1998年版，第6、7页。
④ 本段引文皆见《白国因由》，成都：巴蜀书社1998年版，第12、13页。

会集,于三月十五日,在榆城西搭蓬礼拜方广经"。这一日,"彩云密布,观音驾云而去。众皆举首遥望,攀留不及"。

从《白国因由》开篇所言释迦如来在"白国"修行并"将无上菩提心宗在此尽传"①,至"细奴罗为大理国主,人民尽沐安乐",但是民众却"未曾深信佛法",于是观音说教佛法真义,又"令婆罗部十七人以白音口授之",从而"众人闻之,皆起信心","观音驾云而去";②据此我们可以认为,远在李唐之前,佛教就在当地传播,到了有唐一代,佛教在苍山洱海一带甚至在云南已经获得了稳定的发展。③

(二)佛教在洱海周边山区战胜本土宗教

根据《白国因由》,观音不仅在大理坝区,而且还深入"云龙洲东北箭杆场""罗坪山""观音山""海东"等周边山区传播佛教。经过艰难的历程,佛教也战胜了洱海周边山区的本土宗教。

《白国因由·普哩降观音第十二》④记述,在云龙洲⑤东北箭杆场莲花峰居住着一个名为"普哩"的群体,他们"甚是怪异,不通声教,不信佛法,以射猎为生,操戈劫盗,无所不为",所以观音就化作一个梵僧到村邑中化斋,劝其"回头,早晚恭敬佛天,以求解脱"。但是普哩"呼众用棍棒追赶,将近而不得遽近之,而棍棒不能及老人身上",后来还欲引火烧杀观音,等等,最后却见"老人驾彩云而立于虚空中"。如此,"众乃惊觉,遂俯伏皈依,然后取香木雕观音像以供养之。年行二祭,从此回心向善,不复起杀害之心矣",这里的普哩开始信仰佛教。因为云龙州属于典型的山区,所以"普哩降观音"的情节实际上是佛教战胜洱海周边山区本土宗教的一个历史记述,说明佛教的传播空间已经从平坝向山区推进。

《白国因由·观音利人民化普哩第十三》⑥记述观音在罗坪山地区向"不知佛法"的白人普哩传播佛教,针对不同情况,观音分别以不同的方式进行教化。对于拒绝的,便暂且离开;对于有善念、施己斋食的,观音"自有补报",用白语为之求取福报;对于拒绝"回心向善"、以杀伐反抗佛法的,观音便以法力服化,直至普哩说:"此老人是天人也,我等无知妄为,招罪无量,当建寺立像以求赦罪。"在这样的传教过程中观音往往以自己被杀来教化民众,使他们信仰佛教。

《白国因由·观音化白夷反邪归正第十四》⑦记述,在观音山地区观音不断以自己的神异感化大众,使之觉悟、归义。观音山西南有一种"身穿白衣,腰系红裓包,手执竹枪,相习为党"的白夷,这些人毫无善念、专事恶业。观音化作一个老人对其好意规劝,这些人却"群起将老人杀了,分为三四段而掷

---

① 《白国因由》,成都:巴蜀书社1998年版,第1页。
② 以上引文见《白国因由》,成都:巴蜀书社1998年版,第12、13页。
③ 根据《白国因由》记述,释迦如来为法勇菩萨时在白国修行,并"将无上菩提心宗在此尽传",而释迦如来"涅槃百年后"有阿育王,阿育王巡视白国时"封仲子骠信苴于白国","骠信苴"传至十七代为仁果,此时"汉诸葛入滇赐与姓张",再"至三十六代"为张乐进求,而张乐进求与细奴逻同为初唐之人。据此略观,佛教"无上菩提心宗在此尽传"的时间约距细奴逻有一千年,确为历史上释迦牟尼所处时期。此处所言固不可尽信,但是结合前文考述,对此做如下解读当无不可:佛教远在唐之前就在苍山洱海一带传播。
④ 本段引文皆见《白国因由》,成都:巴蜀书社1998年版,第13、14页。
⑤ 明代,设云龙州,即今天的云龙县,云龙县地处滇西澜沧江纵谷区,是大理白族自治州、保山市、怒江州的结合部。东连洱源、漾濞县,南邻永平县和保山市,西靠泸水市,北交剑川、兰坪县。总面积4400.95平方千米,基本地势是东西高,中部低,从北往南逐渐降低。属山区地形,从西到东依次呈南北向排列有崇山山脉、盘山山脉、清水朗山脉,占云龙县总面积的90%以上。
⑥ 本段引文皆见《白国因由》,成都:巴蜀书社1998年版,第14、15页。
⑦ 本段引文皆见《白国因由》,成都:巴蜀书社1998年版,第15、16页。

之"。老人复生,"众白夷大怒",又火烧,"着力攒砍","仍取火将老人烧为灰烬,入于竹筒中,掷在大江心",但是"少顷,老人披着袈裟在云端"。于是"众视之惊惶,皆叩头忏悔",认识到"此老人是上界佛祖,我等妄为,焉得无罪,从今要悔心向善"。从此观音山地区的白夷也皈依佛教。

《白国因由·观音以神通化二苍人第十五》①记述观音携带白犬来到洱海东边,这里的人"不知向善,常畜刀枪,稍不如意,动辄厮杀"。观音借其杀食白犬,以法力降服众人,去其恶念荒蛮。最后众人跪拜曰:"望长者恕我等无知冒犯,从今不敢妄为了。"于是观音与众人回到村中,将刀枪棍棒丢在上苍池中,此时所有刀枪棍棒立刻变成了莲花瑞草。

至此,整个洱海地区基本上都信奉了佛教,属于密宗阿咤力教派。徐嘉瑞说在《白国因由》中"观音代表密教,罗刹代表巫教"②,这里的"巫教"可以理解为地方上的本土宗教,佛教在洱海地区的传播历史就是佛教战胜本土宗教、获得稳定发展的历史。

三、余论

《白国因由》力图建构洱海地区"白人"祖源印度、佛陀子民的早期历史,其叙事特点是在中国封建的政治语境中,展开丰富生动的佛教情节,特别突出了观音的角色设定。这样的历史叙述特点与佛教在南诏与大理国时期获得稳定且迅速的发展有关,与南诏与大理国王族希望证明其政权具有神圣性、合法性的目的有关,更与两者的"良性"互动有关。《白国因由》一书的产生是南诏大理国时期,特别是明清以来新的历史境遇下大理"白人"自觉为我的民族意识外化的结果。

《白国因由》的相关记述生动反映了在从平坝到周边山区的苍山洱海一带佛教不断战胜本土宗教、获得越来越多民众信仰、逐渐扩大传播范围的历史过程。这与今天洱海地区众多的佛教遗迹是相吻合的,所以大理有"妙香佛国"之称。在《白国因由》的记述中,洱海地区的本土势力(或信仰)虽然终被服化,但是其"反佛而动"的迹象明显,这反映了佛教传播过程中的本土化历程,而与地方信仰的妥协,使得当地今天被称为密宗阿咤力教派的佛教表现出了强烈的地方文化特征。

此外,阿育王在孔雀王朝以后的印度历史文献中少有记载,只是到19世纪晚期英国考古学家才在印度刻写于石柱上的名字和诏书上重新发现了阿育王这位印度历史上最伟大的君王。③但是产生于中国云南洱海地区的《白国因由》却留下了对阿育王的记述,这是十分珍贵的,我们可以借此探寻中国南方佛教传播的一些踪迹。

---

① 本段引文皆见《白国因由》,成都:巴蜀书社1998年版,第16、17页。
② 徐嘉瑞:《大理古代文化史稿》,北京:中华书局1978年版,第306页。
③ 李四龙:《欧美佛教学术史:西方的佛教形象与学术源流》,北京:北京大学出版社2009年版,第97页。

A Historical Anthropological Study of "Bai Guo Yin You"

LI Lishuang MA Yiguo

Abstract: Culturally, the Erhai Lake area is an important region connecting the two civilizations China and India, and it is also one of the historical channels facilitating the entry of Buddhism into China. Accordingly, "Bai Guo Yin You" is a direct result of this legacy of Buddhism. This work not only preserves many historical accounts from Nanzhao and Dali, but also shows how Buddhism conquered local religions and spread widely.

Key words: "Bai Guo Yin You"; text writing; Yunnan history; Buddhism

土司学视域下"国家认同"的概念辨析
——兼论石柱土司秦良玉对明朝的国家认同*

雷信来**

摘　要　政治学、民族学、历史学等学科都在使用国家认同概念，不过学术界尚未就此形成广泛共识。近年来土司学研究领域亦在关注国家认同命题，但是对国家认同概念的认识尚待深化。基于讨论主题的需要，本文对土司学视域下国家认同概念进行了界定。国家认同概念由浅入深地包含地理认同、历史文化认同、民族认同和政治认同四个层次，石柱土司秦良玉对明王朝的国家认同，即是从这四个层面逐次展开的。秦良玉已经成为爱国主义的文化符号，她的爱国主义精神具有超时空的价值。

关键词　国家认同；石柱土司；秦良玉

DOI：10.13835/b.eayn.30.15

一、学术史梳理

近30年来，国家认同是个使用频率颇高的词语。在中国知网上，以国家认同为题名进行检索，可以检索到1300多篇学术论文。最早的是崔贵强于1989年5月发表在《南洋问题研究》上的文章，标题是"新马华人国家认同的若干观察（1945—1959年）"，新近的是2017年10月《南昌大学学报》（人文社会科学版）上刊登的胡家翀的文章，题目是"'十七年'电影中社会记忆的建构与民族国家认同"。从这些文章的学科归属看，主要集中在民族学、政治学、历史学领域，当然，人文社会科学的其他学科，如人类学、文学等，也参与到国家认同命题的讨论之中。关于国家认同研究领域，已有学者做过文献综述，关于国家认同的定义，学术界尚未形成完全共识，仍有继续深入探讨的必要和空间。

把国家认同与土司研究牵连在一起成为近年来的一个学术热点，具体体现在五个方面：一是出现一批以土司国家认同为题的硕博士论文，如蓝武的博士学位论文《华南边陲传统民族社会的国家认同》。二是直接相关的学术论文发表了十篇左右，这些论文都可以查到。三是若干项国家级、省部级课题得到立项资助，如彭福荣以《乌江流域历代土司的国家认同研究》为申报选题，获得2010年国家社科规划办正式立项。四是在公开出版发行的一些专著中，把土司国家认同研究列为土司学的重要命题，如李良品的力作《中国土司学导论》提出，包括国家认同在内的土司认同观是土司理论研究的重要组成部分。五是

---

* 本文系2016年国家社科基金项目"中国土司制度与国家治理研究"（项目编号：16BMZ017）、长江师范学院引进人才科研启动项目"唐宋王朝的地缘政治与族际关系研究"（项目编号：2017KYQD92）的阶段性成果。
** 雷信来，长江师范学院副教授，硕士生导师，研究方向：西南民族史研究。

有数量可观的学者涉足到土司国家认同研究领域，这从历年来土司研究会议参会者提交的论文可见一斑。

综合审视土司学领域内以论文和专著形式呈现的有关国家认同的成果，对于国家认同概念的理解与使用存在两种情形：一是只有少数界定了国家认同的概念；二是借用其他学者给出的国家认同的定义。对国家认同概念不加严格辨析，以拿来主义态度加以使用，其认识论前提是国家认同概念无需界定，或者说学界对此概念的内涵外延已经达成广泛共识。殊不知这样做的结果是导致国家认同概念在理解上被泛化，在实践上被滥用。笔者曾经在多个学术会议上听到"国家认同被研究烂了"之类的说辞，大概就是在此意义上言说的。有些论著对国家认同概念进行过认真界定，但从时代背景、历史事实与学理意义层面反复推敲的话，似乎存有进一步商榷的可能。接下来，本文就土司学领域内有代表性的两个国家认同概念进行讨论，同时为避免视野的狭窄，还将引入中国古代史领域的一个国家认同的定义作为比照，一并予以辨析。

第一种定义：学术论文《国家、民族认同视野下秦良玉军征研究》指出："国家认同是一国公民因对自身国家之历史文化传统、道德价值观念及领土主权等的认可而产生的归属意识和行为选择，人们通过自觉的身份意识及与此相关的文化归属感、国家感情、国家政治意识等表现出来。"[①] 文章进而提出："我国王朝时代不同民族的国家认同主要是文化认同，政治认同甚为重要，元明清等朝土司制度之作用应予重视。"[②]

第二种定义：专著《中国土司学导论》认为："国家认同是指国家公民对其祖国的历史文化传统、道德价值观、理想信念、国家主权等的认同，是一种重要的国民意识，是维系一国存在和发展的重要纽带。国家认同的实质是一个民族确认其国族身份，将民族自觉归属于国家，形成捍卫国家主权和民族利益的主体意识。"[③]

第三种定义：专著《两晋时期的国家认同研究》是在界定认同概念的基础上，给出国家认同的定义。该著作认为："认同，从字面上看有两层含义，第一是认可、选择之意，第二是同化、趋同之意，认可、选择或同化、趋同都表达了人们对某一个人或团体的态度、情感，都是人们心理活动的反映，因此认同首先是一个心理学上的概念。"[④] "国家认同就是人们对国家政权的态度与情感，指对国家政权的认可、选择和自愿将自己同化于国家这个集体中的心理活动。国家认同是一个国家政权凝聚力的集中体现，它以爱国主义的形式表达出来。"[⑤]

第一种理解是在借鉴郑晓云的文章《当代边疆地区的民族认同与国家认同——从云南谈起》对国家认同概念认识[⑥]的基础上做出的。需要注意的是，郑晓云对国家认同概念的理解是基于当代社会背景之下。《国家、民族认同视野下秦良玉军征研究》这篇文章讨论的是明末秦良玉的军征活动，这场军征活动发生在专制时期王朝国家背景下。这两篇文章尽管都在讨论与国家认同有关的话题，但是它们置身的时代背景完全不同，一个发生在当代民主政治条件下，另一个发生于明朝末年王朝国家条件下。两种不同的时代背景，同一个词语——国家认同的内涵与外延，一般是有差异的。王朝国家背景下，土司辖区内

---

① 彭福荣、谭清宣：《国家、民族认同视野下秦良玉军征研究》，《贵州民族研究》2015年第9期，第192页。
② 彭福荣、谭清宣：《国家、民族认同视野下秦良玉军征研究》，《贵州民族研究》2015年第9期，第192页。
③ 李良品：《中国土司学导论》，北京：中国社会科学出版社2017年版，第221页。
④ 彭丰文：《两晋时期的国家认同研究》，北京：民族出版社2009年版，第42页。
⑤ 彭丰文：《两晋时期的国家认同研究》，北京：民族出版社2009年版，第44页。
⑥ 郑晓云：《当代边疆地区的民族认同与国家认同——从云南谈起》，《中南民族大学学报》2011年第4期。

的普通百姓，包括土司，只能称为子民、臣民。现代民主政体下，公民是个享受一定权利，并承担相应义务的法律概念。在王朝国家背景下，不存在"公民"一说。

第二种理解指出国家认同的主体是国家公民，认同的对象是"祖国的历史文化传统、道德价值观、理想信念、国家主权等"，① 阐明国家认同的重要价值。这种对于国家认同的理解，如果放置于现代民主政治背景下，自圆其说完全没有问题；如果结合上下文，尤其是放置在土司学的大框架下审视的话，这样的理解似乎不够严谨周圆。土司学的学科归属尽管尚未明晰，但土司作为元明清时期专制王朝治理西南、西北民族地区的制度安排，其研究对象主要是元明清时期的问题。国家公民是个现代社会具有政治性的法律术语，而元明清三朝属于封建专制社会。在专制社会体制下，没有"国家公民"存在的空间。

第三种理解是在系统考察认同和国家概念的基础上，给出了国家认同的定义。认同首先是个心理学概念，国家应该是指王朝国家。该界定认为国家认同是一种特定的心理活动。从纯粹的心理学角度诠释国家认同概念是完全成立的，但问题在于国家认同可能不是纯而又纯的心理活动，如果只是一种形于内而不发于外的心理活动状态的话，它对于实际的政治实践的价值何在呢？因此需要从政治学角度对国家认同的内涵进行界定。在政治学层面上，国家认同有两层意思表示：一是它是一种心理活动，二是以这种心理活动为支撑，展现为鲜活的政治践履。换句话说，国家认同应是基于形于内的心理活动而转生为外在的政治实践的过程，包含抽象和具体两个层面。

第一种界定充分注意到了国家认同指涉的对象，指明国家认同包括形而上与形而下两部分。第二种界定阐明了国家认同的具体指向，揭示了国家认同的本质和意义。前两种界定对国家认同主体的时代背景和政治身份的认定出现一定偏差。第三种界定理清了国家认同的王朝国家背景，明确提出国家认同首先是一种心理活动。如果能从政治学角度进一步诠释的话，对国家认同的认知会显得更为具体明确。

土司学视野下，对国家认同概念的界定，要辨明国家认同的主体。主体应该是实行土司制度地区的土司、土官、土民，可以概括为土司地区参与政治生活的群体或个体。其次应厘清国家认同的客体。客体是主体在情感上接受、在心理上认可、在态度上悦纳王朝国家的领土、居民、历史文化、伦理道德、理想信念、国家主权等等。三是国家认同的价值追求。价值追求是增强王朝国家的吸引力、向心力、凝聚力，维系王朝国家的存在与发展。四是国家认同的表现形式。国家认同固然是一种心理认知活动，更应展现为爱国主义政治行为。

综上所述，本文认为，在土司学体系内，国家认同是指：元明清时期施行土司制度地区的群体或个体，为实现王朝国家的存续与繁盛，自觉接受、认可、悦纳王朝国家的领土、居民、历史文化、伦理道德、理想信念、国家政权等等，并以爱国主义的形式表现为鲜活的政治践履。一般来说，国家认同由表及里地包括四个层次，即地理认同、历史文化认同、民族认同和政治认同。本文将以国家认同概念为理论工具，从国家认同的四个层面出发，来探究石柱土司秦良玉对明王朝的国家认同。

秦良玉（1574—1648），忠州（现重庆忠县）人，字贞素，自幼非常聪慧，显示出过人的胆略。长大成人后，嫁石柱土司马千乘为妻，马千乘冤死狱中后承袭石柱土司之职。秦良玉从担任石柱土司直到去世期间，在"自我与家族、地方与中央、颠覆与维系、新朝与旧国的旋涡中做出了自己的人生选择，"② 因而被载入《明史》将相列传部分。作为一个地方女土司，能够进入正史，且被列为将相列传的一员，

---

① 李良品：《中国土司学导论》，北京：中国社会科学出版社2017年版，第221页。
② 蔡玉葵主编：《秦良玉史料全集·历史资料卷（总序）》，重庆：重庆出版集团2018年版，第1页。

实为罕见。

二、秦良玉对明朝的地理认同

地理认同是关于人地关系的一个概念，它关注的核心是人们对于特定地理区域以及该区域内人文历史景观的态度问题。至于地理与政治的关联，中国最古老的诗集《诗经》中就有经典表述："溥天之下，莫非王土；率土之滨，莫非王臣。"这句话反映的是地理观念与政治生活的关联。战国时代，时人假托夏禹的名义提出九州观念。九州指的是徐、扬、冀、豫、兖、青、雍、梁、荆，后来的朝代在行政建制方面多加以沿用。随着秦汉统一多民族国家的出现，九州逐渐成为中华大地的代称。司马迁、班固所以撰成统一多民族国家的历史巨著，与九州指代中华大地的地理观念具有密切联系。《史记》蕴含的地理观念，《汉书》对地理记载的重视，对后代地理总志和其他地理书籍的书写产生了巨大影响。清初学者顾祖禹写就的百卷本《读史方舆纪要》，以及从康熙到道光年间官修的《大清一统志》，就地理与政治的关系进行了全面深刻的揭示，对后来的国家治理产生了重要影响。纵观这类历史地理史著，能够清晰发现其间隐含的中华地理观念，这种地理观念伴随着统一多民族国家的发展变得更加显著。

传统的华夷之辨理论对华夷地域之别有着清楚说明，在这个意义上，"夷"系指与"中国"相对的"四夷"，即世居于华夏族周边蛮荒之域的族群。华夏族群与蛮夷之民相处的原则是"裔不谋夏，夷不乱华"，此处的"裔"是指"夷"。《春秋》提出"内其国而外诸夏，内诸夏而外夷狄"。华夏是内，夷狄为外，其后"内外"之说得到多数人认可。北宋有学者进一步指明："居天地之中者曰中国，居天地之偏者曰四夷。四夷外也，中国内也。"① 明朝居天地之中，是华夏的正统。先后以努尔哈赤、皇太极为首的势力居于天地之偏的苦寒之地。按照中原的传统观念，明朝与后金应该各居其地，各安天命，但努尔哈赤父子不但抢占了明王朝的辽东地区，还试图攻占北京，进而据有全国，属于典型的"裔谋夏，夷乱华"的僭越行为。

秦良玉的父亲秦葵是明朝晚期的贡生，表明秦良玉生长于书香之家。明朝晚期朝政混乱，秦葵遂望断科举仕途，避居于忠州鸣玉溪畔，但并没有因此忽视对子女的教育。在秦葵的悉心教导之下，秦良玉熟读历代经史典籍，深晓华夷地域之别。秦良玉认同明王朝，首先表现在对明朝疆土的挚爱和对明王朝疆域完整性的极力维护。当秦良玉接到明朝发布的勤王诏书后，义无反顾地自带后勤补给，率领土司武装"白杆兵"远赴千里之外的辽东地区，在浑河血战后金军队。"白杆兵"付出沉重代价，暂时阻滞了后金军队推进的步伐。为补充兵力，秦良玉请求返回重庆石柱招兵买马，意图再赴辽东为明王朝守疆护土。对于秦良玉来说，即便是倾其所有，也要为保全明朝疆土尽一份力，这是"天下兴亡，匹夫有责"的担当精神。秦良玉从北方抗后金前线刚刚抵家，"属崇明党樊龙反重庆，贲金帛结援。良玉斩其使，即发兵，率民屏及邦屏子翼明、拱明溯流西上，度渝城，奄自重庆南坪关，扼贼归路。伏兵袭两河，焚其舟。分兵守忠州，驰檄夔州，令急防瞿塘上下。贼出战，即败归。"② 明朝末期，全国各地的起义风起云涌，起义发生地的地方政府机构处于虚置状态，起义力量占据的地方成为独立区域。站在专制王朝的立场分

---

① （宋）石介著，陈植锷点校：《徂徕石先生文集》，北京：中华书局1984年版，第116页。
② 蔡玉葵主编：《秦良玉史料全集·历史资料卷（总序）》，重庆：重庆出版集团2018年版，第10页。

析，这些起义势力割据明朝疆土，不受明朝节制，甚至另立王权，毫无疑问是叛逆行为。秦良玉是明王朝领土主权的坚决捍卫者，对于樊龙的起事，非但不可能与之同流合污，还要极尽所能进行镇压。因此，秦良玉不令而行，主动讨伐樊龙起义，为明王朝暂时守住一方疆土。

当蜀川地区基本沦陷时，秦良玉悲壮激昂地向部众陈说："吾兄弟二人皆死王事，吾以一孱妇，蒙国恩二十年。今不幸至此，其敢以余年事逆贼哉！继而宣布："有从贼者，族无赦！"而后分兵把守石柱各重要关卡，以防贼兵来犯。"贼遍招土司，独无敢至石柱者。后献忠死，良玉竟以寿终。"① 明王朝大厦的倾覆，非秦良玉独木所能支，此中道理秦良玉固然知晓，但她已经抱定像她的兄弟一样死王事的态度，坚定追随明王朝。张献忠攻占蜀川地区，很多大小土司被招降，却没人有胆魄敢到石柱去招降秦良玉。秦良玉在石柱高举明王朝的旗帜，为明王朝保有一块土地。此时的明王朝大势已去，明朝的绝大部分疆土已经易主，远离中原腹地的石柱土司地区依然坚定选择忠于明朝，从明王朝角度来说，实属难能可贵。尤其值得一书的是，清朝立国时，秦良玉已处人生暮年，民间传说她那段时间居住于玉音楼，直至去世，从不下楼，以免脚触清朝土地。清朝的陶澍在诗作《庚午典试蜀中后归舟晚泊西界沱寄题秦太保良玉玉音楼》赞秦良玉曰："闭关坐卧小楼中，大节直同文相国。"秦良玉以此表白对大明故土的眷恋，坚决划清与清朝的界限，背后折射的是对明朝故土的深沉认同。

三、秦良玉对明朝的历史文化认同

秦良玉对明王朝的历史文化认同，可以从血缘、治统、制度、道统方面理解。

先秦时期，生物性的血缘命题既和政治生活纠缠在一起，最早可以上溯到传说中的黄帝和炎帝那里。炎黄子孙这个词语，既可以从血缘意义上体悟，亦可以从政治的角度解读，综合起来说它是个包含血缘意识的政治术语。华夷之辨发端于华夏族的自我意识，它的首义是血缘之别。这种观点认为，华夷属于不同种族，有先天注定的优劣之别。关于华夷的族类问题还有华夷本是同宗同族的看法，因长期生活在不同地域，文化习俗各异，分化成不同的族类。在中国历史上，政治统一时期多强调华夷同种同宗是一家，在少数民族与汉族激烈博弈的改朝换代时期，华夷之间的界限、隔阂会被刻意放大。明末时期，后金不断积蓄力量，逐渐占据原属明朝的疆土，威胁着明朝的安危存续。这个阶段明王朝与后金的矛盾以华夷之辨的形式凸显出来。秦良玉作为一位在明末走上历史舞台的地方土司，不可避免地会将后金视为"夷"，认为后金是与华夏族不同的种族。"夷"人试图入主中原，将玷污华夏族的血统。为捍卫华夏族的高贵血统，秦良玉认定必须抗击"夷"人入侵。

"治统"指的是政治统治的前后承续性，"它本质上是关于中国历史上历代政权的连续性的观念"。② 司马迁在《史记》中为人们清楚地展示了一条治统的沿替轨迹。从秦汉至明清，大一统的王朝都是治统链条上的重要链环。秦良玉自幼接受父亲的良好教育，熟悉经史典章，自然了解中国历史上的治统问题。在秦良玉心目中，明王朝是华夏族正统的代表，确定无疑是华夏治统链条上的牢固一环，后金崛起于辽东地区，试图取明朝而代之，意欲成为治统链条上新生一环。秦良玉认为后金无资格成为继明朝之后的

---

① 蔡玉葵主编：《秦良玉史料全集·历史资料卷（总序）》，重庆：重庆出版集团2018年版，第12页。
② 瞿林东主编：《历史文化认同与统一多民族国家（第一卷）》，石家庄：河北人民出版社2013年版，第5页。

中华治统链条之一环。为维护中华治统的严肃性和权威性，秦良玉奋而响应明王朝的勤王号召，千里迢迢远赴辽东和北京勤王。

制度是文化的重要政治表现形式。《论语·为政》曰："殷因于夏礼，所损益，可知也；周因于殷礼，所损益，可知也。其或继周者，虽百世，可知也。"夏商周三代的政治制度代有因革损益，具备很强的连续性。其后，华夏族与周边各民族相互学习，取长补短，共同推动中华制度文明向前发展。少数民族多居于华夏族周围，相对于华夏族，在建章立制的历程和文明程度方面，与华夏族存在一定差距。明朝末年是后金取代明王朝的过渡时段，秦良玉坚守华夏的制度文明，认为起于辽东的后金在制度文明方面是无法与明王朝等量齐观的。因此之故，作为熟读经史、沐浴皇恩多年的地方土司秦良玉，当然会自觉捍卫华夏族的制度文明，抵御来自关外发育程度较低的制度文明对华夏制度文明的冲击。从这一意义来说，秦良玉的勤王之举是认同并捍卫华夏制度文明的表征。

道统方面，在实质上"是指周公、孔子以来的思想传统。其人生价值的理想境界，是修身齐家治国平天下，故必须'自强不息'，'厚德载物'；其立身行事的准则，是仁义忠信；其社会伦理思想，是君君臣臣父父子子；其处事方法，是主张'中庸'等等。"①对于华夏道统的内容构成和价值导向，秦良玉心知肚明，并心向往而悦纳之。若以中华道统的标准来对照后金族群，秦良玉认为后金族群的人们在人生理想境界方面，与修齐治平差距甚远；在立身处事方面，无仁义忠信可言；在社会伦理方面，君臣父子的等级关系不明确；在处事方法方面，不讲中庸走极端。因此，秦良玉的勤王之举，从深层次说，是在捍卫先进文明的华夏道统。

四、秦良玉对明朝的民族认同

秦良玉对明朝的民族认同，是指秦良玉对以汉族为主体的华夏族的认可、接纳。有明一代，汉族与周边的少数民族形成密切的政治、经济与文化联系。周边少数民族对华夏族的认同感不断增强，对华夏族的民族凝聚力的形成发挥着至关重要之作用。明朝是以汉族为主导建构的政权，汉族在建章立制的历史、生产生活方式、历史文化成就、社会文明程度以及民族发育程度等方面均优于周边少数民族，对周边少数民族显示出强大的吸引力。相较于北方少数民族，汉族与南方少数民族的关系则要平和得多。南方少数民族居住较为分散，力量不大，社会与经济发展很落后且严重不平衡，很难组织有效的分离力量以抗衡汉族政权，因此与汉族的关系总体上比较平和。再加上与汉族的长期交流、交往、交融，南方少数民族很容易培植起对汉族为主体的华夏族的认同意识。秦良玉祖上本是元末为避乱由汉族聚居区迁入忠州的汉人，其父是明朝贡生，血液中本就流淌着强烈的华夏认同意识。秦良玉成人后配偶于石柱土司马千乘，马千乘的祖上在宋朝时受官方派遣到石柱任职，远祖则是汉朝伏波将军马援。从元至明，马氏一直担任石柱的土司头人。这就是说，马氏家族从血源上说具有汉人血统，因长期生活于石柱，和当地少数民族发生自然融合，衍生为一方土司。换句话说，秦良玉、马千乘夫妇对华夏族的认同意识，从某种意义而言，是自然足具的。身当明朝末年，尽管社会动荡，烽烟四起，大明江山岌岌可危，秦良玉对以汉族为主体的华夏族的民族认同，客观上呈现为对以汉人为主体建立的明王朝的政治效忠。后金的崛

---

① 瞿林东主编：《历史文化认同与统一多民族国家（第一卷）》，石家庄：河北人民出版社2013年版，第9页。

起及其对明朝疆域的侵占，唤醒并强化了秦良玉内心深处本就存有的华夏认同意识。

孔子曾经提出过"夷不乱华"的主张，公羊学对此加以发挥扩展，遂成为族际关系领域的一条重要原则。这条原则的具体意思表示有三层：一是保持华夏与夷狄分地而居的地理格局，即华夏永居"中国"，处于统治天下的位置，而夷狄只能世居"中国"周边地区，不许进入"中国"。这着重防止种族的混乱。二是保持"中国"统治四夷的政治格局。若由夷狄治理中国，犹如乱臣贼子篡夺人主之位，是逆天悖理的，四夷臣顺"中国"才是正常现象，否则属于以夷乱华。这是为防止政治关系的紊乱。三是保持中华礼义至上的文化格局。外族的入侵一定会引来外族文化的同时入侵，就会带来中华文化的变异，最严重的后果是华夏蜕变为夷狄。这一要求的核心是防范中华文化的异化，准确地说是夷狄化。"夷不乱华"的族际关系原则，是站在中原王朝大民族主义的立场上，要求禁止、防范少数民族的入侵，这条原则落实在实际政治生活上，即是主张民族之间互不侵犯。在秦良玉视域中，后金占据辽东地区，进而南下扩充地盘，属于典型的"以夷乱华"行为，违背了华夏与夷狄各安其地的传统要求，如任由后金势力发展下去，整个"中国"都将沦入后金之手。由后金坐庄"中国"，将招致不堪设想的中华文化的夷狄化，这是秦良玉绝不可能接受和认同的。为维护"夷不乱华"的居住空间、政治格局和文化正统，秦良玉必然会毫不犹豫地投身于护卫大明江山社稷的事业中去，因为这早在秦葵对子女的教育中已经明确预见到了，"天下将有事矣，尔曹能执干戈，以卫社稷者吾子也。"[1]

五、秦良玉对明朝的政治认同

基于国家认同包含四个层次的认识，政治认同是国家认同的高级阶段，它建立在地理认同、历史文化认同和民族认同的基础上，表达的是政治实践主体对王朝国家的衷心认可的政治态度以及相应的政治行为。秦良玉对明王朝的政治认同指的是秦良玉对明朝坚贞的政治信仰，并在这种政治信仰的支撑下尽其所能地维护明朝的利益。

秦良玉对明王朝的政治认同从思想根源上说，来自对明朝的政治信仰。众所周知，政治信仰是对政治合理性的最终理解，是政治价值认同。政治价值观反映了参与政治实践的人们对特定社会状况和社会结构的认同，这种社会结构既包括生产方式，也包括生活方式和家庭结构。政治价值观是一种"思想锁定"，它迫使人们依照一定的规则去做，却不允许人们进一步思考为什么这样做。从本质上说，政治价值观是政治信念或政治信仰，信仰是无条件的认同。因而从根本上看，信仰是一种宗教，而不是理性精神。历代统治者早已注意到政治信仰对于维护其统治是十分必要的。明朝统治集团利用天命观、华夷观、道统观论证大明王朝的政治合法性，目的都是通过制造舆论，以树立朱明天下的正统地位，确认皇帝的权力合法性，在政治思想和政治理念上强化全社会的政治归属意识，借以巩固明王朝的政治秩序，维护朱姓一家天下的根本利益。明朝实行以礼治国和教化为先的国策，渐次通过礼制建设等政治措施重建社会秩序，并通过教化把礼制思想和具体做法向全社会灌输，要求民众懂得礼制，按照忠君孝亲、循规蹈矩、安分守己的规矩做良民。为推行这一套理念和规则，明朝构建起自上而下的教化体系。需要强调的是，明朝的地方基层也建立起教化体系，以乡饮酒礼和里社教化手段，让教化渗透到乡村基层的所有角落。

---

[1] 秦山高:《忠州秦氏家乘秦太保忠贞侯家传》。黄次书. 秦良玉·附录，上海中华书局民国三十六年（1947）刊行本。

重庆忠州（今重庆市忠县）"自古就有浓郁的忠文化氛围。在忠县的历史上，以忠义闻名的首推巴蔓子将军。巴蔓子，战国时期巴人的一位将军，宁肯割头不肯割地的事迹广为流传"。秦良玉忠贞爱国思想的形成离不开幼时其父秦葵的庭训。秦葵是晚明饱读诗书的知识分子，曾经汲汲于功名，获取过贡生资格，后虽隐居忠州，仍对明王朝怀有强烈的家国情怀，教导子女必须要忠于明王朝，"诸子皆能执干戈，不忠于明，非吾子也"。"秦良玉就是在这样的社会环境和家庭环境中长大。少成若天性，习惯成自然。秦良玉幼时接受的忠文化影响为其成年之后的忠贞之举奠定了厚重的基础。"①

秦良玉从幼时接受的就是传统伦理道德的教化，随着年岁的逐步增长，她对明王朝倡导的政治道德、政治价值秉持完全认同态度，涵塑起对明王朝政治合理性的坚定认识，并且至死不渝。秦良玉的思想观念完全被明王朝宣扬的政治价值所绑架，因此她永不可能去反思自己的政治信仰是否有问题。这即是说，秦良玉对明王朝的政治信仰是绝对的，任何反思都是多余的，甚至说，产生这样的念头，都是对明王朝的大逆不道。秦良玉对明王朝坚定的政治信仰，不仅表现在率领"白杆兵"千里勤王上，更深刻地体现在明王朝大势已去，对朱明残余势力的效忠上。1644年，明朝末代皇帝自缢身亡，北京陷落，明朝灭亡。秦良玉闻此噩耗，号啕大哭，几度昏厥，发誓绝不"以余年事逆贼哉！"② 1646年，避居福建的唐王朱聿键派遣部下到石柱，宣授秦良玉太子太保衔、忠贞侯，希望秦良玉听从调遣。秦良玉接到圣旨后，不顾年事已高，执意要往东南方向勤王，此时恰逢清军攻下福州，唐王朱聿键的小朝廷垮台，秦良玉的勤王之举于是中止。1648年，在云南立足的桂王为复兴朱明王朝，派人至石柱，加封秦良玉为太子太傅，担任四川招讨使，以笼络秦良玉。"当时秦良玉已75岁高龄，沉疴在身，勉强扶着拐杖，挣扎病体，起而拜命，慷慨激昂地说：'老妇朽骨余生，实先皇帝恩赐，岂敢不负弩前驱，以报万一！'"③ 受此浩荡皇恩，秦良玉认为即使是为国捐躯，亦不足以报答皇天圣恩之万一。秦良玉至死都选择坚定认同明王朝，绝不投降清朝，临终前还要求孙子马万年继续坚持抗清复明。直到顺治十三年（1656），即清军入关12年后，马万年迫于现实政治压力，才与秦良玉的侄子秦翼明一起投降清王朝。

六、余论

晚明朝政黑暗、社会动荡、民不聊生，秦良玉选择站在明王朝一边，为明王朝的续命倾其所有，殚精竭虑，死而后已。因此之故，人们对秦良玉的评判往往不一。既有人对秦良玉的忠贞思想和行为大加褒奖，亦有人批判其对明王朝的效忠是不识时务的愚忠愚孝，不过，持前一种态度是主流。价值判断是个各说各话的主观性很强的命题，所以如此的根源在于价值批判的依据很难整齐划一。本文认为，把秦良玉视为一个爱国主义者应当是没问题的。爱国主义既是具体的，又是抽象的。爱国主义是具体的，是说任一爱国者的爱的对象都是特定的国家，爱的行为都是发生在特定时间；爱国主义是抽象的，是指无论什么时代，亦不论什么国家，都需要尽可能多的坚定的政治追随者，这样才能实现国家的存在、发展与繁荣。从爱国主义的具体层面看待秦良玉的思想行为，确有愚忠愚孝之嫌；从爱国主义抽象层面审视

---

① 赵翔宇：《忠贞保国：明末土司秦良玉的历史人类学研究》，《重庆三峡学院学报》2014年第2期。
② 万斯同：《明史全书》，续修四库全书（吏部324—331册），上海：上海古籍出版社1995年版，第329页。
③ 滕新才、张春花：《〈明史·秦良玉传〉与〈女杰秦良玉演义〉比较研究》，《三峡大学学报（人文社会科学版）》2012年第6期。

秦良玉对明王朝的政治态度和政治实践，又是应该极力褒奖的。秦良玉之所以能够进入正史得以传扬后世，最深刻的理由是秦良玉已经成为爱国主义的文化符号，她的爱国主义精神具有超时空的价值，这是今人评判秦良玉理应秉持的立场。

Analysis of the Concept of "National Identity" from the Perspective of Tusi Theory
——Meanwhile Research Shizhu Tusi Qinliangyu's National Identity to the Ming Dynasty

LEI Xinlai

Abstract: The Concept of National Identity is being used in political science, ethnology, history and other disciplines, but there is no broad consensus in academia. In recent years, Tusi theory also pays attention to the proposition of national identity, however, the understanding of the concept of national identity still needs to be deepened. Based on the need of discussion topic, this paper defines the concept of national identity from the perspective of Tusi theory. The concept of national identity includes four levels: geographical identity, historical and cultural identity, national identity and political identity. Shizhu Tusi Qinliangyu's national identity to the Ming dynasty, that is, from the four levels launched one by one. Qinliangyu has become a cultural symbol of patriotism, her patriotism has a value beyond time and space.

Keywords: National Identity; Shizhu Tusi; Qinliangyu

乾隆朝金川土司治下土民婚姻与家庭问题研究
——基于档案文献和田野调查的考察*

王惠敏**

摘　要　从根本上讲，婚姻习俗和家庭模式都与一定的自然和人文环境相匹配。乾隆朝金川土司治下土民的婚姻家庭状况与受儒家文化熏染的汉人之婚姻家庭面貌迥异，诸如土司或家长指派婚配对象之外的自由婚配之风、丈夫可以因故迅速弃妻另娶、严格的阶级内婚等，实乃不同文化观念和社会制度的产物。结合档案文献和田野调查可以发现，金川土民的家庭构成和婚姻形态呈现了丰富的面相，彰显了嘉绒土司地区的世俗生活面貌。因此，只有将金川土民的婚姻家庭问题放到其所处的特定时空中加以具体考察，才能更好地理解它何以如此，才可以据之探索其后来又因何发生何种程度的变迁，并借此追问其对今日嘉绒藏族婚恋态度和家庭观念的内在影响。

关键词　乾隆朝；土民；婚姻与家庭；两性关系

DOI：10.13835/b.eayn.30.16

以大小金川为代表的嘉绒土司之间错综复杂的政治联姻，构建了诸多割据势力之间复杂的社会关系网络。也因此，嘉绒土司婚姻问题成为管窥该地区社会政治面貌的重要途径，从而受到学界长期关注。[①] 然而，嘉绒土司治下的土民婚姻与家庭状况却罕有专门研究。随着《金川档》《军机处录副奏折》《清宫珍藏海兰察满汉文奏折汇编》等清代相关档案的陆续开放，为探究乾隆朝金川土民的婚姻与家庭问题提供了坚实的史料依据。同时，在大小金川及其周边地区展开田野调查也为该问题的延展性研究提供了便利。通过该题的探究，可以发现金川土司治下土民阶层的家庭婚姻与土司阶层有一定的差异，这有助于加深和丰富对该地土民阶层两性关系和婚姻家庭的历史认知。

从人类社会的视角来看，婚姻家庭制度系被一定社会所公认并被人民普遍遵循的婚姻家庭关系的规

---

*　本文系2016年教育部人文社会科学研究青年基金项目"从化外到化内：乾隆朝金川地区的社会文化变迁"（项目编号：16YJC770027）、2018年国家社科基金后期资助项目"档案文献和田野调查双重视野下的金川战争再研究"（项目编号：18FZS035）之阶段成果。
**　王惠敏，陕西师范大学中国西部边疆研究院讲师，研究方向：边疆民族史、明清社会文化史。
① 有关金川土司婚姻问题的专题研究，详见曾穷石：《清代嘉绒地区土司的婚姻初探》，《西藏大学学报》2004年第4期，以及笔者拙作《大小金川土司婚姻问题探究——基于清代档案文献的考察》，《西北民族论丛》第17辑，2018年7月版。此外，20世纪40年代，马长寿先生和林耀华先生前往嘉绒土司地区开展学术考察，都关注到了嘉绒土司婚姻问题，各自根据田野调查资料分别撰写了《嘉戎民族社会史》（载周伟洲编：《马长寿民族学论集》，北京：人民出版社2003年版，第123—164页）、《川康北界的嘉戎土司》（载林耀华：《民族学研究》，北京：中国社会科学出版社1985年版，第387—407页）；20世纪50年代，西南民族学院民族研究所赴嘉绒地区调查，并以内部刊印的形式推出了《嘉绒藏族调查资料》（载西南民族大学西南民族研究院编：《川西北藏族羌族社会调查》，北京：民族出版社2008年版，第3—129页），亦涉及嘉绒土司的婚姻问题。

范体系，亦是婚姻家庭的自然属性与社会属性的有机结合。从个体和单个家庭来看，婚姻与家庭是世俗生活的承载与希望，是地方传统文化传承的载体，也是地方社会习俗型塑的对象。200多年前的大小金川土司地区亦可作如是观。因史料所限，在这里专门探讨的金川土司治下土民婚姻与家庭问题，只能就这些土司属民的婚姻形式、家庭规模等问题加以论述，有关嫁娶的经过、仪式、陪嫁物品、家庭内部分工与权力分配等细部只能从略。另外，需特别交代的是，这里的"土民"泛指承种土司分给的份地，要给土司缴纳粮食，提供差役的百姓（含寨落小头领"寨首"），不包括"家人""使女""哇子"或"黑头"等居于家奴身份的人。

一、两份供单展现的大小金川土民婚姻与家庭信息

因史料利用条件所限，大小金川土司地区土民的婚姻与家庭情况，学界鲜见专门论述。在此，笔者欲借助《军机处录副奏折》《清宫珍藏海兰察满汉文奏折汇编》《金川档》等档案中涉及婚姻和家庭情况的大量土民供词进行较为详细的钩沉。

以下是一则小金川土民婚姻、家庭情况的例子，从中可感受土民家庭的构成和婚姻状况。现将主动向清军投降的小金川寨首喇他尔及与他一同逃出的土民的供词移录如下：

> 喇他尔供称："小的年四十三岁，是僧拉（小金川）汉瓦寨的寨首。前年（乾隆三十七年）冬官兵打到底木达，小的一时害怕逃往促浸（大金川）去了，按插在毕里角寨上住。今年派在拉枯喇嘛寺等处守卡子。夏天官兵打到逊克尔宗，把毕里角的寨子烧了。小的又带了家小到章噶寨借房子住。小的在里头没得吃的，差使又苦，看促浸的光景实在就要完了，因想得一条生路，谎说告假回家，将女人安布六，儿子得日太，家人娄太，扎尔结二名，使女撒色，朗太二名，共六口人同外甥申札尔吉一家五口，并克太尔两口，商量由日尔底沟内逃出来的。如今逊克尔宗、拉枯喇嘛寺守卡子的是头人舍角、沃勒二人。其前面一带领兵的人，小的没有知道名字。听得他们说这里一路官兵实在打得紧……地方上百姓没得吃的，土司又没有给他们（粮食）。派兵的时候，百姓多躲藏不来，还有些人说得过伤不能够打仗，土司不依，叫到官寨里来验了伤，伤重的还许调养，伤轻的就派在各卡子上去。前日噶朗噶百姓巴纳甲、巴额甲私下里说，我们如今在这里守卡子，官兵打下来是拿不住的，就是拿住与逊克尔宗、勒乌围一带也是无益的，百姓只有死的一条路了，不如投了天朝罢。有人告诉土司，（土司）就把巴纳甲（和巴额甲）两个人的眼睛挖了，脚踝打断，所以百姓们不敢乱说话……此时索诺木在勒乌围住，莎罗奔冈达（克）在噶尔丹喇嘛寺住。百姓们又说，促浸地方不久都要被天朝拿去的，土司还叫我们搬在勒乌围去也是无用的。"安布六供："小的是喇他尔女人，年三十二岁，这得日太是小的儿子，才两岁。"娄太供："小是喇他尔家人（仆役），年十六岁。"札尔结供："小的是喇他尔家人（仆役），年十七岁。"撒色供："小的与朗太俱是喇他尔使女（未婚女仆），小的年二十一岁，这朗太年十九岁。"余供同。申札尔吉供："小的年十六岁，系喇他尔的外甥，本是僧拉阿扣寨人。如今与母亲札思满、兄弟和尔甲、妇女布班、乃章共五口人同逃出来的。"余供同。札思满供："小的年五十三岁，这申札尔吉与和尔甲都是小的儿子。"和尔甲供："小的年十

四岁,是申札尔吉兄弟。"余供同。布班供:"小的年五十六岁,向来在申札尔吉家服役的。"余供同。克太尔供:"小的年二十九岁,是儹拉阿扣寨人,乃章是小的妻子,年二十五岁,一个儿子还未满月,如今同逃出来了。"余供同。①

由这篇供词不难看出:乾隆三十九年(1774),小金川汉瓦寨的寨首喇他尔43岁,有一位32岁的妻子安布六,一个2岁的儿子得日太,两名"家人"(男性仆役),以及两名"使女",按他的理解,仆役等都算在内一共全家七口。不过,我们不能据此推断该夫妇二人俱系晚婚晚育。因连年战争,加上两金川土司地区经济发展状况相对落后,以及气候偏寒,婴儿出生率和存活率均不容乐观。但值得注意的是,喇他尔作为丈夫比其妻子安布六年长11岁,而且其供词的陈述语气透露出作为一家之长的权威。札思满与喇他尔系姐弟关系,似是没有了丈夫的寡妇,她对娘家兄弟的依赖可窥一斑。

以下是一则大金川土民婚姻、家庭情况的例子。现将达拉供单移录如下:

讯据达拉供:"我(达拉)今年八十岁了,是促浸玛日不里寨人,妻子叫班底,有四个女儿,名叫阿勒、阿闪、阿董、木落,有一个抚养的儿子,就做我的女婿,名叫俄尔甲。现在我两个女儿阿闪、阿董都嫁俄尔甲了。大女阿勒嫁了男人退回来了,小女儿还没有嫁人。如今我们一家连女婿们大小共十口都投出来的。"讯据班底供:"我今年七十岁,达拉是我的男人。"余供同。讯据俄尔甲供:"我今年三十一岁,自小是从达拉抚养大的,在促浸玛日不里寨住……我两个女人,一个阿闪,一个叫阿董,都是我丈人达拉的女儿。现生有三个儿子,大的叫生格,今年九岁,第二的叫甲噶尔朋,年六岁,第三的叫科尔甲,年四岁,俱是我女人阿闪生的。我家大小共十口人……"阿闪供:"我今年三十二岁。"阿董供:"我今年二十五岁。"阿勒供:"我今年三十四岁。"木落供:"我今年十八岁。"(跟随这一家一起投出的)甲噶尔斯蒲供:"我今年二十一岁,我男人阿克鲁先前在革布什咱觉落寺打仗已经阵亡了。"②

这则供单非常有趣,涵盖了大金川土民婚姻与家庭的诸多重要信息。与前述小金川土民喇他尔一样,作为家长的达拉时年80岁,其妻班底才70岁,亦是丈夫年长10余岁。不过,这则供词更值得注意的有四个方面:其一是以养子为女婿的招赘婚,由于达拉夫妇只有四个女儿,收养俄尔甲为儿子,并将女儿许配给他;其二是"姐妹婚",即达拉将二女儿和三女儿都许配给养子俄尔甲为妻;其三是女儿"离婚"回娘家生活的问题,即达拉的长女阿勒曾出嫁,但是不知为何被夫家"退回来了";其四是妻子年长于丈夫亦不以为忤,如达拉的二女儿阿闪比女婿俄尔甲年长1岁,感情似乎不错,已经生了9岁、6岁、4岁的三个儿子,而年少俄尔甲6岁的阿董似尚未有孩子(不排除有过小孩但夭折了的可能)。此外,跟随达拉一家逃出的女子甲噶尔斯蒲才21岁,丈夫因被土司派出打仗而身亡,遂沦为无儿无女的年轻寡妇。

以上两则供词以极为直观、细腻的方式呈现了大小金川土司境内土民的婚姻家庭情况,但还不足涵盖该问题的方方面面。为了更清晰地揭示金川土民的婚姻家庭特点,需要借助更多的清代相关档案史料,

---

① 本段供词全部引自中国第一历史档案馆、鄂温克族自治旗民族古籍整理办公室编:《清宫珍藏海兰察满汉文奏折汇编》,沈阳:辽宁民族出版社2008年版,第218—219页。
② 本段供词全部引自中国第一历史档案馆藏:《军机处录副奏折》,民族类,缩微胶卷号590,档号7975-45,题名:供单。

并结合实地田野调查资料，进行更深入的剖析。

二、清代奏折中展现的两金川土民的婚姻家庭特点

除了以上供单，据笔者统计，《清宫珍藏海兰察满汉文奏折汇编》和中国第一历史档案馆藏相关《军机处录副奏折》中一共有不少于627户大小金川土民的家庭、婚姻情况记录。因为篇幅限制，为了更加直观地呈现土司治下金川土民婚姻与家庭的丰富面貌，在此特选取627户土民家庭中的部分家庭供词制表（含前引二例供单）如下：

表1 大小金川土民婚姻家庭情况简表

家庭成员名	家庭成员关系	年龄	本住寨名	史料出处和备注
1 喇他尔 安布六 得尔日太 娄太 杞尔结 撒色 朗太	寨首 喇他尔妻 喇他尔儿子 喇他尔家人 喇他尔家人 喇他尔家使女 喇他尔家使女	43岁 32岁 2岁 16岁 17岁 21岁 19岁	赞拉 汉瓦寨	中国第一历史档案馆、鄂温克族自治旗民族古籍整理办公室编：《清宫珍藏海兰察满汉文奏折汇编》，《投出赞拉番人供单》，沈阳：辽宁民族出版社2008年版，第218—219页。（以下简写为《海兰察》） 该供单供述时间为乾隆三十九年十一月。
2 申扎吉 杞思满 和尔甲 布班	喇他尔外甥 申扎吉之母 申扎吉之弟 在该户服役番妇	16岁 35岁 14岁 56岁	赞拉 阿扣寨	
3 克太 乃章 尚未取名	乃章丈夫 克太妻子 克太儿子	29岁 25岁 婴儿	赞拉 阿扣寨	
4 达拉 班底 俄尔甲 阿闪 阿董 生格 甲噶尔朋 科尔甲 阿勒 木落	班底丈夫 达拉妻子 达拉养子与女婿 俄尔甲大女人 俄尔甲小女人 俄尔甲长子 俄尔甲次子 俄尔甲三子 达拉长女 达拉小女儿	80岁 70岁 31岁 32岁 25岁 9岁 6岁 4岁 34岁 18岁	促浸 玛日不里寨	中国第一历史档案馆：《军机处录副奏折》，民族类，缩微胶卷号590，档号7975-45，题名：供单。（以下只写缩微胶卷号和档号。） 该供单供述时间为乾隆三十九年十一月。 备注：达拉的大女儿嫁人后被丈夫退回来了，达拉小女儿尚未出嫁。 备注：甲噶尔斯蒲与达拉一家一起投出，她的丈夫阿克鲁在乾隆三十七年（1772）跟随索诺木攻打革布什咱土司时战死。
5 甲噶尔斯蒲 阿克鲁	阿克鲁妻子 甲噶尔斯蒲丈夫	21岁 战死，年龄不详	促浸 寨名不详	

表 1　大小金川土民婚姻家庭情况简表　　　　　　　　　　　　　　　　续　表

家庭成员名	家庭成员关系	年龄	本住寨名	史料出处和备注
6 杞格太 申杞思满 雍中朋 格尔结 朗木卡	申杞思满丈夫 杞格太妻子 杞格太大儿子 杞格太二儿子 杞格太小儿子	37岁 30岁 23岁 8岁 6岁	儹拉 马尔当寨	《海兰察》,《投出儹拉番人番妇供单》,第234页,235页。 备注：还有一个弟弟申扎太,在噶尔丹喇嘛寺,未能一同逃出。
7 班登朋 捏噶尔 格尔什中 板第 得尔日斯满 克木错 木耳斯满	板第丈夫 班登朋母亲 班登朋妹妹 班登朋妻子 班登朋女儿 班登朋儿子 班登朋儿子	36岁 73岁 41岁 38岁 9岁 7岁 2岁	促浸 什布曲寨	《海兰察》,《投出促浸番人男妇十七名口》,第280—281页。 备注：班登朋看到官兵攻打得厉害,感到促浸要灭亡了,赶紧带了家口投出。
8 思丹巴 拉木 雍中甲木参 生格尔结 纳木楚 孟章 乃章 彭楚克瓦尔结	小头人 思丹巴妻子 长子（班第） 思丹巴次子 思丹巴长女 思丹巴次女 思丹巴三女 思丹巴弟弟	70岁 65岁 30岁 22岁 27岁 24岁 18岁 61岁	促浸 噶朗噶寨	《海兰察》,《投出番人供单》,第355—356页。 备注：斯丹巴因年老不用当差,本寨失守后,便带家眷逃到勒乌围,见促浸快要被官兵打下来,一家八口同逃出。其弟彭楚克瓦尔结在噶尔丹寺当喇嘛。
9 柱札 雅木塔尔 斯塔满	雅木塔尔丈夫 柱札大女人 柱札小女人	40岁 不详 不详	促浸 达尔巴寨	《军机处录副奏折》,缩微胶卷号590,档号7981—49。
10 雍中 阿绰 雍绰 班第尔丹 丹巴彭楚克	头人、阿绰丈夫 雍中大女人 雍中小女人 雍中哥哥 雍中哥哥	37岁 30岁 29岁 47岁 40岁	促浸 喇嘛科尔寨	《军机处录副奏折》,缩微胶卷号590,档号7982—11。 备注：雍中带领二十户土民出降。
11 安朋 阿冗 阿谷鲁 砭朋 绰窝	阿冗、阿谷鲁丈夫 安朋大女人 安朋小女人 安朋儿子 安朋女儿	44岁 49岁 41岁 10岁 4岁	促浸 格尔替寨	《海兰察》,《投出番人供单》,第331页。 备注：安朋守卡没得吃的,已经有两个女儿饿死了,带了妻子儿女投出。

表 1　大小金川土民婚姻家庭情况简表　　　　　　　　　　　　　　　　　　　　　　　续　表

家庭成员名	家庭成员关系	年龄	本住寨名	史料出处和备注
12 噶登朋 阿思满 得什尔章 阿扣	阿思满等丈夫 噶登朋大女人 噶登朋小女人 噶登朋儿子	38 岁 37 岁 35 岁 11 岁	促浸 荣噶尔博寨	《军机处录副奏折》,缩微胶卷号590,档号7981—23。
13 生格太 安札尔 阿济 甲加 扣尔结 噶相 噶太 噶思满 巴格太尔 思满太 阿克里 申杞尔章 阿绰 和尔思满	头人、安札尔丈夫 生格太妻子 生格太大儿子 生格太二儿子 生格太三儿子 生格太四儿子 生格太大女儿 生格太二女儿 生格太家家人 生格太家使女 生格太家使女 生格太家使女 生格太家使女 生格太家使女	57 岁 46 岁 26 岁 20 岁 18 岁 16 岁 22 岁 8 岁 16 岁 45 岁 35 岁 30 岁 25 岁 18 岁	儧拉 曾头沟 甲琐寨	《军机处录副奏折》,缩微胶卷号590,档号7984—33。 备注:生格太供,因促浸百姓的口粮实在短少,彼此互相抢杀,牛马猪羊都因瘟病死了很多,官兵又打得紧,便带了一家十四口投出。
14 得日尔甲 那木 申札尔结 达谷 塔思满 霍尔曲	撑皮船的水手 得日尔甲母亲 得日尔甲弟弟 得日尔甲儿子 得日尔甲长女 得日尔甲次女	33 岁 55 岁 19 岁 4 岁 11 岁 7 岁	促浸 斯年木咱尔寨	《军机处录副奏折》,缩微胶卷号590,档号7980—66。 备注:那日尔甲妻子已经亡故。

说明：1. 供单中的土民家庭成员的年龄为土民接受清军询问期间供述的实际年龄。本表选用的《清宫珍藏海兰察满汉文奏折汇编》和中国第一历史档案馆藏相关《军机处录副奏折》中的金川土民供单,系乾隆三十九年(1774)至乾隆四十年(1775)的清军对嘉绒土民的讯供笔录。2. "大女人"和"小女人"为供单中土民的"自称"。

从小金川人喇他尔的供词、大金川人达拉的供词、表1,以及笔者掌握的627户土民家庭供单全部内容,可以总结出一些大小金川土民的婚姻家庭特点,在此予以分别述论。

第一, 金川土民（含寨首、小头人）的婚姻主要是"一夫一妻"形式。

比较明显的是,一般都是丈夫年长妻子数岁到十多岁不等,也有妻子年长丈夫数岁的。一些土民家中有"家人"或"使女"等使唤下人（如表1,1喇他尔例、13生格太例）,或者用劳役换饭吃的人（如表1,2布班例）。显然,众多承种土司份地的土民家庭并不是土司社会阶层序列的最底层,而是维系土司社会发展的中坚力量。在土民眼中,供其使唤的人也是家庭构成的一部分,只不过地位有别。

第二，妻姐妹婚，即姐妹同嫁于一人。①

一些土民（如表1,9 柱札例、11 安朋例、12 噶登朋例）、或小头人（如表1,10 雍中例）都娶了"大女人"和"小女人"，也有人娶姐妹两人（如表1,4 俄尔甲例），亦以"大女人""小女人"区别称呼。这种婚姻形式能否称为"一夫多妻"，尚且不能轻易定论。因为从笔者目前掌握的大量金川土民供述的史料来看，土民或小头人家的"大女人"和"小女人"在家中的地位是否平等，是否由"大女人"掌管家中事务，而"小女人"须服从"大女人"的管束并从旁协助，"大女人"和"小女人"是同居一屋还是分居各处，是否因为"大女人"普遍年长于"小女人"而称第二个老婆为"小"等问题仍无法说清楚。不过，从常理出发，有一点可以确认的是，丈夫如果专宠其中某一个，另一个的日子自然就不好过。

第三，招赘婚，即男子入赘有女无子的人家为女婿。

如前引土民达拉的供词中，不仅将养子俄尔甲招为女婿，还将两个女儿都给了他做老婆，堪称"招赘婚和妻姐妹婚"的复合版。尽管入赘婚在嘉绒土司地区比较普遍（多子家庭让一些儿子给别人家当赘婿很常见），但也有土民对家人安排的入赘婚表示不情愿。据多尔札朋供称，得知父母安排他去大金川某百姓家当赘婿便很不高兴，赶紧设法逃出。②从常理出发，男子入赘多半是不得已的选择。但凡赘婿的原生家庭有分家析产让其独立门户的能力，他就不会愿意做上门女婿。虽然从笔者掌握的大量乾隆朝金川土民供单来看，尚无法明确得出赘婿地位低、易于被人嘲笑的结论，但笔者多次在金川地区展开的田野调查似乎暗示了不能排除这种可能性。③

第四，丈夫可以因故弃妻另娶。

例如，前引达拉家34岁的长女阿勒，本已嫁人，但被夫家退回娘家。即是说土民可以"退妻"，但缘何被"退"就不得而知。阿勒的供词中没有提到在夫家是否生子，或许与未能生育后代有关。另据大金川卡角寨土民阿咱纳（22岁）供称，他的母亲因为家里没有吃的，不得已偷了别人家的东西，被告发后，土司索诺木将他母亲发落到格尔替官寨当苦差（即被罚作奴婢当差）；他的父亲很快就娶了后老婆，他便投奔到母亲跟前去，仍没有吃的，头人们说要将他卖了，于是独自逃出。④阿勒被自己丈夫退回娘家和妻子触犯土司社会习惯法被罚作奴婢后丈夫迅速再娶的案例，似应都涉及离婚问题。然而，这两份供词均没有直接提及离婚程序。幸运的是，据20世纪50年代的《嘉绒藏族社会情况调查》⑤，可以了解金川及其邻近土司地区如何对待离婚问题。该调查报告提到："在松岗、绰斯甲、梭磨地区，由于男女青年恋爱、结婚自由，而婚前还有一段很长时间彼此接触了解，婚后有些地区尚有一定的性自由，故离婚较少。离婚一般是较自由的，男女均可提出，但须经土司、头人判处，而且还须赔偿对方一笔遮羞钱，小金是

---

① 姐妹同嫁一夫的婚姻形式在嘉绒土司地区并不鲜见，而且延续了很长时间。20世纪40年代人类学家林耀华先生赴嘉绒开展田野调查，总结的当地六大婚姻原则之一就是"姐妹同嫁一人"。参见林耀华：《川康嘉戎的家庭与婚姻》，载《民族学研究》，北京：中国社会科学出版社1985年版，第422—428页。
② 中国第一历史档案馆藏：《军机处录副奏折》，民族类，缩微胶卷号590，档号7985-4，题名：供单。
③ 笔者于2010年5月和2016年11月先后两次在金川县、小金县、丹巴县选取多个嘉绒藏族寨落或城镇嘉绒藏族家庭的成年男子进行访谈，几乎无一例外地对入赘一事表示出程度不一的"蔑视"和"讥讽"，认为只有没有本事自立门户的男子才会去当上门女婿。实际上，嘉绒藏民中也不乏入赘后过得很幸福的例子。就嘉绒土司地区而言，父母让儿子入赘别人家，多半是因为家户经济不足以承受多个儿子分家析产。
④ 中国第一历史档案馆藏：《军机处录副奏折》，民族类，缩微胶卷号589，档号7969-37，题名：投出促浸番人供单。
⑤ 20世纪50年代，西南民族学院民族研究所赴嘉绒地区调查，并以内部刊印的形式推出了《嘉绒藏族调查资料》。

十五六两银子，卓克基是三四十两到一百两以上。有的人可能因离婚被土司头人罚去全部财产，自己成了科巴，所以不到不得已时，不会轻易离婚。"① 虽然不能据此倒推乾隆朝两金川土司境内土民离婚是否如此处理，但是考虑到川西北地区多高山峡谷，自然环境封闭性强，且数百年来嘉绒土司社会文化习俗的稳定性和延续性也不容小觑，在此似可谨慎地推测，为维持社会稳定，金川土司治下土民离婚亦会受到土司或头人的诸多限制。

第五，寡妇再嫁或由土司另行招夫上门亦不鲜见。

这是因为耕种土司（或头人、或喇嘛寺）分给的份地，还得承担土司（或头人，或喇嘛寺）派给的差事。不管土司社会的习惯法多么严苛，让那些失去丈夫的妇女在种地维持生计之外，再承担繁重的差役，是非常不现实的。对处在土司社会金字塔底层的老百姓来说，寡妇再嫁或鳏夫再娶是改善生存处境和养育后代的最佳选择。譬如，鳏夫和寡妇重组家庭，据霍尔加耳供："（小的）年四十八岁，绰斯甲布丹杞木人，先前带同妻女逃到促浸有十六年了，在巴布里地方住，土司（郎卡）给有一份田地，后来妻子死了，又娶了一个寡妇，生有儿女。……妻斯满（即再娶的寡妇）年四十八岁，大女克尔绰年十三岁，次女得日耳章年五岁，长子生格尔甲年十六岁，次子噶登朋年七岁，使唤丫头绰木曲年十二岁。"② 除无子女寡妇再婚外，还有妇女带子女再嫁。据砭朋供称，时年47岁，原为梭磨土司地区的土民，从前跟随土女阿随嫁（即随同伺候阿随）到小金川，后来土妇阿随被少土司僧格桑毒死，将随同伺候的梭磨人都安插在小金的另一处官寨底木达；乾隆三十七年（1772）砭朋逃往大金川，大金川土司索诺木将他安在库纳寨居住，并将库纳的妇女蒙章（时年37岁）配给他为妻；蒙章带过来两个儿子，大儿子生格尔结15岁，小儿子板第朋6岁，后因没有吃的一同逃出。③

第六，阶级内婚。

从笔者掌握的乾隆朝两金川627户土民家庭供词来看，尚未见一例逾矩。所谓阶级内婚，即是男女在婚姻对象的选择上仅限于相同的阶级之内，不同阶级不能联姻。这是维系嘉绒土司地区社会等级的主要因素。小金川末代土司僧格桑与自己的"大女人"得什尔章（大金川土司索诺木的姐姐）婚姻不睦，不顾大头人蒙固阿什咱的坚决反对，一意孤行娶自己喜欢的百姓之女侧累为"小女人"，被视为破坏早已被土司社会广泛认可的阶级内婚原则的"异动"。④ 前述土民因妻子触犯土司社会习惯法被罚为奴而迅速另娶的案例，亦体现了阶级内婚原则。⑤ 阶级内婚原则在川西北嘉绒土司地区有强大的生命力。该地那些未经清代改土归流的土司社会内部直至20世纪40年代仍顽强地保持这一婚嫁习俗。

---

① 西南民族学院研究室编著：《嘉绒藏族社会情况调查》，转引自《四川省阿坝州藏族社会历史调查》，北京：民族出版社2009年版，第228页。
② 中国第一历史档案馆藏：《军机处录副奏折》，民族类，缩微胶卷号590，档号7980-22，题名：投出绰斯甲布番人男妇七名口。
③ 中国第一历史档案馆藏：《军机处录副奏折》，民族类，缩微胶卷号590，档号7981-3，题名：投番供单。
④ 拥有小金川土司家根子的大头人蒙固阿什咱阿拉供称："从前僧格桑要收侧累做小女人，小的说他是百姓家的女人，为什么要收他，这是使不得的。"中国第一历史档案馆藏：《军机处录副奏折》，民族类，缩微胶卷号590，档号7975-2，题名：蒙固阿什咱阿拉侧累供单；《军机处录副奏折》，民族类，缩微胶卷号590，档号7975-3，题名：蒙固阿什咱另供单。
⑤ 土司社会实行严格的等级制度，平民百姓的婚姻也遵循同一阶层内婚娶的原则。前述阿咱纳的母亲犯偷窃罪被罚为奴婢当差，如果土司不赦免，他的母亲就只能从此永远为奴替土司家当差，他的父亲作为地位高的百姓抛弃为奴隶的妻子，迅速另娶也就不稀奇了。

三、金川土司和父母指婚习俗之外的自由婚配之风

前述蒙章被土司配给砼朋为妻的例子还表明，大金川土司不仅给从别的土司地区投到本地区的土民一份土地，还会指给一名女子与之婚配组建家庭。另据土民章木太供称，他已47岁，原系鄂克什（即沃日土司）木兰坝人，乾隆十四年（1749）因为偷了别人家的牛，害怕鄂克什土司问罪，就逃到大金川；大金川土司将他安在笔里角寨（也有档案记作毕里角寨），给一份田地，还配给了一个女人为妻，先后生了四个儿子，两个女儿。① 大金川土司这样做，显然是为了通过婚配组建家庭来长期留住逃入土境的外来青壮年男子，有利于他们为大金川繁衍人口、耕种份地上缴官粮之外，还增加了承担兵役和其他差役的人员。因此，这种情况似乎在嘉绒土司地区非常普遍。据萨木丹供："小的年三十二岁，是促浸勒乌围沟内卡布角寨人，从前逃往丹坝（也写作党坝）配给女人得日耳章，生了安朋、纳尔甲两个儿子。"② 萨木丹的供词表明，丹坝土司也会为逃入境内的外来青壮年土民指配女子，以便成家生子。供词中没有交代这些被土司指配的女子是何种身份，有可能是一般百姓家的女儿（如前述蒙章），也有可能是"使女"。无疑，对于嘉绒土司来说，让从其他土司境内逃入的青壮年男子迅速成家，变成自己的百姓，是一种比较务实的做法。

前述达拉家两女嫁给养子为妻的例子，很显然是奉父母之命的婚姻。这种形式似是通行的婚配形式之一。不过，并不能据此将金川土民在婚嫁上视为与内地儒家文化熏陶下的"父母之命，媒妁之言"一样，认为婚嫁当事人在两性关系上毫无自主权可言。实际上，金川土民不仅婚前在男女关系上非常自由，未婚男女媾和并非禁忌，婚后亦有很大的追求自我情感满足的空间。据给大金川守卡的小金川人丹拜供称，他家中原本有一个老婆，也是小金川人，但夫妻关系不好，后来他看中了从前鄂克什土司送给某喇嘛使唤的女子，与土民温卜克尔甲一起送给某喇嘛两头牛，将该使女娶过来当两人的"共妻"，如今他想独占这个女人，遂带了她一同逃出。③ 这种因为夫妻关系不和，丈夫另行与他人共同出资买一个"女人"的行为，其实折射了土司社会底层民众在男女关系上抱持相当自由开放之心态。应注意的是，在战争持续数年的特殊时期，小金川人丹拜买来的女子最多只能算同居对象，毕竟家中还有老婆。

从前述这些例子和分析来看，大小金川土司地区，百姓人家女子的婚配对象，不是父母指配就是土司指配，身为女子似乎没有什么婚姻自由可言（"使女"这类奴仆阶层的女子无婚配自由作另说），但实际上并非完全如此。

在金川土司地区，百姓家的女儿若成年后不喜欢父母在其年幼时指配的婚姻对象，可以主动要求退婚或逃婚。据大金川克尔木寨的阿思满供："十九岁，老子死了，只有一个娘，一个哥哥是本寨寨首，现派在西路守卡子，我男人名叫木赖，同在一寨，是自小许的亲。"与阿思满同逃的阿美亦供："二十一岁，父母俱在，男人叫萨太，也同一寨，父母从幼许就的。"二人还一同申述："我们都是克尔木寨人，从小许亲，那时不知人事，如今年长了知道我们的男人俱是穷寒，年纪又都幼小，我们心里都不爱。我们蛮家规矩，许了男人若心里不情愿嫁他不妨逃走得的。因此我两个商量同逃。"④ 小金川30岁的未婚姑娘克

---

① 中国第一历史档案馆藏：《军机处录副奏折》，民族类，缩微胶卷号590，档号7984-10，题名：拿获促浸细作供单。
② 中国第一历史档案馆藏：《军机处录副奏折》，民族类，缩微胶卷号590，档号7979-72，题名：投出番人番女供单。
③ 中国第一历史档案馆藏：《军机处录副奏折》，民族类，缩微胶卷号590，档号7975-46，题名：供单。
④ 中国第一历史档案馆藏：《军机处录副奏折》，民族类，缩微胶卷号590，档号7985-7，题名：供单。

斯满也称先前家里给自己许了男人，后面自己主动退婚了（但没有交代原因）。① 乾隆朝这些身处"化外"之地的土民家的女性对自己婚姻拥有的自由度，显然要比同时代以儒家思想文化为主导的"化内"汉人家庭的女子要大得多。

除父母指配婚事外，金川土司地区的未婚女子与未婚男子因相好而私定终身、婚前发生性关系的情况亦很普遍。这与同时期生活在儒家文化圈的内地汉人须遵从禁止私许终身、严禁婚前性行为的婚恋规训大为不同。据大金川俄勺木角寨的阿章供称："小的与噶豆（逃入大金川的30岁鄂克什男子）相好，同他私下定夫妇。"② 另据李心衡在金川屯署就任五年间（1883至1888）观察到："夷俗无问名、纳彩诸礼，男女率先私合，然后婚配。男家倩喇嘛拣择吉日，通知女家。至期，两家各延喇嘛诵经礼忏，亲戚邻里，咸集女家，餍饫猪膘吸咂酒。男家倩一人前往，如媒妁礼，女家亦倩一人持壶以迎，酌之酒，男家人长跪而后饮之，女家者端坐不动也。饮毕群拥新妇至夫家，笑言谑浪，相率跳锅庄。跳毕，各侈饮啖。既醉既饱，忽如鸟兽散，而新妇亦飘然逝矣。自此往来不常，食宿无定所。迨生有子女，然后依栖夫家。"并且，"其俗男卧碉上，女卧碉下，男女分类杂处，卧无定所，无床枕衾褥，惟毛毡贴地而已。虽新婚夫妇不同室，夜间鹤步下梯，暗中摸索，未闻有以误入桃园诋□者。相延成俗，犹有弄明遗风。"③ 李心衡观察到的金川婚俗离土司时代十分近（他上任时离清军彻底平定两金川才6年），应该能够较好地反映土司时代土民的婚恋状况。

据李心衡的记载可知，第一，金川土司地区，普通百姓的婚前性关系非常开放，没有内地汉人严守的"授受不亲"之男女大防；第二，一旦男女双方有意成婚，从提亲到完成婚礼的过程简要、形式简朴，但喇嘛在婚事进行过程中扮演必不可少的宗教角色；第三，新婚后，新娘并不会马上就在夫家长期住下，仍保持婚前自由，可以继续在娘家常住，直至与丈夫生下孩子，才肯落夫家真正从夫居，至此这桩婚姻才算稳定；第四，即使从夫家居，夫妻并不会同卧一室，对婚后建立亲密的夫妻关系当有一定影响。这也许有助于理解前引达拉家34岁的长女阿勒被夫家退回娘家的例子，即大胆假设阿勒被退回娘家，可能与她婚后没能与丈夫建立亲密的夫妻关系、没有生下一男半女有关。

四、土司对土民"通奸"和"拐带已婚妇女"严惩不贷

通奸，指有配偶的男性或女性违背各自夫妻忠实义务，与他人发生性关系的行为。虽然在当代中国，没有将通奸入罪，即我国《刑法》及相关的法律中没有对通奸做出定罪的规定，但在古代中国，通奸定罪惩处乃是常例。对通奸行为在心理上的厌恶和行动上"欲重惩而后快"，除了受道德伦理要求外，还受人类性心理的隐秘力量的推动。④总之，通奸是一个既不体面，又长期广泛存在的社会问题——古今中外，概莫能外（家庭出现之前的群婚时代除外）。

---

① 中国第一历史档案馆藏：《军机处录副奏折》，民族类，缩微胶卷号591，档号7991—42，题名：投出贊拉番人四名。
② 中国第一历史档案馆藏：《军机处录副奏折》，民族类，缩微胶卷号589，档号7974—60，题名：脱出鄂克什番人供单。
③ （清）李心衡：《金川琐记》卷3之《婚配》条、《居室》条，北京：中华书局1985年版，第24—25页。
④ 在对待性的问题上，人类表面上的理性认知和骨子里的情感需求总是会发生尖锐的对立，明知女性（成年妇女）的性资源不会因遭受"强奸"或"和奸（通奸）"而产生实质"瑕疵"，但在内心深处却难以摆脱这种观念的纠缠。是故，即使进入现代文明社会，必须严惩"通奸"的观念和实践仍未完全消失。

聚焦僻处川西北群山耸立的乾隆朝大小金川土司地区的普通民众通奸问题，可以深刻感受到：两性关系之自由总是相对的，偷情带来的愉悦总是充满甜蜜的危险。为什么这么说呢？尽管金川土司治下的土民有放弃父母指婚对象而另寻所爱的自由，也可以有因婚姻不和睦私下另找心仪同居对象的洒脱不羁，但实际上金川土司对土民"通奸"和"拐带已婚妇女"的行为惩罚颇严。

据土民达塔尔供："我今年三十六岁，是促浸百姓，住勒乌围官寨下手沟里。我的女人死了，我与达巴寨子里的女人，名叫甲噶思玛，年二十五岁，私下相与了，被土司索诺木知道（后）抄了我的家，叫在勒乌围官寨里当差。"另据土民阿甲尔供："今年四十岁，在促浸马斯俉地方住，是促浸头人江灿管的百姓，我因为与老婆不和，又相与了同寨的一个老婆，名叫甲噶章，年三十岁，怕土司知道问罪，我们两个就商量由沙巴沟逃到绰斯甲布来的。"① 这种严禁已婚男女通奸，可能与嘉绒土司地区普遍重视"根子"或"根根"（血统）的文化习俗有关，也可能是为了防止土民为此仇杀争斗，以便维护社会秩序。不过，现实生活中通奸似乎比较常见，而土民也有自己的处理方式。据《嘉绒藏族社会情况调查》载："（在嘉绒地区）一般婚后通奸，如果未在土司处告发，是无人过问的。不过妻子可以向丈夫的情人索取珍贵的首饰、氆氇之类的东西和银子（一般是三十两）；丈夫也可以向妻子的情人索取枪、马、氆氇和银子（一般是六十两）；如果多给些东西、银两，在彼此同意的情况下，也可以离婚。百姓如（跨阶层）与头人的女儿通奸，要被罚做黑头；如'家人'（家内仆役）与百姓通奸，则将百姓罚做黑头。"②

此外，拐带已婚妇女也会遭到土司严厉处罚。绰斯甲土民山查朋20岁左右时因拐带已婚妇女克尔窝做妻子，害怕绰斯甲土司治罪，便携妇逃到大金川，大金川土司安置他们住在那木底官寨地方，还分给一份田地让他耕种。③ 山查朋的供词还透露出，为增加耕种份地并承担差役的人口，土司只是对拐带境内已婚妇女的土民予以严厉惩罚，对犯拐带已婚妇女罪逃入辖境内别的土司的土民却是格外欢迎和宽待。这与川西北诸土司严惩境内私逃百姓，却热烈欢迎从别的土司地盘带着老婆孩子或单身逃入的人之做法如出一辙。《嘉绒藏族社会情况调查》记载了相关惩罚方式，曰："如果男子拐带已婚妇女逃走，被告到土司处，有的被打屁股。若丈夫仍要妻子，则由土司向奸夫科取罚金，罚金由土司得；若丈夫不要妻子，（土司）则将通奸之双方罚做黑头（奴隶）。"④

为什么在两性关系相对自由的金川土司地区，作为"世有其民，世辖其地"的土司会对所属土民"通奸"和"拐带已婚妇女"之行为惩罚甚重呢？显然与维系土司社会的稳定和土司家族的统治权威紧密相关。无论是承种土司分给份地的土民，还是头人或大喇嘛管下的寺庙所属土民，都是构成土司社会的基础力量。就大金川土司而言，到了末代土司索诺木统治时期，大金川因人口众多，实力雄厚，任意侵占邻近土司地盘，掳掠人口资财，号称嘉绒十八土司之"土司王"，其实真正能够出兵打仗的土民不过数千户，可谓兵不过万员。小金川虽然雄强一方，但其人口和户数与大金川相去甚远。在这种情况下，两金川土司无论如何都不可能大肆纵容"通奸"和"拐带已婚妇女"这样危害家庭稳定和寨落安宁的行为。同时，在阶级森严的社会，没有比严刑酷法更有效、更直观的方式以宣示土司权威，并维护社会等级制

---

① 该二例均引自中国第一历史档案馆藏：《军机处录副奏折》，民族类，缩微胶卷号589，档号7969-65。
② 西南民族学院研究室编著：《嘉绒藏族社会情况调查》，转引自《四川省阿坝州藏族社会历史调查》，北京：民族出版社2009年版，第228页。
③ 中国第一历史档案馆藏：《军机处录副奏折》，民族类，缩微胶卷号590，档号7975-65，题名：供单。
④ 西南民族学院研究室编著：《嘉绒藏族社会情况调查》，转引自《四川省阿坝州藏族社会历史调查》，北京：民族出版社2009年版，第228页。

度。前面提到的土司对土民跨阶层通奸的严惩,即普通百姓不可与头人女儿通奸,百姓要被罚做"黑头","家人"(家内仆役)与百姓通奸的,百姓也要被罚做"黑头",无一不是为了维护阶层秩序不乱,永保土司家族处于社会等级金字塔的顶端。

金川土司在处罚土民"通奸"和"拐带已婚妇女"问题上表现出明显的双重标准(对内严禁,却欢迎其他土司境内犯此罪的人逃入),无一不是从是否有利于本土司的角度出发。这和土司严禁土民对土司境内的人或寨落"放夹坝(抢劫)",却鼓励土民赴其他土司地盘大肆劫掠资财和人口的做法并无二致。因为,对于金川土司来说,逃入的"罪民"可以扩充土境人口,增加耕种土司份地的人手,只要他们在自己的地盘安顿好之后不再犯罪即可。从根本上讲,受当时经济发展相对迟滞、人口增加较为缓慢的社会条件限制,金川土司不得不在这些问题上采取灵活、务实的双重标准处理态度。嘉绒地区的其他土司亦不能例外。从某种意义上讲,这体现了嘉绒地区土酋维护部落安定与发展的统治智慧。

五、结语

乾隆朝金川土司治下土民的婚姻家庭状况呈现出比较复杂的面相。土民和土司都遵循严格的阶级内婚制。土司娶平民之女会遭到民众非议和大头人的坚决反对。土民与高于自己阶层或低于自身阶层的发生关系,都会被罚做"黑头"(奴隶)。不同的是,强势土司为了加强同其他土司的联系可以娶多个"土司家族的女性(可以是土司之女,或者有土司家根子的大头人的女儿)"为"土妇",多为政治联姻,而土民家庭多是"一夫一妻"。即使有少数土民既娶有"大女人",又另娶了所谓"小女人",亦不能与土司拥有多个土妇相提并论。这种"小女人"多是在土民夫妻关系不睦的情况下,丈夫另外寻找情感满足的"对象",与当今社会男性婚内出轨的"外室"类似。与此同时,"妻姊妹婚"世代流行。土民无论男女均可自由再婚(寡妇带子女再嫁未婚男子亦无不可)。土司可以将适婚的女子(可以是百姓家女儿,也可以是女奴)指配给从土司外逃入境内的青壮年男子为妻,以增加百姓家户、人口、兵(差)役和上缴的官粮来源。土民的父母习惯在女儿年幼时就为其指配婚姻对象,但女子长大后也可以根据自己的意愿决定婚嫁与否,可以退婚或逃婚。土民婚前性关系十分开放。女子成婚后亦不会马上长期从夫居。直至生下孩子后才会真正安心从夫居,男子如不满意已娶的女子可以将她退回娘家。尽管土民在两性关系上拥有相当的自由,但通奸行为触犯土司社会习惯法,如被告发便要遭到土司严惩。就家庭成员构成而言,除血亲或姻亲成员外,土民也将家中买来服役的"家人""使女"等仆役都算入家庭人口总数。就家庭形态而言,一般来说父母与一个已婚孩子同住,其他未婚子女也一同生活。一些多子的土民家庭为了最大限度保障有限家产能够完整地代际传承下去,会只留一个儿子在家成婚,其余的或送入喇嘛寺出家,或者送给无子家庭当赘婿(尽管入赘并不受人待见)。正是这些丰富的婚姻与家庭特点共同型塑了乾隆朝土司治下金川土民的世俗生活世界。

不过,更应该看到,之所以金川土司治下土民婚姻与家庭展现出纷繁复杂的面貌,与他们所处的自然环境、所浸染的社会政治制度息息相关。并且,由于地缘和文化的双重封闭性[①],从空间上进行横向思考,不难发现以金川为代表的土司治下的嘉绒土民婚姻家庭面相有其特殊性,即与受儒家文化规训的内地汉人家庭迥异;从时间上进行纵向审视,嘉绒的婚姻家庭习俗具有相当的稳定性和延续性。

---

① 高山耸立的生存环境和独特的嘉绒语言文化区必然带来区域封闭性,与内地儒家文化圈存在明显隔阂。

Studies on the Marriage and Family Issues of Native People under the Rule of Jinchuan (Chu chen and Bt-san lha) Chieftains in Qianlong Period
——Based on Archives of Qing Dynasties and Field Investigations
WANG Huimin

Abstract: Fundamentally, marriage customs and family patterns matched certain natural environment and humanistic circumstances. The situations of family and marriage were much different between the native people ruled by Jinchuan (Chu chen 促浸 and Btsan lha 儹拉) chieftains and Han Chinese who influenced by the traditional Culture of Confucianism, for example, in addition to chieftains or parents assigning marriage partners, there was still a trend of free marriage, a husband could abandon his wife for some reason and quickly marry another one, (adhering to) strict intra-class marriage, and so on. Actually it is the product of different cultural concepts and social systems. By combining with the archives and field investigations, it could be found that the family structure and marriage form of the native people in Jinchuan had presented kinds of faces, highlighting the secular life in rGya-rong Tusi (嘉绒土司) region. Therefore, only by putting the marriage and family issues of the natives in Jinchuan into their specific time and space, we could better understand why it was like this, and explore the reasons and how the extent of its subsequent changes, asking its influence on today's rGya-rong Tibetan attitudes towards love, marriage and family concept.

Key Words: Qianlong Dynasty; Native People; Marriage and Family; Intersexual Relations

民族学人类学理论与方法

格尔茨列传: 1950—1990*

宋红娟**

摘　要　作为 20 世纪最伟大的人类学家之一,格尔茨不仅带动了人类学学科内部的理论转向,同时也深刻影响到整个人文社会科学的发展。文章以格尔茨与人类学的关系为主要线索,来呈现格尔茨几个重要学术阶段的学术背景与学术氛围。具体而言,文章将格尔茨的主要学术阶段分为初始人类学、印尼田野调查、芝加哥大学十年和普林斯顿时期四个阶段;通过对四个阶段的相关资料梳理,文章试图展示格尔茨学术思想的发展脉络。

关键词　格尔茨;印尼研究;新兴国家比较研究;摩洛哥

DOI:10.13835/b.eayn.30.17

格尔茨(Clifford Geertz)无疑是 20 世纪 60 年代以来最伟大的人类学家之一。他的影响远远超出了人类学这门学科。他所提出的阐释人类学的方法,即将社会生活视为文本来解读的方法,对诸如历史、法律、政治等学科皆产生了直接的影响。他尤为强调人类学作为软科学(soft science)及其与硬科学(hard science)的重要区别[1]。格尔茨对整个人文社会科学的重要影响主要来自于他的理论建树。但他并未因此而偏废田野,相反,他极其重视田野调查;印度尼西亚和摩洛哥两个地方的田野调查贯穿了他整个学术生涯。本文即是通过回溯格尔茨的生平,来呈现其理论创建与田野调查之间的基本关系。

一、初识人类学

20 世纪 40 年代是人类学代际交替的年代。1942 年,现代人类学的奠基者马林诺夫斯基在美国辞世。实际上,随着 1938 年他的离开,英伦人类学随之从马氏的功能主义转向了拉德克里夫·布朗的结构功能论,田野点也从太平洋转向了非洲社会,研究的对象也从文化转向了社会结构;主要包括福蒂斯(Fortes)与埃文斯·普理查德主编的《非洲政治体系》、埃文斯·普理查德的《努尔人》以及《阿努亚克人的政治体系》[2]。也是在 1942 年,博厄斯驾鹤归西,其第一代弟子克鲁伯成为美国人类学界中的元老,

---

* 本文系云南大学民族学一流学科建设 2017 年招标项目"追寻美好生活:大理剑川县域公共文化生活研究"(项目编号:2017syl0039)阶段性成果,同时该文也受到云南大学"东陆中青年骨干教师"培养项目的资助。
** 宋红娟,云南大学民族学与社会学学院副研究员,研究方向:情感人类学。
[1] Ortner B., —Clifford Geertz (1926—2006), *American Anthropologist* 109 (2007):786—789.
[2] KUPER, A., *Anthropology and Anthropologists: The Modern British School*, London and New York: Allen Lane The Penguin Press, 1973, p. 68—69、80.

直至 1960 年去世①。1947 年，列维-斯特劳斯从美国返回巴黎，并在次年继任了莫斯和莫里斯·林哈特（Maurice Leenhardt）在未开化族群宗教研究方向上的旧职，将自己确立为莫斯天经地义的接班人②。1949 年，列维-斯特劳斯的《亲属关系的基本结构》付梓。

至少在 20 世纪 70 年代之前，美国人始终保持着对欧洲的仰望姿态，包括在学术上。正如赛德尔·斯尔菲曼所言，对于在第二次世界大战后扩张时期成长起来的人类学家而言，卡尔·马克思、马克斯·韦伯和爱弥儿·涂尔干的著作是必读的；英国社会人类学鼎盛时期的一切成果也被紧紧追随着；至于马塞尔·莫斯和·列维-斯特劳斯的作品，至少译本是必读的③。而另一方面，随着美国整个社会环境的相对优化，欧洲学者开始将目光投放到这个与自己有着亲缘关系的"异己"身上。1931—1937 年，布朗因政治原因旅居芝加哥大学，并直接影响了如罗伯特·雷德菲尔德（Robert Redfield）、弗雷德·埃根（Fred Eggan）、索尔·塔克斯（Sol Tax）这样的学者④。1938 年，马氏与布朗相向而行，离开英伦前往耶鲁休假。根据费孝通的回忆，马氏此行主要是为了躲避将要发生的战争。费孝通先生在《留英记》中回忆道："到了 1938 年春天，他（马氏）催促我，要我赶快把论文写完。他是个性格很矛盾的人，表面上有说有笑，而骨子里却抑郁深沉。据说他有一种恐惧死亡的精神病症，所以当欧洲的战云密布的气氛袭来的时候，他紧张得受不住，准备去美国了。"⑤

1942 年，也就是博厄斯去世的同一年，原哈佛社会学系（那时叫社会伦理系）主任索罗金获准辞职，曾在其手下当了 9 年讲师的帕森斯逐渐成为该系的领军人物。帕森斯是一位很有抱负而且极会抓住机会的学者，他一心想成立一个超级大系取代原来的社会伦理系。经过执着的努力，这一夙愿在 1946 年得以实现。1946 年，哈佛社会关系系正式成立，剔除了原先的经济学、历史学和政治学，而只包括社会学、心理学和社会人类学。当时的社会关系系网罗了一帮正处不惑之年的优秀教授⑥。其中，社会人类学的负责人是克拉克洪，克拉克洪是 20 年代成长起来的第二代博厄斯门生，他与本尼迪克特、米德等组成了所谓的文化与人格学派⑦。1948 年，他成为刚成立的哈佛苏联研究中心的主任，中心挂靠在社会关系系名下⑧。同样是在 1942 年，朱利安·斯图尔德来到哥伦比亚大学，开始反叛哥大的博厄斯传统，并掀起了一股不小的唯物主义浪潮⑨。

格尔茨就是在这样的背景下接触并开始学习人类学的。他 1926 年出生于圣弗朗西斯科。父母在他 3

---

① BARTH, F., *One Discipline, Four Ways: British, German, French, and American Anthropology*, Chicago: University of Chicago Press, 2005, p. 265.
② BARTH, F., *One Discipline, Four Ways: British, German, French, and American Anthropology*, Chicago: University of Chicago Press, 2005, p. 209、212.
③ BARTH, F., *One Discipline, Four Ways: British, German, French, and American Anthropology*, Chicago: University of Chicago Press, 2005, p. 346.
④ BARTH, F., *One Discipline, Four Ways: British, German, French, and American Anthropology*, Chicago: University of Chicago Press, 2005, p. 27.
⑤ 费孝通：《费孝通全集（第八卷 1957—1980）》，呼和浩特：内蒙古人民出版社 2009 年版，第 117 页。
⑥ GEERTZ, C., *After the facts: two countries, four decades, one anthropologist*, Cambridge, Mass: Harvard University, 1995, p. 100.
⑦ BARTH, F., *One discipline, four ways: British, German, French, and American anthropology*, Chicago: University of Chicago Press, 2005, p. 267.
⑧ GEERTZ, C., *After the facts: two countries, four decades, one anthropologist*, Cambridge, Mass: Harvard University, 1995, p. 100.
⑨ BARTH, F., *One discipline, four ways: British, German, French, and American anthropology*, Chicago: University of Chicago Press, 2005, p. 275.

岁的时候离异，之后他由60岁的养母带大，格尔茨叫她娜娜（Nana）。他们一起住在加利福利亚北部山区，格尔茨一年与父母见一至两次。他在当地的乡村学校接受早期教育，直至17岁。1943年，格尔茨到海军服役，当一艘军舰上的雷达维修员；船队负责往美属关岛（Guam）的空军基地运送军需物资，在1945年的一次任务中，船队遭到日军的空袭，格尔茨差点命丧黄泉[1]。战后，一部分士兵在GI法案[2]的支持下进入大学校园，格尔茨就是其中之一。格尔茨自己说，如果没有GI法案，他可能就没有进大学校园的机会了。他首先进入安提奥克学院学习英国文学，喜读莎士比亚与福克纳；他曾梦想成为一名作家和新闻工作者，有段时间一直坚持写小说和诗歌。GI法案也希望受助的士兵能够自食其力，安提奥克学院当时有一个合作项目，格尔茨得以到纽约邮报（New York Post）做一名小工友（copy-boy），这使他的梦想破灭。格尔茨后来改修哲学，并结识了乔治·盖格（George Geiger），他是位好老师。格尔茨于1950年取得了哲学学士学位，想继续攻读哲学硕士学位，盖格则认为他不适合再读哲学。刚好，盖格知道哈佛的社会关系系以及人类学家克拉克洪，于是建议格尔茨和希尔德雷德·格尔茨[3]去学人类学[4]。格尔茨听取了老师的建议，相对顺利地考进了哈佛社会关系系的研究生部。

在决定去哈佛之前，经人介绍，格尔茨夫妇认识并拜访了玛格丽特·米德（Margawt Mead）。当时，米德在美国早已是德高望重的人类学家了。她很热情，鼓励他们去学人类学，并将自己在巴厘的田野笔记拿出来与之分享，格尔茨后来回忆道，那次谈话持续了近5个小时[5]。

入学之后的两年，格尔茨在选修一些人类学的课程，包括帕森斯的社会学、克拉克洪的人类学，还修了一些临床心理学与社会心理学的课。参加了两个席明纳（Seminar），分别是关于人类学方法论与理论的讨论。这是一个朝气蓬勃的地方，克拉克洪最先将列维-斯特劳斯介绍给大家，霍马斯（George Homas）与施耐德对列维-斯特劳斯很感兴趣，并正在将其理论引入美国[6]。入学的第二年，格尔茨从克拉克洪那里接了一个研究任务，对美国西南部5种文化进行比较研究。格尔茨自己说，这是一个没有"田野"的研究，他整个暑假只是在查阅一些相关的报道与田野笔记[7]。

二、韦伯的追随者：印尼研究

就在格尔茨在办公室里翻阅各类资料时，系里的一位教授奥利弗（Doug Oliver）问格尔茨是否愿意参与一项田野调查。这是国际研究中心主持、福特基金会资助的一个印度尼西亚研究项目，目的是为美国的经济外交政策提供建议。要组建一个多科学的印度尼西亚研究小组，奥利弗想让格尔茨夫妇负责其中的宗教与亲属制度方面的调查与研究。事实上，这个邀请与格尔茨的兴趣不谋而合。此时，格尔茨通

---

[1] INGLIS, F., *Clifford Geertz: culture, custom, and ethics*, Cambridge, UK; Malden, MA: Polity Press, 2000, p. 3-4.
[2] "GI法案"是《退伍军人法案》的简称，该法案的目的是为参与第二次世界大战的士兵提供接受高等教育的补偿。该法案依据二战期间士兵们参军服役的年限，对于那些想上大学的人，联邦政府提供学费和生活费。1944与1989年之间，超过1200万的退伍军人因GI法案得以进入大学深造。
[3] 格尔茨的第一任妻子。
[4] HANLER, R., —An Interview with Clifford Geertz, Current Anthropology 5 (1991): 603-613.
[5] HANLER, R., —An Interview with Clifford Geertz, Current Anthropology 5 (1991): 603-613.
[6] HANLER, R., —An Interview with Clifford Geertz, Current Anthropology 5 (1991): 603-613.
[7] GEERTZ, C. *After the Facts: Two countries, Four Decades, One Anthropologist*, Cambridge, Mass: Harvard University, 1995, p. 102.

过帕森斯的《社会行动的结构》正着迷于韦伯的思想。克拉克洪洞悉格尔茨的学术兴趣，正是他向奥利弗推荐了格尔茨夫妇①。研究小组由9人组成，包括六位老师和三位学生②。遵照克拉克洪的建议，格尔茨负责研究印尼的宗教，希尔德雷德负责家庭与亲属关系。

这个项目的主导思想非常专业，特别强调对小组成员的语言训练。在接下来的一年里，每个周末小组成员都要集中进行语言学习。项目经费非常充裕。他们最先为小组聘请的印尼语老师是当时最有名气的印尼语言学家戴恩（Isdore Dyen）③。经过一年的印尼语学习与训练，研究小组开始着手进行实地考察。

1952年，格尔茨开始了首次人类学之旅。他们先从哈佛到鹿特丹，然后用了三周的时间，穿过直布罗陀、苏伊士到达科伦坡，再经新加坡到达雅加达④。在那里，他们见到了印尼方面的合作者——卡渣玛达大学（Gadjah Mada University）的几位教授，但这次见面并未产生应有的激动。当时印尼刚刚从荷兰的殖民统治中独立出来，这几位教授都是激进的民族主义者，他们对这群来自美国的这拨人充满了敌意。他们置疑小组成员的能力，反对他们的计划与研究目的。戏剧性的是，与此同时，哈佛发来消息说，该项目的负责人奥利弗（Douglas Oliver）以生病为由，就在团队到达雅加达前夕退出了整个研究计划。他曾在一年前与几位专家一同到雅加达做过预调查，他的退出使一年前建立的关系全部断裂，团队一下子陷入群龙无首之境⑤。

尽管印尼方面的合作者充满敌意，但他们还是提前做了一些安排。他们计划让这支队伍到爪哇中部的一个游览胜地去，那里有荷兰人开的旅馆，他们可以住在那里。他们事先在那安排了精心挑选好的几十名印尼学生相陪。他们就在那里做调查，给他们找一些周边的人进行访谈、记录、写成报告，然后就可以离开了。用格尔茨的话来说，雅加达方面希望他们这拨外来的美国研究者乖乖地待在精心设计的"白房"内，完成调查后马上滚蛋，而受过现代人类学训练的人都想在爪哇找寻"特洛布里恩德岛"⑥。哈佛的团队拒绝了这一安排。

格尔茨夫妇和另外两位成员绕开雅加达方面的安排，自己推进了调查。他们雇了一个司机继续东行至爪哇，在日惹（Jogjakarta）⑦ 200公里外的湃尔（Pare）⑧ 蹲了下来。与雅加达的遭遇不同，湃尔的地方官很欢迎他们的到来⑨。这位地方官员积极为他们找了入住的家庭，并配合他们寻找田野报告人，这位官员告诉当地人，这几位美国人来此是想看看摆脱殖民统治的印度尼西亚。格尔茨住进一个铁路工人家

---

① HANLER, R., —An Interview with Clifford Geertz, Current Anthropology 5 (1991): 603–613.
② GEERTZ, C., *After the Facts: Two Countries, Four Decades, One Anthropologist*, Cambridge, Mass: Harvard University, 1995, p. 102–103.
③ HANLER, R. —An Interview with Clifford Geertz, Current Anthropology 5 (1991): 603–613.
④ GEERTZ, C., *After the Facts: Two Countries, Four Decades, One Anthropologist*, Cambridge, Mass: Harvard University, 1995, p. 3–4.
⑤ GEERTZ, C., *After the Facts: Two Countries, Four Decades, One Anthropologist*, Cambridge, Mass: Harvard University, 1995, p. 104.
⑥ GEERTZ, C., *After the Facts: Two Countries, Four Decades, One Anthropologist*, Cambridge, Mass: Harvard University, 1995, p. 105–106.
⑦ 印度尼西亚爪哇岛南部城市。
⑧ 格尔茨将其称为Pare，其实在一般的出版物中，该地都被称为Modjokuto。
⑨ GEERTZ, C., *After The facts: two Countries, Four decades, one Anthropologist*, Cambridge, Mass: Harvard University, 1995, p. 107.

中，一周后，一位邻居神秘地问他"你们一共来了多少人？我听说会有 2000 人"①。格尔茨的第一次田野就这样拉开了帷幕。

有意思的是，他们一开始就遇到了最为棘手的问题。虽然他们在哈佛接受了一年的语言训练，但那时学的是标准印尼语。到了湃尔，他们发现印尼语只是民族语言，当地说的是爪哇语。所以，一切又得从头开始，夫妻俩雇佣当地的大学生轮流到其住处教他们爪哇语。7 个月之后，他们基本能用爪哇语进行工作了。到达湃尔后，格尔茨的兴趣不单在宗教上，他搜集了很多其他方面的资料。其中包括对当地新兴阶层的调查，他们就是充满个体主义色彩的小商贩，后来格尔茨将之与摩洛哥社会中的另一拨人做了比较研究，主要考察两个社会中现代化的困境，这就是 1963 年的《商贩与王子》。

格尔茨夫妇在湃尔做了整整两年半的田野调查。1954 年，他们返回哈佛，开始着手项目报告的撰写。格尔茨的这份报告同时也是其博士论文的底本。1956 年，格尔茨以《爪哇的宗教》(*The Religion of Java*②) (1960 年出版) 取得博士学位。在该书的出版序言中，奥利弗说道，印尼项目的成果中，克利福德·格尔茨博士的报告最为全面地展示了巴厘人的生活，因此得以最先出版。正如奥特纳 (Sherry Ortner) 指出的，在格尔茨的各类意义体系中，格尔茨认为宗教是最为重要的。③ 在其学术生涯中，他一遍又一遍地回到宗教问题。从其 1956 年的《一个爪哇小镇的宗教信仰与经济行为》(*Religious Belief and Economic Behavior in a Central Javanese Town*) 以及 1973 年的第一本专著《爪哇的宗教》(*The Religion of Java*)，再到 2000 年的《命运的夹击：宗教、经验、意义、认同、权力》(*The Pinch of Destiny：Religion, Experience, Meaning, Identity, Power*)。他将宗教看得尤为重要，是现代社会中的一种持续的力量。他对奥特纳说过，他去爪哇就是去寻找"亚洲的新教伦理"。其博士论文《爪哇的宗教》显然带着韦伯的影子，后来格尔茨自己也说到，他是受韦伯的影响开始关注经济行为与宗教信仰的关系，他对爪哇的伊斯兰教非常感兴趣，认为伊斯兰等同于宗教改革中的宗教④。

就在格尔茨一行从湃尔回国时，国际研究中心又派了一拨经济学家前往印度尼西亚。1957 年，他们给了格尔茨一个研究员的职位，让他前往印尼与经济学家们合作。这使格尔茨暂且放置宗教问题而专注于经济问题，这方面的思想集中体现在《农业内卷化》(1963)。这时候，他也开始训练自己从细微处发现大问题的能力；结合以前在湃尔的调查，以及历史资料，他试着将问题上升到整个爪哇社会的层面⑤。从印尼回到哈佛后，刚好系里的沃格特 (Vogt) 教授因事离开，格尔茨得以留在哈佛替他代了一年的课。

受洛克菲勒基金的资助，格尔茨夫妇于 1957—1958 年重返印尼，这次他们去的是巴厘，还抽空回访了湃尔。巴厘之行，格尔茨开始研究社会变迁，并于 1957 年写出了《仪式与社会变迁：一个爪哇的实例》一文。在这篇文章中，格尔茨发展了帕森斯、克鲁伯关于社会与文化的两分观念⑥，并将其运用于对社会变迁问题的解释。临行前，格尔茨做好了计划，准备先到巴厘，那里是印度教区，然后前往米南卡保，

---

① GEERTZ, C., After the Facts: Two Countries, Four Decades, One Anthropologist, Cambridge, Mass: Harvard University, 1995, p. 109.
② 其实，按照格尔茨的本意，"宗教"用的是复数，但出版商最后还是坚持用单数。
③ Ortner B., —Clifford Geertz (1926—2006), *American Anthropologist* 109 (2007): 786—789.
④ HANLER, R., —An Interview with Clifford Geertz, Current Anthropology 5 (1991): 603—613.
⑤ HANLER, R., —An Interview with Clifford Geertz, Current Anthropology 5 (1991): 603—613.
⑥ 1958 年，克鲁伯和帕森斯两位各自学科中的元老级人物，出版了一份联合声明。其中提出，"社会"和"社会关系"属于社会学的范畴，"文化"留给人类学家。

那里是伊斯兰教区,最后去新教区米纳萨。因为只打算在巴厘调查四个月,所以格尔茨并没有专门学习巴厘语。他们如愿完成巴厘的调查,就在动身从米南卡保转向米纳萨时,印尼内战爆发,他们不得不折回巴厘。在巴厘,他们注意到当地被禁止的一种集体游戏——斗鸡。后来他也写了相关文章。造反派将格尔茨夫妇所住的旅馆设为总部。当时格尔茨的妻子感染上了肝炎,他自己得了痢疾,最后多亏受雇于美国政府的伞兵部队前来解除了武装,并用飞机将夫妇二人送往雅加达[1]。格尔茨的母亲当时还以为他们在巴厘已命丧黄泉。从巴厘回到美国后,他担任斯坦福大学行为科学高等研究中心的研究员,并兼任加利福尼亚大学巴凯学院的人类学系副教授。

在格尔茨夫妇之前,贝特森夫妇曾在巴厘做过调查。1936年,坠入爱河的贝特森和米德拿到一个印尼的项目,一同来到了巴厘,他们在巴厘的前一站新加坡领了结婚证。当时美国社会的精神分裂症情况急剧上升,人们担心会存在一些因素影响到儿童的精神健康,并希望能够在文化上找到保护的路径。所以,贝特森夫妇此行的任务是研究巴厘文化中的精神分裂症,西方主流文化认为印尼社会中的萨满现象也是一种精神分裂症。人类学能够介入精神病的研究,应该归功于露丝·本尼迪克特,她在1934年发表了一篇文章《人类学与失常》,其中提出精神病的研究应该让受过专业训练的人类学者参与进去,他们能够提供他文化中的相关资料[2]。来到巴厘后,贝特森开始沉迷于照相与摄影,在巴厘的两年中,他们一共拍摄了25000张照片,制作了两万多英里的胶片,这些胶片后来被制成6部影片,为民族志电影开辟了新路。在给博厄斯的信中,米德兴奋地写道,过去一个小时能记录两页打字纸,现在用这种新方法,在同样时间内可以记录相当于15页纸的内容[3]。早在他们之前,巴厘就聚集了一拨欧洲艺术家,他们在研究巴厘的艺术、戏剧和舞蹈;这拨艺术家鼓励当地的年轻人用欧洲艺术手法作画,并把作品卖给游客。贝特森与米德开始对这些绘画产生了兴趣,共搜集了200多幅;贝特森让其助手给每幅画都作了注释,夫妻二人还对23位创作者做了结构性访谈。他们的这些资料给了希尔德雷德·格尔茨很多启发,结合她自己在巴厘的调查,写成了《权力的想像:乔治·贝特森和马格丽特·米德所作的巴厘绘画》一书[4]。

三、芝大十年: 告别印尼走向摩洛哥

在克拉克洪的安排下,格尔茨于1959年在伯克利大学谋得一份助教的职位,但与系里的几位印尼学者不和。早在1958年,芝加哥大学(以下简称芝大)的希尔斯与阿普特正在着手成立一个"新兴国家比较研究委员会"(the Committee for the Comparative Study of New Nations),他们邀请刚从巴厘回来的格尔茨加盟。芝大开出的条件的确不错,他们答应两至三年内不会给他安排教学任务,保证他能专心于研究工作。1960年秋,格尔茨作为一名副教授加盟芝加哥大学的"新兴国家比较研究委员会"。至1970年秋离开芝大前往普林斯顿高级研究所(以下简称普林斯顿),格尔茨在芝大度过了整整十年光阴。

60年代是激变的十年,罢工、游行、械斗和学生运动直接威胁到博雅塔里的教授们,但校园内的学

---

[1] INGLIS, F., *Clifford Geertz: Culture, Custom, and Ethics*, Cambridge: Polity Press, 2000, p. 14.
[2] HOWARD, J., *Margaret Mead: a Life*, New York: Simon and Schuster, 1984, p. 189.
[3] HOWARD, J., *Margaret Mead: a Life*, New York: Simon and Schuster, 1984, p. 201.
[4] GEERTZ, H., *Images of Power: Balinese Paintings Made for Gregory Bateson and Margaret Mead*, Honolulu:? University of Hawaii Press, 1994, p. viii.

术研究依然充满激情。"委员会体系"（committee system）是芝大的传统。1958—1959 年，帕森斯派的社会学家希尔斯（Edward Shils）与政治科学家（political scientist）阿普特（David Apter）构想成立一个"新兴国家委员会"①。希尔斯与阿普特的雄心是想通过建立这个委员会以帮助亚、非新兴国家，引领他们走向繁荣、民主，走向美国所导向的未来。委员会由 13 人组成，包括两位社会学家，七位政治科学家，五位人类学家，一位律师和一位教育学家，研究的对象主要是东、西非洲，印度和东南亚。每周会举办一次席明纳，列维－斯特劳斯的亲属关系理论常被大家拿来讨论，《忧郁的热带》也是大家所喜爱，这部作品给人类学者带来的最大感受是：原来人类学也可以进行哲学思考②。施耐德（David Schneider）与格尔茨同一年从伯克利来到芝大，不久，特纳也从康奈尔加盟芝大人类学系。在芝大，格尔茨结识了法勒（Tom Faller）并成为朋友。相比之下，芝大的学术氛围要自由得多，他们鼓励改革、创新；老一代学者都很包容、惜爱年轻的一代。芝大聚集了一拨优秀干将，如施耐德、格尔茨、法勒、特纳、亚当斯、纳什。其实，布朗在芝大六年的影响是不小的，施坚雅与雷德菲尔德早已在芝大延续了他的传统，芝大的人类学其实是最英国派的；60 年代，芝大的布朗传统由系主任埃根维持着，他时刻与英国人类学保持联系。

格尔茨在芝大的头五年公务缠身③，但他的学术研究却也硕果累累：《整合革命：新兴国家的原始情感与公民政治》（收在《旧社会与新国家》）（1963）、《农业内卷化》（1963）、《商贩与王子》（1963）《作为文化体系的意识形态》（1964）。这段时间，格尔茨主要对社会经济感兴趣，60 年代中期以后，他从社会经济转向文化、符号、意义问题。60 年代，芝大的一拨新起之秀开始复兴美国人类学传统中的"文化"概念，旨在对抗英国人类学中的"社会结构"。尤其是格尔茨，他还致力于对民族志田野作业与写作的反思，他认为不存在客观的"文化"，人类学者在田野所要做和所能做的只是对当地人的解释的解释。1963 年左右，学界将这拨人类学者的理论统称为"象征人类学"。

1963 年夏天，埃根与曼彻斯特的葛拉克曼在剑桥组织了一次人类学高峰论坛，旨在缩小英国"社会人类学"与美国"文化人类学"以及新出现的"象征人类学"间的差异。对此，格尔茨回忆道，那是一次英国人的经验主义与美国人的文化主义的叫嚣，每个人都想成为会议的中心④。美国方面的与会者包括萨林斯、施耐德、格尔茨、沃尔夫、法勒等，英国方面有葛拉克曼、福特斯、斑通（Michael Bantone）等，以普理查德为首的牛津大学没有参会者。格尔茨在会上宣读了《作为文化体系的宗教》一文⑤。

此时，格尔茨夫妇已有了两个孩子，印尼又开始暴乱而且出现了大规模的屠杀，格尔茨不打算再回印尼做研究了。他热衷于比较研究，想选一个能与印尼做比较的地方，他觉得孟加拉不错，但那里仍有战火。无独有偶，与一位与会者的闲聊中，他道出自己的苦恼：孟加拉是个不错的选择，那里有印度教，但战争对孩子的成长不利。对方建议他去摩洛哥看看，"那里安全，干燥，空旷，美丽，那里有法国校

---

① GEERTZ, C., *After the Facts: Two Countries, Four Decades, One Anthropologist*, Cambridge, Mass: Harvard University, 1995, p. 111—112.
② GEERTZ, C., *After the Facts: Two Countries, Four Decades, One Anthropologist*, Cambridge, Mass: Harvard University, 1995, p. 113; HANLER, R., —An Interview with Clifford Geertz, Current Anthropology 5 (1991): 603—613.
③ GEERTZ, C., *After the Facts: Two Countries, Four Decades, One Anthropologist*, Cambridge, Mass: Harvard University, 1995, p. 114.
④ GEERTZ, C., *After the Facts: Two Countries, Four Decades, One Anthropologist*, Cambridge, Mass: Harvard University, 1995, p. 116—117.
⑤ HANLER, R., —An Interview with Clifford Geertz, Current Anthropology 5 (1991): 603—613.

园,食物很棒,那里是穆斯林",峰会一结束,格尔茨就去了摩洛哥①。

这次格尔茨直接飞到拉巴特,他租了一辆车,在35天内踏遍了21个城镇,最后选中了塞夫鲁。塞夫鲁是沙漠中的一片绿洲,地处阿该河的支流,背靠绵延地中海的阿特拉斯山脉,离首都拉巴特90英里②。格尔茨说过自己从未独自一人在田野中待上一个月③,他一直有妻子相伴;他回去后与妻子商量决定将这次调查与博士生的指导结合起来。格尔茨指导的三位博士生是罗森(Lawrence Rosen)、拉比诺(Paul Rabinow)与迪希特(Thomas Dichter)。具体计划是,他们先到摩洛哥待一年,在回国前两个月,让罗森过去,他们一起待两个月,罗森留在那里做一年的博士调查,格尔茨夫妇回国;在罗森返回的前一两个月,格尔茨夫妇再带着拉比诺过去,最后是迪希特。预计7年时间完成。他们的研究经费来自好几个基金会,最主要的是NIMHC(National Institutes of Mental Health Senior Career Fellowship),总的研究题目定为"意义与秩序",直接成果就是格尔茨夫妇以及罗森的三篇文章合集而成的《摩洛哥的意义与秩序》一书。

其实,在实际的研究中,他们都各有分配。格尔茨的初衷是以宗教为切入点,将塞夫鲁与爪哇以及巴厘做比较;他觉得摩洛哥与印尼是穆斯林世界的两个极端,前者是在一千多年的印度教信仰的基础上改信了伊斯兰教,后者则是一以贯之的穆斯林信仰。秉承韦伯的宗教社会学观点,他又回到对市场的关注④。希尔德雷德在"意义"的定位上继续研究家庭与亲属关系,罗森负责研究社会组织和地方法律体系,拉比诺在离塞夫鲁不远的一个部落地区做研究,迪希特则在1969—1971年间研究摩洛哥的学校体制。另外,芝大的研究生艾克曼(Dale Eickelman)其间也在塞夫鲁邻近小镇做研究,他与格尔茨的研究有着非正式的关联,格尔茨还特别提到他的研究成果:《摩洛哥的伊斯兰:一个朝圣中心的传统与社会》(Morocco Islam: Tradition and Society in a Pilgrimage Center)(1976)、《摩洛哥社会中的知识与权力:一个二十世纪名人的教育》(Knowledge and Power in Morocco: The Education of a Twentieth-Century Notable)(1986)⑤。其中,罗森与拉比诺都在70年代以自传的形式对摩洛哥的田野经历作了详细的描述,尤其拉比诺的《摩洛哥田野作业反思》(1977)是在民族志的意义上将人类学中的方法论反思推向了高潮。

格尔茨于60年代后半期的成果有:《一个印度尼西亚小镇的社会史》(1965)、《作为文化体系的宗教》(1966)、《伊斯兰教考察:摩洛哥和印度尼西亚的宗教状况》(1968)。这阶段,他主要对仪式、信仰系统感兴趣。

---

① GEERTZ, C., *After the Facts: Two Countries, Four Decades, One Anthropologist*, Cambridge, Mass: Harvard University, 1995, p. 117.
② INGLIS, F., *Clifford Geertz: Culture, Custom, and Ethics*, Cambridge, UK; Malden, MA: Polity Press, 2000, p. 18.
③ GEERTZ, C., *After the Facts: Two Countries, Four Decades, One Anthropologist*, Cambridge, Mass: Harvard University, 1995, p. 125.
④ HANLER, R., —An Interview with Clifford Geertz, Current Anthropology 5 (1991): 603—613.
⑤ GEERTZ, C., *After the Facts: Two Countries, Four Decades, One Anthropologist*, Cambridge, Mass: Harvard University, 1995, p. 185.

四、 普林斯顿:"写文化" 时代的到来

早在1968年,普林斯顿高级研究所(以下简称普林斯顿)就发函聘请格尔茨;但格尔茨一直处于矛盾之中,因为芝大的学术氛围无疑也是一流的。但摩洛哥的项目使他无暇顾及芝大的教学任务,而普林斯顿高级研究所是没有教学任务的。于是,1970年秋,格尔茨离开芝大到了东部新泽西州的普林斯顿,并坐上了该所社会科学院人类学的第一把交椅[①]。普林斯顿高级研究所始建于1930年,由一个百货公司家族捐资建立,第一任校长是亚伯拉罕·弗莱克斯纳(Abraham Flexner),他决心秉承英牛津大学、法国巴黎大学的精神,以及欧洲那些知名学者、科学家的思想,他要将普林斯顿变为"学者的天堂";但是,他的天堂之梦最终还是被现实击碎,学校培养出来的学生鲜有能步上学术之途的,他不得不引咎辞职;之后内部战争一直不断,学院之争、薪水之争、校方与董事间的分歧屡屡不断;这些问题并没有在格尔茨来到普林斯顿后成为历史[②]。格尔茨进入普林斯顿时,研究所包括四个院,分别为数学、物理、历史研究和社会科学。进入社会科学院后,他不再带学生,而专注于研究,他一直在此工作直至2000年退休。1970—1990年间,格尔茨又得以陆续重返印尼与摩洛哥[③]。

进入普林斯顿时,格尔茨在学术上进入了成熟期。1973年他的论文集《文化的解释》出版,这本著作在学界引起了巨大反响。除此之外,他在普林斯顿期间的主要著述还有:《巴厘的血亲关系》(*Kinship in Bali*,1975)(与希尔德雷德·格尔茨合著)、《作为文化体系的常识》(*Common Sense as a Cultural System*,1975)、《本地视角:论人类学的理解》(*From the Native's Point of View: On the Nature of Anthropological Understanding*,1975)、《作为文化体系的艺术》(*Art as a Cultural System*,1976)、《尼加拉:十九世纪的剧场国家》(*Negara: The Theatre State in Nineteenth-Century Bali*,1980)、《地方性知识:阐释人类学文集》(*Local Knowledge: Further Essays in Interpretive Anthropology*,1983)、《反"反相对主义"》(*Anti Anti-Relativism*,1984)、《学术与生涯:》(*Works and Lives: The Anthropologist as Author*,1988)、《追寻事实:两个国家、四十年、一个人类学家》(*After the Fact: Two Countries, Four Decades, One Anthropologist*,1995)、《可用之光:对哲学问题的人类学反思》(*Available Light: Anthropological Reflections on Philosophical Topics*,2000),等。

如果说,60年代是象征人类学与结构主义的时代,那么70年代则是英、法的结构马克思主义以及美国的政治经济学的时代。1973年阿萨德的《人类学与殖民遭遇》以及1976年华勒斯坦的《现代世界体系》分别是两种理论的问鼎之作。而1979年萨义德《东方学》的问世,则代表着对整个社会科学的知识论反思;尤其是书中对西方人表述非西方社会的写作风格进行了抨击,萨义德认为在这种表述框架中存在着隐讳的修辞学手段,权力关系暗含其中。人类学中的民族志无疑是最典型的对非西方社会的表述形式。而80年代的人类学则以布迪厄的"惯习"和萨林斯的"宇宙观模式"为代表,强调人的实践、能动性,帕森斯、涂尔干的理论开始受到批判。"后现代"也渐渐成为公共议题。总之,与这些理论上的乾坤

[①] GEERTZ, C., *After the Facts: Two Countries, Four Decades, One Anthropologist*, Cambridge, Mass: Harvard University, 1995, p. 120.

[②] GEERTZ, C., *After the Facts: Two Countries, Four Decades, One Anthropologist*, Cambridge, Mass: Harvard University, 1995, p. 121—123.

[③] GEERTZ, C., *After the Facts: Two Countries, Four Decades, One Anthropologist*, Cambridge, Mass: Harvard University, 1995, p. 4.

转移相对应的是人类学方法论上的反思。

1977年，格尔茨的博士生拉比诺出版了《摩洛哥田野作业反思》，这是一次史无前例的实验，他将田野经历本身作为描述对象。布迪厄在该书的跋中则认为这是民族志的一大进步，它提出了民族志学者与信息报告人之间的关系问题，值得反思。但格尔茨对此并不是十分赞同，认为太过沉溺于沉思与自省①。

七八十年代，包括格尔茨在内的一拨美国人类学者提倡人类学应该借鉴"文化批判"，他们提倡重读经典民族志作品，并展开批判，旨在探寻更好地展现异文化的路径。80年代初，格尔茨邀请乔治·E.马库斯与詹姆斯·克利福德到普林斯顿做研究员，其间，马库斯草拟了《作为文化批评的人类学》的初稿。作者在序言中说道，人类学文化批判的转向其实依然是在解释学理论的大框架下进行的。格尔茨在1988年撰写的《学术与生涯》也算是这方面的一种努力。

在回忆自己40年田野历程时，格尔茨说自己每次到达的都不是时候；对于当地发生的一些关键事件，自己不是到得太迟就是太早了②。从格尔茨跨入人类学伊始，田野早已不再是马林诺夫斯基的特洛布里恩德，那般地超脱于历史超脱于外面的整个世界；人类学者所面对的也不再仅仅是凝固的文化或社会结构，还要关注于变迁，零碎的偶发事件。故而，人类学者的一些"错过"也是必然的。但这丝毫不影响格尔茨研究成果的精彩。其实，民族志方法的反思并不是以展现真实为志，因为人类学者对于田野的细节是做不到一丝不漏的。正如格尔茨举的一个冒险故事，作者写道："男孩被困在帐篷中。周围徘徊着印第安人。草原被放上了火。他已弹尽粮绝。黑夜慢慢来临。他如何逃出帐篷呢？第22章完。"接着第23章开篇写道："当男孩逃出帐篷之后……"③。

五、小结

可以说，芝大和普林斯顿时期是格尔茨学术思想的成熟期和辉煌期。田野调查与理论创建在格尔茨这里双管齐下。田野对于格尔茨而言是至关重要的，认为它是人类学的核心和灵魂，他在爪哇差不多待了三年，在巴厘岛一年，在摩洛哥三年，而且他著写、合著或者编著了相关的十本书；格尔茨的印尼研究统占了东南亚人类学研究领域好几十年。而他有关摩洛哥的研究对于美国年轻学者而言是具有开创性的。他在摩洛哥研究时期出版的论文集《文化的阐释》被《时代文学副刊》（*Times Literary Supplement*）誉为"二战以来最重要的100本图书之一"。其中对"深描"的提倡使得人类学更倾向于人文而非硬科学。对此，有人批评他，认为他加宽了社会科学与自然科学的分野，同时也将人类学推向一种文学研究④。格尔茨有着极为细腻的田野调查视野，在《深描：迈向文化的解释理论》一文中，格尔茨说道，如果你要研究剥削问题，那么当目睹一个爪哇佃农在热带暴雨下耕田，或一个摩洛哥人在一盏二

---

① GEERTZ, C., *After the Facts: Two Countries, Four Decades, One Anthropologist*, Cambridge, Mass: Harvard University, 1995, p. 120.
② GEERTZ, C., *After the Facts: Two Countries, Four Decades, One Anthropologist*, Cambridge, Mass: Harvard University, 1995, p. 4.
③ GEERTZ, C., *After the facts: Two Countries, Four Decades, One Anthropologist*, Cambridge, Mass: Harvard University, 1995, p. 120.
④ Ortner B., —Clifford Geertz (1926—2006), *American Anthropologist* 109 (2007): 786—789.

十瓦灯泡下绣制土耳其长衫时，必会有所触动①。他就是要从日常生活的细微之处，发现可讨论的议题；将微观材料与更为宏大的问题联系起来。

另外，受新康德主义的影响，格尔茨从概念入手，对"文化"进行重新的界定。他认为文化就是由人自己所编织的意义之网。通过这一定义，"文化"不再是远方存在着的、供人类学者任意采撷的客体和对象，而是一系列社会性符号，民族志学者能做的就是对这些符号进行解释。田野调查不再是要告诉人们"那里"有什么，而是要让人们明白"那里"缘何那样。这颠覆了人类学中的实证主义传统，并使他成为60年代以来的人类学巨擘之一。从1952年步入田野至1986年，格尔茨与"田野"结下了近40年的不解之缘②。辗转于本社会美国、印度尼西亚和摩洛哥之间的40年光阴，从初为人徒到自成一派，终成大家。

参考文献

Geertz, Clifford 1995, *After the facts: two countries, four decades, one anthropologist*, Cambridge, Mass: Harvard University.

Geertz, Clifford 1973, *The interpretation of cultures: selected essays*, New York: Basic Books.

Inglis, Fred 2000, *Clifford Geertz: culture, custom, and ethics*, Cambridge, UK; Malden, MA: Polity Press.

Hanler, Richard 1991, *An Interview with Clifford Geertz*, in Current Anthropology, vol. 5: 603—613.

Barth, Fredrik 2005, *One discipline, four ways: British, German, French, and American anthropology*, Chicago: University of Chicago Press.

Kuper, Adam 1973, *Anthropology and anthropologists: The modern British school*, London and New York: Allen Lane The Penguin Press.

Howard, Jane 1984, *Margaret Mead: a life*, New York: Simon and Schuster.

Geertz, Hildred 1994, *Images of Power: Balinese Paintings Made for Gregory Bateson and Margaret Mead*, Honolulu: University of Hawaii Press.

Ortner, Sherry B. 2007, Clifford Geertz (1926—2006), in *American Anthropologist*, Vol. 109: 786—789.

费孝通，2009，《费孝通全集（第八卷 1957—1980）》，呼和浩特：内蒙古人民出版社。

---

① GEERTZ, C., *The Interpretation of Cultures: Selected Essays*, New York: Basic Books, 1973, p. 22.
② GEERTZ, C., *After the Facts: Two Countries, Four Decades, one Anthropologist*, Cambridge, Mass: Harvard University, 1995, p. 4.

Biography of Geertz: 1950—1990

SONG Hongjuan

Abstract: As one of the greatest anthropologists in the 20th century, Geertz not only led the theoretical turn of anthropology, but also profoundly influenced the development of the whole humanities and social science. The article takes the relationship between Geertz and anthropology as the main clue to present the academic background and atmosphere of Geertz's several important academic stages. Specifically, the article divides the stages into four: just getting into anthropology, fieldwork in Indonesia, the decade of Chicago University and Princeton period. By combing the relevant materials of the four stages, The article tries to show the development context of Geertz's academic thought.

Key words: Geertz, Indonesian studies, comparative studies of emerging countries, Morocco

具身田野中：身体视域下的自我与他者*

冯 琳**

摘 要 本文采用"自传式民族志"的方法，回顾与反思研究者自身在凉山彝族自治州进行田野调查的经验，以及知识生产的过程与脉络。有别于传统田野工作的"无性别化""身体不在场"的经验视角，本文着重分析田野过程中研究者以身体的"具身性"为媒介，围绕"身体做了什么"以及"对身体做了什么"两个维度，去探究自我与他者之间的关系。并结合对田野经验的体认，检视作为女性研究者运用自传式民族志书写，达至对自我—他者关系之反思。

关键词 自传式民族志；具身性；自我—他者

DOI：10.13835/b.eayn.30.18

一、引言

田野过程及其随后的民族志写作，一直以来都是人类学研究者的终极任务。人类学初学者也需经由在田野中的历练——类似一种"通过仪式"——从而完成人类学的"成年礼"[1]。在田野过程中收集而来的各类资料、信息经由研究者的知识生产过程，转换成最终的知识成果，而这其中也包含了研究者各自田野的不同属性与研究者的参与样态。田野工作的过程中意义的构建，便落入讨论人类学知识生成的题中之义。田野场域中面对面的互动，除了是研究者与研究对象及其各种身份的相互照面与碰撞之外，更是某种掺杂了民族、性别、外貌等属性的"身体"遭遇。

对于民族志研究者而言，进入田野是一场持续的"准备仪式"。我们背着各种行囊进出我们各自的田野。打包好的行囊里不仅仅有笔记本、相机、电脑、录音笔等硬件设备，同时随身携带的还有我们挥之不去的"学科素养""伦理道德"与"田野技巧"来进行田野观察与对话。没有研究者是"赤裸裸"地进到田野中，我们总是带着各种"文化包袱"[2]，而这些"包袱"里还装着研究者早前拟定好的研究大纲、计划观察的事物与现象、可能会出现的解释理论与模式等。这些"隐形"设备在田野过程中并非凭空运作，而是依附于一个个形貌各异、行为举止各异、说话口音各异的男男女女身上。因此，研究者的身形、

---

* 本文系教育部人文社会科学研究青年基金（项目编号：21YJC850002）、中国博士后科学基金第69批面上资助（项目编号：2021M691664）阶段性成果。

** 冯琳，社会学博士，南开大学周恩来政府管理学院助理研究员，研究方向：医学人类学、性别研究。

[1] 黄剑波：《何处是田野：人类学田野工作的若干反思》，《广西民族研究》2007年第3期。

[2] 郭佩宜：《我不是"白人"：一个人类学家的难题》，载郭佩宜、王宏仁主编：《田野的技艺：自我、研究与知识建构》，台北：左岸文化2019年版。

外貌,甚至是年纪、行为举止、说话方式等这些看似田野过程中的附属却是"先决且必要的"条件,着着实实在田野里进行人际互动与交流中发挥着十分微妙却相当关键的影响。从某种意义上讲,研究者的"田野质量"及之后民族志知识的生产,直接与研究者的具身性[1]特征相关联。身体所具有的这种"具身性",便成为本文用以探究和反省作为女性研究者在田野过程及后续知识生产阶段,对研究者自我的建构以及与他者关系互动的影响与意义的主要轴心。

本文采用"自传式民族志"(autoethnography)的方法[2],以自我叙述(personal narrative)的方式,叙述与分析的焦点在于我与我所研究的彝族同胞之间的经验互动、文化体验与随之而来的知识生产过程之反思。田野中一系列扑面而来的"遭遇"——身体的体验、伦理的困惑、写作的焦虑——都深深印刻在我作为人类学"入门者"的田野过程中,通过对自我田野过程"关键事件"的揭露,达致田野过程之反省。

(一)身体与自传式民族志的"相遇": 书写何以可能

始肇于20世纪60年代的后现代主义思潮,将之前一直拘泥于自然科学的研究范畴的"身体"重新召回至社会科学与人文科学的视野范围,同时也对传统民族志发出了挑战。民族志者们开始质疑由马林诺夫斯基(B. Malinowski)创立并发展起来的实证主义民族志研究所强调的客观性与中立性[3],指出田野资料是无法透过完全客观的方式所获取,总是或多或少依托于研究者作为"人"的主观记录以及当下所处的情境与个人状况——性别、年纪、与被研究对象的亲密程度、田野的位置等相关联[4]。对传统民族志的反思发现,既然民族志者不可避免地对其所记录的现象进行过"转译",那么对于被研究对象的解释是否仅仅只是研究者对被研究者的臆想?由此人类学遭遇自身关于"写文化"的发展瓶颈,人文社会科学普遍开始出现"表述的危机"[5]。民族志者开始重新审视"作者""文本"与"读者"三者之间的关系,自传式民族志正是诞生于这股席卷整个社会科学的反思浪潮下,并进而发展出了相对应的研究方法与书写类型[6]。同时,作为人类存在的表现形式与物质基础,"人类有一个显见和突出的现象:他们有身体并且他们是身体(they have bodies and they are bodies)"。[7] 如火如荼的身体研究逐渐明晰化,在纷繁芜杂的"身体"研究中主要潜藏着两种理论脉络走向:一种是将身体看作是结构、权力所建构的产物,关注于身体体现的潜力、伦理道德等内涵,以涂尔干(E. Durkhim)、莫斯(M. Mauss)、道格拉斯(M. Donglay)、福柯(M. Foucault)、女性主义(Feminism)、特纳(V. Turner)等为代表,即强调"对身体做了什么";另一种则是以梅洛庞蒂(M. Merleau-Ponty)的身体现象学、戈夫曼(E. Goffman)的

---

[1] 本文所使用的"具身性"(embodiment)一词,用以描述肉身自带的身体属性、活动及感知,例如生理意义上的性别、样貌、年龄等,以"身体"为媒介与环境、社会的应对与互动,去体认(embody)田野里的情境互动下的具体及象征意义。
[2] Ellis, C. and A. Bochner, "Autoethnography, Personal Narrative, Reflexivity: Researcher as Subject," in Denzin, N. and Y. Lincoln eds., *The Handbook of Qualitative Research* (2nd edition). Thousand Oaks, CA: Sage, 2000.
[3] 张连海:《从现代人类学到后现代人类学:演进、转向与对垒》,《民族研究》2013年第6期。
[4] Hayano D. H., "Auto-ethnography: Paradigms, Problems, and Prospects," in Sikes, P., ed., *Auto-ethnography*, 1 (1). Los Angles, London, New Delhi, Singapore, Washington DC: Sage, 2013 (1979).
[5] Clifford, J. and G. E. Marcus eds., *Writing Culture: The Poetics and Politics of Ethnography*. Berkeley, Los Angles and London: University of California Press, 1986.
[6] Ellis, C. and A. Bochner, "Autoethnography, Personal Narrative, Reflexivity: Researcher as Subject," in Denzin, N. and Y. Lincoln eds., *The Handbook of Qualitative Research* (2nd edition). Thousand Oaks, CA: Sage, 2000.
[7] 布莱恩·特纳:《身体与社会》,马海良、赵国新译,沈阳:春风文艺出版社2000年版,第54页。

互动观、消费主义为线索，关注日常生活中的身体实践，以建构自我、表现自我和进行社会互动，即关注"身体做了什么"。布迪厄（P. Bourdieu）试图用"结构主义的建构论"糅合身体的主动性与被动性，以惯习为切入点，认为惯习是社会结构性因素在个人身上的体现，同时也通过身体形塑社会结构。无论撷取哪种视角，以身体为切入点都会涉及日常生活世界中人的生物性、感受性和体验性，这便是本文"具身性"的涉身要义——强调作为身体的生物与社会属性、自我体验与感受，从而将人放置于微观层面具体的社会生活世界加以考察，使之由之前社会理论中所谈论空洞的"抽象人"降维至活生生的"具体人"，也正是在此层面展开的身体"遭遇"便成为自传式民族志展开分析与实践可能性的"落脚点"。

自传式民族志创始者艾理斯（C. Ellis）[1]对自传式民族志的定义为："研究者用语言、历史和民族志方面的解释为方法，在自我的经历中，有意识地探索以及反省自我与各个文化现象之间的相互关联。"[2]自传式民族志的研究与书写方式，同时兼具"民族志"与"自传"的特性，这便意味着自传式民族志自打出娘胎起便与生俱来地带有各自的缺陷，因此对其的批判也纷至沓来：从民族志角度来看，批评者认为自传式民族志太过主观，从自传角度出发，则又认为其不够张力与戏剧性[3]。不可否认的是，自传式民族志提供了一种可能，旨在于跨越科学与艺术间的"藩篱"[4]，尝试将个体生活经验与其处的社会文化相联系，从而以自我反省的视角呈现出个人生活以及社会文化的全貌。

如果说后现代主义浪潮下产生的身体研究取向与自传式民族志研究方法是"同出娘胎"（本体论）的"异卵兄弟"（一个为理论取向、一个为方法取向），因此身体微观层次的聚焦与自传式民族志存在"血缘关系"，那么两者在批判与反思立场上，则更是"不谋而合"，都旨在对"传统"的批判，对"当下"的反思。身体作为对社会/文化的反思载体，早成为众多理论家的囊中之物：戈夫曼认为在社会日常生活中，人们的身体行为都是经由反思性的自我对身体表现进行控制与调节，并持续与他人进行互动的产物[5]，而吉登斯（A. Giddens）更是直接指明了在高度现代性的社会中，身体已逐渐成为现代性的反思性的一部分[6]。自传式民族志在方法诉求上也并不含糊，它作为一种将个人与文化相联系的自传式个人叙事，力图对个体亲身经历进行描述，并对个人的文化经历进行反思性说明与分析，"该方法不仅是对自我亲身经历的描述和批判性审视，而且还是对自身文化经历的反思性说明"[7]。本体论的"后现代主义"取向，以及秉持共同对批判与反思的追求，使得本文具身性的分析视角与自传式民族志的分析方法能进行共同而平等的对话，通过自传式民族志书写"具身性"视角的分析田野过程便得以可能。

---

[1] 严格意义上来讲，艾理斯是情感唤起式自传式民族志的创始者。"自传式民族志"（auto-ethnography）由人类学家卡尔·海德（C. Hyde）首次使用，只是直到艾理斯与博克纳（A. Bochner）等学者统一命名了"自传式民族志"后，学术界才开始对概念使用、作用和意义逐渐达成一致。参见陈纪、南日：《自传式民族志的发展概况及其社会效用》，《湖北民族学院学报（哲学社会科学版）》2018年第1期。
[2] Ellis, C. and A. Bochner, "Autoethnography, Personal Narrative, Reflexivity: Researcher as Subject," in Denzin, N. and Y. Lincoln eds., *The Handbook of Qualitative Research* (2nd edition). Thousand Oaks, CA: Sage, 2000.
[3] 传统民族志取向的研究者认为其书写方式以及切入视角本身不具备研究的"正当性"，即便是同为后现代主义民族志阵营的研究者也批判其过于沉迷于创伤疗愈，偏向创伤心理学，质疑其学科"正当性"；文学研究者则讽刺自传式民族志的书写"正当性"，认为其缺乏文学想象。参见卢崴诩：《以安顿生命为目标的研究方法——卡洛琳·艾理斯的情感唤起式自传民族志》，《社会学研究》2014年第6期。
[4] Ellis, C., T. Adams and A. Bochner, "Autoethnography: An Overview," *Historical Social Research*, Vol. 36, No. 4, 2011.
[5] 欧文·戈夫曼：《日常生活中的自我呈现》，冯钢译，北京：北京大学出版社2008年版，第205页。
[6] 安东尼·吉登斯：《现代性与自我认同：现代晚期的自我与社会》，赵旭东、方文、王铭铭译，北京：三联书店1998年版，第111—114页。
[7] 陈纪、南日：《自传式民族志的发展概况及其社会效用》，《湖北民族学院学报（哲学社会科学版）》2018年第1期。

（二） 自我与他者的关系："互话" 何以可能

文化需要作为个体自我的存在，自我和文化在这对共生关系中一同发展，并在此过程中产生意义[1]。作为女性研究者及女性书写者，自传式的方法天生便与女性存在某种亲和性，甚至在话语权上成为女性打破沉默、对男权权利位阶的反叛而被越来越多的女性学者悉知并使用[2]。在自传中，女性的经验便成为一种有效资源，构成一种认知方式，"（在某种情境下）自我将被呈现为经验与情感的拥有者，并能有效被赋予概念化"[3]。无独有偶，鉴于民族志方法的高度个性化与人性化，民族志研究者对"自我"的关注也正显现，"民族志要依靠研究者作为资料收集的首要工具"[4]，通常情况下，民族志者如何看待"自我"，将直接影响在田野与当地人的相互关系、搜集数据质量的高度甚至是文本最终的优劣。当然，本文所界定的自我首先是"本体性自我"，即以物质身体所呈现的自我面貌，包括外貌、性别、年纪、民族；然后才是"关系性自我"，即围绕自我外展的其他属性并与之互动的自我，民族志者的"自我"是相较于研究的"他者"而存在的，既然是将自身主动浸入"他者"文化之中，民族志者便可把外化的"他者"囊括进"自我"意识本身的建构中，自我与他者便更多地作为生成于田野中"自我－他者"的张力而存在，从而转换为"自我"内涵间的"关系－过程"[5]。无论是女性主义对"自我"书写的亲和，抑或是民族志者将"他者"内化进"自我"意识的再树立，自传式民族志都是对"自我"的表达与叙述在书写框架与分析上的最优研究方法。从拆解字根的方式来看，自传式民族志可拆分为 auto（自我）＋ethno（他者/文化）＋graphy（描述记录法）[6]，便更为直观地展示了其适用性与契合性。自传式民族志的"自我是作为民族志者的自我"，强调其运用的是民族志的研究方法，解释关于代表这个社会自我与他者之间文化的联系。田野为民族志者"自我"与"他者"文化提供了互话的场域，那么自传式民族志则为两者提供了完成互话的表达方式。

从认知与方法论层面，我们检视了用自传式民族志得以进行自我与他者关系梳理之合理性，而在具体实践层面，虽然自传式民族志自诞生起已有 40 余年的光景，国外对于自传式民族志这种研究方法以及产生的成果正逐渐被相关社会科学的研究者所接受、采用，但在国内却仍然停留于起步探索阶段[7]。这是

---

[1] Munck V., *Culture, Self and Meaning*, Prospect Heights, IL: Wave Land, 2005.
[2] 刘剑雯：《性别与话语权：女性主义小说的翻译》，香港：中华书局（香港）有限公司 2016 年版，第 46—47 页。
[3] 安·格雷：《文化研究：民族志方法与生活文化》，许梦云译，重庆：重庆大学出版社 2009 年版，第 141 页。
[4] 斯蒂芬·L. 申苏尔：《民族志方法要义：观察、访谈与调查问卷》，康敏、李荣荣译，重庆：重庆大学出版社 2012 年版，第 6 页。
[5] 康敏：《论民族志者在田野作业中的"自我"意识》，《广西民族研究》2013 年第 4 期。
[6] Ellis, C. and A. Bochner, "Autoethnography, Personal Narrative, Reflexivity: Researcher as Subject," in Denzin, N. and Y. Lincoln eds., *The Handbook of Qualitative Research* (2nd edition). Thousand Oaks, CA: Sage, 2000.
[7] 关于自传式民族志的分类因学者对其内涵外延理解的差异而有所不同：里德·丹奈（Reed－Danahay）将自传式民族志分为"本土民族志"（native ethnography）——本土人研究本土人——和"民族志的自传"（ethnographic autobiography）；而安德森（L. Anderson）与奥斯丁（M. Austin）则将其划分为"分析型"（analytical）与"情感唤起型"（evocative）自传式民族志，并认为分析型自传式民族志与传统写实民族志差别不大，都是通过成为"局内人"而将其自身经验作为分析来源，从而提取抽象出相关群体/文化的实质性理论。本文不纠结自传式民族志的类型划分，而是根据 Ellis 对自传式民族志的定义进行自传式民族志的书写。参见 Reed－Danahay D., "Introduction to Auto/Ethnography: Rewriting the Self and the Social", in Sikes, P., ed., *Auto－ethnography*, 1 (1). Los Angles, London, New Delhi, Singapore, Washington DC: Sage, 2013 (1979)；卢崴诩：《以安顿生命为目标的研究方法——卡洛琳·艾理斯的情感唤起式自传民族志》，《社会学研究》2014 年第 6 期。

一篇以第一人称的主观视角展开的自传式民族志的书写尝试,目标在于审视我作为一名女性民族志工作者,在凉山彝族地区进行田野调查时,由"具身性"所承载的身份、性别、年龄、外貌、自身生命历程的改变、身体对田野的适应与田野及后续知识生产的关系。通过对长期隐而未彰的田野过程进行展现,可以清晰地看到我的主观选择与判断充斥在整个田野过程中,并如何影响整个研究脉络与走向:我选择哪里作为我的田野点,选择谁作为我的主要报道人,记录哪些日常生活中发生的琐事,都带有浓厚的主观色彩,甚至是被自己所选择的研究对象所决定或所限制(我选择了我的研究对象,我的研究对象同时选择了我对其进行研究)。因此从这一角度出发,可以认为我的主观选择与研究对象的主观选择是相互构成的[1]。比如我的报道人不会带我去与他/她关系不好的家里去"串门子",他/她对于其他人的评价与认知也会影响我对这些人的印象,特别是对其评价较差的,有着"事前贴标签"的风险。

本文的逻辑线索以"具身性"为轴承,以"本体性自我"与"关系性自我"两个维度为载体,围绕"身体对(他者/文化)做了什么"与"(他者/文化)对身体做了什么",检视以具身性为基础的自我与他者的经验互动以及后续知识生产。正是透过自传式民族志的书写,我将正视自己在田野过程中遇到的道德选择、伦理困境、身体的抗拒、情绪的爆发、能力的缺乏,同时也促使我反思"自我－他者"关系之变动都会影响研究者对研究对象的认识以及研究的呈现与叙述方式[2]。

二、"自我" 在"他者"的遭遇

(一)"危险的田野地":臆想中的"他者"

一直以来,我都认为我与凉山的"缘分"始于大学期间的支教行为,直到有一次回家翻看小时候的相片时发现一张自己穿着彝族少女服饰的照片,才蓦然想起,原来早在小学三年级的时候,我便踏足此地,并在此跟随外公外婆度过了一个愉快的暑假。我对彝族的研究兴趣最先始于2007年我在凉山地区支教时注意到的一个细节:在凉山州州府西昌,几乎家家户户都使用太阳能热水器,但在B县,尽管当地光照条件非常好,却只在寥寥无几的房屋顶上发现其踪影。在当地的汉族朋友略带自豪地告诉我,屋顶上有太阳能板的都是我们汉族,"他们彝族人是不洗澡的"。还没有等我继续追问为什么的时候,我便实打实地通过切身体验得到了答案:我的脸被晒到发红脱皮,而手臂则直接被紫外线灼伤,至今仍留有痕迹。凉山的高山地区紫外线强烈,皮肤很容易被晒伤,彝族人通过减少角质层的损害(不洗澡)而增加皮肤油脂形成保护屏障以抵御紫外线,因此在当地可以经常看见一张张黑黝黝的脸庞,当时懵懂的我天天洗澡同时未采取防晒措施,没有了皮肤的天然保护层,晒伤便是理所当然的。这次经历让我"身"刻体认了彝族在与其栖息地环境的互动中发展出的"生存智慧",同时也清晰地触碰到彝汉间关于"我们－他们"的族群边界:"我们"通过区隔与确认"干净－肮脏""洗澡－不洗澡"来强化"你我"之别,从而确认在"我们"自身的认知秩序中处于"文化优越感"的一端,而"不洁净"的彝族作为对立面而存在。

---

[1] 高雅宁:《从广西靖西壮族口头传承仪式专家的田野调查经验谈壮族宗教分类》,载袁鼎生主编:《百越论丛》第二辑,南宁:广西人民出版社2009年版,第38—49页。
[2] Ellis, C., T. Adams and A. Bochner, "Autoethnography: An Overview," *Historical Social Research*, Vol. 36, No. 4, 2011.

"污秽从来就不是孤立的。只有在一种系统的秩序观念内考察,才会有所谓的污秽"①。那时候关于凉山地区毒品、艾滋病的报道尚未滥觞,彝族人作为"肮脏的他者"存在于"我们"的臆想中。而在此之后,这种"不洁净"迅速被"危险的他者"所代替。以至于当得知我博士论文的田野地在凉山地区的时候,几乎所有人都会问:"为什么要去那里?太危险了(太不安全了)!"而对于"危险地"的臆想主要集中于:"脏"——偏僻、少数民族彝族地区;"乱"——打架斗殴、小偷、抢劫、吸毒、艾滋病;"差"——交通状况、居住环境、卫生条件。甚至还有朋友得知我去凉山进行博士研究的时候担忧地问我:"你不怕被拐到深山里当别人媳妇吗?"当时的我不以为然,只是认为身为在少数民族地区做研究的汉族人,首先最需要克服与在意的是"民族"问题,怎样跨越族群边界而做到"从土著的视角看事情"(from the native's point of view)②,从而通过经验的贴近(experience-near)和同理心(empathy)去完成对"他者"文化的诠释才是头等大事。其他的都不构成田野的实质障碍。然而,当时的我的确没有料想到在与"他者"互动时,当地彝族人可能没有在意族群区分(或者是没有过分在意民族的区分),反而是更为直观与表面的外在特征——我的身份、性别,甚至包括我的长相——为我的田野经历增添了浓墨重彩的一笔。

(二)身份遭遇:老师、"本地媳妇"抑或人口调查员?

在当地彝族人的眼中,对于我这样一个外来者的角色认知,随着我进入田野的方式而不断地变化:2007年我被视为"冯老师";2012年的时候曾一度被认为是"某某的女朋友",不然怎么老是跟着当地一汉族小伙同进同出?到了2016年,则更为夸张地被视作上面派来的"人口调查员",因为我"老是拿着本子挨家挨户地问家里人的情况"。当地人对我角色的界定,脱离不了其既有的内部文化逻辑。无论是老师、某某的女友还是人口调查员的角色差异,都在当下的时空情境中影响着我在田野中的互动过程。"任何一种介入田野实践的身份表述都会对研究对象呈现出来的田野资料样貌产生影响,并进而在某种程度上参与民族志知识生产的过程。"③

第一次进入田野是2007年暑假。我利用假期时间通过公益锦里(NGO)的支教项目来到B县L镇,坐了10个小时的火车从成都到西昌,然后又坐了6个小时左右的汽车④到达当地的一所希望小学进行短期的下乡支教。由于与协会成员一起同吃同住,大多数时间均为集体活动,而那时的我出于"文化猎奇"的心态随着大部队一起进行家访、一起制定针对孩子的支教计划与学习安排。认识我的学生和家长会连姓一起叫我"冯老师",就连不认识的人也会因"较封闭社区"的小道消息的传播而知晓我们这行人来的目的和身份,在我去小卖部买东西时,尊称我一声"老师"。除了与当地的太阳进行了"火辣辣"的亲密接触外,第一次与田野里的当地人的互动是客气而点到即止的,始终保持着一定的距离,与其的日常接触也带有莫名的生疏感,双方均在自己能接受的范围内保持着克制与尊重,我尊重当地文化与特定习俗,当地人尊重我来此的目的与意义。但由这次"田野初次体验"所生发的对彝族的兴趣,则深深地扎根在

---

① Douglas M., *Purity and Danger: An Analysis of Concepts of Pollution and Taboo*, Routledge, 1984.
② 克利弗德·纪尔兹:《地方知识:诠释人类学论文集》,杨德睿译,台北:麦田2002年版,第85页。
③ 张建军:《民俗学的田野范式与伦理反思》,《贵州民族大学学报(哲学社会科学版)》2018年第3期。
④ 西昌到东部五县(金阳、雷波、美姑、昭觉、布拖)的公路307省道于2016年6月竣工,从西昌到B县的时间由之前5小时左右缩减到3个半小时左右。

了我的"皮肤",也扎进了我的心里。

如果说第一次进田野是带有明确的目的性与针对性的话,第二次与田野的接触则完全是"无巧不成书"。2012 年端午节前后,正值硕士研究生 9 月开学前的空闲期间,无意间听到我一个认识的大学学弟家在凉山州 B 县,据说还是当地"走出来"的第一个大学生,瞬间激发起我的记忆与兴趣,刚好这段时期凉山彝族地区高额的身价钱现象引起了我的注意,于是我立马联系了学弟,问他能不能带我回他家进行田野调查。学弟爽快地答应了我的请求,于是我又经历了 16 个多小时的颠簸,再度来到 L 镇。学弟家是镇上少有的汉族人家,其父母在镇上经营着一家家电行,经营范围包括家电的销售与售后维修。作为 B 县少数民族中的"少数民族"①,学弟家的待客之道也完全"彝化",十分热情好客,并入乡随俗地以彝族最高规格的待客方式欢迎我的到来——杀乳猪,然后做成坨坨肉烤着吃。这一大阵势迅速在当地炸开了锅,不到两天时间,小道消息不胫而走,流言开始酝酿:背地里有人开始称我为"某某家的儿媳妇""某某带回来的外地女朋友",加之那段时间我与人的交流三句不离身价钱,以至于当地人认为我是在了解"当地婚嫁行情",更加坐实了我即将成为"本地媳妇"的身份,弄得我哭笑不得。虽然在当地的身份让我较为困扰(相比于我的解释,他们更加相信他们所看到的与从当地人口中听到的),但是却"歪打正着"地获取了源源不绝的数据资料,"我们这边的情况是这样的,不要吃亏哦"。已婚的滔滔不绝地给我不厌其烦地讲述彝族的婚嫁习俗和自己的婚姻经历,顺带传授一些婚姻中的相处之道;未婚的则时常聚在学弟家店门外的空地里,吃着冰糕畅想自己未来的择偶标准以及对婚姻的想象。第二次的田野经历使我更为深刻地明白了我自己本来是什么不重要,重要的是当地人认为你是什么,他们就会用相应的方式跟你"打交道"。

2016 年 10 月,我选择了 B 县高寒山区一个较为封闭的乡村作为我博士论文的田野调查点,并在报道人小黑的协助下在他家安顿了下来。刚过农忙季节,这段农闲时光让我有更多的时间挨家挨户地走访,用我十分蹩脚的彝语②打着招呼,然后在小黑的协助下用谱系法对当地家庭的结构进行记录。当时我还半开玩笑地跟小黑说:"他们会不会觉得我有什么不可告人的目的?没事问他们家庭成员的情况"。果不其然,被我言中。不出一个星期,村里便开始传言我是"上面"派下来的"人口调查员",拿着本子不停地在上面画着看不懂的三角形和圆圈,并笔耕不辍地一直写写写。自从这之后,村里人都开始警惕我在村里的一举一动,时刻有"眼睛"盯着我,即便我不断连比带划地解释并拿出学生证"验明正身",也始终带有一些疏离感,直到我在当地同吃同住了快 1 个月之后,这种被打上"上面派来的人"标签的疑虑才慢慢消解。后来,当我问曲谟(我的另一个报道人)她们什么时候开始接纳我时,她告诉我:"如果你是(上面派下来的),那也太辛苦了,那些(上面)人③待这里从来没超过一个星期的。"

---

① 第六次人口普查表明,B 县常住人口为 160151 人,其中以彝族为主体的少数民族 15 万人,占总人口的 94%。
② 凉山彝族主要使用"诺苏语",属于彝族的北部方言区,而 B 县属于南部次方言区中的阿都方言区,我本就蹩脚的"纸上"彝语在这里根本派不上什么用场。还是小黑临时教了我几句简单的打招呼的彝语,让我不至于太过难堪。
③ 当时我十分好奇为什么他们这么在意"上面的人",并且他们认为"上面的人"究竟是什么人。根据我后来深入当地人的生活后发现,随着国家推进"精准扶贫"的方针,民族地区的扶贫行为的主导方针是针对不同贫困区域环境、不同贫困农户状况,运用科学有效程序对扶贫对象实施精确识别、精确帮扶、精确管理,在当地人的理解下就演变成"谁贫困就扶贫谁""谁家里人多、地少、房子破就资助谁",加之当时对于"超生"问题管制特别严格,谁家超生便会有罚款,因此对我这个一直询问别人家人数和情况的"外来者"保持警惕与怀疑完全可以理解和接受。同时,当地人对于"上面的人"并没有一个明确的界定到底是哪类人,只要是外来的、"跟他们不一样的"、进行一些"超乎寻常"的行为的,都属于此行列,作为"上面的人"仅仅是当地人观念上"排外"的一种惯性想象。摘录自 2016 年 11 月 20 日田野笔记。

以上便是我进入田野过程中当地人对一个外来者的理解与想象，从"冯老师"到"本地媳妇"然后是"人口调查员"，这种种形象都与我进入的方式以及当时所采取的行动有关，我的这些形象又经由当地人对我行为的分析，加强了他们对我无尽的遐想与猜测，并在好奇心的驱使下，持续不断地与我进行互动。我在观察他们的同时他们也在观察我，而我在参与他们生活的同时他们也参与了我的生活。这种"双向选择"决定了他者眼中的"我"到底呈现出怎样的形象，以怎样的形象与之互动决定了田野资料的获取与质量。当地人会用他们自己的方式来认知我，也会以他们的方式来接纳我。他们也必须把我们放入他们可理解的社会/文化体系中，才能知晓如何与我们进行沟通与往来，他们也在用他们的理解脉络体系来看待与理解我们对他们的研究。

沃特和琼斯（S. watt & J. Jones）将民族志者在田野中参与的程度的高低排列出关于参与的连续统：完全的观察者、观察如参与者、参与如观察者以及完全的参与者[①]。完全的观察者保持完全客观的角度进行观察，与研究对象完全脱离，尽量或完全不产生接触；观察如参与者这个阶段，则是为帮助研究者建立起未来互动的关键，这时候被观察者知晓研究者的存在，并知晓研究者的目的；参与如观察者则表示研究者与被研究者之间开始相互信任，但研究者依然采取中立的角色立场；完全参与者则代表客观性的完全消失，研究者已经成为被研究者中的一员。第一次进田野时，是由我所参加的NGO确定的时间、地点、派遣需要执行的任务，对于当地人来说，我是"完全的外地人"，也是"完全的观察者"，始终处于冷静与客观的观察圈里不敢僭越，某种程度表现为"被动的田野"，即被动地来到田野地进行被动的观察；第二次的田野，是由本地的"外来者"（学弟一家是1980年迁入）带领进入的，算"非正宗外地人"，我开始过渡为"观察如参与者"，开始进行"有选择的田野"：主动选择的田野进行被动主动参半的参与与观察；第三次的田野则更为符合人类学对进入田野的想象：有当地人直接引入，作为"半正宗外地人"的我，便成为"参与如观察者"，作为我自己"主动的田野"，我开始主动把控田野的过程与进度。但要完全成为"本地人"，中间还隔着一个身体的距离。

（三）身体间性：感同，身不受？

人对身体的感知直接根植于身体与文化经验、社会环境的互动之中，也时刻影响着我们的日常行为，它不光是生理感受或社会建构的结果，更是构成社会意义的基础[②]。因此，田野过程中民族志者肉身在场、具身性的状态与表达，都将直接牵扯民族志者对田野的观感与表述。

汉语中有一个成语叫"感同身受"，原指感激的心情如同亲身受到对方的恩惠一样（多用来代替别人表示感谢），现常被用于意指虽未亲身经历，但感受就同亲身经历过一样[③]。在情感唤起式（evocative）自传民族志里，强调研究者通过述说自己的经历和生命中的重要故事，透过自省式的对话与行动，以唤起读者产生情感上的共鸣，甚至"启发读者心灵、转变读者生活方式"[④]。比起强调情感唤起的书写方式，

[①] Watt, S., and J. S. Jones, "Let's Look Inside: Doing Participant Observation," In Jones, J. S., and S. Watt, eds., *Ethnography in Social Science Practice*, London and New York: Routledge, 2010, pp. 111—112.
[②] 任赟娟：《人类学视野中身体研究新转向——〈身体化的人类学〉评介》，《内蒙古师范大学学报（哲学社会科学版）》2015年第6期。
[③] 出自《现代汉语词典》（第六版）。
[④] 卢崴诩：《以安顿生命为目标的研究方法——卡洛琳·艾理斯的情感唤起式自传民族志》，《社会学研究》2014年第6期。

在田野过程中，女性更容易在具体情境中通过"别人的故事"寻求共情，"拉家常"成为女性日常生活的重要社交方式以及情感沟通的桥梁。

一个农闲时分慵散的午后，我一边看着吉莫织布，一边有一搭没一搭地闲聊。这是一个被岁月提早眷顾的女人，生活的经历和磨难让这个年纪跟我相仿却有两个儿女的女人脸上有着多于同龄人的皱纹：她父亲在攀枝花贩毒时受伤，后因伤口感染而去世，家里的哥哥也因为和丈夫一起吸毒贩毒，两人均被押收监，4年前哥哥因艾滋病去世，3年前村上进行艾滋病常规筛查，她和她的小儿子均被查出HIV阳性。"最疼我的哥哥走了，家头那个也不在（身边），现在（我）身体也越来越不行了，我过去了我可怜的两个娃该怎么办……"面对这样一个坚韧的母亲，我长时间无言以对。我能感受吉莫的心情，这种情感的涌出，最终落脚到我对至亲去世感受的涌现。对我而言至关重要的外婆的离世，那种"痛彻心扉"的悲恸与伤痛，外人再怎么安慰与劝说，都无济于事。但是事实上，研究者却永远不可能变成当地人，我们也没有超乎于常人的感知能力，可以让自己像当地人一样地去思考、感受与理解。通过研究者自身的一些生命体验，可能让我们能够与被研究者的经验有所"连结"，而做出较"贴近"当事者观点的诠释。只是没有人会为了理解苦难，而预先去储备苦难。我们之间始终会隔着一个"身体"，只能共情、交感而"感同"，但身体的疼痛，只能自己体认。作为研究者，无论再怎么"设身处地的同情"都"不能回到身体的物质性"[1]去"身受"。我能感受失去至亲的痛苦，也能想象对"即将"死亡的恐惧，但我却永远不能感知吉莫肉身上的疼痛以及对亲生骨肉的眷恋。研究者自身的生命体验只能成为激发人类学想象与理解的触媒之一，尼采"以身体为准绳"的至理名言告知我们身体要成为一切事实的评价基础，但却没办法逾越"身体间性"的鸿沟，在此意义上，我们始终也无法逃离拉比诺所谓"我们根深蒂固的是彼此的他者"的诠释悖论。

但是，鉴于文化不仅是一套意义的系统，同时也是一套身体感的体系[2]。田野调查是一项相当取决于人的工作，即便是对异文化有相当敏感性的民族志者，都可能囿限于本体性自我（性别、年纪等）而对某些需要身体认受的现实"视而不见"。对于我们而言，田野是立体的，我们设身处地地进入他者的生活脉络，必定会经由我们的身体去感知与感受，从日常生活中努力寻找一种"活生生"的身体观[3]，确保"身体的在场"。如果要将其立体化多面向地展示出来，就需练就一种"身体敏感性"，通过具身性的体验，体认文化沉淀在肉身上的"通过仪式"。

（四）"性别"的凝视："那个小女娃子"

长期以来，关于展示还是隐藏在田野过程中的性别问题，一直是困扰人类学者的两难决定[4]。那么现在，请大家闭上眼睛，想象一下在田野中进行调查的人类学研究者的形象，你会在脑海中浮现怎样的画面？方便换洗的冲锋衣，一双"踢不烂"方便走路的靴子，一条满是口袋的裤子，一顶遮阳帽，脖子上挂着相机，偶尔还挂着条毛巾，背上一个双肩包或方便拿取东西的斜挎包，手里永远握着笔记本，口袋

---

[1] 克里斯·希林：《文化、技术与社会中的身体》，李康译，北京：北京大学出版社2011年版。
[2] 余舜德：《身体感：一个理论取向的探索》，载余舜德编：《身体感的转向》，台北：台湾大学出版中心2015年版，第27页。
[3] 章立明：《中国身体研究及其人类学转向》，《广西民族研究》2008年第2期。
[4] Markowitz, F., and M. Ashkenazi, eds., *Sex, Sexuality, and the Anthropologist*, Champaign-Urbana: University of Illinois Press, 1999.

里永远揣着笔——这便是我脑海里浮现或者是记忆中田野工作者的"刻板印象"。等等，你说没有描述长相？头发长度、颜色？脸长还是脸圆？大眼还是小眼？有没有戴眼镜？是男还是女？对不起！我也不知道。因为无论男女、无论长相，我们的扮相都一样。在"传统"的人类学视角里，研究者都是无性别的（asexual）。英国人类学家哈登（A. Haddon）曾对普里查德说过："调查者的举止应像绅士。"但我不是男士，所以只得从女性的人类学者中去入手寻求答案。米德（M. Mead）关于萨摩亚的田野经验，似乎是标准参考答案：米德在萨摩亚社会里一方面由于其身体特性（白皮肤、女性、西方研究者）与当地女性特质截然不同，因此消弭了很多性别禁忌，让她能参与男性的祭祀及仪式，同时也容易去接近同性别的女性，她在田野可以被视为"无性别"/"中性"的存在。在田野里能做到"雌雄同体"不是最为理想的状态吗？刘绍华在凉山的田野也具备某种"模棱两可"的社会性别位置①，正是作为"荣誉男性"，帮助她在其研究对象中立足，得到这群吸毒与艾滋病的年轻男子的信任。

毕竟即便你的"田野行囊"里有各种应对田野突发情况的技巧与窍门（tips），也没人能告诉你去自己田野时应该进行怎样的着装与扮相最为适合。作为"在情景中的身体实践"，着装、身体与自我是作为整体一并展现的，而受制于不同时空场景的组合，我们便会考虑不同的着装策略以避免自己与整个环境产生冲突，从而陷入"麻烦"之中②。因此在田野初期，我"站在前辈的肩膀上"遵循外表中性化的着装实践：长裤、短发、颜色低调样式宽松的衣物以不凸显性别特征，小心地将"性别藏进柜子里"。当时我的活动的确也经常是跨越性别的：我会被准许观察男性参加的仪式（德古协商、家支内部协商），也会和村里的男青年一起蹲在坝子里喝啤酒聊天或者参与一起打台球，甚至会开玩笑说要加入他们的"敲门"队伍，到了晚上我又会和报道人的妹妹一同洗衣服、洗头发，然后同住一个房间。我可以游走于两性的空间——男性聚集的"前堂"与女性忙碌的火塘。我一直将我在田野地"无性别"的形象归功于我成功的"中性"着装策略，直到在针对身价钱的研究进行的一场焦点组访谈上，彻底无情地拆穿了我的幻想。这场焦点组访谈由我学弟的爸爸帮忙负责召集，主要是当地年长一辈的党政机关干部、夫呷（类似"媒人"）、有威望的德古③以及已婚的男性，在一个全部都是男性的场域，我立马能感受到某种异样的目光。正当我准备开始介绍本次访谈会的主题的时候，其中一名年长的男性（后来知道是镇长）将我打住，对我说："那个，女娃娃，你好大哦？看着好小，你等下，我跟某某（我学弟的爸爸）先说几句。"然后便转过身开始跟他窃窃私语起来。过了好一会儿，学弟的爸爸把我叫出去，对我说这个座谈会能不能让镇长负责主持和把控。"都是些年长的长辈，而且都是男的，你一个小女娃子（主导）不太好得，（而且）镇长开座谈会都是老经验了，都是有头有脸的人，说出去别个要笑话。"一句"小女娃子"瞬间让我有一种"狐假虎威"的心虚感，速速答应然后坐到角落里默默做着记录以降低存在感。当我反思这次"非常态"的焦点组访谈时，便明显感知到了性别与某种权力位阶的共谋：作为一个传统两性区隔明显的彝族地区，特别是在稍显正式的场合上，来自"性别"的滤镜还是会悄悄盯住你，提醒你不要越界。而审视与辨别某人的性别所属及与之对应的权力都深深根植在凝视者个人的文化类别及其想象之中。虽然我在着装上进行了佯装，但还是一张轻易便被认出的"女孩样"：圆脸、圆眼，圆鼻头。在年长男性的眼中，"小女娃子"这四个字高度概括了他们对我的印象："小"不代表年纪小，而是看起来小（实际上，我比当时参

---

① 刘绍华：《我的凉山兄弟》，台北：台湾群学出版有限公司2013年版。
② 恩特韦斯特尔：《时髦的身体：时尚、衣着和现代社会理论》，郜元宝等译，桂林：广西师范大学出版社2005年版。
③ 德古，是彝族地区通晓习惯法的德高望众的人，是彝族地区长期调解家庭矛盾的职业群体。

加座谈会的有些已婚男性年纪大），"女"则是我区别于他们（男性）的性别属性，"娃"指出了我的长相特征：一张娃娃脸（所以看起来小），"子"则自动将我归类为"经验欠缺"的"小一辈"。我追求"无性别化"田野策略的失败，显示了性别与由此观照下的自我是镶嵌于他者相互交错的复杂社会文化网络之中，显示出它特定运作脉络与规范，并最终落实在日常生活互动中进行展演[1]。

（五）自我生命历程的馈赠："女人何苦为难女人"

如果说当地人使用"性别滤镜"自动过滤掉我"中性"着装的努力，那么我也将计就计逐渐恢复并展现我的女性特质。2016年当我再一次踏入田野的时候，我没有刻意剪掉我好不容易留长的头发，也没有取下身上的饰品。此时我将研究的焦点大部分放到彝族女性身上，我也要带着"性别滤镜"去观察并参与"她们的日常生活"。一进入田野，带有明显女性特质的我收获了符合我性别的称呼：长辈叫我"小琳"（明显女性化的称呼），区别于之前常听到的"小冯"（中性化的称谓），跟我年纪相仿的更愿意称呼我的昵称："木木。"[2] 从无性别化的姓到直呼其名以及昵称，称谓的变化彰显了我身为女性的身份在当地得到确认。原本以为同为女性，研究彝族女性会更具"先天性"性别优势，然而"天真的"我又一次摔了跟斗。

身为女性，可能会影响研究者在不同研究场域中进行田野调查时的体验。先前进入凉山彝族腹地的研究者便有过类似遭遇，在一个两性社会分工与区隔明显的彝族社会，身为女性的她作为"荣誉男性"在彝族男性那里"混得风生水起"，却并未获得女性一方的"通行证"，她也在其著作中对其的研究短板进行了解释与说明[3]。类似的窘境同样也困扰着我：在B县L镇进行调查的时候，我比较能从当地男性那里获知信息，互动也十分顺畅和自然；虽然出于对我的好奇，跟我年纪相仿的年轻女性也能和我聊天，且大多为汉族女孩，但仅限于十分有限且粗浅的话题；明明跟同伴集体聊天都是热闹和开怀的，我一加入便时常冷场；更为窘迫的是，当两个人单独面对面时常常面面相觑，无话可说，只得各自找事情以避免太过尴尬的空气[4]。我把与当地女性的失败互动总结为一个公式：未婚大龄汉族女博士＋我有限的彝语水平＋当地彝族女性有限的汉语水平＝没有共同语言。这"没有共同语言"让我遭遇了前所未有的挫败感。长期以来，彝族地区的女性总是以"客体化"的形式存在：将女性作为研究对象的，匍匐于婚姻、家庭、民俗等特定章节，在研究内容上属于"边缘群体"；研究者与研究对象之间存在明显的权力位阶，虽然研究女性却不以女性为主体，论述的话语叙事以及带有"上帝视角"的论述淹没了其日常生活、经历与感受，导致研究视角中又是"无声群体"。当这样一个"沉默的群体"，以"活生生"的生命姿态鲜活跃动在我面前的时候，我还是鼓起了"明知山有虎，偏向虎山行"的勇气。转折出现在我第三次的田野中，这次我铁定了心更多地将研究焦点放在彝族女性上，幸运的是，在我进田野没多久，刚刚化解了

---

[1] Goffman, E., *The Presentation of Self in Everyday Life*, New York: Doubleday, 1959.
[2] 小黑家里人都更喜欢叫我"娃娃"。
[3] 刘绍华：《我的凉山兄弟》，台北：台湾群学出版有限公司2013年版，第196—198页。
[4] 随着田野的深入，我也逐渐知晓并不能将与当地女性互动的失败简单粗暴地归因于我明显区别于她们的"身份特征"：大龄、未婚、受过高等教育、汉族人。排除掉语言沟通上的障碍，在彝族社会，两性的性别分工十分明显，"男主外，女主内"，男性主要负责社会性劳动（社交）和重体力劳动（耕地、劈柴），女性则会花费更多的时间从事家务性劳动（做饭、洗衣、喂牲口、照料孩子等）及农业劳动（播种、施肥、收割等），男性有大把可以打发在与人闲聊的闲暇时间，而女性则"没时间、没精力、没机会"。只要时间允许，她们还是会怀着好奇心很愿意跟你"唠嗑"，她们也好奇这个"外来的"究竟在好奇些什么。

"身份危机"的我在一次与妇女的闲聊时无意间告知她们我是已婚妇女的事实[1]。不说还好,一说大家的目光齐刷刷地转向了我,露出有些诧异的神情。这时汉语较好的曲谟开口问道:"你结婚了?""对啊,刚结没多久,"我边说边晃了晃手上戴着的结婚戒指。万万没想到,我无意间透露的"个人隐私",原本仅是自身生命历程的转变,竟然鬼使神差地拉近了我与我研究对象的距离。我的"已婚"身份仿佛一张通行证,让我进入她们的"生活世界"。这个时候我才发现,原来是"(已婚)女人何苦为难(未婚)女人",我与她们之所以没有共同语言,原因更多地不在于我们之间的身份差异有多大,而在于你跟她们的生命轨迹没有交集的可能,一旦"求同存异"地找到共享点,她们的生命故事与我才有了交集的机遇。

以上便是作为本体性自我的"身体"在"他者"文化场域里的遭遇,身份、身体间性、性别与生命历程的改变这些嵌于"自我"的物质性特征,都积极建构着在田野这个中间状态下自我与他者的互动状态与过程。田野中发生的一切都作为"我"的"他者"成为我一直"凝视"的对象,而"我"在田野过程中也作为当地人凝视的"他者","互为他者"的过程中所展演的文化遭遇与认知碰撞便成为我们需要反思的要义所在。

三、"他者"对"自我"的印刻

如果说将自我主动放置于田野从而参与与"他者"互动过程的建构是"自我主动对他者做了什么"的话,那么这一节里,我将沿着"他者对自我做了什么"的脉络讲述在田野过程中他者对自我的建构,展示"他者"是如何完成对"自我"的文化刻写以及如何影响到"自我"知识书写的过程与反思。

(一)肉身"通过仪式"

自笛卡尔(R. Descartes)以降,"我思,故我在"的身心分置的二元划分一直盘旋于众多学科的上空,由于强调心灵在认知活动中的基础地位,同时将身体与心灵相对立,导致社会科学往往在分析"人"的时候,"身体"总是习惯性地不在场。直到20世纪70年代,身体才进入主流西方人类学的研究视野[2]。时至今日,身体的人类学研究也完成了从"二元论"—"一体论"—"社会—文化"—"多元范式"的扩展[3]。凯博文(A. Kleinman)更是将身体通过"躯体化"(somatization)作为理解自我以及社会世界的话语和行为的一种隐喻[4]。从"心灵—身体—外部世界"的视角认为三者的相互作用共同型构文化的过

---

[1] 事情经历如下:12月的一天,天气实在太冷,我做家庭调查时大家都围坐在火塘前烤火,马莫说我看起来好小,于是问我几岁了,我告知了她我的年纪,然后问我结婚了没,我半开玩笑地说:"我都穿黑底蓝边的裙子了。"在B县,通过其身上穿的百褶裙便能看出她是已婚还是未婚,黑底蓝边的裙子是已婚妇女的穿着,不过现在除了些许老年人而外,几乎所有彝族妇女都着现代便装,光从服饰上已经看不太出来其是已婚还是未婚。
[2] 汪国安、陈永国认为梅洛-庞蒂的身体现象学,涂尔干、莫斯和布迪厄的社会实践性身体,以及尼采、福柯的历史、政治身体观重新将身体拉回社会科学主流视野。参见汪国安、陈永国编:《后身体:文化、权力和生命政治学》,长春:吉林人民出版社2003年版。
[3] 胡艳华:《西方身体人类学:研究进路与范式转换》,《国外社会科学》2013年第6期。
[4] 凯博文:《苦痛和疾病的社会根源:现代中国的抑郁、神经衰弱和病痛》,郭金华译,上海:上海三联书店2008年版,第50—56页。

程，从而身体被置于社会—文化和心理—生理的核心位置①。"身体"作为核心概念在人类学学科内经历的学科范式的"通过仪式"一波三折，而如何让"异文化"住进我身体也经历了颇为折腾的"通过仪式"。

翻看自己的田野笔记时，发现了一段有趣的对话：

下午农闲时，跟小黑去湿地抓鱼②，湿地在风季是枯水期，水比较浅，所以我就直接挽起裤腿开干，鱼没抓着，倒是自己累得不行（我给自己的解释是鱼太小了，渔网的网眼太大，小黑笑了个半死）。一边打闹一边闲聊之际，小黑对我说："你晒黑了。"我："肯定的啊，紫外线那么强，不黑才怪了。"小黑："你没涂防晒霜哦？"我："啊，懒得涂。"小黑："不行哦，要晒伤，我过年的时候，就在太阳底下躺了一天，皮肤直接开裂掉皮，没到雨季前都很干燥，所以补水也很重要，你个女娃子家家还是要注意一下。"我："谁让你学我们（汉族）洗那么勤，不洗（脸）皮肤的油脂厚，有天然保护层就不容易晒伤了。老祖宗的智慧还是实用的（笑），我2天没洗（脸）了，不得晒伤。"小黑："我怎么觉得你比我这个彝族人都像彝族人了嘞？"听到这句话的时候，我下意识地看了看晒得黝黑的手臂，想着我那油脂分泌过旺的脸颊，那时候，我知道，我进来了。③

"身体是一个人最初也是最天然的工具，或者更为确切地讲，身体是人最原始、最天然的技术对象（technical object），同时也是人的技术手段（technical means）。"④ 当个体作为文化技术的对象，经由身体的不断演练进而记住这些技术，社会文化在此进行了它的刻写。莫斯的这段话在我回想起田野过程中身体的遭遇后来看，着实深有体会。在经历了饥饿（一天只有两顿饭）、便秘（长时间缺乏绿色蔬菜）、腹泻（食用未完全煮熟的坨坨肉⑤）、感冒（高山地区昼夜温差起伏大）、晒黑之后，彝族的饮食习惯（文化）、生存环境（外部环境）完成了在我身上的社会文化刻写。

身为女性，又身处两性区隔相对明确的彝族社会，虽然对于当地人来讲，我不算"女性"（社会性别意义上），每每被邀请去当地人家做客的时候，我都会被当作"社会男性"与男性一起在堂屋（或院子里）而非与女性同坐内屋里进食。但是作为"生理意义上的女性"，在我田野过程中，我依然需要"入乡随俗"，遵循当地社会文化对女性的约束与规训：我不能将贴身衣物晾晒于院子里显著位置、不能爬家里的楼梯、只能坐火塘的右边。同时我也严格遵照彝族社会对于女性的社会行为与角色分工参与劳动：跟小黑妹妹一起去采喂猪的苦荞叶、挖马铃薯、给附子除草以及去湿地割草喂牛。在深入女性日常生活的同时，我也慢慢去调适自己使自身在当地环境里"不显突兀"，而我也敏锐地找到了其中的关键钥匙——蓝色帽子与水鞋。大多数彝族家里都喂猪，因此便留有让猪拱泥的区域，同时由于湿地边潮湿，尤其是雨季时道路还有田间地头的泥泞，因此当地妇女在劳作时便会着水鞋。而蓝色帽子更是彝族妇女的"标

---

① 周如南：《折翅的山鹰：西南凉山彝区艾滋病研究》，北京：中国社会科学出版社2015年版，第43页。
② 由于彝族某些地方有不许女性抓鱼的行为禁忌，特别向小黑确认后方进行抓鱼行为。更新的信息显示，最新消息是2019年开始为保护湿地，当地乡政府已经禁止村民在湿地里抓鱼、电鱼的行为。
③ 摘录自2017年4月18日田野笔记。
④ Mauss, M., "Body Techniques", in Mauss, M., ed., *Sociology and Psychology*: *Essays*, London: Routledge and Kegan Paul, 1979, p. 104.
⑤ 我腹泻差点急性胃肠炎的经验来自跟随小黑参加一个远房爷爷的葬礼。见识了宰杀100多头牛的大场面后我也有了几百个人席地而坐分享坨坨肉的经历，当时作为"外地人"慕名参加爷爷的葬礼让举办葬礼的家庭感到"很有面子"，于是"特地"照顾我，分食到了几大块坨坨肉，也正是因为太大，以至于里面有些夹生，出于对死者的尊敬以及对彝族民俗的尊重，我硬着头皮吃完了，回到住处后便开始肚子不舒服，继而腹泻不止，还好提前备有药物，不至于"拉至脱水"。小黑得知我的窘态以及原因后哭笑不得，说我"一知半解""傻得要死"，吃不完的坨坨肉可以带回分享给其他家里人食用，不必非要当场一次性吃完。

配",无论年迈的还是年轻的、已婚的还是未婚的,除了小朋友,除开睡觉时间,其余时间全部都戴着蓝色的翻檐帽。于是我立马趁赶集的时候购置这两样更符合本地妇女着装标准的"配件",让自己外表更符合当地人的"审视标准"。从我采苦荞叶越来越娴熟的动作到挖马铃薯的熟能生巧,从我外显的马尾到我"看不见的头发",我主动去适应当地文化的性别规训,从而体验到"他者"文化对身为女性的我行为举止习惯的约束,由此完成彝族文化对女性社会行为规范的"再社会化"。

(二)他者眼中的"我":"看"的能见度

上一节主要聚焦于作为他者的彝族文化对肉身的"本体性自我"的塑造,从这一节开始,我将叙述焦点逐渐落于其对"关系性自我"在知识生产过程中所引申出的他者—自我的各种连带关系,包括他者对我的认知与定位、田野中面临的"他者呼唤"的悖论,以及在书写"他者"中的"自我"差异。

我们老祖宗留下了诸多关于"看"的成语,比如"亲眼目睹""眼见为实"凸显了"视觉中心主义"(ocular-centrism)的重要位置,让我们相信自己眼睛所看到的,确信我们看到之物的确切样态①。不可否认的是,知识溯源的过程从逻辑上来说,"写文化"首先是从"看文化"开始的,无论是远距离"看"文献资料,还是近距离"看"田野,都离不开"看"这项身体技术②。传统人类学田野工作以及知识形成所内建的"视觉经验主义",便是建立在"研究之眼"的视觉观察上,将眼睛看到的事物尝试与某些理论、框架以及概念、范畴等进行关联。对这些关联的来回分析,遵循的是"去身体化"的抽象化提炼过程,"研究者往往隐匿于民族志背后,以权威的旁观者的身份叙述客观事实"③。人类学必备"看"的能力,是对所观察之物进行定位并建立对其的理解,这种"观视"能力透露着研究者经过训练的"研究之眼"。在这一眼光的"注视"下,一些特定的社会意象将渗入其中,研究者因而能够从中知悉掺杂着文化的谆谆教诲,学习如何看与分辨,以及展现出特定的社会惯习④。但是,如若过分相信"耳听为虚,眼见为实",则易陷入"盲人摸象"的境地。我在田野中经历的"耳听为实,眼见为虚"的体验,则真切地感受到区别于传统人类学学科所立基的"视觉中心主义"的田野"震撼":

今天去到 B 村,路经一群围坐织布的彝族妇女,同样享受了"目光浴"的待遇并对我报以难以言传的笑意。远离了以后,小黑偷偷跟我说:"那群妇女说又有汉呷来了。""可是我分明听到的是'shei'⑤。"我回应道。"你听到了,怕你不高兴。"小黑不好意思地摸了摸头。"汉呷"是对汉族人的中性称谓,不带有任何褒义贬义色彩,而"shei"则是个十足的贬义词,这两者间的张力在于,小黑作为我的报道人,出于好意便"自动"过滤掉他认为"不好"的东西,但这并不表示我作为"shei"的印象在这些彝族妇女眼中有所改变。小黑对我的"好意"是真实的,而彝族妇女对我的界定也是真实的,这些都根植于我"汉族人"这一单一"事实"中。同时,我的身体官能之间也产生了张力:我"看"见了彝族妇女对我"友

---

① Friedman, A., "Looking for the Body in Sociological Literature on Gender," *Berkeley Journal of Sociology*, Vol. 48, 2004.
② Mauss, M., "Body Techniques", in Mauss, M., ed., *Sociology and Psychology: Essays*, London: Routledge and Kegan Paul, 1979, p. 104.
③ 张连海:《从现代人类学到后现代人类学:演进、转向与对垒》,《民族研究》2013 年第 6 期。
④ 皮埃尔·布迪厄:《实践感》,蒋梓骅译,南京:译林出版社 2012 年版。
⑤ 汉族人在彝族这里有一个别称"shei",这个名词在彝族社会里专指奴隶,后面在奴隶买卖中,边界的汉民被绑过来卖,被买当作奴隶,所以彝族就看不起汉族,这个词逐渐变成含有贬义的对汉族的称呼。

好地"微笑,但我"听"到了"不友好"的称呼,如果我对"shei"这个字眼没有留意或不知其涵义,那么,我对在这高寒山区深处的彝族同胞对汉族的感受,便仅仅停留于"友好"的表面上,而不会发现其深层的文化构涵。作为研究者的我的"眼光"会限制我对他者的理解。①

我们投身于田野鲜活的日常生活场域,对资讯的接收以及发现"文化触点"需要调动"全身心"进行感受。实地田野中民族志者个人的"具身性"虽较少被提及,但实际上却牵动着田野中的互动、交往以及能够"看"或深入的场域,继而影响知识生产过程中"身体记忆"的调动。民族志知识的形成,不管承认与否,都相当仰赖于研究者这个"训练有素的身体"(skilled body),通过看、听、说、触等方式而体认到的在日常生活情境下,存在的现象或行为背后的情境指涉;同时也需要将身体"转译"的信息纳入系统,整理出根植于社会脉络与互动的社会意涵、为自己所用的"田野日常生活知识库",为进一步转化为"可书写的知识"提供充实的"素材库"。

(三)"他者"的书写:"男女有别"与"内外有别"

"时常在徘徊中摸索:或因为田野材料的不够细致而苦恼,或因为无法厘清理论上的思辨而苦恼,或因为无法让二者有贴切的对话而掷笔,或无法提出原创的论点而望洋兴叹。田野苦,分析苦,写作更苦……"②

谢国雄的自述或许道出了很多民族志者的苦闷与心声:田野里"身体"受苦、分析与写作则是"思想"遭罪。一则要避免研究者的田野技巧和经历无法被看到,只留下"不具人格的、非个性化的叙述"③;二则要担心知识生产的单向叙事,即我解释你,而你则通过我系统专业化的"转述"而得以呈现④;三则需要警惕陷入"上帝视角":研究者—被研究者不对等的权力位阶的泥沼;最后还需对知识生产方式进行反思,杜绝"沉默的共谋"⑤。在本节中,我将针对民族志者千差万别的"自我"所产生的民族志差异之反思,讨论"内—外""男—女"的知识生产分工的差异是如何作用于对"他者"的书写中。

在完成一系列田野动作之后,我们便需要进入"创作模式",完成"理解他者之理解"的知识再生产⑥。无论是对民族志的反思,还是对田野经验的再分析,学者们多以书写方式、叙事方式、自我与他者的关系的角度和视野进行阐释⑦。我们也因田野旨趣、自我—他者关系形构的诉求不同,从而生产出差异化的研究成果⑧。在对聚焦于彝族地区的文献进行梳理时,我发现既有研究成果明显地呈现出两种不同的

---

① 摘录自 2017 年 5 月 21 号田野笔记。
② 谢国雄:《茶乡社会志:工资、政府与整体社会范畴》,台北:"中央研究院"社会所 2010 年版,第 2 页。
③ 芭芭拉·泰德拉克:《从参与观察到观察参与:叙事民族志的出现》,富晓星译,徐鲁亚校对,《满族研究》2002 年第 2 期。
④ 罗红光:《对话的人类学:关于"理解之理解"》,《广西民族大学学报(哲学社会科学版)》2013 年第 3 期。
⑤ 马力罗:《时间与民族志:权威、授权与作者》,吴晓黎编译,《民族研究》2014 年第 5 期。
⑥ 罗红光:《对话的人类学:关于"理解之理解"》,《广西民族大学学报(哲学社会科学版)》2013 年第 3 期。
⑦ 参见芭芭拉·泰德拉克:《从参与观察到观察参与:叙事民族志的出现》,富晓星译,徐鲁亚校对,《满族研究》2002 年第 2 期;张晓佳:《女性经验与民族志叙述型话语——以格莱蒂斯·理查德的瓦纳霍研究为例》,《妇女研究论丛》2012 年第 3 期;罗红光:《对话的人类学:关于"理解之理解"》,《广西民族大学学报(哲学社会科学版)》2013 年第 3 期;康敏:《论民族志者在田野工作中的"自我"意识》,《广西民族研究》2013 年第 4 期;马力罗:《时间与民族志:权威、授权与作者》,吴晓黎编译,《民族研究》2014 年第 5 期。
⑧ Bowie, F., "Sex, Gender and the Sacred", in Bowie, F., ed., *The Anthropology of Religion: An Introduction*, Oxford: Blackwell, 2000.

"自我－他者"关系，即"性别导向"的知识产出与"内外导向"知识产出。

整体而言，对彝族地区的研究有着明显的性别差异。男性研究者更多地关注社会结构、社会文化/历史、社会问题等宏观层面的分析。老一辈对彝族地区的研究偏向于宏大叙事与整体把控：无论是建构于结构－功能框架下对凉山地区的全景式调查①，还是对彝族族源以及社会宗教、历法、神话的概述②，抑或探求彝族远古文明与历史③，对彝族社会经济形态的研究④，无不体现了对宏观框架性结构与脉络之追求。当代男性学者当中，则将研究范围聚集于中观层面的照拂，更具针对性地进行社会现象/问题导向的诠释：或是关注彝族社会发展问题⑤，以艾滋病与毒品为主要切入点，关注群体健康、群体印象以及社会组织的作用⑥，或是关心彝族人口流动⑦，或是针对彝族民族文化（宗教、习俗、语言等）与族群认同进行的针对式研究⑧。

男性的叙述/写作策略多数是总结性概括与宏观逻辑结构，大多数情况下，这样的总结主要是基于对社会共有的关于世界如何运转的理解，而非个人经验。相较于男性，女性更习惯通过分享围绕重要时刻与特殊事件记忆与感觉的个人故事来构建或引出她们的叙述与写作⑨，因此女性视角的叙述与写作方式更具有日常性与情感性⑩。如果说男性在确定研究主题与书写研究成果更具"男性气质"（结构、框架、理性）的话，在梳理女性学者书写的彝族知识成果时，便可明显感知到带有"女性气质"（文学、文化、妇女）的关注领域与个人情感式的细腻书写。研究彝族社会的女性学者屈指可数，其中巴莫三姐妹是最耀眼的存在：大姐巴莫阿依以彝族宗教信仰为依托，考察彝族宗教信仰与仪式生活⑪，二姐巴莫曲布嫫则立足彝族文学与民俗学，对彝族诗歌、口头传统叙事进行深入解剖⑫，小妹巴莫乌萨嫫更是文化积极传播者，以记者的身份活跃于彝学传播中。后来三姐妹还成立巴莫姐妹彝学小组，以振奋彝民族精神，弘扬

---

① 林耀华：《凉山夷家》，昆明：云南人民出版社 2003 年版。
② 参见马长寿：《凉山罗彝考察报告》，巴蜀书社 2006 年版；李绍明：《关于凉山彝族来源问题》，《思想战线》1978 年第 5 期；李绍明：《从中国彝族的认同谈彝体理论——与郝瑞（Stevan Harell）教授商榷》，《民族研究》2002 年第 2 期；史蒂文·郝瑞：《田野中的族群关系与民族认同：中国西南彝族社区考察研究》，巴莫阿依、曲木铁西译，南宁：广西人民出版社 2000 年版。
③ 参见刘尧汉：《彝族社会历史调查研究文集》，民族出版社 1980 年版；刘尧汉：《彝乡沙村社区研究》，昆明：云南人民出版社 2002 年版。
④ 李绍明：《论解放前凉山彝族社会的土地所有制形态》，载《李绍明民族学文选》，成都：成都出版社 1995 年版。
⑤ 侯远高、丁娥编：《发展的代价：西部少数民族地区毒品伤害与艾滋病问题调研文集》，中央民族大学出版社 2009 年版。
⑥ 参见庄孔韶、杨洪林、富晓星：《小凉山彝族"虎日"民间戒毒行动和人类学的应用实践》，《广西民族学院学报（哲学社会科学版）》2005 年第 4 期；庄孔韶：《"虎日"的人类学发现与实践——兼论〈虎日〉影视人类学的应用新方向》，《广西民族研究》2005 年第 6 期；周如南、周大鸣：《情境中性的社会网络与艾滋病风险——凉山地区通过性途径传播艾滋病的风险研究》，《开放时代》2012 年第 2 期；周如南：《民族地区的艾滋病传播与防控——以凉山彝族地区艾滋病与地方社会文化调查为例》，《南京医科大学学报（社会科学版）》2012 年第 14 期；《四川凉山彝族地区的健康认知与治疗模式——以昭觉县竹核坝为例》，《西南民族大学学报（人文社会科学版）》2014 年第 2 期；《歧视的地方性逻辑：凉山彝区家支整体主义下的疾病应对与意义生产》，《开放时代》2015 年第 4 期；《凉山彝区家支结构下的疾病应对与意义生产》，《文化纵横》2015 年第 5 期；《折翅的山鹰：西南凉山彝区艾滋病研究》，北京：中国社会科学出版社 2015 年版。
⑦ 周如南：《都市冒险主义下的社会空间生产——凉山地区彝族人口的城市流动及其后果》，《开放时代》2013 年第 4 期。
⑧ 参见巫达：《彝族社会中"尔普"形式的变迁》，《民族研究》2004 年第 1 期；《族群性与族群认同建构》，北京：民族出版社 2010 年版；《凉山彝族的宗教世俗化》，《北方民族大学学报（哲学社会科学版）》2016 年第 5 期；《变异中的延续：凉山彝族丧葬文化的变迁及其动因》，《民族研究》2017 年第 2 期；《从诓鬼的烤肉到宴客的烧烤——彝族饮食文化的同质化和异质化过程的人类学阐释》，《西北民族研究》2017 年第 1 期。
⑨ 玛丽亚·海默、曹师弟编：《在中国做田野调查》，于忠江、赵晗译，重庆：重庆大学出版社 2012 年版，第 136 页。
⑩ 张晓佳：《女性经验与民族志叙述型话语——以格莱蒂斯·理查德的瓦纳霍研究为例》，《妇女研究论丛》2012 年第 3 期。
⑪ 参见巴莫阿依：《彝族祖灵信仰研究：彝文古籍探讨与彝族宗教仪式考察》，成都：四川民族出版社 1994 年版；巴莫阿依：《彝人的信仰世界：凉山彝族宗教生活田野报告》，南宁：广西人民出版社 2004 年版。
⑫ 巴莫曲布嫫：《鹰灵与诗魂——彝族古代经籍诗学研究》，北京：社会科学文献出版社 2000 年版。

彝族传统文化，研究彝族妇女问题为宗旨活跃于国际彝学舞台。不同于巴莫姐妹，马林英（沙马阿卓）开展自己对于彝族进行研究的目光锁定在社会性事务中，围绕性别、教育、婚姻等，对彝族妇女儿童投入了更多的关注[①]，同时也敏锐地率先对凉山地区的毒品问题展开自己的解读[②]。而刘绍华则是更为特别的存在：一位台湾女性学者在彝族地区对彝族男性艾滋病与吸毒问题的书写[③]，相较于其他女性学者的研究领域，刘绍华的研究群体主要为男性，但她还是在叙事风格上展现了其女性的特质：文笔流畅细腻，情感充沛，开篇以亲身经历带出自己的田野故事。也正是在艾滋病与吸毒问题上众多学者的相遇，除了明晰"男女有别"的知识生产模式以外，也让我清晰地辨识出"内外有别"的叙事视角。

虽然这些研究都聚焦于凉山地区的吸毒与艾滋病问题，但其出发点各有不同：马林英作为"族内人"更为急迫地将吸毒贩毒以"问题模式"进行研究：现状描述—发展趋势—提出对策，以解决问题为导向；侯远高更是将对本民族的"学术关怀"照进现实，从"社会干预"促成"社会行动"。刘绍华主要是将凉山地区的毒品与艾滋病现象纳入现代化发展进程的脉络里进行分析；周如南则以"疾病与权力"为线索将个体行动与社会结构置于权力网络与时代变迁中进行解读。这四者恰好构成了"彝族女性看彝族人（社会）""彝族男性看彝族人（社会）""外来女性看彝族人（社会）""外来男性看彝族人（社会）"的"互镜"。我们都不可避免地会在个人经验的引导下，选取诠释时所采取的角度。侯远高与马林英作为"局内人"，更多的采用了主位的视角积极地促使问题得以解决，无论是提出对策建议抑或是直接付诸行动；而刘绍华与周如南作为"局外人"，则通过不同的视角去梳理吸毒与艾滋病生发的脉络，并将其作为社会现象进行理论上的诠释。"自我建构"与"他者叙述"[④]之间的张力承载了"内外有别"的知识生产结果。

在我整理田野笔记时，发现我对时间、事件更多的是以身体的感官的女性化叙事模式进行记录的，其中充斥着我自身的主观情感、经历体会、逸闻趣事、身体状况。身为女性，我毫不避讳自己对男性可能会忽略的日常琐事细节以及女性的日常进行事无巨细的描写与记录，并倾向用第一人称的叙事方式，与我的研究对象以对话的形式展开书写。研究者对关键性生活场面的经历将会进入后续书写过程，将自我当作一种研究资源，会启动自身的记忆与回想[⑤]。田野过程中切身经历的种种——与牛为邻、与老鼠为伴、雨季里阴暗潮湿的土屋、发霉的被子、火塘里松枝的气味、动手"砍"癞蛤蟆时的心惊胆战——所召唤出的画面感与身体感知记忆，甚至连蹲在床边做田野笔记时的情景都历历在目。这些具身性的体验都将伴随我的书写阶段并被重新记起和一再回溯。这种田野的个人经历也将重塑我们的个人主体性与认

[①] 参见马林英：《四川彝族妇女早婚问题研究》，《西南民族学院学报（哲学社会科学版）》1996年第4期；《凉山农村彝族妇女可持续发展研究》，《西南民族学院学报（哲学社会科学版）》2000年第10期；《对凉山彝族婚姻文化变迁及行为调适的考察》，《西南民族学院学报（哲学社会科学版）》2001年第1期；《扩展经验：探讨凉山民族教育发展的新领域——以近十年来国外资金援助、经验奉献的教育实践为例》，《西南民族大学学报（人文社科版）》2003年第8期；《社会性别：彝区发展研究的新视野新方法》，《西南民族大学学报（人文社科版）》2004年第6期；《性别与发展的实践——分享"参与功能性脱盲脱贫的试点"项目经验》，《西南民族大学学报（人文社科版）》2005年第6期；马林英、于淑礼：《主导与依附并存——凉山彝族父系制社会中的母系文化特征研究》，《民族学刊》2017年第4期；马林英：《凉山彝族服饰艺术与社会身份的文化意义探究》，《中央民族大学学报（哲学社会科学版）》2018年第6期。
[②] 马林英：《对凉山彝区吸贩毒问题的现状调查》，《西南民族学院学报（哲学社会科学版）》1999年第3期；《凉山毒品问题现状、趋势及对策研究》，《西南民族学院学报（哲学社会科学版）》2000年第3期。
[③] 刘绍华：《我的凉山兄弟》，台北：台湾群学出版有限公司2013年版。
[④] 王菊：《从"他者叙述"到"自我建构"——彝学研究的历史转型（1950—2006）》，四川大学文学系2006年博士论文。
[⑤] Collins P., and A. Gallinat, *The Ethnographic Self as Resource: Writing Memory and Experience into Ethnography*, New York and London: Berghahn Book, 2010.

同，并影响未来的研究策略与知识建构①。

（四）"田野的呼唤"：无时无刻的伦理困惑

田野过程是研究者（及其社会文化）与当地人（及其当地社会文化）在特殊时空相遇，进而相互碰撞的过程②。在进行田野时，我一直不断地问自己："我的出现、我的研究到底对于当地人来说，究竟有什么意义？"是不是真的仅仅是为了自我的学术追求？是不是真的如巴利所说："田野工作或其他学术研究，其正当性不在对集体的贡献，而是更为自私的个人成长？"③这深耕于田野的既定事实曾让我在多少个夜晚辗转反侧难以入眠④，特别是当我感到自身能力欠缺之时，面临伦理道德抉择之时。这种纠结伴随了我田野过程的始终，仿佛"影子"般如影随形，并萦绕在随后的书写中迟迟不肯消退。

作为根据伦理规范标准制定的田野行为准则，田野伦理要求研究者在介入当地人日常生活的同时，除自身关注的研究问题外，更要考虑自己的行为是否符合田野伦理要求⑤。秉持"无害"即道德，以学术追求为导向的田野实践⑥却没办法帮我解决来自"田野的呼唤"的难题。

一直以来，我都天真地将道德伦理视作"房间里的大象"，但真正进入田野，便真切感受到道德困境并非"束之高阁"地存在于形而上层次，而是更多地伴随于日常生活的过程，时刻让你彷徨，时刻让你自我怀疑，时刻让你不知所措。我在田野里经历了无数次需要做出抉择和价值判断的时刻，这些时刻化作我学术研究的焦虑，也让我对自身能力的不足深感惭愧。

我今天直面了在田野里真真切切存在的道德伦理抉择，小黑爸爸在火塘边闲聊时让我帮他家解决户口落户问题，让我"给乡政府打个报告"或者直接告到县政府去，因为村里老不给解决。大概意思就是：来这边该调查的都调查完了，住在我家里还是应该为我们"做点贡献"。小黑说："我爸把你当中央纪委派下来解决问题的了。"虽然我在进入时便明确地告知他们一家我的身份以及我来此的目的，但是当看到我一会去乡政府访谈乡长、一会去县政府获取数据资料，我开始担心我做过的事、说过的话让他们"误解"我是能帮助到他们的人。他们对我抱有的这种期许，我应该怎么做？积极去干涉此事？还是继续做一个旁观者？我到底帮还是不帮？⑦

帮还是不帮？帮应该怎么帮？不帮我又该如何自处？如何与当事人继续相处？我们在田野过程中时刻处于纷乱琐碎的事务中心，处理这些弥散于日常生活的道德抉择，无论是当机立断还是优柔寡断，都会一直陷于持续不断地处理作出这些判断的后果。

---

① 张雯勤：《遇见田野，遇见官僚体制》，载郭佩宜、王宏仁编：《田野的技艺：自我、研究与知识建构》，台北：左岸文化2019年版。
② 郭佩宜、王宏仁编：《田野的技艺：自我、研究与知识建构》，台北：左岸文化2019年版。
③ 奈吉尔·巴利：《天真的人类学家》，何颖怡译，桂林：广西师范大学出版社2011年版，第3页。
④ 当然睡不着的原因还有床板太硬、老鼠作祟等，所以有时间思考这些形而上的学术终极问题。
⑤ 张建军：《民俗学的田野范式与伦理反思》，《贵州民族大学学报（哲学社会科学版）》2018年第3期。
⑥ 陈泳超：《"无害"即道德》，《民族文学研究》2016年第4期。
⑦ 小黑家户口原本在瓦沟村，因为舅舅（家里唯一的小儿子）离世，照顾外婆的重任便落在他妈妈头上，于是他家在10年前搬来洛恩村，外婆去世后，房子归小黑妈妈所有，家里的生产资料也全部在洛恩村，因此想把户口从瓦沟村转到洛恩村。"这样才能享受到扶贫政策"。目前两方村委相互推诿，一个说长期没住在（瓦沟）村里，一个说户口不在（洛恩）村里，所以均不享受扶贫的种种政策，成为"两不沾"户。摘录自4月23日田野笔记。

伦理上的无比困惑持续困扰着我：太过于深入，涉入他家的具体事务中去，比如关于户口落户问题，小黑弟弟的高考志愿和专业的选择等，则是将自己的经验和人生价值的选择加诸小黑家庭之上，但是如果完全当旁边者，对这些视而不见，则会让我的良心感到不安。在这样一个家庭里，能参考的、能给予帮助的实在是少之又少。怎样去平衡田野伦理与良心的抉择，的确是在田野中每时每刻需要关注的张力和需要克服的紧张感。我的田野不像爱丽丝·戈夫（A. Goffman）曼那样，涉入的事务大多是危险的（吸毒、贩毒、枪战），因此她采取的技巧是尽量降低自己的存在感（在黑人群体的白人中产阶级女性很扎眼），以减少与环境和社会互动的违和感，但是我的田野与戈夫曼又存在类似的部分，只不过我所面临的，不是"能见"的危险，更多的是"隐藏"着的风险（艾滋病、身为女性的人身安全），我在我的田野里同样也很扎眼，这里很少会出现汉族年轻女性（虽然有民工在这里修房子打工，但是大部分为男性，就算是女性也是40岁左右的中年女性）。我在我所处的田野情境中是没办法尽可能隐藏或降低存在感的，作为孤立的"研究者"，我的一举一动都牵扯着我的田野下一步究竟会怎样，这种田野关系的动态变化，也时刻提醒我自己时刻注意"大象"的存在。[①]

如今回看自己的田野笔记，依然能觉察得到当时的我的无助感与焦虑感，在那个当下，我做的"妥协"，就是我用我力所能及并且尽量不参与实际涉入事务的方式"帮助"小黑一家，比如查找农村迁移户口的相关政策与法规、告知他们如果需要迁入需要怎样的条件和手续、需要去哪些地方和部门进行申请，以及"旁敲侧击"地在与乡长、县里干部访谈时，对这个问题就此"点"过。我不能作为"行动主体"参与此事件，只能默默地"当好注脚"。田野过程中充满着应或不应的问题，而自身携带的各种伦理道德想象也会持续困扰我们。高频率的自我反思使得我们在田野工作的日常脱离不了随时的、有意识的道德选择。我们一方面需要试着理解这些选择的社会脉络与文化意义；另一方面，每一个当下的选择也影响着我们的观感与判断。从某种意义上来说，价值不仅是挑选研究问题时的外部因素，价值判断事实上渗透进研究的每一个过程，并左右着研究者在很多时刻的决定。

道德抉择与人类学所谈的文化相对论构成了研究者在田野过程及其后写作的紧张性。虽然大多时间，我们已无法满足相对论所隐含的道德中立、价值无涉的立场，不过目前大部分民族志作品仍然无法提供一个满意的田野道德想象，我们只能匍匐于这些充满矛盾与困惑的实际操作层面，继续与之相争相伴。吊诡的是，人类学的道德想象进一步复杂化了田野研究的种种面向，透过研究者带入研究过程中无所不在的价值判断，我们发现由"他者"构成的生活世界，不仅是素材的来源，同时也成为研究者自我塑造与再塑造的重要场域。

更为重要的是，被道德困惑所带出的对自我研究意义与价值的怀疑在我完成对自我的书写时得以释放，"自传式民族志工作者视研究与书写为一种社会行动，目的在于生产出一种具有分析力度的、易接触的文本，用以改变我们，让我们生活的世界更美好"[②]。我们对自身研究对象的关注与书写，便是作为研究者的我们对其的"关怀"（caring）[③]，就此成为一个民族志者进行田野调查和学术研究的立身之本。也

[①] 摘录自6月26日田野笔记。关于爱丽丝·戈夫曼的研究以及对其自身研究的反思，参见 Goffman, A., *On the Run：Fugitive Life in an American City*, Chicago: University of Chicago Press, 2014.
[②] Ellis, C., T. Adams and A. Bochner, "Autoethnography: An Overview," *Historical Social Research*, Vol. 36, No. 4, 2011.
[③] Wilkinson, I., and A. Kleinman, *A Passion for Society：How We Think about Human Suffering*, LA: University of California Press, 2016.

让我对"田野"的想象,由"地点"(site)化为"视野"(sight)①,田野因此变成我生命的体验,不断进行自我辩证与充盈的过程。

四、结语

(一)自传式民族志:作为反思的方法

民族志在经历了科学民族志的一统天下、经由解释人类学的"分庭抗礼"、实验民族志的兴起再到现阶段的"诸神解放",多声部民族志的反思逐渐成为人类学学科自省的重要方式与发展的重要标记②。后现代主义思潮后的民族志,强调全球化视野下人类学的多样目标,强调权力的解构、声音、主体性、对话、复杂性、反思与批判③。无论是基于科学诉求的当代科学民族志、互经验文化志、线索民族志,还是基于伦理诉求的主体民族志、常人民族志与村民日志④,都昭示着我国学者对西方社会民族志理论与范式的反思。自传式民族志的反思意涵在于,它将民族志研究者本身,作为分析与反思的工具,研究者本身的主体意识是其中不可或缺的关键部分⑤。

作为运用自传式民族志进行知识生产的粗浅尝试,本文聚焦在田野过程中的民族志工作者的身份、外貌、性别、生命历程所承载的具身性特征。通过深入阐述研究者本身与"他者"/文化的互动过程中的思想碰撞、文化震撼、性别差异、伦理困惑以及后续知识生产阶段中的诸种困惑,从而达至民族志工作者应有的自我反省。

田野是一个"尴尬的空间",在这样一个"我不是我,我还是我"的混沌状态,个人理解的不足,都会不断地被推出表面,并公开地展示着⑥,其间不确定性充斥着田野过程与后续书写的始终,对于自我叙事的运用,也使我在与"他者"面对面过程中生成的自我怀疑得以纾解,让我对于这无处安放的焦虑与自身碎片化的生活经验得以重新粘连,"生命连贯性"(the continuity of life)⑦的方法理据就此有了释放的管道,对于自我的认同便重新在述说的故事中重新找到建立的依据。虽然不似"高阶段"国内学者对自身田野经验总结出的谆谆教诲⑧,既没有高瞻远瞩的思想深度,也远未触及以"民族志"为"业"的使命感⑨,仅仅是作为人类学的"初段选手"自我与"他者"的在田野过程中的碰撞与对话,从中透出的窘

---

① 黄剑波:《何处是田野:人类学田野工作的若干反思》,《广西民族研究》2007年第3期。
② 张连海:《从现代人类学到后现代人类学:演进、转向与对垒》,《民族研究》2013年第6期。
③ Lassiter, L. E., "Collaborative and Ethnography and Public Anthropology", *Current Anthropology*. Vol. 46. No. 1. 2005.
④ 刘海涛:《民族志理论与范式专题学术研讨会综述》,《民族研究》2014年第4期。
⑤ 张小军、木合塔尔·阿皮孜:《走向"文化志"的人类学:传统"民族志"概念反思》,《民族研究》2014年第4期。
⑥ 保罗·拉比诺:《摩洛哥田野作业反思》,高丙中、康敏译. 北京:商务印书馆2008年版,第146页。
⑦ 卢崴诩:《以安顿生命为目标的研究方法—卡洛琳·艾理斯的情感唤起式自传民族志》,《社会学研究》2014年第6期。
⑧ 参见黄剑波:《何处是田野:人类学田野工作的若干反思》,《广西民族研究》,2007年第3期;刘谦:《"活"在田野—人类学表述与训练的典型场景》,《广西民族大学学报(哲学社会科学版)》2013年第3期;赵旭东、刘谦、张有春等:《"田野回声"五人谈:中国意识与人类学意趣》,《广西民族大学学报(哲学社会科学版)》2013年第3期;折晓叶:《"田野"经验中的日常生活逻辑经验、理论与方法》,《社会》2018年第1期。
⑨ 这里强调的是作为中国人类学者对民族志发展的反思与理论诉求,是自我对于人类学学科的大爱。颇有将人类学作为其"志业",是带有韦伯意义上"使命"(calling)的意味。意指国内在民族志造诣颇丰的知名学者,如朱炳祥教授、蔡华教授、张小军教授、罗红光教授、赵旭东教授、徐新建教授等。

迫、无助、反思与庆幸，借以自传式民族志的书写，成为连接我—研究对象—读者的桥梁，以"唤起"的方式，将情感、记忆与经历与之共享，希望能与更多人类学"初学者"的田野经验产生共鸣，以便更好地移情与达至理解/共识[1]，并引（我的经验）以为鉴。现阶段我能做到的，就是尽量在"百花齐放"的民族志理论发展与创新阶段，像海绵一样尽量去吸收、尽力去尝试，保有对学术之初心、对人性之敬畏、对关注群体之"关怀"。

（二）自我：作为反思的主体

身为女性，作为女性民族志者，对自身生命阶段的述说是"从女性的立场出发，探索日常生活世界，旨在将人们的经验和行动的具体情境与关于社会文化运行和关系的说明相关联"[2]。学术界女性为主体的研究依旧"边缘化"：一方面缘于学科思潮的变化、学科建设中对宏大叙事以及量化研究的偏好；另一方面则不可避免地反映在影响力较高的期刊决策层的性别结构相关，男性决策层的认知结构造成了对知识筛选的"无性别"倾向，造成了知识对性别差异所导致的不同知识产出的关注不足。自传式民族志的书写在肯定民族志者以自传体和自叙的方式深入研究田野的同时，强调民族志者本身便是研究对象。既然身为女性，以女性的"自我"来理解他者、书写他者，必然也会招致来自男性视角的"审视"：女性以"身体记忆"为检视逻辑的载体以及感性情感式的书写在男性的视野中是"混乱的""缺乏（理性）逻辑""需要条理化以符合期刊论文写作规范"[3]。

作为女性的"自我"，我将本文的讨论重点聚焦于身居"他者"世界的日常生活的互动与相互联结，将意义阐释的范围划定在田野过程中的意义阐释以及田野结束后反思过程的意义阐释，尝试贯穿主观意义范畴（放置在女性主体本身，有关女性个体的"成己"）以及在知识生产后续范畴（反映在社会文化意义，有关女性书写他者知识生产的"成物"）的整理思路，将反思过程呈现于故事文本的书写上，将论述主体放于人的存在本身，因为在自传式民族志中，经历体验、故事的书写以及意义的呈现三者是合一的[4]。

我对自身田野经验的主动地、独立地书写，可以看作是女性民族志者争取（话语权）权力的一种手段，也可看作是对现有学术知识生产机制的一种冲破——突破自我内在于社会建构的性别意识形态，这是"自我"成己的过程，由此产生的知识成果，则是对社会权制的"再反抗"，是"成物"过程之实践。由于自我主体对意义建构的主要作用，意义讨论的落脚点最终回归到女性对自身"自我"的确认之上，抵达个体在生命过程中的自我实现以及自我反思。

---

[1] 杨爽、钟志勇：《自传式民族志：概念、实施与特点》，《广西民族研究》2014年第5期。
[2] Smith D. E., *The Everyday World of Problematic: A Feminist Sociology*, Boston: Northeastern University Press, 1987.
[3] 文章在写作完成后，我将论文交由男性同侪审阅以提修改意见，其中的意见中就包括对于行文逻辑以及书写风格的意见与质疑。
[4] Ellis C., "Fighting back or moving on: An autoethnographic Response to Critics," *The International Review of Qualitative Research*, Vol. 2, No. 3, 2009.

（三）他者：作为反思的反思

"我们的时代是一个批判的时代，一切事物都必须选择接受批判，"①康德早在200多年前便发出如此呐喊。当代何尝又不是一个时刻反省与反思的时代？我们对人类学意旨的探究，不应仅局限于"为了自我而研究他者"，人类学的民族志应当将自我—他者的视阈融合展示为一种不断碰撞和交融条件下的生成过程②。

田野作为我们对"他者"视野的窗口，在田野中我们可以看到什么？对于我们而言，并非做完一次田野调查、完成一次田野书写，从此经验便可完备，便可"高枕无忧"。我在田野期间的跌跌撞撞、记录时的兢兢业业，书写时的忐忐忑忑，以及一方面需时刻提防自己不要被传统纯描述民族志与后现代主义文化论的抽象理论纠缠不清而被"二马分尸"③，另一方面又时刻担心自己躺入"普罗克如斯忒斯之床"（in the Procrustean bed）④导致"断章取义"。这些都映射出深陷田野的我们之"常态"：纠结与谨慎，认同与辛苦，成功与委屈、开心与痛楚。田野也并不是一直在"那里"静态地存在，随着我们自身经验的不断流动，不同的生命阶段、不同的当下、不同的田野阶段、不同的社会位置，都会有完全不同的感受与视角，因此便会有不同的意义建构与情感编织⑤。田野也经由时间维度的观照扩展出新的意涵：从"时间集中化、空间碎片化"的多点集中式田野朝"空间集中化、时间碎片化"的时间延展式田野发展。现在，我可以足不出户地掌握当地发生的事情：谁家娶媳妇啦、谁家老人去世啦、谁家又和村委"闹别扭"啦、谁家儿子去广东"当靓仔"⑥啦。在智能手机使用普及的前提下，我与田野地之间也催生出新的互动与沟通模式⑦，时刻与我同在。当然，对于"他者"而言，经验都是相互建构的，自我—他者共同的经验源自对彼此共同的理解，我对他们的理解可以通过书写的方式进行表述，而他们对于我的记忆，则是通过"影像"来完成，正是在我与他们共同参与的"在场"记录，让他们对于我这个"他者"的印象与记忆深化，成为他们生活中的"关键事件"，得以保存于他们的生命历程里，也时刻与他们共在。

"人类学最令人欣慰的悖论，也是它最激励人的特征，就在于研究他者的同时也是一个自我发现的生命旅程"⑧。在对自我—他者关系之探求的过程中，真正打动我的是后续许多"因田野结缘"的情谊所延伸出的生命史的述说。对田野承载的主观经验之检视和互动过程之思考，是与人类学/社会学知识论核心相契合的：超越个人经验层次、细致地梳理其背后的意义网络及其运作，将有助于我们对文化/社会的理解。田野里生发的许多深层具身性记忆，随时将我置身于"田野的当下"，从中获取的素材不再仅仅是"数据"，而更多的是脉动着许许多多生命故事的悲观离合，驱使我不断地去探究其深层的社会肌理与文化意涵。

---

① 伊曼努尔·康德：《历史理性批判文集》，何兆武译，北京：商务印书馆1990年版，第24页。
② 康敏：《论民族志者在田野作业中的"自我"意识》，《广西民族研究》2013年第4期。
③ 王铭铭：《继承与反思——记云南三个人类学田野工作地点的"再研究"》，《社会学研究》2005年第2期。
④ 意思是掐头去尾而强求适应、一致或符合。参见玛丽亚·海默、曹师弟编：《在中国做田野调查》，于忠江、赵晗译，重庆：重庆大学出版社2012年版，第24页。
⑤ 王宏仁：《不是穿绿色制服的都是军人：田野想象的落差》，载郭佩宜、王宏仁编：《田野的技艺：自我、研究与知识建构》，台北：左岸文化2019年版。
⑥ 当地年轻人把去广东务工戏称为去"当靓仔"。由于佛凉劳务协作，凉山州会固定向广东佛山进行劳务输出。
⑦ 卜玉梅：《虚拟民族志：田野、方法与伦理》，《社会学研究》2012年第6期。
⑧ 威廉·亚当斯：《人类学的哲学之根》，黄剑波、李文建译，桂林：广西师范大学出版社2006年版，第396页。

The Embodiment in the Field:
Between Self and the Other
FENG Lin

Abstract: This article offers an auto-ethnography as I explore my own fieldwork experiences and knowledge production in Liangshan Autonomous Region. In contract to the usual asexual experiential perspective of fieldwork methodology, this article examine s how the entanglement of embodiment consciousness affect the relationship between the ethnographer's self and the other. In additional, combined with the field experience, this paper also examines the use of auto-ethnography by female researcher to reflect on the perspective of the self-other.

Key words: Auto-ethnography; Embodiment; Self-Other

人类学视域下的正义概念解析*

高孟然**

摘　要　一直以来，以政治哲学为代表的经典正义研究致力于探讨规范性正义。与其不同的是，人类学的正义研究更多地面向正义的多样性存在及其与社会文化之间的关联。本文通过对不同民族志中正义系统描述的解析，及正义与权力关系的梳理，试图探讨正义在时空中不同维度下的特性与变化。最终，笔者经由格尔茨对法律概念的论述倡导一种人类学的正义书写进路，倡导对正义形式多样性的关注。

关键词　人类学；正义；多样性

DOI：10.13835/b.eayn.30.19

对正义的讨论近年来已然成为学界的热门领域，其中尤以法学和政治哲学的探讨较为集中。实际上，人类学研究中对正义的涉及有着持久的传统，且相关探讨具有广泛且深刻的影响。一直以来，以经典政治哲学为代表的理论倾向于建构一种最为"合理"的正义原则，为现代国家政治、法律系统的运行提供基础依据。而人类学更多地通过跨文化的民族志研究，探讨正义的多样性存在及其与社会文化之间的复杂勾连。

人类学将正义视作社会文化系统的一部分，关注正义观念的表现与作用路径，这一研究进路鲜明地体现在法律人类学对不同社会法律制度的解析上。秉持相对主义的观念，人类学重视正义原则的多样性，着力于展现不同的正义观念及其发生环境，拓展了人们对正义的理解，在对正义领域的种族主义和霸权主义的反抗斗争中担当先锋的角色。当前，对该领域系统性的研究仍相当缺乏，但非常必要。同时，通过进一步探讨诸如人类学的视角和理论对现代正义的贡献、正义观念与地方文化的关联、人类学家如何卷入并推动正义主张的工作等问题，人类学的相关研究也将得到进一步反思和深化。

本文首先将描述人类学与正义讨论之间的联结，继而通过人类学对正义的相关研究展现人类学家如何将正义置入社会文化系统并描述其作用机制，最后将以人类学对正义的理论探讨来回应当代正义研究的诸多话题。

---

* 本文的初步构思曾在北京大学社会学系"政治人类学"课程上做过讨论，受到朱晓阳教授的点评和启发，写作灵感受北京大学马克思主义学院李旸老师课程讲授的启发，在此一并感谢，文责自负。

** 高孟然，博士，中共浙江省委党校（浙江行政学院）社会学文化学教研部讲师，研究方向：文化人类学。

一、人类学与当代正义研究

何为正义？古今中外，正义都被当作最重要的德。[①]《辞海》将正义解释为"对政治、经济、法律、道德等领城中制度和行为之合理性的一种道德认识和肯定评价"[②]。《现代汉语词典》将正义解释为"公正的、有利于人民的道理"[③]。在笔者看来，正义是人们在生活中对一种具有恒久影响力的规则的共同默认。当代学界对正义的讨论主要分为程序正义和分配正义两种面向，前者关乎法律，后者则专注于社会分配制度。因而，对正义的探讨常见诸法学和政治哲学的脉络中，并分别指涉政治正义和法律正义两类问题。为便于讨论，笔者不刻意区分二者，仅讨论一种社会整体层面的正义。

正义与公平在很多场合都会并行出现，二者的孪生关系源于分配正义的重要性。近代以来，人们对公平的想象很多时候生发于人类学对所谓部落原始共产主义的描述。这类对社会图景的"真实"描述被许多追求公平正义的思想家作为其观点最有力的证据，他们以此论证平等是人类的自然状态。如马克思在他的《人类学笔记》中就曾借用包括摩尔根在内的人类学家的民族志作品批判那些认为资本主义社会是人类社会的天然状态的说法[④]。

西方哲学界对正义核心价值的追求经历了长时间的更迭：从古希腊经典时期的"美德"，到中世纪的"神意"，再到近代的"理性"，及至后期，以边沁（Benthan）等为代表的功利主义盛行一时，直至罗尔斯（Ranls）等哲学家呼吁恢复"契约论"，倡导"正义是社会制度的首要德性"[⑤]，以正义优先替代工具理性。至此，对正义的探讨成为对国家与个体边界的争论。诺奇克（Nozick）认为个人自由权利不可侵犯，而罗尔斯等则更倾向以国家作为维护正义优先价值的载体。国家开始成为当代正义讨论的核心角色。

后现代主义更加关注"他者"的生存，在这一思想浪潮的影响下，对"差异政治"和"多元政治"的关注开始凸显，从"宏大叙事"转向"微观政治"成为政治哲学发展的新趋势。与此相对应，后现代主义政治正义的研究不再以先验性的、整全性的理论方式出现，而是更加注重现实的、建构性的政治正义。[⑥] 事实上，即便罗尔斯等致力于建立规范正义的学者也在后期逐渐意识到自己理论的不足，转而强调差异文化背景下对正义观念的"重叠共识"[⑦]。而阿玛蒂亚·森（Amartya Sen）更是从一开始就倡议人们关注现实的不平等[⑧]。在这种情况下，对正义的探讨似乎变得更具人类学的意味，人类学对国家和法律等关键概念的解构与延展开始受到人们的重视。

当代哲学家对正义的探讨更为关注其与社会事实之间的联结，如慈继伟所倡导的所谓"正义社会学"，在他看来，正义是"指导人际相互性利害关系之道德的统称"[⑨]，建立于人们对于公平互利的愿望之上，然而，这类愿望与维持社会运行所需要的正义的"无条件性"之间存在显著的张力，进而牵扯出

[①] 张九红、李星：《人类命运共同体：人类正义对局部正义的扬弃——马克思人类学视角的考察》，《理论界》2019 年第 2 期。
[②] 夏征农、陈至立主编：《辞海》，上海：上海辞书出版社 2011 年版，第 5732 页。
[③] 中国社会科学院语言研究所词典编辑室：《现代汉语词典（第 7 版）》，北京：商务印书馆 2016 年版，第 1673 页。
[④] Thomas C. Patterson, *Karl Marx, Anthropologist*, New York: Bloomsbury Academic, 2009, p. 88.
[⑤] 约翰·罗尔斯：《正义论》，何怀宏等译，北京：中国社会科学出版社 2009 年版，第 1 页。
[⑥] 王岩、陈绍辉：《政治正义的中国境界》，《中国社会科学》2019 年第 3 期。
[⑦] 约翰·罗尔斯：《政治自由主义》，万俊人译，译林出版社 2000 年版，第 152—178 页。
[⑧] 阿马蒂亚·森：《正义的理念》，王磊等译，北京：中国人民大学出版社 2013 年版，引言第 15 页。
[⑨] 慈继伟：《正义的两面》，北京：生活·读书·新知三联书店 2001 年版，前言第 5 页。

"社会化过程如何使人们产生无条件的正义行为和在他们自己看来是无条件的正义动机"[①] 的问题。

从《萨摩亚人》等经典著作开始,人类学便一直关注人的社会化过程。其中人们对社会规范的复杂认知与实践更是民族志研究的必修课。为理解人们在正义问题上有条件的相互性和无条件的相信之间的关系,民族志书写经历了从科学撰写到深描的发展,得以更敏锐地抓住社会体之中的整体事实,从而获得对正义更为主位、全面的理解。

在我看来,对正义的理解包含正义的界定与正义的实现两个层次,前者是正义的含义和目标,后者是获得正义的路径。对此二者的把握需要建立在对繁杂的话语和社会现象的抽象理解上。换句话说,要理解一个人群的正义,既要听他们怎么说,也要看他们怎么做。怎么说的层次上更多涉及人们的价值和思维,指向正义的界定。而怎么做则需要在一些如冲突、调解等具体场合下观察人们应对利益冲突时的实践行动,指向正义的实现。不同人群乃至同一人群中思维与行动的差异性能够鲜活地表现出人们对正义的多样化认知。

二、民族志研究中的正义

人类学一直因其参与殖民的"原罪"而受到批评,事实上也正是这样的历史赋予其对于正义问题较早的关注。为了帮助殖民政府考察其统治行为如何能够符合土著的思维模式,人类学家率先尝试深入理解土著人的世界,以避免土著因感受到殖民关系中的不正义而产生强烈反抗。因此,人类学家很早便获得了对正义的多样性及其建立在特殊的社会文化基础上的认识。拉德克利夫·布朗(Radcliffe—Brown)便提道:"如果我们想正确理解非欧洲人的法律和习俗,就必须注意不要以我们自己的法律观念来理解它们。"[②]

马林诺夫斯基(Malinowski)在对特罗尼恩布里恩岛民的研究中观察到"风俗"是其社会制度的基石,而人们对风俗的无条件遵从表现为对巫术的敬畏和"给予"的热衷。巫术的基础是神话,"神话被赋予建立风俗、决定行为模式、树立制度的权威和重要性的规范力量"[③],人们从传说中获取行为规则的指示。因而通过夸富宴广散财物,抑或是在库拉交易中秉持对"诚信、慷慨、礼节"的重视。人们在这些相似的行为偏好中生成了对正义观念和行为的一致性理解。

莫斯(Mauss)观察到正义系统与物质基础之间的关系。在他对于爱斯基摩人社会形态的描述中,爱斯基摩人的观念和法律在冬季和夏季之间不断转换,截然分为两种体系。他们在夏季保持对物权的显著强调,而在冬季又进入性与物的普遍共产主义。莫斯提出的结论是:社会生活及其所有形式(道德、宗教、司法等)是它的物质基础的功能,它是与这一基础一起变化的[④]。

对正义的追求作为一种人类的天然需求实质上具有维持社会稳定的功能。正如马林诺夫斯基所言,"所有具有法律属性的有效的制度,毋宁更多地属于消除事态的非法或令人不堪忍受的状态恢复社会生活的平衡的手段,宣泄个人的被压迫感和非正义感的渠道"[⑤]。保罗·博安南(Paul Bohannan)记录了提夫

---

① 慈继伟:《正义的两面》,北京:生活·读书·新知三联书店2001年版,第6页。
② 拉德克利夫·布朗:《原始社会的结构与功能》,潘蛟等译,北京:中央民族大学出版社1999年版,第32页。
③ 马林诺夫斯基:《西太平洋的航海者》,梁永佳、李绍明译,北京:华夏出版社2002年版,第281页。
④ 马塞尔·毛斯:《社会学与人类学》,余碧平译,上海:上海译文出版社2003年版,第394页。
⑤ 布·马林诺夫斯基:《初民的犯罪与刑罚》,许章润译,《南京大学法律评论》1998年第1期。

人一种被称作吉儿（Jir）的仪式①。通过再现一位村民死去前后他的同龄组与父系亲族之间的冲突，博安南认为Jir的结束常常并不是以某种判决的执行，并以这执行来重构当事人的利益而结束，而是诉诸以一种仪式来驱除诅咒。而Jir的存在为社区内部的争论和担忧提供了置放之所。人们对已知原因但不知源头的死亡的惊恐在这一过程中得到释放，并获得安全感的再造。在这里，寻求正义的结果不在于将争辩双方对立并寻求对错，而是清除社区中的非稳定因素。

进一步来说，在人类学家看来，法律与正义并不完全对应，在理性社会，法律更多的是作为政治和经济宰治的工具而存在。在科利尔（Collier, J）对墨西哥西纳康坦人（Zinacantan）法律多元主义现状的描述中可以看到，西纳康坦人的意识终点是安抚受害者并从他们的心中移除愤怒。与此相对的是，墨西哥法律系统的焦点是惩治破坏规则的犯罪者，如此，受害者只是简单地被视为一个不幸的人，即便其接受了赔偿，这个赔偿也是为了纠正初始的错误，而无法用来安抚他的愤怒。科利尔因此辩称，正式的法律系统所维护的正义对卷入其中的人是无视的，所有惩罚只是依据抽象的规则来将其对应相应的罪责。②现代司法系统往往并不重视对非正义行为中受害方的修复，对僵硬的法律条文的执行往往难以抚慰卷入事件中的鲜活的人，进而也无法稳定受到事件扰乱后已然失衡的社会关系。

如同上述，在人类学家看来，不仅正义的含义有着深刻的文化和物质背景，同时正义的目标也内嵌于社会系统之中。因此，获得正义的路径并不单纯是对某些统一条令的贯彻，而是着眼于满足人的需求。虽然这类基于需求的正义在资本主义社会已大为式微，但在诸多社会中依然具有重要作用。这类正义基于人们对关联对象的需求的关注与期待，本质上是一种互惠的正义。

莫斯率先将互惠作为一种维持人类团结和正义的整体机制。这一机制更为具体的解释来自萨林斯（Sahlins）对三种不同形式的互惠体系的区分，即普遍的、平衡的和负向的互惠。③具体而言，普遍的互惠是长久的互惠，不要求双方交换的物体价值相等，一般存在于亲属关系中。平衡的互惠发生在不想保持长久关系的人们之间，需要双方交换的物体有平等的价值，这在农民社会中占主导。负向互惠通常在陌生人之间发生，出现于两个群体都想利用对方的情况下，市场交换就是典型的例子。在前两种互惠模式中，人与其他主体之间的利益并不被精确计算，交换以人的需要为基础，被认为是社会共同体生成与维系的主要机制。

更详细的描述出现在斯科特（Scott）对东南亚农民道义经济的描述中④。斯科特界定道义经济为传统农业社区中小农与社会精英之间形成的社会关系和安排，它构建了一种为了保障小农生存的道义秩序，这种秩序本质上是以判定是否侵犯了小农的生存底线来确定的。道义经济既作为精英与小农之间进行交换、共享的基础，也是小农理解、评价各种经济行为的道义合理性的标尺，也被称作正义价格（justice price）。换句话说，传统农业社区内部判定正义的标准很大程度上受其道义秩序的影响，这种具有道德意涵的交换系统实质上成了人们衡量正义与否的基本依托。

人类学家劳拉·纳德（Laura Nader）和安德烈·舍苏克（Andree Sursock）总结了民族志研究中的

---

① Paul Bohannan, "Justice and Judgment among the Tiv," *Peking University Law Review*, Vol. 63, No. 23, 1998.
② Collier, J, *Law and social change in Zinacantan*, Stanford: Stanford University Press, 1973.
③ Sahlins, M. D, "On the sociology of primitive exchange," in M. Banton eds, *The Relevance of Models for Social Anthropology*, London: Tavistock Publications, 1965, pp. 139—236.
④ 詹姆斯·C. 斯科特：《农民的道义经济学：东南亚的反叛与生存》，程立显、刘建等译，南京：译林出版社2013年版。

正义概念①。他们以现代西方社会和印度卡斯特制度作为两极的代表而将人类社会区分为个体主义社会和集体主义社会,在他们看来,个人主义社会的正义强调抽象概念,每一个个体都被视为与他人平等,意味着每个人都被同样地对待,从平等的观念中引申出了一个普世的法律观念内嵌于自然法的哲学中。另一方面,整体主义社会的正义强调实在概念,因为个体被视为一个社会存在、团队的一员。实在概念用公正取代平等。因为个体并不是抽象的存在,法律也并不是普世的、固化于人类存在的。在个体主义的社会中,正义倾向成为普世的,整体主义社会则是特异的。

进一步而言,不管是个体主义社会还是整体主义社会,都需要用系统性的程序来贯彻正义观念,这体现为程序正义的复合性。简单来说,一个社会需要通过各种程序伸张正义,这些程序通常源于不同的社会控制方式,与人们对不正义的感受及对正义的评估息息相关。布莱克(Black)区分了四种社会控制的方式:刑罚的、补偿的、治疗的和调解的②。不同社会对控制方式的侧重均有不同,由此带来了程序正义的差异,实质上是人们追求正义的目标不同。

对正义的无条件相信是维护正义系统稳定性的重要条件。阿赞德人对魔法和巫术的信仰使得他们相信存在一种内在的力量能够明辨是非,而一种名为本吉的毒药神谕能够在其困惑时给予指示和信心。③ 田汝康笔下的芒市边民以做摆作为人生价值的终极追求,摆夷社区的确"因为摆的存在而将一切天然认为的不平等弄得有个平等的信念",④ 个体无论怎样辛苦、低贱,通过努力都可以在摆中获得整个社会认可的尊重和地位,这成为他们一种天然的正义观念。艾瑞克·缪格勒(Erik Mueggler)谈到通过鬼的中介作用,在动荡时期发生的暴力和亲友之间令人困惑的迫害行为得到了合理的解释与心理补偿,经由这样的调整机制,人们重新获得对公正的信仰,继而维护了社区的团结。⑤ 此外,诸如南太平洋地区的船货运动和千禧年运动等也表现出土著人以传统信仰为依托来追寻心中的公正世界的愿望。这种信仰在一些正义神授的社会中,使得人们即便在遭遇非正义时也依然能够接受社会规则,乃至于以一种宿命论的观点接受非正义的存在。正如福蒂斯(Fortes)和普理查德(Dritchard)在《非洲政治制度》中所总结的:"神话、教义、仪式信仰和活动,这些令社会体系在认识中是有形的,附着在一个非洲人身上,促使他思考和感受它。而且,这些反映了社会体系的神秘符号,赋予它神秘的价值观,激发人们对社会秩序的接受,以及远超过世俗武力制裁所要求的顺从。"⑥

三、正义与权力

在不同的正义系统中,权力的位置截然不同,这尤其体现于社会争端的处理之中。在此,我先要区分争端处理中普遍存在的几个主体:双方当事人、社区和第三方审判员,后二者常有重叠,但在特定情

---

① Nader L., Sursock A, "Anthropology and Justice," in Cohen R. L. eds, *Critical Issues in Social Justice*, Boston: Springer, 1986, p. 213.
② Black D, *The behavior of law*. New York: Academic Press, 1976.
③ E. E. 埃文思—普里查德:《阿赞德人的巫术、神谕和魔法》,覃俐俐译,北京:商务印书馆 2010 年版。
④ 田汝康:《芒市边民的摆》,福州:福建教育出版社 2016 年版,第 151 页。
⑤ Eric Mueggler, *The Age of Wild Ghosts: Memory, Violence, and Place in Southwest China*, California: California Press, 2001.
⑥ M. 福蒂斯、E. E. 埃文思—普里查德编:《非洲的政治制度》,刘真译,北京:商务印书馆 2016 年版,第 27 页。

况下有区分的必要。在不同的社会和情境下，人们将倾向不同的争端解决方式，进而导致双方寻求正义的过程中由不同的主体掌握影响结果的决定性权力，这一差异实质上表现了社会体内部对正义的微观理解和实践。

加达克斯（Gadacz）认为，不同社会中处理争端的权力的放置存在不同的倾向，主要受解决争端的成本和群体之间关系类型的影响。[①] 成本方面包括争论的时间和情绪投入、物质花费以及在社会价值上的得失等。需要注意的是，正义往往具有象征价值，这使人们会花费比诉求所得高得多的代价去寻求正义，体现为正义的社会价值。而争议中群体之间关系的不同将导致第三方介入方式的差异，从而影响权力的停留位置，如谈判中争议双方完全掌握进程，而在调停中则常由第三方来安排进度。一个显著的现象是现代法律制度使得程序变得更为专业，使争端双方无法直接参与其中。而在一些非正式的诉讼中，调停者依然掌握着解决问题方向的权力，争端双方在调停者的压力下往往需要放弃部分目标，各自退让一步，以完成协商。

包括现代法律制度在内的一系列工具的普及使得国家在正义系统中占据越来越突出的位置。这使得当代正义的讨论盘桓于国家与个体之间权力边界的争执之中。对此，福柯（Foucault）的批判十分深刻。他于1978年在法兰西学院的演讲中直指国家如何逐渐被作为一种正当的存在，其本身不被质疑，因而所有围绕这一概念的讨论乃至批评均在侧面承认和加强了它。这种被称为"国家理由"的信念在近代以来发生了本质的变化，由"成功替代了合法性"[②]。统治主体如国王不再占据舞台中央，人们转而信仰一种真理体制，科学主义推波助澜，诸神让位于繁杂的政治经济学，治理将此视为自然定律，并以此为依据确定自己的界限。真理和知识成为一种权力，创造出不存在之物，通过实践将其刻画成为现实。"限制的可能性与真理问题，这两者借助政治经济学而被导入治理理由之中"[③]，而"治理术中的最大/最小原则取代了一个平衡概念，即'公平的正义'"[④]。与该主题相关的学术讨论有两种进路：一是以效用为核心的功利主义，一是传统上以自然权利为核心的契约论。二者针锋相对，但显然效用优先论在当代社会更为强势。福柯倡导我们运用策略逻辑寻找二者的衔接点，"将人权的基础的其理自明的系统与被治理者独立性的效用估算结合到一起"[⑤]。

在福柯的描述中，早期市场的价格具有公正意涵，其与"已完成劳动、与商人的需求、与消费者的需求可能性保持特定的关系"[⑥]。而现代市场的价格服膺于"生产成本和需求范围之间的恰当关系"，"不再具有公正内涵，将是某种围绕着产品价值摇摆的价格"[⑦]。这样的隐喻是，现代市场依据的不再是一种主观的、明晰的关系，而是一种复杂的、客观的科学定理。这赋予现代市场新的地位。治理出错不是因为它无视自然规则，而只是它不知道或低估了规则的存在和实践效果。它们的存在并不构成问题，构成问题的是它们在实践中的效用是否达到了成功的标准。新治理理由（表述它自我制约所依据的原则）的两个关键点是构建为真言化场所的市场和公共权力的效用原则。现代治理依靠利益，是利益的复杂游戏。

[①] Gadacz, R. R, "Power and Justice: An Hypothesis in the Anthropology of Law," *Alberta Law Review*, Vol. 24, No. 2, p. 296.
[②] 米歇尔·福柯：《生命政治的诞生》，莫伟民、赵伟译，上海：上海人民出版社2011年版，第14页。
[③] 米歇尔·福柯：《生命政治的诞生》，莫伟民、赵伟译，上海：上海人民出版社2011年版，第14页。
[④] 米歇尔·福柯：《生命政治的诞生》，莫伟民、赵伟译，上海：上海人民出版社2011年版，第15页。
[⑤] 米歇尔·福柯：《生命政治的诞生》，莫伟民、赵伟译，上海：上海人民出版社2011年版，第36页。
[⑥] 米歇尔·福柯：《生命政治的诞生》，莫伟民、赵伟译，上海：上海人民出版社2011年版，第26页。
[⑦] 米歇尔·福柯：《生命政治的诞生》，莫伟民、赵伟译，上海：上海人民出版社2011年版，第27页。

传统则诉诸权利，如君主对臣民和土地的所有权。

因而，似乎伴随着社会的现代化进程，正义愈加要面对从人们日常生活中剥离开的处境，人们不再能够在社会价值中理解正义，转而将控制权交给国家。正如杜尔干（Durkheim）将现代社会有机团结机制描述为"社会内部拥有高度的个性、抽象的一般价值以及专门化的社会控制机构对越轨者进行惩罚"。① 这样的社会更多呈现出个体主义的特征，分工上相互依赖的人们在微观尺度上常常呈现出更为疏离的状态。如此的关系类型决定了他们在获取正义的过程中更多地将权力让渡于第三方的审判机构和清晰、客观的法律条文。

四、人类学如何书写正义

在人类学家格尔茨（Geertz）看来，法律首先是一种"表述"，构造了属于自己的意义世界，向人们回答"因为/所以"的问题。② 但是人们首先在生活中具有的关于正义的想象，是"若/就"。因此，这里就存在一个翻译的问题。司法人员，尤其是现代法庭的执业人员如律师，需要将事实翻译成法律条文能够描述的文本。因此，人类学家可以说"法律的事实是被制造出来的"③。受科学主义的引导，所有人心中对由事实能够处理问题的普遍期待与翻译存在的缺失之间产生了一种奇妙的张力，这引起了普遍的焦虑，即意识到"事件与环境的世界，逐渐逸出司法的控制"④。处理这样一种焦虑，需要增进对法律予以描述的技术。这一技术致力于联结存在张力的这两种意义系统，将法律体系与人们的感知体系扣连在一起。这一感知体系蕴于人们普遍的地方知识之中，呼吁人们看到法律的文化基础，即某种文化中一种关于正义的明确意识，格尔茨称之为法律感性（Legal sensibility）⑤。

在这里，我们看到，法律作为一门技艺的存在，是与其基于文化之上的建构身份息息相关的，当然，这更多的是针对各种文化意义上的法官而言。对平民来说，法律更多的是其"对事实加以想象的独特方式的一部分"。这一想象的本体是一个"被深深道德化的、主动积极的、具命令性的实在"⑥，它发挥作用的形式有诸多不同，如巴厘岛依赖程序、印度依赖天生的社会地位、伊斯兰世界依赖公证人的信念等，但都会使身处这一意义之网的人学到其中的观念。

虽然受到西方现代法律体系的普遍规训，法律感性在各地并未失去它的位置，反而愈加稳固。用习俗或习惯法来概括其存在和影响在格尔茨看来过于肤浅，更接近的说法应该是"一种观照世事的方式"⑦。格尔茨倡导一种法律多元主义的理论路线，以打破将法律过于孤立或政治化的传统看法。在世界范围内法律的通译是一项艰难的任务，面对法律特殊化的必然趋势，"以不太失范的语汇陈述出失范的事物"⑧

---

① 约翰逊：《社会学理论》，国际文化出版公司1988年版，第234页，转引自周晓虹：《西方社会学历史与体系：经典贡献·第一卷》，上海：上海人民出版社2002年版，第251页。
② 克利福德·格尔茨：《地方知识：阐释人类学论文集》，张慧译，北京：商务印书馆2014年版，第167页。
③ 克利福德·格尔茨：《地方知识：阐释人类学论文集》，张慧译，北京：商务印书馆2014年版，第271页。
④ 克利福德·格尔茨：《地方知识：阐释人类学论文集》，张慧译，北京：商务印书馆2014年版，第270页。
⑤ 克利福德·格尔茨：《地方知识：阐释人类学论文集》，张慧译，北京：商务印书馆2014年版，第275页。
⑥ 克利福德·格尔茨：《地方知识：阐释人类学论文集》，张慧译，北京：商务印书馆2014年版，第294页。
⑦ 克利福德·格尔茨：《地方知识：阐释人类学论文集》，张慧译，北京：商务印书馆2014年版，第330页。
⑧ 克利福德·格尔茨：《地方知识：阐释人类学论文集》，张慧译，北京：商务印书馆2014年版，第355页。

值得尝试，并与阐释转向结合，更多地将法律视为意义，而不是机制。此时，对于正义的描述将更多依赖于人类学者的想象力，对其抽象的过程建立在深描的基础上。

因而，人类学对正义的书写需要一种被称为新整体观或整体主义的进路。这种整体主义将"注意力转向某一具体的生活方式的充分表述，旨在通过最细致的观察，提供有关某一生活方式的全面图景"[1]。最终，我们能够"以这一新整体观为原则，解释和理解'法'文化之'真'"[2]。这样的书写方式将有利于帮助我们解释更多看似无法理解的文化现象，将正义深嵌入社会文化系统中予以阐释，打破主观与客观的藩篱。更具有操作性的方法是布洛维（Burawoy）所倡导的拓展个案法[3]，将"参与"而不是"超然"看作是获取知识的途径，依靠多重对话来实现对经验现象的解释，包括参与者与观察者的对话、田野中绵延不断的事件之间的对话、微观与宏观的对话以及个案与理论之间的对话。

五、结语

法律多元主义常常需要在合法和公正之间做出选择，如何获得对这种张力更为清晰明确的描述，实质上是要呈现社会的平衡机制。个体和系统对正义的目标设定了人们在追求正义过程中不同的行动机制。事实上，"正义的概念在每一种文化中常常是含蓄的，只有在与其正义概念不同的其他文化相遇时才会变得明晰"[4]。人类学家携带着复杂的情感接触研究对象，他们在主体化自身的过程中去感受异文化的内在机理。他们所秉持的相对主义视角在使其对新的文化保持开放的同时，并不影响自己参与到提升社会正义的行动中。虽然致力于倡导所谓地方性正义，但人类学家并不排斥现有的具有国际效力的人权准则和国际习惯法，这使得包括人类学家在内的所有人都拥有一种责任去保护弱者和无辜的人免受不公正、不道德的权力的对待[5]。

因此，当人类学参与到对正义的讨论中时，整体主义的理论视野和民族志的田野实践促使其对正义的来源及其形式做更深入的探究。相对于规范性的正义理论，人类学更多时候关注一种地方性的正义。我无意于将此二者作比较，探讨孰优孰劣，而是希望将人类学对本土视角的聚焦引申到所谓正义的象征价值的层面，这将帮助我们解读当代正义讨论的一些难题。进一步说，正义的形式在人类学领域被赋予了更多的重视，这是由于各个文化均有自己对正义的特定理解，且往往只能被沉浸于这一文化中的人所认同。当然，这并不是说人类学漠视正义的本质，事实上人类学通过解构有关正义的前提，如国家、法律等关键概念，打开了研究正义本质的新视野。最终，我希望通过相关探讨倡议对不同社会的尊重，承认不同的文化体系所对应的世界的存在性，最终以一种协商互谅的方式实现人类命运共同体之建设。

---

[1] 乔治·E. 马尔库斯、米开尔·M. J. 费彻尔：《作为文化批评的人类学：一个人文学科的实验时代》，王铭铭、蓝达居译，上海：三联书店1998年版，第45页，转引自朱晓阳：《"语言混乱"与法律人类学的整体论进路》，《中国社会科学》2007年第2期。
[2] 朱晓阳：《"语言混乱"与法律人类学的整体论进路》，《中国社会科学》2007年第2期。
[3] 麦克·布洛维：《公共社会学》，沈原译，北京：社会科学文献出版社2007年版，第77页。
[4] Nader L., Sursock A, "Anthropology and Justice," In Cohen R. L. eds, *Justice. Critical Issues in Social Justice*, Boston: Springer, 1986, p. 213.
[5] Magnarella P J, "Anthropology, human rights and justice," *International Journal of Anthropology*, Vol. 9, No. 1, 1994, pp. 3—7.

An Analysis of the Concept of Justice from an Anthropological Perspective

GAO Mengran

Abstract: For decades, classic justice research represented by political philosophy has devoted itself to exploring normative justice. Anthropological justice research, however, is more oriented towards the existence of diversity of justice and its connections with social culture. This article analyzes the description of justice systems in different ethnographies and combs the relationship between justice and power, hoping to observe characteristics and changes of justice in different dimensions of space and time under disparate social structures and cultural backgrounds. Ultimately, the author advocates an approach grounded in anthropological justice writing using Geertz's approach to legal concepts, calling for attention to local forms of justice.

Key words: anthropology; justice; diversity

社会与文化研究

土家族摆手祭祀的原始宗教内涵论析*

申 莉**

摘　要　摆手祭祀是土家族原始宗教信仰的仪式表达。文章从历史文献和田野调查入手，详细分析了摆手祭祀中体现出来的宗教元素，分析了摆手祭祀作为宗教仪式的社会功能和文化内涵，说明摆手祭祀强化了民族个体成员对民族整体的归附关系，保证了民族整体的结构稳定，同时也论证了摆手祭祀中出现的多种文化元素是土家族地区多元文化互动的表现，是中华民族多元一体格局的印证。

关键词　土家族；摆手仪式；宗教信仰

DOI：10.13835/b.eayn.30.20

一、土家族概况

以武陵山为核心，湘鄂渝黔四省毗邻的少数民族聚居区域，历史上称为武陵地区，这一地理概念源于西汉时期中央王朝在此设置武陵郡。武陵地区群山环抱，水系密布，历史上多个少数民族在此繁衍迁徙，居住生存。由于受到自然环境的限制和历史上蛮不出境、汉不入峒的闭锁政策，长期以来这里的少数民族都处于相对封闭的状态，这一方面使各民族传统文化得以保存，另一方面多民族共生共存又使各民族文化相互影响，由此形成了多元文化共生的局面。

土家族在武陵地区的历史可以追溯至先秦时期的巴人，在漫长的历史中，土家族作为一个自在[①]的民族，在和特殊的自然环境相处的过程中，形成了以采集、渔猎和农耕为主的生产方式，以及独有的山地文化，模塑出"崇力尚勇的阳刚之气和淳朴憨直的阴柔之美的天然融合"[②]的民族性。为更好地分析土家族文化的内涵和土家族地区的多民族多元文化共生现状，本文选取土家族独有的摆手祭祀仪式作为案例进行阐释。

---

* 本文系国家社会科学基金青年项目"西南少数民族地区传教人群社会心态与增强'五个认同'研究"（项目编号：20BZ3055），湖北民族大学高水平科研成果校内培育项目"武陵民族走廊土家强、苗族文化比较研究"（项目编号：PY20036）阶段性成果。
** 申莉：四川大学道教与宗教文化研究所博士研究生，湖北民族大学民族学与社会学学院讲师，研究方向：西南少数民族宗教。
[①] 费孝通先生在《中华民族多元一体格局》一书中，提出中华民族的自在发展，是指在中华民族历史上，随着统一多民族国家的形成、巩固与确立，各民族的根本利益相互关联，客观上形成和发展了中华民族的一体性。本文借用了"自在"这一概念。参见费孝通：《中华民族多元一体格局》，中央民族大学出版社1999年版，第109页。
[②] 周兴茂、肖英：《论土家族文化的基本特征》，《湖北民族学院学报》2013年第5期，第2页。

二、酉水流域的摆手仪式

摆手是土家族独有的祭祀仪式，主要盛行于鄂西南、湘西北及渝东南交界的酉水流域。酉水为洞庭水系沅江一级支流，发源于恩施土家族苗族自治州宣恩县，自北东向西南流经恩施州来凤县、重庆市酉阳县和秀山县及湖南湘西土家族苗族自治州龙山县、保靖县、永顺县、古丈县等土家族聚居地后注入沅江，最终流入洞庭湖。据考证，酉水流域也是古代巴人较早进入、生息繁衍的地区。酉水流域的地形虽以山地为主，但在群山间却还间隔着许多小型盆地、小型河谷冲积平原，这些相对低平的小平地，由于自然条件较好，吸引着各族群到此定居，又因酉水流域在武陵地区较其他几大水系更显偏远，土家族原始宗教文化得到了更好的保存。

摆手是一种祭祖祈禳的仪式，又称年初祈禳，土家语称舍巴巴、舍巴日。十里不同风，百里不同俗，虽然酉水流域不同地区摆手祭祀仪式的程序、形式、意义大体一致，但具体细节不尽相同，这在各类史料中都能找到痕迹，如清乾隆《永顺县志》卷四《风土志》载：

> 又土俗，各寨有摆手堂，每岁正月初三至初五六之夜，鸣锣击鼓，男女聚集，摇摆发喊，名曰摆手，盖祓除不祥也。①

清同治《龙山县志》卷十一《风俗》载：

> 土民赛故土司神。旧有堂曰摆手堂，供土司某神位，陈牲醴。至期，既夕，群男女并入。酬毕，披五花被锦，帕首，击鼓鸣钲，跳舞唱歌，竟数夕乃止。其期或正月或三月或五月不等。歌时男女相携，蹁跹进退，故谓之摆手。②

清光绪《古丈坪厅志》卷十《节候》载：

> 土俗，各寨有摆手堂，每岁正月初三至初五六夜，鸣锣击鼓，男女聚集，摇摆发喊，名曰摆手，以祓不祥。此旧俗，今亦不尽有此堂。③

关于土家摆手仪式的盛况，清代土家族诗人彭勇行《竹溪州竹枝》描述：

> 山叠锦屏屏尾艳，滩悬石鼓鼓音和。
> 土王官里人如海，婉转缠绵摆手歌。④

---

① 黄德基修，关天申纂：《永顺县志》，清乾隆五十八年（1793）刻本。
② 符为霖修，刘沛纂：《龙山县志》，清同治九年修，光绪四年（1878）重刊本。
③ 董洪勋纂修：《古丈坪厅志》，清光绪三十三年（1907）铅印本。
④ 彭继宽、彭勃选编：《土家族摆手活动史料辑》，长沙：岳麓书社2000年版，第13页。

以上史料所载至少有以下几点值得注意：一是摆手的目的在于祭祀，以趋吉辟邪，袚除不祥；二是祭祀的对象并不完全一致，但至少包括土司神；三是有摆手祭祀的地方都有摆手堂，这是进行摆手活动的空间场所；四是摆手祭祀是每年都举行的，时间是固定的，约在正月（或三月、五月）举行；五是摆手活动中有祭祀的程序，载歌载舞是仪式的重要表现形式，举行仪式时全族男女参与者众多，热闹非凡。

有很多学者对土家族摆手进行过田野考察，不同的学者记载了不同地区的摆手祭祀，笔者选取其中几段记载以一窥土家摆手盛况。

> 大摆手是在摆手堂中举行的，摆手堂正中供着八部大神及其夫人帕帕的神像，摆手堂大坪中间一根高达二十四米的旗杆上两面龙凤旗迎风招展，旗杆顶端立着一只白鹤……祭八部大神时……届时各寨依姓氏或房族组成摆手排，每排为一支摆手队伍，各排人数不等，均设有摆手队、祭祀队、旗队、乐队、披甲队、炮仗队。各队列次如下：
>
> 首列为龙凤旗队……据传八部大王兄弟出生后被弃于荒野，蒙龙哺乳，凤羽温长大，为感龙凤之恩，故置龙凤旗世代相传。
>
> 次列为祭祀队伍。由寨上德高望重老者组成，多达二十余人。他们身着灶色长衫，手持齐眉棍、神刀、朝简等舞具。一尊者捧着贴有福字的酒罐，率领担五谷、抬猪羊、挑猎物、端粑粑、挑团撒、提豆腐等供品的人，随掌坛师举行祭祀，唱祭祀歌。掌坛师是大摆手时整个摆手队伍的总指挥，由寨上最有威望的老者担任（通常为梯玛）。
>
> 其后是舞队，为节日盛装的男女老幼……列队入场。
>
> 舞队之后是小旗队……每户一人持旗，进献于八部大王神坛下，以感祖恩深泽。
>
> 接着是乐队、披甲队、炮仗队，配以牛角、土号、喇叭、咚咚奎等……
>
> ……规定游手好闲、行娟为盗、忤逆不孝者均无权参加……
>
> 进堂后先扫邪，后安神。掌坛师手持扫帚，以高昂激越的声音谴责那些大斗进、小斗出的剥削者；以道德的铁扫帚清扫那些存心害人、行盗为娼的民族败类……
>
> 扫邪后众人分别站立两旁，中间留空地，让祭祀队伍行祭。祭祀人在掌坛师的带领下首先下跪，舞众亦随即跪下，齐唱请神歌。歌毕，将供品献于神案，供品上做有"福禄寿喜"、"吉祥如意"、"五谷丰登"、"风调雨"顺等字样，表明祭祀的目的。
>
> 祭事毕，三眼铳、鸟铳、火炮如万炮轰鸣、全场沸腾，人们在掌坛师指挥下，尽情地跳摆手舞唱摆手歌。①

文献也记载了祭祀八部大王的仪式过程，

> 参与祭祀者要表演杀猪宰牲，看谁宰杀得快。祭祀时将煮熟的猪头插上一把屠刀，供献于神桌上。然后端来盛满猪血的木盆，插上一把筷子，也呈献于神坛。在祭祀中土老师不跪拜，不献酒献爵，只敲锣鼓，带领人们围绕庙前神树跳神，男的外圈，女的内圈，跳舞祈祷。跳毕，列队于神桌

---

① 吕大吉、何耀华著：《中国各民族原始宗教资料集成》，北京：中国社会科学出版社1998年版，第91页。

前，十分庄严，不准讲话嬉笑，手拿大棍，往盛猪血的盆内蘸一下，不分男女，相互往对方脸上画一道道血痕，土家语称为夹巴画……①

记载中也表示：

这种祭祀是杀人血祭遗风……因八部大王土家语为洛蒙，意为神人，传说此神喝虎奶长大，此祭仪象征以人血祭虎图腾祖先。②

也有描写祭祀的具体过程：

到摆手堂后，将供品一一陈列于土王香案前，猎物挂在两侧的绳上，焚香燃烛，鸣炮奏乐……祭祀开始，土老师奠酒，行三拜九叩大礼，用土家语祈祷。祭祀祈祷毕，土家男女在土老师指挥下，三声炮响，鼓乐齐鸣，"嗬——喂"一声，顿时歌声大作，歌时男女相携，蹁跹进退，载歌载舞，通宵达旦……③

对小摆手的记载体现在以下文献中：

小摆手舞又名农事舞，其内容是表现一年十二月的各种劳动生产的动作，规模较小，形式也较简单。跳的时候，是由主持仪式后的巫师带头跳。然后由一人在中间打鼓兼锣鼓，其他人（不论男女）由一个舞蹈纯熟者领头，围成圆圈伴着鼓点，一边转一边跳。有的地方站成两队对跳。摆手舞手的动作较多，腰和膝是弯曲的，每舞起来，往往构成一个完整的情节如薅草、插秧、扯草、望太阳等动作连在一起，表现出田间劳动的过程。而跳蛤蟆、岩鹰展翅、拖野鸡尾巴等又表现出狩猎的过程。跳摆手舞时，往往随着鼓点节拍歌唱，鼓声、歌声、脚步声交织一片……④

从以上田野调查资料至少可以获得以下信息：一是摆手可以分为两类，大摆手和小摆手，大摆手规模宏大，小摆手规模较小。摆手根据祭祀的对象不同可以区分不同的规模，摆手所祭之神以八部大神为主，后来发展到祭祀彭公爵主、土王神等；二是祭祀是一个伴随着歌、舞等艺术形式于一体的群众性活动，具有娱乐性和艺术性；三是掌坛师土老司或梯玛在摆手活动中体现出极其重要的地位；四是从摆手中的仪式可以一窥白虎图腾崇拜的痕迹；五是从不同的仪式过程、祭祀对象可以看到土家族摆手祭祀在不同地区的变化，也能看到汉文化对土家族文化的涵化；六是摆手祭祀的内容主要表现人类起源、民族迁徙、抵御外患和农事活动，祭祀以自然村寨为单位进行。

为更客观地了解摆手仪式，笔者于2018年10月5日来到舍米湖村进行了田野调查。恩施自治州来凤

---

① 吕大吉、何耀华：《中国各民族原始宗教资料集成》，北京：中国社会科学出版社1998年版，第92页。
② 吕大吉、何耀华：《中国各民族原始宗教资料集成》，北京：中国社会科学出版社1998年版，第92页。
③ 李绍明主编：《川东酉水土家》，成都：成都出版社1993年版，第205页。
④ 吕大吉、何耀华著：《中国各民族原始宗教资料集成》，北京：中国社会科学出版社1998年版，第92—93页。

县位于酉水上游，历史上是土司辖区，摆手文化源远流长，其原生态摆手舞于 2008 年进入国家级非物质文化遗产代表性项目名录。① 来凤县百福司镇的舍米湖村是一个典型的土家族村落，舍米湖是土家语，意思是阳光照耀的小山坡，这里绝大多数人口为土家族，其中彭姓占到了 85%，舍米湖村现在仍然盛行的摆手是保存较为完善的土家族活态文化呈现。

舍米湖村的摆手堂坐落在偏离村民居住地的一隅，村民步行可到，周围地势低矮，四周绿树环绕，显得肃穆与神圣。据考察，舍米湖摆手堂距今已有 500 多年的历史，是我国发现现存最早的摆手堂。在清道光元年（1821）、三年（1864）和 1981 年分别维修了三次，当地土家人称之为神堂。摆手堂为木石结构，堂内设有神龛，上供白脸彭公爵主、红脸向老官人及黑脸田好汉三尊石膏塑像，三尊石膏塑像各有主次，其中间端坐者为彭公爵主，其余两侧则为向老官人和田好汉。

摆手堂前有一坪坝，坪坝正中有一杉树，直径很大，高耸入云。据报告人彭承金②介绍，每年春节和农历四月八日，村民会自发到摆手堂跳摆手，而每当在此举行摆手时，坪坝中的杉树上就挂满灯笼，树下设有大锣大鼓，一人鸣锣击鼓，众人环树起舞，场面壮观。

应笔者请求，彭承金召集就近的摆手舞者现场进行了表演。只见彭承金站在坪坝内向周围大声吆喝，发出邀请，只听田间地头忙于农事的舞者们高声呼应，不一会儿，这些舞者们就换好了青布土家族传统服装来到摆手堂，据说这是只有在节日才着之盛装，他们来到杉树前，迅速围成了一圈。这时候彭承金已在空地上摆好了一面大锣、一个大鼓，开始敲击锣鼓，其节奏基本为"哐咚咚哐咚咚哐咚—咚哐咚咚"，舞者们以鼓声为号，围绕圆圈躬腰屈膝，摆动身体和甩动手臂，每一圈跳一个动作，从舞蹈中可以分辨出舞者表达的是村民们薅草、插秧、推磨、挑水等各种生产生活场景，其最显著的特点是同手同边，一圈跳完后，击鼓者会以"咚咚咚"的鼓声进行提示，下一圈则变换下一个动作，如此反复。其间舞蹈者的动作粗犷豪迈，整齐划一，精神勃发，锣鼓声节奏鲜明，一气呵成。一场摆手舞结束，击鼓者与舞者均是一身大汗，酣畅淋漓之情溢于言表。

因本次田野并没有能够得以窥见舍巴日的全过程，只能从有限的场景中体验摆手的盛况，但笔者总结了以下几点重要信息：一是此处供奉和祭祀的对象以白脸彭公爵主、红脸向老官人及黑脸田好汉等家族神——土王神为主；二是杉树是摆手中的重要工具；三是在跳摆手过程中，全体参与者都表现出积极的、整体性的精神状态。

三、摆手中的仪式所呈现的宗教信仰元素

法国学者爱弥儿·涂尔干（Emile Durkheim）认为："宗教现象可以自然而然地分为两个基本范畴：信仰和仪式。信仰是舆论的状态，是由各种表现构成的；仪式则是某些明确的行为方式。这两类事实之间的差别，就是思想和行为之间的差别。"③ 从以上三种不同途径对摆手的记载分析中，笔者尝试找出在摆手仪式中所体现的宗教元素，以论证摆手是土家族原始宗教信仰的仪式表达方式之一。

---

① 中国非物质文化遗产网·中国非物质文化遗产数字博物馆（www.ihchina.cn），2019 年 1 月 20 日。
② 报告人彭承金，52 岁，土家族，本地农民，当地人称"土家鼓王"，2018 年 5 月被评为第五批国家级非物质文化遗产代表性项目"土家族摆手舞"传承人。
③ 爱弥儿·涂尔干：《宗教生活的基本形式》，渠敬东、汲喆译，上海：上海人民出版社 1999 年版，第 33 页。

(一) 土家族神灵系统

李绍明对酉水流域的土家族进行深入的田野调查后,归纳出土家族的原始信仰主要包括以下几类:白虎崇拜,这是早期自然神崇拜演变为图腾崇拜的一类;祖先崇拜,包括氏族祖先崇拜、家族祖先崇拜和土王崇拜;多神崇拜,其中自然崇拜是比较突出的。[①] 而以上这些崇拜的对象几乎都能在摆手中找到端倪,这也体现出中国少数民族祭祀仪式中多神共祭的特点。

1. 大摆手祭祀时的八部大王

八部大王在土家语中叫作洛蒙,意即神人,其作为神的形象应是土家族父系氏族祖先崇拜的留痕。根据记载,祭八部大王时的大摆手是规模最大的集体宗教活动,主要以表现军功为主。湘西地区的大摆手祭祀有一整套仪式,其中有反映上古杀人血祭的场景。在土家族的史诗神唱《摆手歌》[②] 中对八部大王的八个名字有详细的记载,这八个神人应是土家族历史上八个氏族或部落的首领,在掌坛师梯玛做摆手祭祀时,手中握有名为八宝铜铃的神器,即代表着八部大王。土家族地区有很多关于他们的传说,其中一个为:古时候有对夫妇,中年无子,遇一仙人赠以茶,服之以孕,生下八男。其父以为妖孽而弃之荒野,八男幸蒙龙哺乳,得凤遮荫。长大成人后皇帝封诸兄弟为将,八兄弟屡建奇功,受封八部大王。[③]

通过资料可以分析,八部大王氏族英雄地位和威望的获得是通过战争取得的,是在土家族先民和周边其他氏族或者族群不断的矛盾斗争中获得的,在与自然、与社会或和谐或矛盾的生存中,八部大王通过出色的领导才能获得族群个体的认可,其存在对于整个族群的稳定团结十分重要,将其作为祖先神进行祭祀和崇拜是土家族先民的生存智慧,在远古先民产生灵魂观念后,对灵魂的祭祀用以强调对族群边界区分和族群内部的认同,同时,先民们在部落首领死亡后,也用祭祀来强调灵魂永生,以用灵魂永生的信仰来解释群体生活的永恒性,用于解决族群在面对重要成员逝世时可能出现的族群瓦解和战争等情况。

作为摆手活动的主要祭祀对象,八部大王在土家族先民的宗教生活中始终占据最重要的地位,这是原始宗教信仰的深刻印痕,是土家族族群关于民族历史的群体记忆。大摆手作为祭祀的表现形式,展示和还原了土家族先民的生产生活,通过祭祀仪式将宗教信仰的烙印深深印刻在族群的民族意识中,是族群整体关于民族边界的区分,是民族个体对于民族认同的表达。

2. 祭祀时出现的白虎神痕迹

从摆手中能发现白虎崇拜的留存,除资料中所提及夹巴画以外,还有传说在摆手中会有白虎进入堂中等现象。这些都是土家先民曾经有过的以白虎为图腾、祭祀白虎的历史留痕。西南少数民族氐羌系族群都有虎崇拜的信仰习俗,这至少可以追溯到先秦时期。[④] 祭祀白虎这一行为能从史书中找到源头,《后汉书·南蛮西南夷列传》记载:

---

① 李绍明主编:《川东酉水土家》,成都:成都出版社1993年版,第214—227页。
② 湖南少数民族古籍办公室主编:《摆手歌》,彭勃、彭继宽整理译释,长沙:岳麓书社1989年版,第337—338页。
③ 李绍明主编:《川东酉水土家》,成都:成都出版社1993年版,第214—227页。
④ 张泽洪:《西南少数民族宗教中的虎崇拜》,《中南民族大学学报(人文社会科学版)》2007年第6期,第39页。

> 巴郡南郡蛮，本有五姓，……因共立之，是为廪君。……廪君于是君乎夷城，四姓皆臣之。廪君死，魂魄世为白虎，巴氏以虎饮人血。遂以人祠焉。①

这段文字包含重要信息，是廪君的灵魂和图腾白虎结合在一起。廪君应是清江流域土家族先民的氏族首领，这一段史料也能从侧面帮助我们理解白虎祭祀的由来。

白虎是土家族先民的图腾，土家族地区除了摆手祭祀外，还建有多所白虎庙和白虎祠堂专门用于白虎祭祀。选择虎作为图腾，与土家族生活的环境有关，土家族世居武陵，崇山峻岭，多虎出没，再加上土家先民尚战善武的性格，便把虎这一威武庞大的形象作为神进行崇拜。人们选择白虎图腾与廪君的魂魄相结合，是因为廪君"君乎夷城"的首领地位。这里有两层意义，一是"远古先民的原始宗教观念中，每个人都是自己氏族同一图腾的祖先的化身，人死后灵魂不灭而将返归祖先图腾。"② 二是灵魂观念产生后，氏族祖先在死后作为氏族的保护神继续存在于族群的生产生活活动中。他的灵魂形象必须赋予一个具体的外貌，白虎这一符号则在此时与其结合，让这一信仰就变得具体而实在。通过这一结合，廪君的灵魂化身为土家族每个个体心中的图腾本原作为神继续存在，图腾崇拜也得以在个体意识中得到强调。

从各类记载可以看到，祭祀中关于白虎的部分已经不是绝对的主题，而仅作为其他祭祀对象的一个补充，这也正说明"图腾崇拜……是人类文化的基层文化，是最古、最底层的文化"。③ 在历史演变的过程中，人们对事物的认识不断发生变化，宗教信仰的观念也在改变，这就是文化变迁，原始的图腾信仰也渐渐变成民族祖先的历史记忆，而不再在宗教生活中占据主流。

3. 小摆手中的家族祖先祭祀

如果说廪君与白虎的结合是图腾崇拜和远祖崇拜的体现，在小摆手中所祭祀的家族祖先神彭公爵主、向老官人及田好汉等，则完全已经演变为纯粹的近祖崇拜。

土王即土著之王，是汉族对土家族及其他民族君长的称谓，意思就是本土之王，一方之主。土家族普遍崇拜和祭祀的土王如彭公爵主、向老官人及田好汉等祖先神都是历史上真实的人物，向、田都是土家族大姓，彭公爵主则据考证应是唐朝末年就入侵土家族地区的江西彭氏的第四代头领彭士愁。彭氏一族对内称土王，对外称刺史或宣慰使，在土家族地区前后维持了800年统治。彭氏集军权与政权于一体，其势力颇大，在土家族地区直接领导的宗族就是田、向等氏，承认这两姓头领的地位且竭力拉拢，传说彭氏土王当初实行过初夜权，而只有这两姓可以豁免。④ 所以在摆手堂中，能看到彭、向、田三尊神像，且位分主次，供奉三姓族神应是在土司时期。

有学者认为供奉三姓祖先，且三姓祖先有主次之分，彭公爵主为白脸，向老官人为红脸，田好汉为黑脸，三神色彩具有象征意义：白色象征着权力，红色象征忠义、勇敢，黑色较为复杂，似是服从，又

---

① 范晔撰：《后汉书》卷86《南蛮西南夷列传》，北京：中华书局2011年版，第2840页。
② 张泽洪：《西南少数民族宗教中的虎崇拜》，《中南民族大学学报（人文社会科学版）》2007年第6期，第42页。
③ 何星亮：《图腾文化与人类诸文化的起源》，上海：上海三联书店出版社1992年版，第27页。
④ 潘乃穆编：《潘光旦文集》（第7卷3湘西北的土家与古代巴人），北京：北京大学出版社1993年版，第568—578页。

似是生产与繁殖的象征。① 这一解释应包含三层意思,一是土家族历史上彭公爵主出现的时期为明清土司时期,土司即土王在本辖区内是绝对的统治阶层,掌控着权力,三神祭祀中居中的彭公爵主代表着权力,明显象征着土家族族群中不同个体或群体的社会地位分化。二是小摆手中的三神同祭与农业文化背景分不开,小摆手本来就是以祈祷丰收为主要目的,摆手舞蹈的动作也多是对农业生产活动的模仿,三神祭祀中黑脸田好汉传说是一个农民,是一个生产者,对他的祭祀象征财富来自生产,表达人们丰产丰收的观念。红脸向老官人,民间传说中其特点是勇敢,他展现的是土家族民族性格中的勇猛,这也是土家人理想中的伦理道德的化身。三是小摆手中在摆手堂供奉彭、向、田三姓祖先,说明此阶段的土王崇拜和祭祀已具有宗族、家族相互认同的意义。与祭祀八部大王比较,土王祭祀具有完全不同的意义,代表着土家族宗教信仰发展的两个时期,是远祖崇拜向近祖崇拜的转变,多个祖先神共同供奉也说明这是多个族群向一个民族转变的痕迹。

总之,晚近时期出现的象征寓意明确的三位人格神,应是受到以汉文化为主体的主流文化浸润和涵化的结果,是汉文化在土家族宗教信仰中的体现。这是中央王朝和代表中央王朝的土司土王,对族群进行道德教化、维护统治秩序的手段。

(二) 摆手中"树"的宗教含义

在笔者亲历的摆手表演中,来凤舍米湖村摆手堂的杉树具有重要宗教意义。摆手是舞者围杉树而舞,在当地人的叙述中,大的摆手活动都是围绕这棵树进行,并在树上悬挂灯笼,可见杉树在祭祀中有重要的位置。据同治《增修施南府志》卷三十记载:

> 施州漫水寨有木,名普舍树。普舍者,华言风流也。昔覃氏祖于东门关伐一异木,随流至那车,复生根而活,四时开百种花。覃氏子孙歌舞其下,花乃自落,取而簪之。他姓往歌,花不复落。尤为异也。②

漫水寨在今来凤县境内,覃姓为土家族大姓,歌舞其下是指像摆手一样绕树而舞,这就从历史和现实都印证了土家族先民对树的崇拜。

自然崇拜是与农牧业相适应的文化现象,相信山有山神,水有水神,万事万物皆有灵性是土家族的一个特点。崇拜大树是万物有灵观的一个体现,世居山地,森林覆盖广,人们在深山中生存,在与自然或斗争或和谐的共居中,树木既是重要的生活资料,也可为先民在危险时提供庇护,树干高大、树龄古老的树木更以其强大的生命力让人们产生敬畏,因此,树成为有灵性的精灵和使人产生不可攀登的神圣感。

大树在土家族先民的生活中占据重要位置,在摆手祭祀时,给大树披红挂彩,围树而舞,树在祭祀中具有文化的意义,在神的观念出现后,其功能也可以解释为,高大的树是与神灵相关的符号,通过对

---

① 柏贵喜:《摆手祭:土家族社会结构的象征表达——土家族象征文化研究之一》,《中南民族大学学报》2005年第3期,第11页。
② 松林修,何远鉴纂:《增修施南府志》,清同治十年(1871)刻本。

树的祭祀，可以达到和神灵相通的目的，树成为人神相互沟通的桥梁。

（三）摆手堂的象征意义

摆手祭祀活动的物理空间即为摆手堂，是土家族先民为祭祀祖先而建立的活动场所。历史上，酉水流域土家族聚居的中心村寨均建有摆手堂。摆手堂通常选址偏于村落居住区域中心，如来凤舍米湖摆手堂位于村西南的山坡上，还有学者考察来凤县小鸡公岭摆手堂在百福司镇小鸡公山山岭上，硝洞坪的摆手堂坐落在交通闭塞的卯洞口山脊上，湖南龙山兔吐坪村的摆手堂遗址位于村落偏东南一个叫利哈枯的地方。① 分析这一现象产生的原因应和原始宗教信仰相关。按照涂尔干的二分法，将事物分为神圣和世俗两部分，摆手堂明显是神圣事物的一部分，神圣事物受禁忌保护，被禁忌隔离，神圣事物与凡俗事物在空间上就不能同处一室。自土家族先民产生神的观念并进行祭祀开始，宗教生活和凡俗生活就有了明显的区分，首先在空间上因为宗教的种种禁忌而截然分离，不在固定的祭祀时间，人们不得进入神圣事物的领域。所以，相较于热闹的居住中心，神圣事物因其禁忌而必须和日常生产生活的场域分开，只有在祭祀的时间段，人们在规定的场景下，着盛装才能齐聚摆手堂。

清代乾隆辛巳岁（1761）镌刻的龙山县西湖乡却甲寨舍巴堂碑文中记载：

> 盖闻朝廷有宗庙，乡党有宗祠。庙也者，神之居官室也；神也者，我撒卡三房众族之主也。自我彭公爵主历代建庙侍奉以来，数百余岁矣。每岁三月十五日进庙，十七日团散，男女齐集神堂，击鼓鸣钟歌舞之，名曰摆手，以为神之欢也，人之爱也。香灯朝夕，香火不断，灯火不息，盖亦乡人傩之意也。②

这一碑文说明摆手堂的功能类似于汉族地区的家族祠堂或者佛教中的庙宇，其在摆手祭祀活动中具有神圣的地位，通过提供祭祀的场所、开展宗教仪式，摆手堂让本族人在此进行交流，共同回忆祖先和族群英雄的伟大事迹，此时的摆手堂作为本民族宗教文化的一个具体符号，起到了增强民族认同和家族认同的作用，摆手堂同时也成为这一地域内，统治阶层进行社会秩序运作和伦理道德教化的空间。

（四）摆手中的掌坛师——土老司

土老司，或者土老师，土家语称为梯玛，历史上是土家族社会不脱离生产和世俗的职业宗教人员，据考证，酉水流域的土家族称巫师为老司，土老司就是土家族远古时期巫师的传承。根据田野考证，土老司从事巫术活动有几个显著特点：一是没有经书，所颂念的唱词全凭记忆；二是从事巫师活动中要用土家语，所颂念之词都是通过口授而代代相传；三是使用的法器中最主要的是八宝铜铃，四是土老司必须祭祀土王。土老司熟悉土家族的历史、神话与传说，能歌善舞，甚至能为民间巫医，算是有学问的人，

---

① 刘琼、黄柏权：《土家族地区祠堂与摆手堂比较研究》，《三峡论坛》2015年第6期，第61页。
② 田兴中主编：《保靖县志》，北京：中国文史出版社1990年版，第305页。

十分受人尊敬。① 在土家族更加久远的历史时期里，土老司曾经遍布土家族聚居区，是一个地位显赫的社会阶层。②

在摆手祭祀仪式的记载中，土老司是摆手仪式的主持人，是祭祀活动中的核心人物，而仪式的流程、具体形式和内容充满了对昔日祖先神征战沙场的模仿，土老司模仿指挥千军万马的将军，主持献祭祖先神的仪式，大摆手中战舞祭祖遗风，以及土老司在整个祭祀中所体现出来的绝对神权，都体现着其地位。

有学者曾对西南地区少数民族中曾经有过的鬼主制度进行过研究，鬼主是历史上集政权、神权、军权于一体的西南少数民族地方政权的实权派人物，鬼主制度则是少数民族地区的政教合一制度，这一制度的存在可以追溯至魏晋南北朝，盛行于唐朝，直至元朝随着土司制度的建立才趋于瓦解。③ 土家族无文字的历史缺乏文献对本民族历史的记载，让后人无法对土司时期之前的梯玛进行详细的解读（也有学者考证过土王与梯玛的关系④，但笔者认为缺少有力的证明），但由于土家族与西南各少数民族在族源上千丝万缕的关系，以及各民族在武陵地区进行的民族迁徙、民族融合过程中的文化同化，笔者认为土老司的神权和宗教职能是否也与其他西南少数民族一样，在土司之前的历史上也是由土王或者氏族首领担任，只是在历史变迁过程中，神权慢慢过渡成为土老司这一专门的神职人员，其在祭祀中的祭祀土王仪式，也说明了土老司对土王的依附地位，摆手祭祀作为一种仪式可以理解为土王通过土老司的神权来进行社会控制的象征。

（五） 摆手中的史诗神唱——摆手歌

与摆手舞相伴的就是摆手歌。在摆手祭过程中，主祭人梯玛用土家语演唱的用于请神和安神的歌谣，总称摆手歌，又称舍巴歌。因为梯玛所颂念之词必须是土家语并代代口耳相传，这也使得土家族古老的文化得以保存和流传。

摆手歌主要内容包括：人类来源歌，叙述了天地再造万物再生以及洪水泛滥兄妹成亲的神话；民族迁徙歌，叙述了土家族氏族群体迁徙至武陵山定居繁衍的过程；农事劳动歌，根据劳动季节，将一年中各种农事的基本做法从头到尾进行叙述；英雄故事歌，颂扬土家族古代的英雄人物。

摆手歌是土家族人共同的历史记忆，其通过祭祀仪式发挥的教育功能是告诉后代，记住祖先发祥地和族群迁徙路线及历史，增强民族凝聚力和整体性，如歌中唱道：

毕兹卡哪里来的？
十迷洞来的，
十排楼来的，
十八坪来的，
那黑那八来的。

---

① 李绍明主编：《川东酉水土家》，成都：成都出版社1993年版，第231—233页。
② 雷翔：《梯玛世家——土家族民间宗教信仰的田野报告》，《民间文化论坛》2007年第3期，第75页。
③ 张泽洪：《中国西南少数民族鬼主制度研究》，《思想战线》2012年第1期，第115—118页。
④ 张应斌：《土家族土王与梯玛关系管见》，《中南民族学院学报》1994年第5期，第44—47页。

千山万山过，
千潭万水过，
麂子岩坎上路走在。
…… ……

也集中表达了土家先民认识世界的观念体系，如对天地万物、人类来源的体认：

山坡山岭他也出处一个有，
大河小河他也归总处一个有，
毕兹卡怎么成的，
他也路小一个有，
讲起日子也长了，
发的根子多了。
…… ……
天和地挨着的，
人讲人信不，
马桑树涨到天上去了哩！
天上的人树子砍要，
马桑树长怕了，
他各三尺高到勾腰了。
…… ……
张古老天做天成了，
…… ……
牙齿咬起扯在了，
扯得疙瘩成了，
这个疙里疙瘩，
山山岭岭成了，
地上的水流处没有了，
他脚板用练在了，
大河小河在了。
…… ……

通过仪式和土老司的颂念，来宣扬祖先神的功绩和高尚道德，以进行社会秩序运作和伦理道德教化。如在英雄故事歌《洛蒙挫托》中就歌颂了氏族首领八部大王的故事：

兄弟几个打在了，

兄弟几个杀在了,
葫芦一样砍在了,
罗布一样剁在了,
冬瓜一样劈在了,
……客兵怕了哩,
跑哩见没有哩。
…… ……
客兵赶走了,
哥哥们辛苦了,
话我讲着在,
什么要什么送哩,
金子不要银子不要哩,
驴子不要猪不要哩。
…… ……①

四、结论

从以上描述和记录可见,摆手作为典型的民族文化符号,既是原始宗教信仰的映射,也是文化变迁的缩影,体现了土家族宗教信仰的社会功能,具有土家族原始宗教信仰的文化内涵。

(一)摆手仪式和土家族宗教信仰的社会功能

张泽洪在对西南少数民族的宗教信仰进行深入的研究和比较后,论证了宗教仪式和宗教信仰之间的关系:"宗教仪式是宗教信仰的表现形式,只有通过族群祀神的仪式活动,才能体现宗教信仰对个人和社会产生的作用。"② 某一宗教信仰必定属于一个共同的群体,并由此造就群体统一的信仰。构成群体的个人认为彼此之间是统一的,其原因在于他们有共同的信仰。土家先民组成一个统一的社会,这个社会可能是一个共同的氏族,或者一个共同的部落,直至成为一个共同的民族,因为他们以共同的或一致的思维方式看待世界、解释世界,用一致的方式理解神圣和凡俗之间的关系,他们把共同的观念化为共同的行动,即仪式,用仪式来表达共同的信仰。

族群之间正是通过宗教仪式这一文化要素来确认边界,构建想象中的共同体的。可以看出,摆手祭祀一般是以一个氏族或数个氏族为祭祀单位,这样一种祭祀活动在社会身份认同上通过区分不同姓氏或氏族成员、区分不同宗族成员、区分不同地域成员而加强同一团体内的身份认同感,表现了明显的族内

---

① 1980年,湖南少数民族古籍办公室记录并翻译整理了摆手歌全部内容,出版了《摆手歌》一书,成为研究土家族历史和文化研究的重要文献资料。
② 张泽洪:《文化传播与仪式象征——中国西南少数民族宗教与道教祭祀仪式比较研究》,成都:巴蜀书社2008年版,第1页。

认同性，构建了本族群的边界，将边界内的成员整合成共同体，这个共同体即为土家族。先民通过集体祭祀的仪式，把对神的神圣性从集体意识变成了每个人的个体意识，让个体和集体都产生强烈的宗教情感，强化了民族个体成员对民族整体的归附关系，保证了民族整体的结构稳定。

（二）摆手仪式体现着土家族原始宗教信仰的文化内涵

对神的信仰具有重要的社会意义和文化意义，从土家族摆手祭祀仪式中，能看到土家族和土家族地区文化变迁和各民族交融的漫长历史，在摆手祭祀中体现出来的人神关系体现着人们认识事物的观念变化过程，神的产生来源和象征意义表明了人们的现实需求。

从远古的八部大王、廪君到晚近的三姓祖先神，人们从跳摆手以祭神，对神的需求从保护本族群的安全和稳定，发展为对权力财富等的需求，这是社会不断发展后，社会的分化和阶层意识的出现在宗教元素中的呈现。摆手中出现的虎崇拜、梯玛、八部大王等因素也是西南各少数民族之间共居共存、相互影响的印证。总之，摆手仪式蕴含着丰富而深刻的历史和文化内涵，对研究土家族及西南少数民族有重要的意义。

仪式是宗教概念中的核心要素，宗教是文化概念中的核心要素，摆手祭祀中出现的文化多元特征，说明历史和现实中的土家族地区具有多元文化互动的典型性，这是中华民族多元一体格局的有力印证。

On the Primitive Religious Connotation of Tujia Baishou Sacrifice
SHEN Li

Abstract: Baishou sacrifice is the ritual expression of Tujia's primitive religious belief. On the basis of historical documents and field-work, this article analyzes the religious elements in Baishou sacrifice in details as well as its social function and cultural connotation. It explains that Baishou sacrifice strengthens the dependency of individuals to their ethnic peoples so as to guarantee the structural stability of these ethnic peoples. In addition, it proves that various cultural elements in Baishou sacrifice are the expression of the interaction of multi-cultures in Tujia ethnic areas and the confirmation of integration of Chinese nation.

Keywords: Tujia ethnic group; Baishou ceremony; Religious Beliefs

作为社会剧场的仪式研究：
基于巴厘和新村葬礼的比较分析

徐德信*

摘　要　仪式与社会秩序关系的研究，一直是人类学关注的主题，主要包括整合说和分裂说，持整合说的学者主要研究非洲大陆仪式，认为仪式有助于整合社会；持分裂说的学者则认为仪式非但没有团结社会，反而使社会冲突更为严重。通过对新村葬礼的深入阐释并与巴厘葬礼进行比较，加上对前人研究的仪式社会背景予以考虑，可以发现实际上仪式并未分裂也没有整合社会，仪式只是一种社会剧场，为社会力量和观念的展演与较量提供了空间。

关键词　葬礼；仪式；社会秩序

DOI：10.13835/b.eayn.30.21

仪式一直是人类学研究的一个重要部分，从泰勒、摩尔根开始，经过弗雷泽、马林诺夫斯基到格尔茨和奥特纳等，每一位划时代的人类学家都有一部经典的民族志，而每一部经典的民族志里面，都不缺乏精彩的仪式分析。在过去100多年的发展历程当中，人类学的仪式研究诞生了许多经典理论，结合前人学者的研究成果[①]，大致可将仪式研究的理论分为功能论、过程论、象征论和展演理论。仪式研究的功能论源于杜尔干（Emile Durkheim），认为"仪式最显著的功能是增强信众与神的联系，而神是社会的自我表达，所以事实上，仪式表达的是个人与社会的联系。"[②]或者说仪式再现参与仪式人群的团结，马林诺夫斯基（Malinowvsky）在其《西太平洋的航海者》中，就描述了特若布里恩德岛人在进行库拉交换和远洋捕鱼时，都要事先举行复杂的宗教仪式活动，以解决人的心理焦虑[③]。拉德克利夫－布朗（Radcliffe－Brown）在《安达曼岛人》中则强调宗教仪式的举行，是为了消弭当地人违反社会规范或禁忌所造成的不安，起着重建社会秩序的功能[④]。雪莉·奥特纳（Sherry B. Ortner）和布洛赫（Maurice Bloch）等后来的仪式研究学者也都强调仪式在社会秩序当中的重要性；在功能论之后，范热内普（Arnold van Gennep）和维克多·特纳（Victor Turner）开始关注仪式本身，即对仪式过程进行分析。他们将仪式分为三个阶

---

*　徐德信，邵阳学院马克思主义学院讲师，研究方向：社会人类学。
①　参见彭文斌、郭建勋：《人类学仪式研究的理论学派述论》，《民族学刊》2010年第2期；彭兆荣：《人类学仪式研究评述》，《民族研究》2002年第2期；黄应贵：《反景入深林：人类学的观照、理论与实践》，北京：商务印书馆2010年版。
②　爱弥尔·涂尔干：《宗教生活的基本形式》，渠敬东、汲喆译，上海：上海人民出版社2006年版，第226页。
③　布罗尼斯拉夫·马林诺夫斯基：《西太平洋上的航海者》，张云江译，北京：中国社会科学出版社2009年版。
④　拉德克利夫－布朗：《安达曼岛人》，梁粤译，桂林：广西师范大学出版社2005年版。

段:分离、阈限和融合[1],通过仪式过程,个人角色得以改变、社会关系得以增强、社会秩序得以强调;维克多·特纳同时也开创了仪式的象征理论研究,通过对恩登布人(Ndembu)仪式的研究,挖掘仪式当中的象征意义,象征是对未知事物的表达,研究者所要探究的就是未知事物的意义[2];展演理论当中,格尔茨(Clifford Geertz)的《尼加拉》就是其中的代表,书中所探讨的是仪式与地方社会秩序的关系问题,其中最重要的仪式当属巴厘吉安亚国王的葬礼[3]。事实上,上述四种理论,虽然各有侧重,但是对于仪式与社会秩序之间的关系都是他们关注的共同点。

一、人类学界对仪式与社会秩序关系的研究

学界参与仪式与社会秩序关系研究的学者众多,主要观点可分为两类:整合说和分裂说。前者以英国学者格拉克曼(Max Gluckman)和维克多·特纳为代表,后者以格尔茨为代表。持整合说的学者主要研究非洲大陆仪式,认为仪式有助于整合社会。格拉克曼通过对非洲的长期研究,逐渐发现非洲这一地区,经历殖民统治而文化混杂、冲突不断,为了处理其间的矛盾,发展出了一套独特的应对方式——仪式,以维持其社会秩序[4],格拉克曼的仪式观点认为:"仪式不仅将内聚力和社会价值观、社会感情灌输给人们,而且还夸大了社会统治的实际冲突,并且确信尽管存在着这些冲突还是有联合的一致性。"[5] 其学生维克多·特纳通过对非洲恩登布社会的研究,也继承了这一思想,当时赞比亚的恩登布人处于英国的统治之下,这与其原本存在的母系继嗣的头人制度存在着矛盾,导致恩登布社会阶段性的社会危机,当地社会则通过不断的仪式来处理这些危机[6]。国内学者如何明[7]、彭兆荣[8]等也赞同仪式的秩序功能。持分裂说的代表人物是格尔茨,在《仪式的变化与社会的变迁:一个爪哇的实例》[9] 一文中,通过对莫佐克托镇的一个葬礼仪式的研究,认为在国家的政治意识与宗教意识没有影响村落的时候,村里面的不同宗教可以和平共处,共同举办相关的葬礼仪式,但当宗教与政治意识形态结合起来之后,相关的斗争也深入到了村落内部,导致葬礼的仪式非但没有将村落不同宗教派别的人团结起来,反而使社会冲突更为严重。从这一层面看,仪式不是整合而是在分裂着社会。葬礼作为一种送别仪式,既有世俗性的一面,也有神圣性的一面:从世俗方面来看,这一仪式费时费力费钱,需要动员整个群体甚至跨越群体边界的人力物力,是主人家经济实力与社会声望的一场展演;从神圣性来看,葬礼是一场宏大的仪式,通过大量的献祭,让死者安息,让生者得到安慰。但是,以葬礼为代表的仪式,是否能够整合或分裂一个社会或一个群体呢?在这里笔者试图通过对巴厘和新村葬礼仪式的阐释,来探讨仪式与社会秩序的关系。

---

[1] 范热内普:《过渡礼仪:门与门坎、待客、收养、怀孕与分娩、诞生、童年、青春期、成人、圣职受任、加冕、订婚与结婚、丧葬、岁时等礼仪之系统研究》,张举文译,北京:商务印书馆2010年版,第10页。
[2] 维克多·特纳:《象征之林:恩登布人仪式散论》,赵玉燕等译,北京:商务印书馆2006年版。
[3] 克利福德·格尔茨:《尼加拉:十九世纪巴厘剧场国家》,赵丙祥译,上海:上海人民出版社1999年版。
[4] Gluckman M, *Order and Rebellion in Tribal Africa*, London: Cohen & West, 1963.
[5] 夏建中:《文化人类学理论学派——文化研究的历史》,北京:中国人民大学出版社1997年版,第307页。
[6] Turner V, *Schism and Continuity in an African Society: A Study of Ndembu Village Life*, 2nd Edition, London: Bloomsbury Academic, 1996.
[7] 何明、杨开院:《仪式实践与榉村的社会整合》,《民俗研究》2018年第3期。
[8] 彭兆荣:《人类学仪式研究评述》,《民族研究》2002年第2期。
[9] 克利福德·格尔茨:《文化的解释》,韩莉译,南京:译林出版社2014年版,第174—204页。

二、新村葬礼仪式的阐释

新村位于湖南省邵东县，是一个人口约 1120 人的自然村落。相比于许多的历史文化名村，新村这个村落最大的特点就是"没有"：没有庙宇、没有祠堂、没有任何的古建筑和历史遗迹、历史上也没出过衣锦还乡的大人物；过年没有人家挂红灯笼，也很少有人家贴春联；没有侗族鼓楼那样的公共议事之地，也没有土家族摆手堂那样的活动中心（2015 年建好了村活动中心）。唯一的文化遗存就是位于每家堂屋后墙祖先（有时包括土地神）的"神位"了。在这里，你似乎发现不了历史，发现不了传统。但是一到举办人生仪式的时候，你才能发现，新村社会并不是白板一块，而是有着丰富的传统。与历史上举办的人生仪式相比，现在出生仪式和结婚仪式很少举办，寿礼仪式也只是偶有为之。与之不同的是，葬礼仪式却越来越热闹，任何一家的老人过世，不管地点、姓氏、宗族有何不同，都是一件全村人的大事。近些年，村里老人过世之后，所有的直系后裔不论远近，还有直系亲属，闻讯都会立刻回家奔丧吊唁，无一例外。除了亲属之外，在周边县市经商工作的本村人，也会找机会回村吊唁。新村人如此重视葬礼，使得葬礼成为当地社会最重要的仪式。

新村葬礼仪式，从逝者过世算起，大致包括七个重要的过程：烧包、入殓、发讣告、丧事筹备与宴请、亲友吊唁、出殡、除灵。这 7 个过程当中，前两者相对较为固定，老人一般都知道如何处理。第三个阶段发讣告，就需要村落权威人士协同家族长辈协商，根据主人家丧事准备的规模和亲属关系的远近，决定通知哪些亲属而不通知另外一些亲属，决定推辞哪些从习俗上会被亲属邀请的仪仗队以控制葬礼规模。丧事筹备，举办丧事最明显的标志是贴在堂屋大门口上方的"当大事"三个大字，这"再清楚不过地表明了这个社区对死亡事件的最为基本的看法——这是一件在特定时候'唯此为大'从而必须高度认真对待的事情"。[①] 葬礼中所有的事情都包括在丧事筹备当中，只是现在更多地关注人员安排。亲友吊唁是葬礼的核心，是现实社会关系的一种重建，时间是在出殡前一天的下午 3 点到 5 点。虽然死者过世之后，亲友闻丧就会来吊唁，但形式简单，而在正式吊唁时，大都会讲究排场：大规模燃放烟花、邀请仪仗队或乐队吹吹打打，甚至还邀请舞龙队现场表演，热闹非凡。亲属不管前些天是否来吊唁过，这时都会到灵前祭拜，仪仗队也会在灵柩前为宾客祭拜逝者。如果说吊唁主要是亲属参与，那么出殡则主要是村民参与，它是葬礼仪式最为重要的阶段，需要以最为热闹且有序的方式，将死者灵柩抬到墓地，入土为安。热闹指的是一路上乐器不停地演奏、鞭炮不停地鸣放、女儿等亲属不停地哭唱，旁人不断地大声喧哗等；秩序指的是死者不同的亲属所邀请的鼓乐队、仪仗队等，代表不同的亲属关系，在送葬队伍中都被安排着固定的秩序，而众人抬着灵柩则处于中间位置。除灵仪式在葬礼中则属于最后阶段，是一种献祭。出殡安葬之后，道士会主持这一仪式，将后人及亲朋献祭给逝者的礼物：包括灵屋、纸钱、仪式用品，以及象征性的生活用品等统一烧掉。一把大火过后，在现实社会，一切化为灰烬，从有形到无形；而在当地人的观念里面，这代表着亲人的礼物全部送达给了另一世界的亲人，从无用到有用。这一仪式代表着生者对死者安葬仪式的完成，死者成功地从人类社会进入灵魂世界，而生者从这一仪式阈限中得以走出来，重新返回到日常生活轨迹中。

吊唁和除灵仪式都是一种献祭，是一种关于灵魂世界的观念，同时，也是一种隐喻。将现实生活中

[①] 马翀炜：《何以"当大事"——双凤村丧葬个案的人类学分析》，《广西民族研究》2005 年第 4 期。

毫无使用价值的"珍贵物品",付之一炬,仅仅是其传统丧葬观念的一种较为炫耀性展示而已:灵魂世界与现实世界之间存在着一种内在的关联,人们将灵魂世界作为现实世界的一个投射。另外像入殓仪式、出殡仪式都是这一观念的表达。祖先崇拜不仅仅是对于祖先的崇拜,它是一种精神寄托,在仪式持续不断的过程当中,哀思得以表达。也就是说,这一置身于客观世界情境之中的"非理性"行为有其宇宙论的根基,世界不仅仅有眼前的苦痛和无能为力,还有人死后灵魂世界的生活;虽然可能无力改善客观世界当下的处境,但却可致力于给祖先创造幸福的生活;虽然在现实社会不能再报答祖先的养育之恩,却可以通过仪式献祭的方式得以更好地报答。

在丧葬仪式之外,还存在着大量的仪式,他们所表达的观念有很大不同。一如葬礼仪式是诸多人生过渡礼仪当中的一种类型,其灵魂观念、孝道观念也是众多观念当中的几种而已。但正是这些观念以及围绕着它所激发出来的信念和行为,深深地根植于每一户人家、每一个人的观念和行为当中。一旦有人过世,有葬礼要举行,全村人立刻积极主动地参与到葬礼仪式的各项事务中去。说得精确一点,葬礼是全体人群宇宙观念的象征性表达。村民社会中的丧葬仪式,处于仪式核心位置的逝者以及逝者永眠于此的"千年屋",都是这一象征性意义的表达。村民为葬礼所做之事,在不断地加强与塑造自身的生死观念,这一观念在处理观念世界的同时,也在解决现实世界的问题。

新村人,不仅仅在丧葬仪式,而且在一般社会意义上,将他们对于两个世界的认识与理解,以及由之而来的行为实践,投射到为人所熟知的意义符号当中,这些符号包括神位、钟磬、纸钱、红包、烟花、跪拜等等。特纳在研究恩登布人的仪式时认为,"在恩登布人的仪式背景下,几乎每一件使用的物品、每一个手势、每一首歌或祷告词,或每一个事件和空间的单位,在传统上都代表着除了本身之外的另一件事情,比它看上去的样子有着更深的含义,而且往往是十分深刻的含义。"[1] 有如特纳的分析,新村的人生仪式,尤其是丧葬仪式,包含着更为深远的含义,它是传统孝道观念的一种表达,通过这些仪式的不断举行,使它沉淀着社会教化的意义。不管这些传统是如何被符号化、象征化的,村民在仪式中通过这些符号而了解自身社会和社会观念。但是这一认识却是经常被人所忽略的,人们往往认为只能通过读书才能有文化、懂礼貌,才能了解这个社会,殊不知社会的各种仪式以及仪式当中的符号和象征性行为,都在扮演着社会教化的角色。只是在今天,这些符号与行为所隐藏的意义被逐渐忽略,仅仅被当成传统社会的遗存,与当今社会不存在什么关系,但它们才是开启理解今天农村社会之门的钥匙。

就如格尔茨所言,如果想要深入地阐释文化意义,有两种方式,并且两者相辅相成:"对作为既定展示物的特定象征形式的描述;和在意义的整体结构中的此类形式的情境化,这些形式是这一结构的组成部分,它们也借助这一结构来定义自身。"[2] 为了理解葬礼的除灵仪式,必须将仪式场域所激发的象征符号——如白孝帽、灵屋、金银山、纸钱、乌螺号——及其变化进行意义阐释。在葬礼中,仪式与符号两者相互依存相互成就,没有仪式,符号的意义也将缺失。

从这一意义来说,新村的葬礼仪式是现实社会隐喻性的剧场,通过它来塑造当下社会,展示有关现实的社会的终极、本质的观念,并有效地将两者融为一体。具体地讲,这里牵涉到一个本体论的问题,剧场展示的是一个本体,并且通过它来促使社会观念变成社会现实。在仪式当中,所有参与者的行为、卷入其中的物体、仪式的权威组织者等等,构成一个体系,展现社会秩序。

---

[1] 维克多·特纳:《仪式过程:结构与反结构》,黄剑波、柳博赟译,北京:中国人民大学出版社2006年版,第15页。
[2] 克利福德·格尔茨:《尼加拉:十九世纪巴厘剧场国家》,赵丙祥译,上海:上海人民出版社1999年版,第123页。

由上可见，新村葬礼仪式是地方观念的再现。虽然随着社会的变迁，新村社会发生了很大的变化：一是人生仪式在不断地被忽视，但葬礼却顽强地得以保存；另一方面是代际之间的差异，从上一代的回到农村到下一代选择留在城市。但是在变迁的同时，也有传承。葬礼的保存体现的是新村人的人伦孝道观念的延续，体现的是对长辈的尊崇的延续。儒家文化强调的"慎终追远"在这里得到了最佳阐释。直到今天，新村人都认为老人入住养老院是子孙不孝的表现，不管在其他方面儿孙对长辈有多么孝顺。大家都认为"寿终正寝"才是晚辈对长辈孝道的最终体现，也是老人最好的归宿。而且老人过世之后，会生活在祖先的灵魂的世界，在现实生活中通过祖先神位而象征性存在。他们与现实社会中的后代有着千丝万缕的联系，遇有大事，往往要敬祭祖先，以求先祖保佑。平安度过之后，也得敬祭祖先，感谢祖先的恩惠。侍奉老人，只有开始，没有结束。在现世社会，对老人的孝道表现在端茶倒水，满足老人基本生活所需，等老人过世之后，则表现在岁时节日、生日诞辰等以荤菜、饭食、酒茶等敬祭，并烧纸钱，使老人在灵魂的世界里过上好生活。正是这一孝道观念，使得葬礼仪式不仅没有被忽视，反而越来越被重视：葬礼仪式成为一种公共空间，成为村民聚会的场所；保留了传统的权威场域，是地方社会传统权威人士积累权威、展示权威的场所；还成为传统孝道文化宣传的场所，通过葬礼的举办，主人家的孝道行为被村里人赞扬传颂，这又促使村民孝敬老人，重视葬礼。

通过上面的描述和分析可以发现两点：第一，在新村，葬礼仪式和社会秩序两者不是一个简单的对应关系，两者通过地方社会孝道观念而发生作用，社会影响观念，仪式是观念的展演；仪式强化观念，观念强化社会秩序。仪式、人伦观念和秩序在这里成为一个有机的整体，共同守护着新村的传统。第二，仪式并不能够直接整合或分裂一个社会，它只是为社会的群体提供一种公共空间和社会场域，社会内部不同的观念和力量在这里发生作用，既可以和谐相处进一步整合社会，也可能相互冲突而分裂社会。

笔者的这一观点，面临的最大冲突来自格尔茨的《尼加拉：十九世纪巴厘剧场国家》中的观点，格尔茨在书中明确强调仪式作为一种象征性权力而存在，也强调地方宇宙观念在仪式展演当中的重要作用。

三、《尼加拉》中巴厘的葬礼与象征权力

格尔茨的《尼加拉：十九世纪巴厘剧场国家》初版于1980年，是一部有关仪式与社会秩序非常经典的作品。从政治体系来看，巴厘存在着包括上层的尼加拉（negara）和基层的德萨（desa）体系，以及联通上层和基层的庄头（Perbekel）体系。尼加拉是印度尼西亚文明最重要的制度之一，是巴厘这一剧场国家中存在的上层社会政治机制，它对社会的影响不是体现在政治权力和暴力，而是作为社会模仿典范的象征性的表演，格尔茨将这一仪式产生的权力称为象征权力。

格尔茨之所以将尼加拉称为剧场国家，是因为尼加拉的政治不是以权力为中心，而是以典范仪式为中心，仪式的奢华程度与等级权威成正比。随着从较低层次向高层次的攀升，尼加拉也逐渐改换角色。在较低的德萨层次上，它运用了数以百计的彼此交错的村落政体，以及通过无数庄头、收税官及商业贵族，通过人员和资源将王室搬上舞台。在更高层次上，由于远离这些政体及其粗陋性状，它就从世俗事物转向从事典范模拟这一核心事务，转向舞剧演出事务[①]。正是因为试图遵照过去曾经拥有的图景，君主

---

① 克利福德·格尔茨：《尼加拉：十九世纪巴厘剧场国家》，赵丙祥译，上海：上海人民出版社1999年版，第161页。

们才会不遗余力地通过举行宏大的庆典戏剧场面来建造这一典范中心。从最小君主到最高君主，他们都一直持续不懈地在各自的层次上建立一个更加真正典范的中心，一个真实的尼加拉。脱离世俗事务的王室是如何有人力和物力来开展这一宏大剧场演出，是尼加拉体系经常被质疑的地方。事实上，王室有自己的领地，它的产出依赖其通过仪式吸引而来的农民的耕种。仪式越奢华，吸引的农民将更多，如此其领地上的产量也将逐渐增加，进一步促使王室和君主有更多的财富和人力开展盛大的仪式。社会秩序不论是和平还是动乱，都与仪式密切相关，仪式已经在社会秩序当中扮演着核心作用，这在现代政治社会中很少见，"我们拥有的公共权力概念所隐匿的，正是巴厘人所展示出来的；反过来亦是如此"。[①]

格尔茨在书中详细转载了吉安亚拉甲（国王）的火葬仪式。这一葬礼仪式发生在1847年，具体过程不再重述，重点关注格尔茨从仪式剧场、宇宙观、地位与权力等方面对这一葬礼的阐释。格尔茨将这一盛大的葬礼作为剧场来看待，认为社会等级和宗教表征之间存在着一种内在的关联，剧场仪式再现的是有着宇宙论根基的社会等级制，葬礼中的宗教仪式只是现实社会的象征。这一宇宙观念，下至平民百姓，上至王子、君主和国王，从个体到群体全都遵从。从意象上来说，体现在易于把握的感官符号当中——雕刻、宫殿、庙宇、宝塔、布蛇、音乐等。符号再现观念，在葬礼仪式中，通过对这些感官符号的不断呈现，事实上使得仪式承担起一种社会教化的功能。

葬礼仪式的国家性庆典，将国王转化成偶像，将象征物转变成符号意义，与此同时，国王生前所居住的宫殿，也转化成一种神圣化的空间，占据宇宙观念的中心位置。一方面是传统国家权威和秩序，一方面是神圣化的仪式性空间和观念，通过夸示性仪式的展演，将两者有机地融为一体，使典范中心的权威得以强化。

正是在这样的背景之下，作为剧场国家的尼加拉才得以成为可能。正是因为上述的符号、观念与秩序，使得国民不论是作为旁观者还是参与者，都能将国家或大或小的庆典变成一场集体的狂欢。正是这一狂欢，在强化社会阶级的同时，将社会不同阶层的人结合起来，赋予尼加拉一种更为真实的展示性力量。上文讲到过，作为政治机制的尼加拉，包括社会阶级、亲属制度、庇护关系和结盟关系。正是通过剧场仪式，这些政治机制得以呈现，社会关系得以强化。虽然从国王到祭司和平民都实行火葬，但却只有王室的葬礼才是庆典，因为不论从规模、形式、花费等方面无出其右；也只有在这一庆典当中，社会的政制机制得以完整展现。作为德萨系统中的平民，此时很多要参加"国王的工作"，即一种由庄头体系安排宗教性劳役。在此，劳役和狂欢指向了同一事务，参与者与旁观者集中于同一个人。

葬礼仪式通过公开的展演，表达的是巴厘地方性的社会思想："中心乃是典范的，地位乃是权力的根基，国家技术乃是一种戏剧艺术。"[②] 通常来讲，通过典范的艺术形式，再现社会的等级差异，固化社会的存在秩序，已然足够。但是在巴厘岛不止于此，仪式绝非仅仅是展演，仪式就是事务本身。仪式的组织和展演，是动员人力和物资的过程，火葬（Bade）塔的层级体系不是那么容易就实现的，贵族们的3或5层与国王的11层中间的差距不言而喻。正是通过这一仪式，越是能动员更多的人员和物资，仪式规模就越大，形式就越精细，花费也就越高，与此同时，也就越能吸引底层人群的参与，当然其权力也就越大。尼加拉的政治机制是以人员为核心而非以强权为核心，其意义正在于此。

事实上，巴厘岛的上层权力机制为什么只能体现于仪式上，而不能体现于政治集权或军事暴力，是

---

① 克利福德·格尔茨：《尼加拉：十九世纪巴厘剧场国家》，赵丙祥译，上海：上海人民出版社1999年版，第146页。
② 克利福德·格尔茨：《尼加拉：十九世纪巴厘剧场国家》，赵丙祥译，上海：上海人民出版社1999年版，第144页。

有客观条件限制的。巴厘岛缺少专制，体现于巴厘岛的政治竞争的对象是人口而非权力，这除了巴厘岛的历史原因之外，也与其地理环境密切相关：巴厘岛四面环海，中心偏北处的火山高耸云霄，从山顶流到海边的河流将巴厘岛分割成无数的条状区域，这种地貌阻碍了彼此之间的交往与政治上的统一。简单地说，高地领主因为居住在崎岖不平的地方，因而有着抵制军事压力的自然优势，从而抵制低地王室和君主的权力。斯科特也持相似的看法："事实上，人们大致可以计算出相对于特定的水稻国家，不同地点的不可进入程度。"[1] 所以很明显，从政治层面说，君主或王室的权力难以达到整个岛屿，无法形成一种权力上的专制主义。为了加强实际的权力，王室和各地方君主则通过仪式来展现自己的权威、财富和社会等级，从而吸引人口种植更多的土地，获得更多的收入，从而举办更加豪华典范的仪式。通过仪式，强化了这一兼具政治性和仪式性的等级制度。这种东南亚特有的权力方式，经过埃灵顿（Shelly Errington）等学者在印度尼西亚的研究发现，当地人称之为"能"（potency），意指个人与生俱来的、对他人的潜在影响力[2]。可见，在巴厘岛，仪式也是提供了一种公共空间和社会场域，君主和国王通过奢华来展现典范性，强化等级与权威。

四、 作为社会剧场的仪式

上述巴厘19世纪中期所展演的葬礼仪式在当代或许已经绝迹，但葬礼所体现出来的仪式、观念、秩序与权力的关系，依旧以象征性的方式存在。这与上述新村的葬礼仪式，两者具有很大的相似性。对于看似匪夷所思的葬礼仪式，借助格尔茨的阐释方法和地方知识观念，将其中的仪式、象征、符号、秩序、权力等展示出来，从而凸显观念在仪式与社会秩序之间所扮演的重要性。但这种重要性并不是仪式本身所产生的，而是社会关系通过仪式得以加强而已。仪式对于社会与观念的展演是有选择性的，就如新村葬礼仪式的展演，突出的是人伦孝道观念；吉安亚火葬仪式突出强调的是国王仪式的等级性和典范性。

将仪式作为社会剧场，作为社会各种权力和观念展演的舞台，就能够发现不是仪式本身在发挥着整合或分裂社会的作用，而是社会不同力量和观念的聚集而导致的结果。同样以新村为例，农村葬礼成为凝聚人气的剧场，同样也成为村里话语权力争夺的场域，这一争夺最典型地表现在传统仪式和现代权力。在现代农村，一般都存在两股不同性质的力量，一是传统性的权威，谁掌握传统文化、传统礼仪，就在这一方面占据主导，掌握权威；二是现代性的权力，代表是村委会，他们作为国家和政府最基层的代理人，则是现代国家权力的体现，也在众多场合控制着公众的话语权。而现在，国家代理人则通过引进追悼会这一外来的仪式，在权力的基础上塑造权威。

追悼会举行于出殡前一天晚上。在新村葬礼上，这一天晚上是最为热闹的，全村每户人家都会派代表过来挂礼吊丧，主人家则是以丰盛的晚宴款待。盛宴之后，会有"西洋乐队"或传统戏曲的演出。这种晚会与古代娱神性的表演也有相似之处，为了热闹，为了留住乡邻而采取的一种娱人的措施，甚至村民有时会被邀请同台演出。在过去十几年里，这一节目往往成为葬礼的高潮，所以主人家都会花费不少金钱邀请这样的演出班子。追悼会就是在西洋乐器演出之前举行，这时候是参加葬礼人员最为集中的时

---

[1] 詹姆斯·斯科特：《逃避统治的艺术——东南亚高地的无政府主义历史》，王晓毅译，北京：三联书店2016年版，第222页。
[2] Errington S, *Meaning and Power in a Southeast Asian Realm*, Princeton: Princeton University Press, 1989.

候,也可以说是本村村民最为集中的时候。追悼会的司仪由乐队的主持人担任,其流程借鉴了普通追悼会的程式,只是在这一过程中,突出了党性,也许正是因为逝者是党员的原因,使追悼会这一外来仪式在传统的葬礼上具有了合理性。

在传统的葬礼仪式上,占据仪式核心的都是对于这一仪式非常熟悉的中老年人,这部分人一般和村落代理权力没有关系,也不是党员,但是通过这些仪式的操作,使他们在村落中具有相当的威望,因为葬礼是每家每户都非常重视的一件大事,也是每个人这辈子都必须要面对的一件事,所以通过这一方式,他们在葬礼和社会其他方面获得了话语权。但是在这一万众瞩目的仪式上,村落的权力代理人却只能默默地站在一边,世俗权力在这一刻不得不让位于仪式权力。而追悼会则成为这一权力嵌入的媒介,使世俗权力也能在这一葬礼仪式中表达自己的权威。由此可见,葬礼仪式搭建了一个剧场,但剧场如何演出取决于现实社会各种力量和观念之间的博弈。

比较现代新村葬礼和巴厘19世纪吉安亚国王的葬礼,不论是从仪式本身,还是仪式的时间与空间来看,都不具有可比性,但是从仪式观念及仪式与社会秩序的关系来看,却有许多共同点:一是仪式规模和权威大小成正比,仪式规模越大,吸引的人群越多,就越有利于扩大仪式的影响,也越有利于获得威望。尼加拉作为政体通过仪式树立自己的权威,吸引乡民的跟随,从而生产更多的资源强化自己举办仪式的实力。与韦伯的克里斯玛权威不同,尼加拉社会的权威是通过仪式而得以展现的。新村的老年人也是通过参与和主持与每家每户密切相关的葬礼来树立自己的权威。二是热闹繁杂的仪式和严谨的秩序并存,"葬礼游行自始至终是一件纷繁喧嚷、乱无章法之事……这中间,人们近乎歇斯底里,人们抬着宝塔疯狂地旋转以将人们的心神弄得茫然不知所措……然而,即便如此,队伍仍然保持着严格的秩序:它的巅峰和中心静如止水,不受扰乱,而它的底部和边缘则混乱不堪,群情煽动"[①]。可见,在国王的葬礼上,边缘的失序与核心的秩序并存;在新村葬礼的出殡过程中,也同样存在表面的无序和实际上的有序共存的情况。三是仪式是社会观念的反映,也强化着社会观念。在国王的火葬仪式中,三个女人从高塔上纵身跳入火海,没有表现出丝毫的恐惧、犹豫和不安,这样恐怖的情景也未在无数的观众之中激起任何的不安,因为当地人认为这样的行为能够在未来世界中获得幸福[②],新村葬礼最后阶段烧纸糊的房子、纸钱、金银山等等,也都是相信这样的行为,能够让逝者在另一个世界过上更好的生活。

其实,将仪式看作是一种社会剧场,把特纳和格尔茨等学者的研究放到具体的社会背景进行考察,就会发现整合或分裂社会的不是仪式,而是社会或社会观念本身。特纳和格尔茨研究仪式所应对的社会结构存在着很大的差异,特纳在《一个非洲社会的分裂与延续》(Schism and Continuity in an African Society)中研究的恩登布人仪式,此时的社会背景是在欧洲殖民者的入侵对社会的破坏,当地人共同面对着这一外来且强大的他者,所以当地人更团结,并且通过仪式得以强化[③]。对非洲大陆进行仪式与社会秩序研究的学者,基本上都持相似的观点:可马洛夫(Jean Comaroff)分析的南非被隔离的德希地人(Tshidi),当地人借助基督教的锡安教派,通过宗教仪式凝聚被压迫者,通过文化实践过程来对抗殖民统

---

① 克利福德·格尔茨:《尼加拉:十九世纪巴厘剧场国家》,赵丙祥译,上海:上海人民出版社1999年版,第141页。
② 克利福德·格尔茨:《尼加拉:十九世纪巴厘剧场国家》,赵丙祥译,上海:上海人民出版社1999年版,第116—121页。
③ Turner V, *The Drums of Affliction:A Study of Religious Process Among the Ndembu of Zambia*, Ithaca:Cornell University Press, 1968.

治①；布洛赫研究的马达加斯加岛梅里纳人（Merina）的割礼仪式，在过去200年里，这一仪式的象征结构一直未变，但其功能发生了从家庭仪式、对抗殖民主义的仪式上升到国家仪式的变迁②。从中可以发现，这些研究案例都是当地人借助共同的仪式以面对和抵抗外来的他者，而不是仪式整合了社会群体。这正是刘易斯·科塞（Lewis Coser）这位社会冲突论学者的观点，认为社会冲突也存在着建设性的一面，可以鼓励群体内部的团结，因为他们面对着共同的危机有着共同的敌人③。格尔茨研究的爪哇莫佐克托城郊的一个葬礼，其社会的背景是印度尼西亚独立之后，伊斯兰教上升为国教，并且宗教与国家的意识形态结合，使得政治与宗教混杂在一起，将村内部宗教的关系上升为政治利益的关系，从而从内部分裂了村落。葬礼只是从一种仪式的角度，将这一分裂表现出来，所以仪式不是分裂社会，只是再现这一种社会状态而已。

五、小结

仪式研究产生的诸多理论流派，都离不开仪式与社会秩序关系的探讨。就两者关系而言，整合论或分裂论，都在强调仪式本身对于社会秩序的重要性。但是通过对巴厘与新村葬礼仪式的比较分析，发现了不同于上述学者的观点，仪式确实与社会秩序有着密切的关系，地方观念在中间扮演着重要角色，仪式是社会观念的表达，是社会秩序的再现。仪式会通过强化某一种类的社会观念而强化社会秩序。但是，在探讨仪式与社会秩序关系时，若考虑社会背景维度，就可以发现不论是整合论或分裂论，实际上都夸大了仪式本身的社会性效应，仪式为社会问题的呈现和解决提供了一个公共空间和社会场域，它是社会观念与社会问题的放大器，所有的矛盾、分裂在这里呈现，所有的和谐与合作也在这里上演，但它本身并不引起社会分裂或整合社会矛盾。

---

① Comaroff J, *Body of Power, Spirit of Resistance : the Culture and History of a South African People*, Chicago: University of Chicago Press, 1985.
② Bloch M, *From Blessing to Violence : History and Ideology in the Circumcision Ritual of the Merina of Madagascar*, Cambridge: Cambridge University Press, 1986.
③ Coser L A, *The Functions of Social Conflict*, Glencoe, IL: Free Press, 1956.

Ritual As a Social Theater: A Comparative Study of Funeral Ritual in Bali and Xin Village

XU Dexin

Abstract: The study of the relationship between ritual and social order has always been popular in the subject of anthropology, including both the theory of division and integration. The scholars who hold the theory of integration are mainly studying the continent of Africa, and think that rituals can help integrate society. The scholars who hold the theory of division believe that the ritual has not united the people of different religious denominations in the village, but has made the social conflict even more serious. Through the in-depth interpretation of the funeral of the Xin village and the comparison with the Bali funeral, coupled with the previous study of the ritual social background to be considered, we can find that the ritual did not split or integrate the society, the ceremony is just a social theater and provide space for contest of social power and values.

Keywords: Funeral; Ritual; Social Order

藏密各族高僧对现代政治共同体建构的贡献*

文厚泓　和春燕**

摘　要　在中国历史上,"藏密东传"运动对元、明、清时的传统多民族国家政治共同体的建构有着重大贡献。辛亥革命后,传统多民族国家政治共同体破灭,资本帝国主义势力继续入侵,边疆与内地同时陷入危机。面对民族危亡,"藏密东传"运动再次兴起,藏密各族高僧与广大信众并再次推动了中华民族现代政治共同体的建构:民国初期,藏密各族高僧翊赞"五族共和",引导蒙藏等族信众接纳中华民族现代政治共同体;内战期间,藏密各族高僧在内地主要城市传播藏密,在汉蒙藏各地召开祈佑国家和平的法会,引导汉藏蒙各族民众建设中华民族现代政治共同体;抗战时期,藏密各族高僧在汉蒙藏等地开展抗日宣传与抗日募捐,引导汉藏蒙各族信众共同维护现代中华民族政治共同体。

关键词　近代史;"藏密东传";藏密;中华民族;政治共同体;九世班禅

DOI:10.13835/b.eayn.30.22

　　藏传佛教是以密教为主要内容的佛教文化,也被称为藏密。在中国历史上,藏密从唐中期以后,一直在向东方传播,形成历史漫长的"藏密东传"现象。藏密文化影响到土族、裕固族、蒙古族、纳西族、普米族、傈僳族等10多个少数民族。到清代,受藏密文化影响的区域占了全国国土面积的一半以上。在元、明、清三代,"藏密东传"对传统多民族国家的建构起了巨大作用,推动了蒙古、藏两大民族并入到中国传统多民族国家的政治共同体之中。但在古代,它并未在汉文化区域产生明显的影响。辛亥革命后,传统多民族国家政治共同体瓦解了,面对西方列强分裂中国的政治企图,中国亟需建构现代多民族国家政治共同体,即中华民族共同体的现代政治共同体。在"五族共和"的旗帜下,汉、藏这两大中国的主流文化开始了前所未有的深度融合。其主要表现即是"藏密东传"运动再次兴起,并在中国内地的主要城市传播起来。它对中华民族现代政治共同体的建构起了重要的推进作用。对此,藏学及民族史学界关注不多。

　　本文以宗教社会学的视角,以史论结合的方法,考察了"藏密东传"运动中,蒙古、藏、土、纳西等族藏密高僧引导各族民众接纳、建设与维护现代统一多民族国家政治共同体的历程,揭示了近代"藏密东传"对中国现代多民族国家建构的重要贡献,以期启发藏学界与近代史学界重视对"藏密东传"这一重要国内民族文化传播运动的重视与研究,以客观的史学精神完善中国近代史与民族史的相关内容。

---

*　本文受到贵州大学引进人才科研基金、贵州大学文科重大科研项目资助(项目编号:GDZT201509)。
**　文厚泓,贵州大学马克思主义学院近现代史教研室副教授,研究方向:中国近代史、近代汉藏文化交流;和春燕,云南迪庆藏学研究院研究员,研究方向:藏传佛教文化。

一、藏密高僧翊赞五族共和，引导各族信众接纳现代政治共同体

清王朝继续了元、明两代在中央和藏、蒙古地区推行推崇藏传佛教的宗教统治策略，建立了各民族不平等的专制政治共同体。藏传佛教或藏密势力前所未有地帮助中央政府团结了地域广阔的藏区与蒙古地区，并助力中央政府再次收复了新疆地区。可以说，藏密对封建统一多民族国家的建构与稳定起了巨大作用。但随着西方文明的进入及资本帝国主义势力的入侵，尤其是在甲午战争之后，西藏、新疆、蒙古、东北三省、云南等边疆纷纷告急，传统的专制政治共同体受到了极大削弱，再也不能维护国家和各民族的利益了。

新的民国政府探索建构新的政治共同体。辛亥革命后，新成立的中华民国政府以《中华民国临时大总统宣言书》提倡民族平等的"五族共和"理念，主张"合汉、满、蒙、回、藏诸地方为一国，即合汉、满、蒙、回、藏诸族为一人，是曰民族之统一"。1912年，袁世凯任大总统后，给达赖喇嘛、班禅额尔德尼等藏密高僧发劝谕令，希望他们"安心内向"。

七世章嘉呼图克图翊赞"五族共和"。历世章嘉活佛都是清朝钦定教化内蒙古的藏密高僧。辛亥革命后，外蒙古政教合一的领袖八世哲布尊丹巴呼图克图于1911年12月在库伦宣布"自治"，建立"大蒙古帝国"，自称"日光皇帝"，对内蒙王公贵族产生很大影响，不少盟旗纷纷支持外蒙古，内蒙古"独立"势力高涨。1912年8月16日，年轻的七世章嘉呼图克图（1890—1958，藏族高僧）秉承了其前世护国护教的传统，从内蒙古回到北京，发表声明，赞成共和，并劝导内蒙古王公贵族放弃"独立"主张，拥护中华民国，共谋五族幸福。经其积极劝导，内蒙古地区的甘珠尔瓦、察罕、东阔尔等呼图克图、格根活佛等相继表示翊赞共和，服从民国政府；并纷纷进京，晋见大总统袁世凯。① 北京政府对于这些宗教上层授予各种封号。自1912年至1915年，北京政府授予各种封号的呼图克图、格根及"有功"的藏传佛教上层达240余人。② 1913年4月，七世章嘉又致函外蒙古宗教领袖哲布尊丹巴，强调了共和制度的先进性，讲述了自己在新政府受到的信任和优待的情况，并要求哲布尊丹巴呼图克图劝导外蒙古取消"独立"。1919年11月，外蒙古呈请恢复旧制。中国政府同意，册封哲布尊丹巴为"博格多汗"，派徐树铮率军进驻外蒙古。1927年4月，南京国民政府成立，章嘉从北平遣使致贺，拥护南京政府。1929年，在南京设立"大国师章嘉呼图克图驻京办事处"。1930年，他被任命为国民政府蒙藏委员会委员。"九·一八"事变后，内蒙古出现了"高度自治"运动。1932年4月，经国民政府任命章嘉呼图克图为"蒙旗宣化使"。其任务主要是让内蒙古王公贵族放弃独立主张。1934年3月，章嘉顶着巨大压力，入蒙宣化，并在几个寺庙举行法会，唪经、传法长达近一个月时间，后赴察哈尔、锡林郭勒盟等地宣化。章嘉活佛每到一地宣化，大量散发蒙汉文对照的宣传品：《告蒙古人民书》《告喇嘛书》《告青年书》《告王公书》及《总理遗教》等，发表演讲。在其努力下，宣化工作取得了成就。

西藏地方政府对"五族共和"的认同。1912年，中央民国政府初立时，蒙藏事务局总裁贡桑诺尔布（1782—1931，蒙古族藏密信徒）为了联络西藏地方政府，指命西藏驻京代表罗布桑车珠尔（1866—1944，蒙古族藏密信徒）选派西藏驻京僧人罗桑班爵等秘密入藏。罗桑班爵等僧众历经曲折，避开英印政府的

---

① 秦永章：《民国时期第七世章嘉呼图克图在内蒙古的宣化活动述略》，《民族研究》2010年06期。
② 《中华民国政府公报》（第7册），载《内蒙古喇嘛教史》，内蒙古人民出版社1998年版，第178页。

封锁，成为第一批进入西藏的中央政府代表。1913 年 4 月，国会成立时，达赖驻京代表罗布桑车珠尔呈请大总统，要求在京举行西藏代表选举。1913 年 5 月，由西藏旅京僧人与信众选出了第一届国会西藏参、众议院议员 20 人，1919 年，西藏地方又派三位新任驻京僧人到京。1924 年 1 月，达赖派贡觉仲尼（1883—1944，藏族僧人）为驻京代表，并指令他参与国会；蒙藏委员会根据清代贯例，任命贡觉仲尼为雍和宫堪布，继续发挥联络中央与西藏地方的作用。1926 年 8 月，贡觉仲尼作为西藏的代表，被北洋政府聘为国宪起草委员会委员。正如英国外交官查尔斯·贝尔所说，"到 1925 年，达赖喇嘛日益坚定地撇开英国，转向中国"①。1925 年 2 月，北京民国政府在段其瑞的主持下召开善后会议，达赖、班禅均指派代表参加了会议。班禅还于会前致函会议，郭促与会各方以"同心诚意，化除我见为基础"，尽释前嫌，"一心想中国往好处走，自然五族共助，人同此心，从此财政富足，民生安乐"，希望以此次会议"乃国家之公事，非一人、一家、一党派、一地方之私事"为出发点，"各本公心，通盘计划。利民福国，均系此乎"②。会议期间，班禅还向大会致送了"消弭战祸实行五族共和"意见书，号召五族同心合力，共建五族共和国家。③

甘青藏传佛教僧众翊赞共和。青海、甘南藏传佛教上层和各大寺院普遍"赞诩共和"，与历届民国中央政府都保持着良好的关系。他们的寺院得以保全；原有的封号或可沿用或被加封。安多著名高僧众多，且皆多次受到中央政府嘉奖。如五世嘉木样·丹贝坚赞（1916—1947，甘肃藏族高僧）、七世根敦丹增诺尔布（1873—1927，青海蒙古族藏密高僧）、七世土观噶桑丹却尼玛（1895—1959，甘肃藏族高僧）、七世多杰加（1905—1937，青海藏族）、六世罗桑隆朵丹贝坚赞（1910—1948，青海藏族）和喜饶嘉措大师（1884—1968，青海藏族）等。塔尔寺是青海最著名的藏传佛教寺院。鉴于该寺对翊赞共和的贡献，1941 年于佑任来青参观塔尔寺，书赠"光明圣地"匾一方；1942 年 8 月，蒋介石、宋美龄参观塔尔寺，蒋介石书赠"佛法正宗"匾额一块。

由上可知，在近代"藏密东传"运动中，"五族共和"的理念得到了蒙古、藏及内地藏密高僧和上层僧侣的拥护与宣扬。他们以自己的威望引导广大信众认同、接纳了新政府建构"五族共同"政治共同体的思想。

二、 藏密高僧参与和平法会，引导各族信众建设现代政治共同体

新的共和政治共同体不仅需要各族人民的认同、接纳，更需要各族同胞共同参与建设。就宗教界来说，他们多以宗教的方式投身于这一建设事业。在民国时期，许多藏密高僧都以举办密教法会，祈祷国家和平，劝说各军阀势力息兵戈，共襄和平建国大业。这些藏密高僧包括白普仁、多杰觉拔格西、九世班禅、诺那活佛等。

蒙古高僧白普仁首开祈国和平法会。白普仁喇嘛（1870—1929），名光法，字普仁，热河省东蒙古喀喇沁旗人，俗姓白，人称白喇嘛。八岁到北京雍和宫出家，成为格鲁派僧人，师事杨喇嘛。常住雍和宫。

---

① 查尔斯·贝尔著：《十三世达赖喇嘛传》，冯其友等译，西藏社会科学院西藏学汉文文献编辑室 1985 年版，第 366 页。
② 《班禅致善后会议函》，载中国藏学研究中心、中国第二历史档案馆合编：《九世班禅内地活动及返藏受阻档案选编》，中国藏学出版社 1992 年版，第 2 页。
③ 《班禅在善会提出意见书》，《申报》，1925 年 3 月 9 日。

民国三年（1914年），京畿发生大水，他领带喇嘛以藏密仪轨作法，不久水退；白喇嘛常修《金光明最胜王经》，以求护国息灾。热河一带民众都喜诵《金光明经》，热河全省皈依他的人甚多。民国十四年（1925）春，北洋政府执政段祺瑞请藏传佛教高僧白普仁邀集108位藏传佛教喇嘛，在雍和宫开设《金光明最胜王经》法会及"大白伞盖法会"21天。佛教教义认为，大众共同修持《金光明最胜王经》法会，能够庄严国土、利乐有情，能够消除邪恶，佐助国运；佛教还认为，"大白伞盖法"也是一部镇护国运、退却强敌、息灾卫民的密法。这两场法会在当时产生了很大的社会影响。1925年7月，上海的佛教人士关絅之、闻兰亭等也发起修"金光明法会"。他们邀请白普仁喇嘛携带全部法器和喇嘛23人在上海觉园的净业社修"金光明法会"，祈祷国泰民安。法会设内外二坛，法期七日。会后，白喇嘛又被各地信众礼请前往弘法，在各地修"金光明法会"。他先后到杭州、嘉兴、长沙、武汉、九江、南京等城市开法会，辗转数千里，皈依及受灌顶者甚众，仅杭州一地就有300多人。1926年2月，孙传芳等人敦请喇嘛白普仁建苏浙闽皖赣五省"金光明法会"，祈祷和平，后成立"金光明佛学会"。4月，又在南京毗卢寺举行法会。随后，白普仁又在湖南信众的邀请下，在长沙启建"金光明法会"。5月，又被请至武汉，应武昌佛学院之情，开坛讲经。同月，白普仁等又赴上海，在惠济宝华寺举行祈祷和平法会，诵《金光明最胜王经》10天。1929年，白普仁圆寂，行政院指令蒙藏委员会题"清德可风"，予以褒颂。

多杰觉拔格西在内地开设息灾法会。多杰觉拔格西（1874—1934?），西康省康定人，曾入拉萨哲蚌寺，修显密之学12年。考取格西学位后，又学宁玛派、噶举派、萨迦派教法，而后至内地弘化。民国初年（1911年）起，弘化蒙古10多年。1925年，时任北洋政府执政的段祺瑞着范彦彬为代表，礼请多杰觉拔在雍和宫息灾法会，又启建密教绿度母道场。事后，中央政府加封其为"诺门罕王（法王）"尊号。是年冬季南下，从上海到杭州，所到之处，传法灌顶，毫无疲厌。① 1930年初，在四川及重庆市政要支持下，多杰觉拔到重庆主持了49天的西南和平法会。民国二十年（1931年），多杰觉拔去成都举行和平法会，传法灌顶，四川军政要人刘文辉、田颂尧为赞助者。刘文辉亲自率领数百人入坛受灌，开办药师道场超度阵亡将士，又开金刚狮王佛母道场以降魔。随后传咒灌顶，学者先后达900余人，自此成都密法大兴。

九世班禅在蒙汉藏地举办盛大的祈福法会。1925年2月20日，因与十三达赖喇嘛不和而出走内地的九世班禅（1883—1937）抵达北京，受到政府代表及数万僧俗的欢迎。从此开始了他在内地13年的弘法济世与抗日救国历程。1925年4月5日，九世班禅应杭州之邀，乘专列南下弘法，开办法会。23日，到达上海，九世班禅向在场的信众传授了"释迦牟尼心咒"，到会者约有千余人，其中还包括一些欧美人士。5月11日，他又在普陀山普济寺为1400多名僧众摩顶、布施。第二日，他在法会讲座上向2000名僧众宣讲戒定慧是佛法根本之学。1928年4月，九世班禅在达尔罕旗温都尔庙，开启他进入内地以来的第一场"时轮金刚法会"。时轮法会是藏密高层次法会，它能拔苦、祈福、消灾、超死，祈佑世界和平，消除国家灾害。法会历时一个多月，参观的僧俗群众前后共计约有17万人。同年7月，九世班禅在札萨克图旗举办了第二场"时轮金刚法会"，参加这次法会的蒙古信众前后达到了8万多人。11月，九世班禅前往锡林郭勒盟温都尔王府举办了传法大法会。1929年4月，九世班禅再次应邀在锡林郭勒盟阿巴噶纳尔左旗贝子庙（崇善寺）举行了第三场"时轮金刚法会"，前后约有7万余信众参与法会。1930年8月，

---

① 于凌波：《民国高僧传》，慧明出版集团（台北）2002年版，第314页。

九世班禅在索朗饶登王府前启建了第四场"时轮法会",前来参加法会的信徒约5万人。1932年7月,九世班禅在乌兰察布盟百灵庙启建第五场"时轮金刚法会",前来参加法会的僧众达3万余人。① 1932年8月25日,应段祺瑞、吴佩孚的邀请,九世班禅在故宫太和殿举行第六场"时轮金刚法会"。在北平的社会名流与政府高官如段祺瑞、吴佩孚夫妇、张学良、孙传芳、朱庆澜、曹汝霖、戴季陶夫妇等参与了这场筹备已久的法会;北平各佛教团体、僧俗群众参加法会者达数万人。1934年3月,屈映光、段芝泉王一亭等人为施主,九世班禅在杭州灵隐寺做了他在内地启建的第七场"时轮金刚法会",超度阵亡抗日将士。历时8天,每天前来听受佛法者达数万人。1935年8至9月,九世班禅在塔尔寺主持在内地的第八场"时轮金刚法会",前后参加法会的信众约5万余人。1936年7月,又在甘南拉卜楞寺举办了第九场"时轮金刚法会",参会信众达6万多人。1937年12月1日,九世班禅于青海玉树大寺甲拉颇章宫内圆寂。

诺那活佛在内地举办和平息灾法会。诺那活佛(1865—1936),昌都类乌齐人,1924年,经尼泊尔、印度、泰国(有说经西康)来到内地。1926年冬,应川康督办刘湘驻邀请入川,在重庆组织祈祷和平法会。至次年农历四月,诵经120日,以求和平。② 诺那活佛在重庆驻锡三年,"修息增怀诛诸法,并传红教无上密宗,僧俗敬服。"③ 自此重庆密法大兴。到南京后,诺那得到国民政府蒋介石、戴传贤等的赏识;随着声势渐广,诺那被允许在南京、重庆、成都和康定等地建立西康诺那呼图克图办事处。1930年,诺那呼图克图驻京办事处创办《新西康》月刊,宣传康藏宗教、政治、经济、历史,曾产生轰动。"九·一八"事变后,诺那与十三世达赖、九世班禅驻京代表等发起成立了"康藏旅京同乡抗日救国会";南京信众再次请诺那活佛主持护国息灾法会。1934年3月,在广州多宝路举办息灾利民法会;并应陈济棠之请,为阵亡将士举行追悼法会。农历四月下旬,又应邀至香港修息灾护摩。1934年11月,诺那活佛在汉阳举办了一次大型的藏密法会,入会求法者竟达700多人。这是民国以来武汉地区最大的一场藏密法会,它将武汉的藏密运动推向高潮。

喜饶嘉措大师热心汉藏文化交流与抗日宣传。喜饶嘉措曾在拉萨获最高"拉然巴"学位。1934年,国民党中央监察委员黎丹带"西藏巡礼团"到拉萨时,邀请他到内地。1936年冬,国民政府邀请他来南京讲学。1937年3月,喜饶嘉措抵达南京,受到国民政府主席蒋介石、副主席林森、汪精卫、戴季陶及蒙藏委员会委员长吴忠信的接见。此后"他在一定意义上填补了班禅喇嘛离开内地后留下的空缺"。④ 在南京期间,他受邀每礼拜六在南京中央大学讲西藏各派佛学思想,每次听讲者不下200余人。⑤ 他还"作了一系列关于宗喀巴大师传略、圣道三要、菩提道次第、格鲁派发展史、汉藏文化交流史等报告"⑥。1937年4月,在上海佛教净业社,为菩提学会的赵朴初等300名会员讲授《西藏佛教源流》《道之三要》等。⑦ 之后又到北京讲学;"七七事变"后,他返回故乡在古雷寺担任堪布。不久又应邀返回南京讲学、弘法。1938年,喜饶嘉措受邀前至重庆汉藏教理院。他同太虚、法尊沟通汉藏佛教文化交流事业规划,

---

① 陈柏萍:《九世班禅在内地的政教活动述略》,《青海民族大学学报(社会科学版)》2012年第2期。
② 徐少凡:《西康昌都诺那呼图克图传略》,载《海潮音》(第14卷),上海古籍出版社2003年版,第30页。
③ 韩大载:《诺那呼图克图行状》,载《康藏前锋》1936年第4卷第1、2期合刊。
④ 腾华睿:《建构现代中国的藏传佛教》,陈波译,香港大学出版社2012年版,第187页。
⑤ 《喜饶嘉措氏在京讲学近讯》,载《海潮音》(第18卷),上海古籍出版社2003年版,第585页。
⑥ 屈焕:《喜饶嘉措大师生平记略》,吴均译,载《青海文史资料选辑》(第23辑),青海省政协文史资料委员会,1994年,第169页。
⑦ 屈焕:《喜饶嘉措大师传略》,谢佐译,《青海省民族学院学报(社会科学版)》1991年04期。

并在汉藏教理院做了关于藏密各宗派教义的讲座。[1] 1939年，蒙藏委员会派喜饶嘉措回青海，在僧俗群众中宣传抗日。1941年，呈报教育部批准在喜饶嘉措家乡成立青海喇嘛教义国文讲习所，由喜饶嘉措亲自担任所长，并由教育部每月补助经费3000银元。1942年2月11日，学校正式开课。讲习所的宗旨是：改进边疆教育，促进藏民文化；宣传三民主义，阐明抗日建国。讲习所延请汉、藏文老师，开设国文、藏文课程。1943年，他又奉命赴藏，宣传统一主张，但被中途受阻。1947年，任蒙藏委员会副委员长。

由上可知，在近代"藏密东传"运动中，各族藏密高僧与信众举办或参与和平法会，体现了他们共同的国家信仰，增强了各族藏密信众的爱国意识，他们共同参与了"五族共和"及中华民族现代政治共同体的建设。

三、藏密高僧宣传抗日救国，引导各族信众维护现代政治共同体

民国时期，藏传佛教各地、各族信众，响应国家号召，在著名宗教领袖的引领下，积极宣传抗日，做法会助国军打战，念密咒，驱逐日军，捐款捐物，上战线慰问，甚至入伍为兵，亲上前线，为抗日战争作出了不可磨灭的贡献。

章嘉活佛在内地与蒙藏地区宣传抗日。1927年，七世章嘉活佛被国民政府任命为蒙藏委员会委员。20年代起，日本就开始入侵内蒙，扇动王公贵族与中央分裂，章嘉多次入内蒙宣化，号召内蒙信众分清敌我，心向中央；他还多次打消内蒙古实力派人物德王在日本人的引诱下的分裂行为；在五台山期间，他号召五台山信众坚决抗日；1932年4月7日，在洛阳广寒宫召开"国难会议"，推七世章嘉为名誉主席。章嘉以蒙语发表演说，激励蒙汉民众精诚团结，一致抗日。章嘉会上致辞："中华民国系汉、满、蒙、藏、回五族共同组织而成，现在国难当头，希望全国上下，不分界域，不分党派，一致精诚团结，共同御侮"[2]。同月，国民政府任命七世章嘉为"蒙旗宣化使"，并准其在南京、北平、张家口、太原等地设立章嘉活佛办事处；由章嘉活佛统管北平、西宁、五台山的黄教，明确定为南京设章嘉活佛办事处，北京笃祝寺为公署，五台山设行署，直接隶属行政院，以团结蒙藏，宣传抗日为工作目标。七七事变后，日人对驻锡五台山的章嘉活佛多方利诱，章嘉不为所动，追随国民政府，先下南京，后抵重庆，将蒙旗宣化使公署迁至成都，继续进行爱国宗教活动。[3] 抗日期间，其多次入内蒙宣传抗日，宣示中央德意，阻止德王等人发动的内蒙古"高度自治"运动。作为中国佛教界的领袖，他带领汉藏佛教人士，宣传民族团结，强化蒙古民众的国家认同，抗击了日本帝国主义对中国内蒙的侵略。抗战胜利后，中央政府特加封他为"护国净觉辅教大师"，颁金印金册。[4]

九世班禅在内地大力支持抗日。在九·一八事变后，九世班禅即从海拉尔赴锡林郭勒盟，揭露日军的暴行，号召内蒙的广大僧俗群众奋起抗战，保卫家园。1932年后，九世班禅巡视上海、北平、察哈尔、绥远、甘肃、青海等地，沿途向僧俗群众宣传抗日救国，他每到一地，便带领当地藏传佛教僧人与王公

---

[1] 《喜饶嘉措在汉藏教理院讲西藏各宗宗义》，载《海潮音》（19卷），上海古籍出版社2003年版，629页。
[2] 《海潮音》1932年第6期。
[3] 秦永章：《民国时期第七世章嘉呼图克图在内蒙古的宣化活动述略》，《民族研究》2010年06期。
[4] 辛补堂、王学斌、郑福林：《历世章嘉活佛传略》，《山西文史资料》1997年01期。

贵族，念经祈祷抗战胜利。号召人们拿"团结御侮，爱护国家"。他在致电国民政府的电文中说：幸各王公深感大义，先后复函，誓愿执戈报国，共驱倭奴。班禅目击时艰，忧愤无已，虽身属空门，而于救国图存之道，何敢后人，除召集当地藏传佛教僧人千余，自三月一日起，在百灵庙虔诵藏经，广施供养，建立法坛，祈祷和平，并追荐前方阵亡将士，藉佛力之加被，弭战祸于无形。1933 年 10 月 18 日，国民政府颁布了表彰九世班禅令。① 有人说：九·一八国难后，日本用种种方法，勾煽其间，而内蒙古官民，屹然不为所动者，大师宣化之功也。② 1934 年 5 月 13 日至 18 日，他在杭州灵隐寺主持了祈祷世界和平、超度阵亡抗日将士的"时轮金刚大法会"。他曾数次捐赠政府战马数百匹。1935 年 5 月 7 日，国民政府九世班禅西陲宣化使公署于南京创办《西陲宣化使公署月刊》，"宣化"即宣传中央德义，以三民主义为指导，建设新中国。1937 年 10 月 28 日，他捐赠医药费 3 万元，并带头认购救国公债 2 万元。③ 为祈祷抗战胜利，他还曾捐款数千，修建坛城。④

内地蒙藏汉等族藏密僧众热心抗日。1931 年 9 月 18 日，日本关东军制造"柳条湖事件"，对中国东北地区发动了武装进攻。在南京、北平的西藏僧俗人士便组织了抗日义勇队，进行军事训练，准备上战场。同年 10 月 7 日，十三世达赖喇嘛驻京总代表、雍和宫堪布贡觉仲尼及九世班禅额尔德尼驻京办事处处长罗桑坚赞，与西康诺那活佛、松朋活佛等藏传佛教界高僧，在南京发起成立了"康藏旅京同乡抗日救国会"。大会推举罗桑坚赞、诺那活佛等为执行委员，发布《告全国同胞书》："同仁等籍隶康藏，万里来京，大义所在，不敢后死，爰成立抗日救国会，以与我全国同胞同立一条战线，赴汤蹈火，在所不辞，除另电我六百万康藏父老兄弟姐妹，共膺斯义，为政府后盾外，特此电达，尚祈全国同胞以必死之心，救危亡之国，洗五分钟热度之讥，免一盘散沙之诮。"⑤ 大会还做出 6 项决议：通电全国各族同胞一致抗日；敦促国民政府早日确定抗日作战方针；电粤息争，共同抗日；发布"康藏旅京同乡抗日救国会"宣言；为国难告康藏同胞书；电十三世达赖喇嘛尽快解决康藏纷争，团结御敌。九·一八事变后，诺那呼图克图即通电全国，要求政府出兵抗日。此后，他还多次在上海、南京等地主持"大白伞护国法会"，传授护家退敌、息灾解难的大白伞盖坚甲咒等，在对民众颇有影响。1938 年 4 月，蒙、藏、回等族在武汉组织了联合慰劳前线抗战将士代表团，贡觉仲尼还对广大官兵发表了团结抗日的演讲。⑥ 这些著名高僧皆积极参与了抗战募捐活动，以实际行动支持抗日。

五台山藏传佛教僧俗信众踊跃参与抗日。主持五台山藏传佛教事务的扎萨克大喇嘛罗桑巴桑也带领僧俗信众支持八路军抗日。⑦ 1938 年 4 月 13 日至 4 月 17 日，五台山分别举行"抗日阵亡将士追悼会""庆贺平型关、忻口战役胜利大会"，藏传佛教僧俗近千人参加。1938 年秋至 1939 年春，有百余名五台山僧人参加了八路军，其中包括菩萨顶等 10 处藏传佛教寺庙僧人 30 余人。他们被编入晋察冀二分区四团，被称为"僧人连"。五台山蒙藏同乡会发起与组织了慰劳抗日前线将士的活动，并多次组织募捐活动，带动了五台山其他寺庙和信众积极参与募捐。

---

① 中国藏学研究中心、中国第二历史档案馆：《九世班禅内地活动及返藏受阻档案选编》，北京：中国藏学出版社 1992 年版，第 38 页。
② 陈文鉴：《班禅大师东来十五年大事记》，上海大法轮书局 1948 年版，第 124 页。
③ 《新华日报》，1938 年 12 月 9 日。
④ 喜饶尼玛：《论战时藏传佛教界僧人的抗日活动》，《抗日战争研究》2003 年 02 期。
⑤ 《蒙藏旬刊》，1931 年 01 期。
⑥ 《申报》，1938 年 4 月 13 日。
⑦ 辛补堂：《抗日救国匹夫有责》，《西藏民族宗教》1995 年第 2 期。

甘青康藏密高僧引导僧俗群众投身抗日。在康区，1938年，格桑次仁、青攘呼图克图、刘曼卿等康藏著名人士联合发起"康藏民众抗敌赴难宣传团""西康民众慰劳前线将士代表团"，并在藏区募捐，赴各大战区慰劳宣传。格桑次仁在重庆向周恩来敬献锦旗和哈达，慰问八路军将士。1939年农历七月，贡噶活佛在六巴乡贡噶寺举行盛大法会，为国家抗战胜利祈祷。1942年在他的努力下，在其家乡巴塘的龙王潭修建了"抗战建国纪念塔"，以纪念抗日将士。诺那、贡噶二活佛的汉地弟子陈健民，应政府之邀，修忿怒本尊法，以助击退日军。1940年，十一世司徒活佛白马翁须赴重庆，主持祝福抗战胜利大法会，受到蒋介石亲自接见，赠给礼品，部分现存于德格八邦寺。1938年以来，"西康民众慰劳前线抗日将士代表团"多次在贫困的康区募集到大量的土特产品、手饰、皮毛、珍贵药材等，支助抗日。1939年5月，国民政府以教育部和蒙藏事务委员会的名义，派遣喜饶嘉措到青海、甘肃地区的各大寺院视察。大师在西宁号召广大佛教徒一心抗战，他在《白色法螺的音响》一文中写道：日本妄自尊大……，踩蹦我国土，欺凌我民族，掠夺我财物……。为强国利民而祈祷，为抗日取胜捐躯在所不惜。团结一致，为战胜顽敌保卫祖国而努力奋斗！①青海僧俗群众也在喜饶嘉措大师等高僧的引导下纷纷捐款捐物，支助抗日。甘肃甘南拉卜楞寺寺主五世嘉木样于，1933年被国民政府封为"辅国阐化禅师嘉木样呼图克图"。1937年在西藏学佛期间，对拉萨僧众宣传抗日；1940年，他由西藏返回甘南后，引导甘肃藏区热心抗日；倡导召开了"追荐抗日阵亡将士暨殉难同胞大会"、"抗日宣传大会"；组织甘南藏族民族参与抗日募捐。1943年，五世嘉木样发动各寺院及部民为抗日募集了可购30余架飞机的巨款，为民族地区筹款之最。

云南藏密高僧参与抗日救国宣传事业。民国二十四年（1935年），丽江普济寺圣露活佛（1871—1941，纳西族高僧）受云南省佛教协会邀请，带领丽江藏传佛教几大寺院僧侣十余人到昆明，先在东陆大学（今云南大学），后移居圆通寺，设坛讲经传教、修法超度，宣扬抗日爱国救国，历时三个多月，得到国民党军政人员及社会名流的支持。民国二十六年（1937年），受国民政府蒙藏委员会之请，圣露活佛带领普济、文峰、兴化三寺的世路、取此等六位僧侣，在南京各大佛寺轮流设坛讲经，宣传爱国抗战，其爱国热情及深厚学识深受政府及宗教界的崇敬；圣露又在毗卢寺为新故的朱培德将军念经超度，许多高层人士纷纷皈依门下；民国三十年（1941年），正值抗战日愈激烈，已70高龄的活佛圣露受国民政府邀请到重庆，任国民政府"蒙回藏联合慰劳抗日将士代表团"首席副代表，主持法事，超度抗日阵亡将士，被国民政府授予"普善法师""呼图克图"尊号。第七世督噶呼图克图楚吉尼玛（纳西族，1906—1976）也是著名的藏密弘法高僧。1939年，督噶呼图克图受四川军政邀请，到成都讲经弘法。1941年后，督噶活佛到重庆参与息灾法会，祈祷国盛民安。又与七世章嘉呼图克图在成都共同主持"佛学社"，弘传佛法，为抗日阵亡将士超度亡灵。1943年，蒋介石赐以"呼图克图督噶上师"称号；其汉地弟子在重庆建了一座寺庙，取名"督噶寺"。

西藏地方与僧俗民众支持抗日。1932年1月18日，日本在上海再次对中国军队发动袭击。十三世达赖喇嘛土登嘉措知道消息后，令西藏各大寺庙数十万僧人同为抗日战争的胜利祈诵经文，诅咒侵略者，"冀中央政府取得最后胜利"。在这期间，他还多次派僧俗官员到南京，加强与国民政府的联系，呼吁全国团结，共同抗日。②西藏在热振呼图克图（1912—1947）执政期间，继续带领西藏僧俗群众，举行了三

---

① 屈焕：《喜饶嘉措大师传略》，谢佐译，《青海省民族学院学报（社会科学版）》1991年第4期。
② 牙含章：《达赖喇嘛传》，人民出版社1984年版，第315页。

次大规模的祈祷法会,"设坛修法事,进行唪我军得胜之经,诅倭寇立灭之咒,继续忏诵得最后胜利"。①扎什伦布等寺庙僧人"惟日以诵经礼佛,祈祷我国抗战胜利"。② 1938年12月,西藏哲蚌寺僧众提出应于康藏各地早日实行政令,征集兵员,在国家民族需要寺僧之时,亦愿拿起枪杆抗日;社会僧俗民众亦积极以财力、物力支援抗战。哲蚌寺大会致国民政府公呈表示:现在需将敌人驱出境外,必须五族同心,希望能将日本根本剿除……我等三寺自前年卢沟桥事变起后,一年有余,为国家胜利而祈祷,昼夜恒未间断。③ 1939年4月,西藏地方致电民国政府,对汪精卫投敌行为进行严正声讨。④抗战期间还有数名日本间谍潜入拉萨,以僧人名义混迹于三大寺,收集情报,蛊惑人心。但大多数藏族僧人不为所动,爱国热情不减。⑤ 1939年7月,热振活佛致电蒋介石:"以抗战已进入第二期,日渐胜利,为振奋全藏精神,共同向"军事第一、胜利第一"之目标迈进,以堵击日寇之侵略起见,特于五月十二日在三大寺上下密院及其古刹诸处,一律设坛,进行祝我军得胜利,并诅日政权立灭之咒。"⑥ 1939年,"康藏民众抗敌赴难宣传团"在拉萨宣传抗日,利用正月十五日拉萨传召大法会的机会,深入各大寺庙拜访高僧,介绍抗战情况,着重申明:中国宗教信仰自由,中央历来尊崇佛教,内地省佛教素来兴盛;还介绍了日本与清逊帝的关系,阐述清末国事衰乱,朝廷不能维持,故而取消帝制,建立民国;日本近年利用溥仪为傀儡,目的是侵略中国,所有接触之喇嘛莫不关切同情。⑦ "宣传团"离开拉萨前,僧俗民众捐献110多匹氆氇,委托他们制成军用背心,分送抗日将士;西藏僧信众还积极参与抗日募捐,仅1944年10月,西藏僧俗群众捐赠国币500万元,可购飞机25架。1941年,经嘎厦请求,中央派蒙藏委员会委员长吴忠信(1884—1959)入藏会同西藏摄政热振呼图克图主持十四辈达赖喇嘛转世事宜。主持十四达赖喇嘛坐床典礼;接受蒙藏委员会在拉萨设立驻藏办事处。民国时期西藏三大高僧之一的帕邦喀活佛精通西藏历史,倾心内向。他在讲经时,经常公开阐述西藏和中央之间不可分割的关系。⑧

由上可知,在"藏密东传"运动中,藏密各族信众积极参与全民族的抗日救国运动,推动抗战事业的进一步发展;促进抗日民族统一战线的形成,增强汉藏蒙等民族的凝聚力,推动了中华民族现代政治共同体的建构。

四、结语

一部近代史,是一部现代中华民族共同体的形成史,也是中国现代多民族国家的建构史。在这一建构进程,首先需要加强各民族对现代民族国家政治共同体的认同、参与与维护。而政治共同体的建构,离不开共同的文化认同与价值认同。对于这一问题,国内外学术界更多的是关注汉满蒙各族的政治思想变迁与政治事件,而对近代多民族文化交流这些中长时段事件,尤其是对能够构建起汉、藏、蒙、满各

---

① 《蒙藏旬刊》,1931年第5期。
② 《民国时期蒙藏委员会档案》,(一四一)2389\[E\]。
③ 《蒙藏旬刊》,1931年第5期。
④ 《蒙藏月报》,第11卷,第2—3期。
⑤ 房建昌:《日本侵藏秘史》,《西藏研究》1998年第1期。
⑥ 《申报》,1939年6月15日,第3版。
⑦ 刘曼卿:《国民政府女密使赴藏纪实》,民族出版社1998年版,第16页。
⑧ 范向东:《民国时期西藏三大高僧之一——帕邦喀活佛》,《西藏民俗》1994年第3期。

族信众心理认同与价值认同的"藏密东传"事件缺乏必要关注。本文通过史料的考察与梳理,以大量事实证明:近代"藏密东传"对中国现代多民族国家建构,尤其是现代政治共同体的建构与维护,起到了积极的作用。这一作用虽然没有如元代、明代与清代时期的"藏密东传"更有意识形态的整合力量,但由于藏密是藏、蒙古等各族共同的文化信仰,它对各民族的思想凝聚力、国家认同力仍具有不可替代的作用。尤其是近代"藏密东传"首次将汉民族以知识群体为主的普通民众纳入了信仰群体,使得它对汉、藏、蒙古等多民族之间的凝聚力、认同力更为广泛。这也是近代"藏密东传"能为现代中华民族共同体建构做出积极贡献的重要原因。很显然,从各民族的文化交流、价值认同与信仰认同等角度考察现代中华民族共同体的建构还有很大的研究空间。

On the Contributions of Eminent Tibetan Buddhist Monks to the Construction of Modern Political Community of Chinese Nationality

WEN Houhong HE chunyan

Abstract: Tibetan Buddhism spreading eastwards was a major contribution to the construction of the traditional Multi-ethnic empire in Yuan, Ming and Qing dynasties. After the 1911 Revolution, the traditional political community of the multi-ethnic state was disintegrated. In face of the border crisis and the invasion of capital- imperialists, its eastward movement rose again. It helped to construct the modern unified multi-ethnic country in China, especially to promote the construction of the modern political community of Chinese nationality: Tibetan monks supported the " Republic of Multi-ethnicity" and all ethnic groups accept modern political community of Chinese nationality; Tibetan monks spread Tibetan Buddhism in the mainland, guiding people participate in political community of Chinese nationality; they appealed people to counter against Japanese in the Anti-Japanese War, which promoted people to maintain modern political community of Chinese nationality.

Key words: Modern history; Tibetan Buddhism spreading eastward; Tibetan Buddhism; Chinese nationality; Political community; the Ninth Panchen Lama

流动的"共同体":一个凉山彝族村庄的人类学考察[*]

杨 梅 约其佐喜[**]

摘 要 当前,学界有关传统村落研究的主流观点之一认为"在全球化、现代化、市场化的时代背景下,传统村落的'终结'似乎不可避免"。然而在对一个凉山彝族村庄长期进行人类学考察与研究后发现,彝族传统村落并未真正终结,而是以另一种流动的"共同体"的形式传承与延续。流动的"共同体"是彝族村民在面临现代化冲击时做出的相应调适,是其在面对空间转换时,最大程度实现身份认同、情感归属,以及寻找安全感和确定性的应对措施,进而实现彝族传统村落的转型。

关键词 传统村落;流动的"共同体";身份认同;情感归属

DOI:10.13835/b.eayn.30.23

近年来,村落成为社会学、人类学、民族学、政治学等学科领域的重要研究话题。村落不仅是一种具体的物理空间,更是一种抽象的社会文化空间,是社会关系的总和以及社会结构形塑的产物。马林诺夫斯基曾指出:"通过熟悉一个小村落的生活,我们犹如在显微镜下看到了整个中国的缩影。"[①]村落对于研究中国社会是一个非常重要的切入口,经过多年的学术锤炼,村落研究已经在中国积累了丰富的学术成果,为人类学家们提供了重要的研究视角,也为世界人类学做出了重要的理论贡献[②]。冯骥才甚至发出"如果没有了这花团锦簇般各族各地根性的传统村落,中华文化的灿烂从何而言?"[③]的感慨。村落对于研究中国社会的重要性不言而喻,研究彝族社会亦是如此。

在全球化、现代化、市场化的时代背景下,凉山彝族传统村落发生了巨大变化,封闭、同质的彝族传统村落逐渐转向开放、异质的"流动共同体"。当前彝族传统村落转型有两大重要特征:通过交通实现异质性输入,通过农民工输出实现社会文化变迁。然而由于彝族传统村落大多位于边远山区,远离具有现代性的城市中心,交通系统的改变对村落转型的影响有限,因而农民工输出成了彝族传统村落转型的最根本因素。农民工外出务工时,其原有地理空间发生了巨大变化,封闭、同质的传统村落地理边界也随之发生变化,这必然会引起彝族农民工归属感、安全感、认同感、确定性等的缺失。为了降低这些缺失引起的不良后果,彝族农民工选择以"共同体"的方式进行流动,他们一般选择流向有同乡或亲戚聚

---

[*] 本文系国家民委人文社会科学重点研究基地中国彝学研究中心项目"新疆库尔勒农业雇工调查研究——以凉山彝族为例"(项目编号:YXJDY1905)的阶段性成果。

[**] 杨梅,法学博士,西昌学院彝语言文化学院副教授,研究方向:道路人类学、西南少数民族社会文化变迁;约其佐喜,四川大学道教与宗教文化研究所宗教学专业在读博士研究生。研究方向:宗教学。

[①] 费孝通:《江村经济——中国农民的生活》,北京:商务印书馆2009年版,第16页。

[②] 杜靖:《作为概念的村庄与村庄的概念——汉人村庄研究述评》,《民族研究》2011年第2期,第91—110页。

[③] 冯骥才:《传统村落的困境与出路——兼谈传统村落是另一类文化遗产》,《民间文化论坛》2013年第1期,第7—12页。

集的地方务工。本研究旨在揭示彝族农民工在面对现代性冲击时如何进行调适,从而实现传统村落的转型。

为了更好地呈现村落作为一个相互联系的有机整体这一事实,本文仅选取一个凉山彝族村落——B村作为研究对象,且流动的空间主要关注该村村民最集中的务工地——新疆巴音郭楞蒙古自治州,以及返乡期间的主要聚居地——H县县城。笔者出生于B村,长期以来一直关注B村的社会文化发展,本文使用的资料基于笔者多年来对B村的持续调查以及2019年多次赴新疆巴州的田野资料。

一、共同体相关概念界定

"共同体"(community或"社区")一词最早由德国社会学家滕尼斯(Ferdinand Tonnies)提出,指"一种共同的生活秩序",它基本上是建立在和睦的基础之上,并通过习俗和宗教改良"。[1] 换言之,共同体是以道德原则和自然情感为基础,为特定目的而聚居在一起的群体或组织,其成员对内联系紧密、相互信任依赖、有共同的习俗和信仰基础。涂尔干在一定程度上传承了滕尼斯的共同体理论,他区分了"机械团结"和"有机团结"这两个概念,并认为"机械团结"更能表达"共同体"的思想,他指出"在机械团结里,个人不带任何目的地系属于社会;而在有机团结里,个人系属于某一社会的前提是它高度依赖这一社会内部的各个部分"[2]。在这一概念里,前者表示我们在做任何决定时绝不能只顾及个人利益,我们的目标是实现集体利益;而后者更多的是实现个人利益。换言之,机械团结的社会建立在共同情感和共同信仰的基础上,其内部成员共享一套相似的文化体系、伦理原则以及价值观等;而有机团结的社会则建立在团体成员为个人特定的目标而有机耦合连接起来的基础之上。韦伯则提出了家族共同体、邻里共同体以及人种共同体等概念,进一步延伸了"共同体"的概念和范围。他指出,家族共同体是以个人孝敬为前提而形成的,它的内部成员关系紧密,对外则表现为休戚与共[3]。安德森的"想象的共同体"认为共享的文化、认同和归属感就足以定义一个共同体。虽然学者们对共同体的范围及概念有一定的分歧和差异,但都强调共同体的整体性,都认为共同体是人们自发性而非目的性建立起来的群体或组织,是基于血缘和地缘建立起来的熟人社会,其内部成员之间关系亲密、互信互任、有共同的信仰体系和价值观、遵守同一套伦理原则,对外则表现出一定的排他性和封闭性。

在滕尼斯的理论中,和具有现代性特征的城市相对的是自然村落,滕尼斯将其视为共同体的其中一个典型,本文正是在这一意义上使用共同体一词。基于此,本文的共同体主要指彝族村落意义上的基于亲情(血缘共同体)和乡情(地缘共同体)而建立起来的社群。其具有以下基本属性:第一,身份认同(identity),它是一种群体心理层面的感受。彝族村民自发地迁移到务工地后,便有了农民工这一特殊职业身份,它是一种介于"农民"与"市民"的第三种身份。而在以汉族和维族为主流群体的新疆巴州地区,这一群体又具有"彝族农民工"这一双重身份。来自制度、社会、文化的偏见和歧视,多少会造成

---

[1] 滕尼斯:《共同体与社会》,林荣远译,北京:商务印书馆1999年版,第328页。
[2] 涂尔干:《社会分工论》,渠敬东译,北京:生活·读书·新知三联书店2000年版,第58页。
[3] 韦伯:《经济与社会(上下卷)》,林荣远译,北京:商务印书馆1998年版,第401页。

这一群体对异地生活的适应困难，并导致他们将"当地人"对象化、本质化，对当地人产生一定的排斥心理①。第二，归属感，它来源于共同的生活场域和话语体系。共同体成员具有共同的集体历史记忆和文化属性，由此形成一套共享的文化意义符号体系，在这一体系下，共同体成员彼此熟知了解，具有一致默认的行为准则。在共同体之外，人们面对新的生活空间和话语体系，原有的共享文化体系将面临被"拆分"的危险，从而在一定程度上缺乏归属感。第三，确定性，是指人们在共同体中已形成一定的生活习惯和行为模式，已建立相对稳定的人际关系及交往模式。在共同体之外，当人们面对新鲜事物和环境时，既不能彻底改变自己原有的行为模式，又不能很快建立新的行为模式，长期处于一种"阈限"状态。第四，安全感，是指身处共同体时，人们互信互赖，离开共同体时，其成员可能会因所处空间及社会环境的改变而缺失安全感，从而导致对陌生人失去信任。

二、凉山彝族传统村落：封闭同质的"共同体"

凉山彝族自称诺苏（Nuosu）②，是一个以村落为基本单位而聚居的群体③，在美姑、昭觉、布拖等彝族聚居县，其空间分布模式呈现出高度群居性特征，即便在会东、会理等彝汉杂居的安宁河流域，彝族也呈"大杂居、小聚居"的分布模式，括而言之，彝族整体聚居模式具有典型的血缘共同体和地缘共同体特征。滕尼斯认为"血缘共同体作为行为的统一体发展为和分离为地缘共同体，地缘共同体直接表现为居住在一起。"④ 凉山彝族的居住空间格局和村落社会结构基本符合滕尼斯对血缘和地缘共同体的解释，此处的血缘共同体和地缘共同体有一定的重叠性。

（一）血缘家支共同体

弗里德曼在研究中国东南的宗族组织时，指出宗族共同体是中国传统乡村社会的基本结构⑤，在这个意义上，血缘家支⑥共同体是彝族传统乡村社会的基本结构。在民主改革前，血缘家支是凉山彝族社会的

---

① 参考以下论文：陈映芳：《"农民工"：制度安排与身份认同》，《社会学研究》2005年第3期，第119—132页。陈映芳认为农民工在城市适应过程中会将"城市人"对象化、本质化，对城市和城市居民充满排斥心理。
② 诺苏（Nuosu）是世居四川南部和云南北部的彝族自称，是彝族人口最多的支系，约350万，主要居住在四川省凉山州17个县市、乐山市马边县、峨边县、宜宾市屏山县、攀枝花盐边县、米易县、云南省华坪县、永胜县以及宁蒗县等地。
③ 巫达在其论文《变异中的延续：凉山彝族丧葬文化的变迁及其动因》（《民族研究》2017年第2期，第68—77）一文中，根据分布情况，将凉山彝族分为村落彝族人、城市彝族人和异地彝族人三类，并认为村落彝族人是彝族的主要群体。本文则将异地彝族人也视为流动的村落彝族人。
④ 滕尼斯：《共同体与社会》，林荣远译，北京：商务印书馆1999年版，第65页。
⑤ 费里德曼：《中国东南的宗族组织》，刘晓春译，上海：上海人民出版社2000年版。
⑥ 血缘家支的概念解释参见笔者《德古对凉山彝区社会发展的功能研究——人类学的视角》（《西昌学院学报（社会科学版）》2019年第2期）一文，它是以父系血缘为纽带，以父子连名的谱系方式联结而成的血缘群体组织，一个家支就是一个姓氏，林耀华称彝族的家支为氏族，类似于汉族社会的宗族。

基本组织形态，诺合或兹莫①家支有较稳定的行政统属区域，血缘家支有共同公有地和火葬场，血缘家支对内：A. 严格维护家支统属地的界限；B. 行使家支内部绝业继承权；C. 执行家支内部相互援助与保护；D. 证明传统身份与地位；E. 制定习惯法和对违规成员执行制裁。对外：A. 保护家支成员的正当权益；B. 抵御和发动冤家械斗的战争；C. 收容外人入家支等。虽然随着彝区社会经济发展，血缘家支不再是维系彝族社会的支柱②，不再与土地占有发生关联，但血缘家支仍然是彝族社会文化重要的组成部分，它和有关村落的其他历史记忆一样，成为村落整体历史脉络的一部分，是村落当下时空延续性的保障。血缘家支仍然是一个内部团结紧密、互帮互助、互不通婚、遵守一套共同的行为准则，对外表现出一定的排外性，具有高度同质性和一定封闭性的共同体。

（二） 地缘共同体

村落首先是一个物理空间，是群体成员日常活动的载体；其次是一个社会文化空间，是群体成员社会生产生活的综合体，其中涵盖了社会关系、社会权利、生活方式、阶层结构、生产实践、社会制度等内容。如果没有村落空间的意识，就不会形成空间内生活共同体的意识。过去黄宗智将华北农村的结构视为村庄共同体结构，认为"大部分村庄在不同程度上形成自给自足的经济单位。工作和居住的纽带关系，又常和宗族关系交织在一起而相互强化"。③ 传统彝族村落亦是如此，大多坐落于边远山区，有"以农业为主、畜牧业为辅"的传统生计模式，且交通闭塞，与外界相对隔离，基本过着自给自足的生活，从这一角度看，传统彝族村落是一个封闭而又同质的地缘共同体。

村落作为内聚性团体，其内部成员具有极强的集体意识。彝族传统村落是一个熟人社会，其群体成员有诸如彝族年④和火把节⑤等共同传统节日，祭龙、祭山、祭神树等村落集体宗教活动仪式，以及尼木措毕⑥、家支分支⑦等家支活动仪式，这些仪式活动使得村落成员聚集在一起，强化了其文化认同感，并使之产生共同体意识，由此产生滕尼斯认为的精神共同体。邻里之间日常生产生活中的互帮互助加强了群体成员的纽带关系，因而群体成员对村落共同体有极强的认同感和依赖性。传统村落之间的流动性较小，因此其具有很强的封闭性。总言之，彝族传统村落是一个同质封闭的血缘共同体和地缘共同体。

---

① 1956年民主改革前，传统凉山彝族社会将彝族划分为"ndzɹ¹³mo²¹"（兹莫）、"nu³³xu̠²¹"（诺合）、"tɕhu³³xo³⁴"（曲伙）、"ŋga²¹tɕɛ³³"（阿加）、"ka³³ɕj³³"（嘎西）五个等级，其中兹莫和诺合为统治阶层，曲伙、阿加和嘎西为被统治阶层。民主改革后，凉山彝族社会形态发生变化，已无统治阶层和被统治阶层之分，根据彝语发音将以前的"诺合"和"曲伙"分别注释为"黑彝"和"白彝"，现在"黑彝"和"白彝"并无血统或阶层之分。
② 蔡富莲：《当代凉山彝族家支聚会及其作用》，《民族研究》2008年第1期，第48—55页。
③ 黄宗智：《华北的小农经济与社会变迁》，北京：中华书局1992年版，第21页。
④ 凉山彝语称过年为"库史"，一般在每年农历十月底庆祝，具体时间因地区差异而有所不同。
⑤ 凉山彝族火把节为非常重要的彝族传统节日，彝语为"都则"，在每年农历六月二十四至二十六日定期举行。
⑥ 尼木措毕的概念解释参见笔者《彝族生殖崇拜的仪式象征——以凉山州甘洛县吉克家的尼木挫毕为例》（《西昌学院学报（社会科学版）》2019年第1期）一文。尼木挫毕是凉山彝族大型祭祖送灵仪式，"尼"（ȡnip）意为灵牌，彝语也称"玛杜"（θɣ ma ddu），直译为竹灵牌；"木"（Hmu）译为做，"尼木"直译为做灵牌仪式，该仪式的目的是为亡灵制作灵牌，并将其送往祖界。
⑦ 彝族婚姻严格执行家支外婚制，7代以上的家支可择日举行家支分支仪式，举行该仪式后便可视为两个不同的家支，其内部成员即可通婚。

（三）B 村概况

本研究田野点 B 村处于高二半山区，交通闭塞、自然条件艰苦、经济条件落后，传统的经济收入来源为农作物和畜牧业，农作物以玉米、马铃薯、苦荞等为主，由于人均耕地面积少，土壤贫瘠，且耕作技术落后，农作物仅能自给自足。全村共有 246 户，总人口 1158 人，劳动力 452 人①，其中牟家 52 户，沙家 23 户，杨家 20 户。B 村这一共同体内的熟人关系首先是血缘的，该村牟姓家支占总人口近 20%，牟、沙和杨三个家支人口占总人口近 40%，且牟家分别与沙家和杨家世代通婚②，三个家支之间形成稳定而牢固的姻亲关系，这一事实更加巩固了该村的血缘共同体特征。长期的熟人社会关系使得该村的人相互信任、互相依赖，这一心理的结果是该村村民的婚配对象大多来自本村，特别是人口少的家支更是以与本村内人口多的家支通婚为荣，这在一定程度上加深了村落共同体的封闭性与同质性，血缘关系和地缘关系的重叠进而强化了该村村民的共同体意识。

三、"共同体" 在新疆巴州

共同体在 B 村最主要的表现形式是血缘共同体和姻缘共同体，当农民工离开 B 村后，便将共同体整体移植到务工地，此时除血缘和姻缘共同体外，地缘共同体的重要性更加突出，由此显示了村落的整体性。齐格蒙特·鲍曼曾说"共同体是一个'温馨'的地方，一个温暖而又舒适的场所。它就像是一个家，在它的下面，可以遮风避雨"；"在共同体中，我们能够互相依靠对方。如果我们跌倒了，其他人会帮助我们重新站立起来。"③ 身处异乡的彝族农民工视共同体为"家"，在精神上更加依赖共同体，也因此使得异乡的共同体更加维持自身的边界，从而加强了共同体成员的内部整合。

当前国内外不少学者的研究都表明农民工具有以共同体方式外出这一特征，杰斯·安德森（Jens A. Anderson）的研究发现农民工在城里与原来的熟人保持紧密联系④。托马斯（Thomas. W. I.）和兹纳涅茨基（Znaniecki, F.）的研究表明"波兰人以群体的形式迁移到美国"⑤。李培林的研究发现，农民工没有从根本上改变其以血缘和地缘关系等原有社会关系为纽带的社会网络的边界⑥。B 村的农民工同样呈现出将共同体整体移植到务工地的特征，他们一般选择流向有同乡或亲戚聚集的地方务工，当前 B 村外出务工人员流入地详细情况见表 1。

---

① 数据由柏栎箐村村长 MWP 提供，是截至 2018 年 12 月的统计数据。
② 如笔者的两个姑姑均嫁给本村牟姓家支，其中大姑的婚配对象为其舅父家儿子，遵循传统彝族典型的"姑舅表优先婚"原则。据不完全统计，目前该村姑舅表婚的婚姻至少有 40 对。
③ 齐格蒙特·鲍曼：《共同体》，欧阳景根译，南京：江苏人民出版社 2007 年版，第 2—3 页。
④ Jens A. Anderson, "*Reinterpreting the Rural-Urban Connection: Migration Practices and Social-Culture Dispositions of Buhera Workers in Harare*," Africa: Journal of the International African Institute, Vol. 71, No. 1, 2001, pp. 82—112.
⑤ （美）托马斯（Thomas. W. I.）、（波兰）兹纳涅茨基（Znaniecki, F.）《深处欧美的波兰农民》，张友云译，南京：译林出版社 2003 年版，第 7 页。
⑥ 李培林：《流动农民工的社会网络和社会地位》，《社会学研究》1996 年第 4 期，第 42—51 页。

表1 B村村民外出务工地及其所占比例①

外出务工地	新疆巴州	温州	广州	成都	攀枝花	乌东德	H县J镇	H县城
人数	312	25	1	12	1	2	2	1
所占比例（%）	87.6	7	0.3	3.4	0.3	0.55	0.55	0.3
合计	356							

如表所示，B村近88%的农民工集中在新疆巴州地区，他们主要从事种植、采摘棉花以及种植枸杞和甘草等农业生产工作，但无论从事何种农业生产工作，在每年9—11月份都会从事采摘棉花工作。B村村民主要聚集在库尔勒市哈拉玉宫乡、普惠农场、普惠乡以及尉犁县等地，其中有253人在尉犁县。近年来，尉犁县大力推进土地流转，土地经营由分散向规模集聚，推动了全县棉花产业集约化、规模化和可持续发展。LH棉业有限责任公司是目前尉犁县最大的棉业公司，其在尉犁县先后共流转2800亩棉花地，该公司流转的棉花地分为6期，其中第6期流转的棉田地共雇佣149名B村彝族。

（一）共同体的移植机制

很多沿海地区的彝族农民工主要通过劳务派遣公司或社会组织等渠道寻求就业机会，这对彝族农民工融入流入地具有纽带作用，刘东旭指出珠三角地区彝族家支派遣公司和"凉山农民工商会"规避了由于纯粹市场竞争所导致的失序和混乱②。然而经调研笔者发现目前新疆巴州地区缺乏类似珠三角地区的社会组织或劳务公司，B村彝族农民工在该地区的流动渠道具有特殊性。据报道人SXQ③介绍，2001年B村两户鲁姓村民最先到新疆地区从事棉花种植及采摘工作，由于第一年有较为可观的经济收入，第二年便带领同村的亲戚和邻里8户村民一同前往巴州普惠农场。随后更多的B村村民在亲戚和邻里的带领下流往巴州，逐渐形成了当前具有一定规模的共同体，这也体现了共同体固有的心理和行为逻辑：共同体成员自发性而非目的性地、基于血缘和地缘关系在异乡建立起熟人社会，从而将关系亲密、互信互任、相互依赖的共同体整体移植到异地。

巴州B村流动共同体为更多的B村村民提供了就业信息，一定程度上保障了B村农民工的就业机会，并增强了村民在异乡的确定性和安全感。B村村民LQ告诉笔者：

> 我和妻子2009年开始便每年都去新疆种植、采摘棉花。由于我有丰富的种植棉花经验，经营有方，且具有初中文化水平④，有良好的沟通能力，自2012年开始协助棉花地老板负责管理工作。老板非常信任我，自2014年开始便全权委托我招收农民工，之后每年我都会介绍同村村民到该老板棉花地打工，每年大概有30名左右，全部都是同村的亲戚或邻居。⑤

---

① 本统计数据为截至2019年8月29日的统计数据，相关数据由该村村长MWP提供。由于已有25户自主搬迁至H县其他乡镇，其外出务工人员情况统计难度较大，因此本统计表不包括这部分人口，这部分劳动力至少有40人。此外该村有12名政府或企事业公职人员，因此劳动力外出务工率达到89%，且外出务工人员有88%集中在新疆巴州地区。
② 刘东旭：《流动社会的秩序：珠三角彝人的组织与群体行为研究》，北京：中央民族大学出版社2016年版，第307页。
③ 采访时间为2019年8月11日，采访地点为尉犁县某棉花地。
④ 在新疆地区务工的彝族农民工大多文化教育水平低，像LG一样有初中文化水平的人便可称得上"高学历"人才。
⑤ 采访时间为2019年1月25日，采访地点为H某酒店茶楼。

像 LQ 这样的个体并不是个案，由于彝族农民工大多文化教育水平低，且新疆巴州地区并未形成规范的农业劳动力市场，使得彝族农民工求职高度依赖共同体。通过共同体求职不仅可以避免求职过程中带来的不确定性及"危险性"，而且可以在一定程度上为集体聚居提供了基本保障。尉犁县 LH 棉业公司第 6 期棉花地雇佣了 149 名 B 村村民，该棉花地的主要负责人为来自河南的张某，他告诉笔者："这些彝族农民工都是通过一名彝族老员工 MXY 介绍而来，他们工作非常勤奋，我非常放心把棉花地交给他们，平时我很少到地里来，日常管理工作全部都交给 MXY。"B 村村民认为他们的工作是老乡介绍的，平日工作绝不能马虎，一定不能给老乡丢脸。简言之，出于安全及确定性方面的考虑，彝族农民工通过老乡相互介绍这一特殊渠道流向新疆巴州，这一特殊流动渠道使得他们在当地聚集而居，逐渐将原有的共同体移植到新疆巴州。

（二）共同体的认同感和归属感

彝族村民离开家乡，随老乡迁移至新疆巴州后便有了农民工这一特殊职业身份，它是一种介于"农民"与"市民"的第三种身份。而在以汉族和维吾尔族为主流群体的新疆巴州地区，这一群体又具有"彝族农民工"这一双重身份。加之来自制度、社会、文化的偏见和歧视[1]，造成这一群体对异地生活的适应困难，并导致他们将"当地人"对象化、本质化，对当地人产生一定的排斥心理。有彝族农民工告诉笔者：

> 我们的日常生活离不开猪肉，但当地维吾尔族人不吃猪肉，我们和他们不可能成为朋友，而且维吾尔族人和我们诺苏一样，一般都和本族群的成员交往，有一定的排外心理。[2]

如泰德·卡特斯（Ted Cantles）所言，"每个地区的不同都可能在不同群体之间产生隔阂，对交往形成障碍，这些可能是心理的、实践的和结构性的。基于外在的显性差异可能激起从好奇到公开的敌意和挖苦的反应。这些反应可能加强我们固有的偏见。"[3] 彝族农民工不能理解当地维吾尔族人不吃猪肉的习俗，并认为这一饮食习惯阻隔了两个群体成员之间成为朋友的可能性，两个群体成员之间因此产生心理隔阂。此外，在彝族农民工看来，维吾尔族人作为"当地人"，是相对优势的群体，有一种无法靠近的心理。而在维吾尔族人看来，彝族农民工是外来移民，是一个讲着与他们不同的语言[4]（既不是汉语，也不

---

[1] 笔者调研发现，因 2008 年左右曾有凉山籍彝族携带毒品至新疆，造成毒品在当地流通、蔓延，因此当地政府和社会对彝族有一定的偏见，这一度造成当地对彝族有污名化现象。
[2] 采访时间为 2019 年 5 月 11 日，采访地点为尉犁县。
[3] Ted Cantles, *Community Cohesion: A New Framework for Race and Diversity*, New York: Palgrave Macmillan, 2008, p. 126.
[4] 因彝族农民工在当地的社交圈子基本为本族人，因此他们日常生活中主要用彝语交流。

是维语）的群体，有时甚至与他们争抢就业机会①，从而使得维吾尔族对彝族农民工产生了一定的偏见和敌意。费孝通的研究同样发现移民很难融入流入地的主流社会②。由此可见，农业生产活动的相对封闭性特征以及无法完全融入当地社会这一事实，使得通过特殊流动方式建立的聚居状态以及彝族农民工之间的相互联系得以强化，进而强化其彝族农民工这一身份认同。

归属感来源于共同的生活场域和话语体系。共同体成员具有共同的集体历史记忆和文化属性，由此形成一套共享的文化意义符号体系，在这一体系下，共同体成员彼此熟知了解，具有一致默认的行为准则。B村彝族农民工将原有的共同体移植到新疆巴州，在共同体内，彝族村民在熟人社会重新建立起相对稳定的人际关系，个体因在共同体内扮演一定的角色而拥有确定的地位，由于人们之间的交往遵循一套默认的行为准则，这在一定程度上缓解了这一群体在面对陌生环境时的紧张和恐惧心理，进而加强了这一群体的归属感。在新疆巴州地区，B村村民以家庭为单位而居住，且居住地相对集中，日常生活中，村民间维持了农事互助、相互串门等传统，并没有背井离乡带来的痛苦。B村村民SXQ说：

> 我们在这里的生活跟家乡没啥区别，我们在农闲时经常走亲访友，无论哪家诺苏发生什么事情，方圆几十里以内的同胞都会前来帮忙，场面相当热闹！我大哥的两个儿子家以及二哥家都在尉犁县种植棉花，大哥的两个儿子家在15公里以外的普惠农场，二哥家在20公里外的库尔勒市哈拉玉宫乡，今年7月份我邀请他们三家人一起到我家过火把节，杀了一头羊，他们在我家待了四天，这期间他们一起帮忙完成我家棉花地打顶、除草工作，为我们家节省了很多时间。③

农忙期间，村民们传承了家乡互帮互助的传统农耕模式，这不仅可以提高劳动效率，而且可以削减村民在异乡的陌生感、孤独感和恐惧感，增强他们的凝聚力和归属感，从而增进村民间的社会纽带。

这一群体的认同感和归属感还体现在集体维权方面。在新疆地区，因老板拖欠工资而发生的劳务纠纷屡见不鲜，由于彝族农民工文化水平低、法律意识淡薄，其维权之路非常艰辛。在讨薪过程中，彝族农业雇工通常会通过集体维权的方式，聚众到相关部门进行反映或投诉。一名河南籍棉花地老板因经营亏损连续两年拖欠B村村民工资，共计180万。2015年11月底，三名彝族农民工代表先后到当地镇政府、劳动局、司法局和信访办等相关部门进行反映或投诉均未果，由于当时正值彝族年期间，万般无奈下，村民们只能向老乡借路费回家过年。2016年3月份，40名彝族村民集体到巴州政府上访，由于上访人数众多且为少数民族农民工，引起巴州政府的重视，巴州政府立即联系库尔勒市相关部门协调处理此事，最终帮彝族农民工成功追要回被拖欠的工资。40名集体上访彝族农民工中仅有12名为被拖欠工资的农民工代表，其余均为B村有一定文化水平、能言会道、社会经历丰富的"彝族精英"。由此可见，在异地他乡的彝族农民工，由于文化教育水平低、法律意识淡薄等原因，在维护个人正当权益时，更多地依

---

① 经笔者调研发现，当地的棉花地农业雇工族群身份主要有三种：汉族、彝族以及当地维族。因土地流转原因，当地很多维族已将土地统一流转，平时也从事农业雇工工作。这三种农业雇工的待遇与务工地存在分化与差异：汉族农民工一般聚集在离城市中心较近、条件较好的棉花地，且每亩棉花地的种植工钱最高（一般约为260元/亩）；维族农民工一般选择在离自己家较近的棉花地工作，但每亩棉花地的种植工钱最低（一般约为200元/亩）；彝族农民工一般聚集在远离城市中心的边远地区，每亩棉花地的种植工钱居中（一般约为220元/亩）。
② 费孝通：《江村经济——中国农民的生活》，北京：商务印书馆2009年版，第16页。
③ 采访时间为2019年8月12日，采访地为尉犁县某棉花地。

赖共同体，从而增强了个体的集体归属感以及群体认同感。

总之，B村彝族农民工因安全感原因而通过老乡相互介绍这一特殊渠道流向新疆巴州地区，从而将家乡的社会关系网络逐渐移植到当地，并在当地重新建立起其赖以生存的共同体这一社会支持体系。农业生产活动的相对封闭性以及因社会文化背景原因而无法完全融入当地社会这一事实又强化了原有的共同体，共同体进而为这一群体提供了安全感、归属感和认同感。

四、"共同体"的短期回流及仪式活动

作为农业雇工，彝族农民工在新疆巴州地区的生活空间主要集中在棉花地，几乎游离在当地社会之外。且新疆巴州地区地理环境复杂，气候异常多变：冬季寒冷，夏季炎热。那么彝族农民工为何能忍受极端的气候条件以及艰苦乏味的劳作生活？显然，可观的经济收入是其中一个原因，但更为重要的原因在于新疆巴州地区的近八个月生活实则都是为了四个月[①]的短期返乡生活，是为了实现这一期间共同体的某些价值而所做的努力。彝族农民工虽然身处新疆巴州，然而却心系凉山老家，家乡发生的每件事情都牵动着他们的心。正如墨菲所言："农民工在城市中毫无安全感的经历意味着返乡在结构上已经内化到文化之中，经过长时间的磨砺，成为一种文化习俗了。这种返乡的文化习俗，表现为对某些农村社会的内在价值——比如对家庭的忠诚、人与人相互帮助以及对故土的眷恋——的扩展和改造。"[②] 安德森同样指出"农民工回乡有选择和计算，但不能将农民工的这种行为仅仅理解为作为对多变的资本主义的战略性反应，而应作为一种社会文化来理解。"[③] 彝族农民工的返乡情怀已深入其骨髓，对短期返乡期间的生活向往已成为这一群体在新疆巴州辛勤劳作的根本动力。

（一）仪式活动的经济互助功能

如前文表1所示，B村劳动力外出务工率达89%，且该村大量老人在H县城租房或买房陪读[④]，除村干部和部分老人小孩外，该村已成为名副其实的空心村，人口的大量外流加速了传统村落空间的削弱。因此在新疆巴州地区务工的B村村民返乡期间大多选择居住在H县县城。这一期间是B村各种仪式活动的高峰期。村民们将诸如婚宴、丧葬仪式、满月酒等原有村落传统仪式活动带到H县县城，除此而外还增加了乔迁宴、寿宴等新型仪式活动，村民们积极参与其中，这些仪式活动中的日常生活接触形成了共同体文化与共同体意识，B村村民们在H县城重新建构了稳定的社会关系网络。杜赞奇认为"中国传统乡村社会的结构是一个文化网络。其中'文化'一词是指各种关系与组织中的象征与规范，这些象征与规范包含着宗教信仰、相互感情、亲戚纽带，以及参加组织的众人所承认并受其约束的是非标准。"[⑤] B村

---

① 一般而言，B村村民每年3月中旬—11月中上旬在新疆巴州地区，11月下旬—次年3月上旬返回凉山老家。
② 瑞雪·墨菲：《农民工改变中国农村》，黄涛、王静译，杭州：浙江人民出版社2009年版，第45页。
③ Jens A. Anderson, "Reinterpreting the Rural—Urban Connection: Migration Practices and Social—Culture Dispositions of Buhera Workers in Harare," Africa: Journal of the International African Institute, Vol. 71, No. 1, 2001, pp. 82—112.
④ 目前，B村已有50户村民在H县城购买房屋，其余大多数村民都在H县租住房屋。
⑤ 杜赞奇：《文化、权力与国家——1900—1942年的华北农村》，王福明译，南京：江苏人民出版社1994年版，第14页。

村民社会关系网络的培养和维持同样通过宗教信仰、相互情感和亲戚纽带等途径实现，正如阎云翔在研究下呷村时的发现一样，B村村民私人网络的培养既是一种权利游戏，也是一种生活方式，关系不仅涉及工具性和理性计算，也涉及社会性、道德、意向和个人感情[1]。

阎云翔认为依赖于关系网络的其中一类经济活动是私人融资[2]，B村村民的乔迁宴实则实现了私人融资目的，该村越来越多的村民在H县县城购买房屋，且房屋类型大多为小产权房，购买该类房屋须一次性付清所有费用，这对很多村民来说实属困难，此时村民们求助于共同体这一社会文化关系网络，通过举行乔迁宴而实现私人融资。笔者调研发现，在乔迁宴上，直系亲属的随礼都相当高，一般为5000—10000元，条件好的甚至高达20000元，村民MQ告诉笔者：

> 2015年我大哥家买房时我随了两万元，还有其他几个兄妹每家随了一万元，一共7万元。其实随这么多礼的目的是为了帮助大哥家付清所有房款，而且在乔迁宴上亲友都会关心我们这些兄妹随了多少礼，如果随得少的话非常没面子，如果随得多，大家私底下都会说我们兄妹感情深、相互团结。2018年我家买房的时候，大哥家随了两万五千元，我把两万元存在银行，两年不可能有五千的利息，虽然随礼的目的不是为了利息，但这其实也是一种变相的存钱方式。[3]

共同体中的互助和送礼就像存钱一样，即便利率不高，但也不至于亏本。另外，送礼还体现了村民的面子观，送礼送得越多，在亲友间的面子越大，进而越能在共同体中树立起"个人权威"。因而，这些仪式活动上"礼物的流动"表面上似乎是理性化的表现，实则表达了更深层的社会内涵，体现了共同体中的人情观和面子观。正如黄国光所言："中国社会与其他西方社会不同，这些社会十分重视人情和面子，而不是根据完全的自我利益而作出理性决定。"[4] B村村民间的"礼物流动"所遵循的原则也存在夸富宴的两大基本要素：一是荣誉、威望和财富所赋予的"曼纳"[5]；二是回礼的绝对义务，如不回礼便会导致"曼纳"、权威、法宝以及本身便是权威的财富之源的丧失[6]。送大礼意味着在共同体中树立起威望、获得荣誉，而不回礼则意味着失去"面子"。

（二）仪式活动的社会支持功能

婚礼、葬礼等生命周期仪式构成了共同体充当社会支持功能的另一领域。个体在共同体中的社会地位及关系网络，生动地体现在客人的出席数量以及生命周期仪式上客人们所提供的精神支持上。彝谚曰"父欠子债，为其娶妻安家；子欠父债，为其养老送终。"婚礼和葬礼在彝族社会中的重要性可见一斑。在彝族社会，参加仪式的客人越多、待的时间越长，仪式主人家在共同体中的社会"威望"越高，面子

---

[1] 阎云翔：《礼物的流动——一个中国村庄中的互惠原则与社会网络》，李放春、刘瑜译，北京：上海人民出版社2017年版，第96页。
[2] 阎云翔：《礼物的流动——一个中国村庄中的互惠原则与社会网络》，李放春、刘瑜译，北京：上海人民出版社2017年版，第98页。
[3] 采访时间为2019年2月26日，采访地为H县MQ家中。
[4] 黄光国等：《人情与面子——中国人的权力游戏》，北京：中国人民大学出版社2004年版，第39页。
[5] 曼纳是波利尼西亚人对非人格暴力的称呼，该词专用于人和精灵。
[6] 马塞尔·莫斯：《礼物：古世社会中交换的形式与理由》，汲喆译，北京：商务印书馆2017年版，第14页。

越大。现在B村的婚宴仪式大多在H县县城举行,一是由于B村村民大多居住在H县城,二是在县城采购婚宴用品等更方便。婚礼宴席一般在下午举行,但客人们中午就聚集在宴席举办地,他们在仪式场合抑或彼此聊家长里短,抑或以某种形式帮仪式主人家的忙,无论何种形式,早早到达仪式场合表明了客人对仪式主人家的尊重,以及某种精神支持。

彝族的葬礼最能体现仪式活动的社会支持功能。凉山彝族除患麻风病、肺痨病等凶死者或婴儿夭折实行土葬外,其余情况大多实行火葬,因此即便B村大多数村民居住在H县县城,丧葬仪式通常在农村老家举行。彝族向来有厚葬的习俗,厚葬实践不仅体现其孝悌顺从的道德观念,还关乎其相应的社会地位。彝族的葬礼持续时间相对较长,其间邻里和亲友扮演了重要的帮手角色,他们不仅代表仪式主人家迎接客人,而且还积极参与到各种体力活当中。近年来,B村人口的大量外流给传统的葬礼带来了很大冲击,相对去过去,现在的葬礼显得冷清很多,B村村民对此制定了"村规":一旦村里有人去世,每户村民必须至少派一人参加,若确有特殊情况不能参加,则需缴纳500元支付仪式活动相关开支,且缺席次数不能累计超过三次,一旦超过三次,则视为自动退出B村"互助圈"。由此可见,在B村仪式活动中,个体必须履行自己的"义务",若不按共同体的普遍规则行事,则个体将面临被迫退出共同体的危险。

然而在B村葬礼具体实践中,共同体成员未按规则行事的情况非常少。村民们积极主动地参与到葬礼仪式活动中,以下为一典型案例:2017年,B村66岁的朱姓村民在去N县探亲的途中上吊自杀,其妻子和儿女均远在新疆务工,在H县城附近一家砖厂打工的同村村民MZD得知此事后,打电话将此事告知死者家人,并立即召集居住在县城附近的同村村民赶往事发地,将其尸体抬回农村老家,并按当地习俗办理相关葬礼流程,还垫钱买了一头牛招待前来奔丧的亲友。当死者家属于事发第三天赶到葬礼现场时,沉浸在亲人去世带来的痛苦的同时,被眼前村民们所做的一切深深感动。此次事件更加强化了成员们的共同体意识,也再次体现了共同体存在的意义。

概言之,B村的仪式活动使得共同体的很多习俗得以传承和延续,同时使得亲戚和邻里间的经济和社会互助成为一种共同体成员主动履行的义务。传统节日和仪式活动的意义在于为共同体成员提供分享快乐和表达痛苦的场域,并使得共同体成员的集体历史记忆不断传承。

五、结语

由于人口大量外流,彝族传统村落发生了前所未有的巨大变迁,彝族传统村落是否会终结?B村的个案研究表明,彝族传统村落并未真正终结,而是以另一种"流动的共同体"的形式传承与延续。农民工自身文化素质低、当地尚未形成规范的劳动力市场,以及安全感和确定性等原因,彝族农民工通过老乡相互介绍的特殊渠道流往新疆巴州地区,并逐渐将原有的共同体移植到当地。流动体现了彝族农民工外出的经济因素,"共同体"则体现了彝族农民工外出的社会文化因素。彝族农民工以共同体形式外流的特征体现了"农民既是不乏个人利益计算的理性小农,也在生产生活上离不开共同体的庇护和精神上的慰藉"[①]的心理和行为逻辑。研究表明,彝族农民工的"心理文化边界"并未随地理空间的变化而消失,其

---

① 连雪君、吕霄红、刘强:《空心化村落的共同体生活何以可能:一种空间治理的视角——基于W县乡村留守老年人群社会组织方式的调查》,《南京农业大学学报(社会科学版)》2019年第2期,第54—62页。

文化空间在一定程度上得以保留，加之农业生产生活的相对封闭性以及无法完全融入当地社会的原因，彝族农民工的共同体意识在流入地得以强化，进而强化了这一群体的认同感、归属感和安全感。

B村彝族农民工每年往返于老家与新疆巴州之间，过着犹如候鸟般"春去冬来"的生活，对短期返乡期间家乡生活的向往成为该群体在新疆巴州地区辛苦劳作的精神支柱与根本动力。短期返乡期间他们积极参与组织村落各种仪式活动，这些仪式活动将村落成员整合在一起，强化其文化认同感与共同体意识，同时个体成员也在这些仪式活动中实现了某些个人价值。这些仪式活动体现了共同体的经济互助功能和社会支持功能，也表明彝族村民极为重视邻里关系以及村落共同体的形成和维持。

概言之，彝族农民工流动的"共同体"是其在面临现代化冲击时做出的相应调适，是其在面对空间转换时，最大程度实现身份认同、情感归属，以及寻找安全感和确定性的应对措施。这一流动的"共同体"将在一段时间内继续存在，从而实现传统村落的传承与延续，进而实现彝族传统村落的成功转型。

Mobile "Community": An Anthropological Survey of A Yi Village in Liangshan Southwest
YANG Mei YUEQI Zuoxi

Abstract: At present, one of the dominant views in the study of traditional villages holds that "under the background of globalization, modernization and marketization, the 'end' of traditional villages seems inevitable". However, after a long period of anthropological investigation and research on a village of the Yi ethnic group in Liangshan, it was found that the traditional villages of the Yi did not really end, but be passed on and continued in the form of another mobile "community". The mobile "community" is a way of adaptation made by Yi villagers in the face of the impact of modernization. It is a solution for them to fulfill their identity and emotion of belonging, and seek security and certainty in the face of space—shifting, so as to realize the transformation of traditional Yi villages.

Keywords: Traditional Villages; Mobile "community"; Identity; Emotion of Belonging

研究述评

人口流动背景下的群体认同重塑
——评《流动社会的秩序》*

郑佳琪 冯雪红**

摘 要 刘东旭所著《流动社会的秩序》一书主要是在20世纪改革开放30余年的背景下,描述来自四川、云南和贵州等地的彝人来到珠三角务工、生活的基本情况,探讨外来的流动务工群体在新的环境中生成一种强有力的组织形式,以及这种组织形式所引发群体行为对彝人群体和当地社会的影响。作者运用多点民族志的方法呈现出流入东莞、凉山等多个田野点彝人的生产生活状况,意图打破大众对彝人和农民工群体的固有印象,尝试多理论结合的方式去分析彝族工人群体行为的出现,以此为例揭示市场性和社会性对当下中国社会流动秩序建构的影响。

关键词 彝族;领工制;人口流动

DOI:10.13835/b.eayn.30.24

东汉时期,在人口压力、气候变迁等因素的影响下,大量羌族迁入内地,加速了羌族的社会变迁,也促进了经济文化的发展。清朝年间,为保边疆稳定,锡伯族历经艰难险阻,远离家乡长途跋涉奔赴伊犁,使得锡伯族万里戍边的佳话流芳千古。我国作为一个历史悠久的统一的多民族国家,自古以来少数民族人口流动就时有发生,不但有利于本民族的进步,更有利于各民族的交往交流交融。时至今日,信息、交通日益发达,少数民族的人口流动在速度、规模、动因上都产生了很大变化。

中央民族大学民族学与社会学学院副教授刘东旭在2016年于中央民族大学出版社出版《流动社会的秩序:珠三角彝人的组织与群体行为研究》(以下简称《流动社会的秩序》)一书,该书是由其博士论文改编而成,曾获第三届余天休社会学优秀博士论文奖。本书共安排八部分内容,除绪论和结论外,分为六个章节,第二、第三章分别从彝族的社会文化特征和珠三角地区的用工变化来交代研究背景,第四至六章为研究主体部分的呈现,第七章则运用"未完成的工人阶级理论"和"镶嵌的劳动力市场理论"探讨珠三角彝人群聚性和群体活动生成的社会本质。

《流动社会的秩序》是一部基于扎实的田野调查、丰富的田野资料,详细分析彝族人口流动的民族志作品,对于学界进一步研究少数民族人口流动、完善少数民族流动人口服务管理体系,以及促进各民族交往交流交融都具有参考价值。

---

* 本文系国家民委创新团队立项项目"铸牢中华民族共同体意识视域下宁夏生态移民与民族互嵌社区建设研究"阶段性成果。

** 郑佳琪,北方民族大学民族学学院硕士,研究方向:区域与社会文化;冯雪红,《北方民族大学学报》编辑部教授,博士生导师,研究方向:区域与社会文化。

一、运用多点民族志的方法和波兰尼、沈原等的经典理论

以往书写少数民族生活的民族志作品多为定点的、静态的，研究者通常需要在田野点与访谈对象一同生活数月乃至数年来观察当地人的日常，而对于少数民族人口流动的研究重点在于"流动"，在本书中便采用了多点民族志的方法对受访者进行跟踪访谈。2009年5月，潘蛟等三位老师带领着作者在内的几名博硕研究生，第一次前往东莞对彝族工人群体进行调查，对工头进行了较为细致的访谈，并深入工人们集中居住的社区和工厂观察他们的生活状况。此后潘蛟老师成立了调研团队，作者跟随团队在2010年至2012年间先后7次到珠三角和凉山地区进行深入调查，每次时间1至3个月不等，总共田野时长近13个月。由于工头们需要经常往返于家乡和珠三角各地的工厂间，作者主要在珠三角彝人工头分布较多的几个镇区之间移动，时刻与关键人物保持密切联系①。在调研期间，作者还曾与彝族工人一同进入深圳岗顶的一家玩具厂打工，不但丰富了自身的田野经历，也对彝族工人的生活境遇有了深刻的感受。值得一提的是，为了此次研究的顺利完成，潘蛟老师组织了一次特殊的学术研讨会，2011年10月，潘老师邀请珠三角的彝族工头们来北京开会，让他们和学者、政府工作人员直接对话②。这是一次具有开创性的田野调查活动，值得其他调研团队在今后的田野中参考借鉴。

此外，多数对于城市流动人口的研究，在分析其生成的组织和抵抗行为时，最普遍的解释模式则是"不适应论"，研究重点关注流动带来的流动者生活状态的变化，由此引发人们对新环境、新生活的不适应，当这些不适应消失时，就默认人们已被"同化"。但该书作者认为"不适应论"不足以解释所有此类研究，因此作者运用了"未完成的工人阶级理论"和"镶嵌的劳动力市场化理论"。

马克思和恩格斯指出，工人无产者和资本家阶级不可调和的矛盾必然构成从19世纪以来全世界斗争的根源，工人阶级必须要和资本家阶级发生争斗并推翻既有的体制才能真正改变自身被剥夺和被压迫的状态。而如今的中国，在近几十年的发展中，大量农民进入城市当中，转变为工人，但由于这些工人原本从事农业，所以他们被冠以一个具有中国特色的称谓，即"农民工"。农民工一方面在城市中从事工人的工作，一方面还保留着农民的身份，固不能将其称为无产劳动者，因此，清华大学沈原教授等一批学者称这一现象为"未完成的工人阶级"，但指出农民工最终将发展成完全的无产阶级劳动者，成为推动中国社会前进发展的力量③。

"镶嵌的劳动力市场化理论"由卡尔·波兰尼（Karl Polangi）提出，在他看来，包括市场在内的所有关系都应是彼此镶嵌于社会之中的。根据商品的定义可知，劳动力并非为了出售而被生产，因此，劳动力的商品形象是被虚构出来的④，市场经济试图将本质上不可市场化的社会要素市场化的过程，构成了社会危机产生的根源。嵌入理论解释了人和人类社会从本质上不可能完全被市场化，但当社会不可避免地面临市场化趋势时，来自文化、政治的其他因素会在一定程度上限制这一过程的过度发展。

奔赴珠三角地区的彝族工人正处于未完成的工人阶级状态，他们站在市场化的浪潮下，正面临劳动力被市场虚构成商品的情况，此时彝族的社会文化对彝族工人自身起到了一定保护作用。

---

① 刘东旭：《流动社会的秩序：珠三角彝人的组织与群体行为研究》，北京：中央民族大学出版社2016年版，第4页。
② 刘东旭：《流动社会的秩序：珠三角彝人的组织与群体行为研究》，北京：中央民族大学出版社2016年版，第31页。
③ 沈原：《社会转型与工人阶级的再形成》，《社会学研究》2006年第2期。
④ 卡尔·波兰尼：《大转型：我们时代的政治与经济起源》，杭州：浙江人民出版社2007年版，第63页。

二、打破大众对彝人的片面"画相"和流动人口的固有想象

对于彝族的产生,作者采用目前学界的普遍观点,据《彝族简史》记载,在距今 6000—7000 年前一支南迁的古羌人融合了金沙江南北的众多原住民部落后逐渐发展成今天的彝族[①]。但对于大众而言,并非人人都进入过彝区,对于彝族的认识多数来源于网络媒体上碎片化的信息,往往会将"火把节""奴隶主"等当成彝族人生活的代名词,但作者认为这种片面的传播不但没有正视彝族文化,反而是打着传统的旗号在给彝人"画相",给人一种彝族独居于"世外桃源",只沉浸在自己的"独特文化"中,与外界格格不入的假象。

本书主要研究活动在珠三角地区的彝族工人,但在第二章中作者从彝人的分布和规模、彝区的生计、社会、文化等方面系统概述了彝族的基本情况。彝族主要分布于云南、四川、贵州等地,彝人世居之地多属于"群峰竞爽,奔驰盘错"的山区河谷,不便的交通致使人群流动受到限制。在中华人民共和国成立前,彝人社会中绝大部分土地、物资甚至人都属于奴隶主。直到 1956 年,凉山彝区进行了民主改革,此后以奴隶主为中心的生产方式才被彻底打破,但受自然地理条件制约,彝区的生活水平仍处于贫困状态。1986 年中央政府对彝区加大扶贫力度,直到 20 世纪 90 年代,彝人开始外出务工,人口输出的方式带动了当地人民生活水平的提高。

相比之下,更受大众关注的则是彝人传统社会中的等级制度和家支制度。民主革命前传统彝人社会曾是以奴隶制为基础的等级社会。1949 年以前,彝人社会主要由五个等级构成,其中分为属于统治阶级的黑彝和属于被统治阶级的白彝,在五个等级之下划分家支,但黑彝家支和白彝家支各成体系,互不通婚,不存在上下流动。民主改革后,彝人等级制度与奴隶主制度一同被打破,所有人在法律上皆享受平等地位,而家支制度却保留至今,人们依然会以自身所在的家支庞大为荣。

作者所谓打破对彝人长久以往的宣传"画相",意在表明在当今社会,彝人也与大多数人一样工作学习,不应将其"神秘化",并非因族群文化差异导致各族群间存在交往交流的障碍。除彝人外,大多数人对农民工这样的"流动人口"也存在固有想象,随着城市化进程的加快和 2001 年中国加入国际世界贸易组织,城市之中一时间来了很多建筑工人和"厂弟""厂妹",他们非本地户籍,在城市中也没有固定居所,付出辛勤的劳动以换得低廉的收入,似乎"生活脏乱差""文化素质低""春运时大包小包的行李"成了他们留在城市里的影子。作者通过对彝族工人的跟踪访谈,不仅使读者能够充分了解彝族文化,也向读者呈现了农民工群体在城市中的生活,并且在本书结语中直言,这些"不怀好意"的想象,或许确实与流动农民工自身因素有关,亦或许根本就来源于本地人对外来者固有的戒备,但对流动人口的固有想象已经到了应该反思的时候[②]。

三、揭示市场性和社会性对中国社会流动秩序建构的影响

当今中国社会大规模的人口流动现象兴起于 20 世纪 80 年代以后,而彝人进入珠三角地区大概始于

---

① 中国少数民族简史丛书编写组:《彝族简史》,昆明:云南人民出版社 1987 年版,第 10 页。
② 刘东旭:《流动社会的秩序:珠三角彝人的组织与群体行为研究》,北京:中央民族大学出版社 2016 年版,第 332 页。

20世纪90年代末，作者根据搜集的数据，将彝族工人的务工分为三个阶段，2002年以后彝族工人群体在数量上形成规模，逐渐开始发展出领工制，2006—2007年达到高峰，2008年金融危机爆发，彝人数量开始回落，并以此将研究的主体分为三章来呈现。

  作者通过对工头的长期跟踪访谈和对田野资料的整理分析，讲述从彝人流入珠三角到领工制的产生，再到彝人劳务派遣公司的成立，强调对彝人领工制的产生有着重要影响的分别是劳动力市场的发展和彝人内部的竞争。彝人通过领工制制度能够打造出一个主要由彝人构成的"流动共同体"，正是其克服了由于语言、习俗等原因给彝人在他乡生存造成的困难，从而奠定了彝人在珠三角扎根的基础[①]。第四章中作者主要从宏观的外部环境来阐释彝人领工制形成的原因，彝人领工工头多由最早外出打工的一批人发展而来，或者由本身文化水平较高的彝族工人来从事，随着工厂对劳动力需求的增加，除了正式工外，活跃在各工厂间的还有大量的临时工，他们一般由于工厂的临时加单赶工而入厂，工作时间短暂且劳工待遇较差，彝族工人由于语言不通，加之每年火把节和彝族年期间会在7月和11月大量返乡，因此多从事临时工工作。而用工者则因很难单独与彝族工人沟通，在需要临时工进场时则会直接联系领工工头，而一众彝族工人则由工头直接管理，用工者只与工头结算交易。

  但彝人领工制并非市场化的必然结果，而是在市场性和社会性的综合作用下产生的，第五章中作者从微观视角入手，对彝人的工作生活进行深入的参与观察，通过实例说明，彝人是在面临生存压力下自发选择了领工制制度，在领工制的庇护下，彝人的生活更有保障。

  首先，正式工需要与工厂签劳动合同，还有暂压三个月工资的规定，但很多彝人并没有办理过身份证，或因长途跋涉而丢失，当时也没有异地补办业务，因此他们中的很多人实际为劳工关系中的"黑户"，此时工头可以帮他们办理好手续直接入场，而且临时工不需要暂压工资，当他们没有钱应急时，还可以找工头预支，这都是彝人更愿意选择跟随工头的原因。

  其次，彝人更愿意群聚在一起讲彝语，维持原本在家乡的生活习惯，所以他们对于工厂的选择，很重要的一条就是要老乡在一起工作，只有在领工制下跟着工头入厂才可以满足这一点，对于富士康这类要求将熟人打散到各个车间的工厂，彝人是不能接受的。最重要的一点则是，打零工很容易在找工作时被中介骗取中介费，在受到工厂不公正待遇时也无法维权，对于语言不通的彝人来说更不敢在距家千里的珠三角单打独斗，很多彝人由于距离较远不敢离家，此时，彝族的家支制度就起到了一定的作用，领工工头往往利用自家家支的影响力和信誉保证将他带走的人平安带回，如果出现差错，牵扯出的将是两个家支之间的矛盾。

  领工制的规模不断壮大，工头手下工人众多，分布在不同的工厂，逐渐衍生出带班一职，他们负责在具体工厂中帮工头管理工人，代表工头与工厂沟通，进厂不参与劳动，只需维持工人秩序。长此以往，很多带班便"自立门户"，发展成为小工头。2007年时，工头的增加导致带人的成本也水涨船高，曾经是托关系找工头求机会，现在是工头需要预支一部分工资给其家人，才能将人顺利带走，资金短缺的工头无法在家乡拉到人，只能在各个工厂间许诺给工人更高的工时费来"挖人"，工头间的竞争在彝人群体内引发了各种冲突。

  对此，一些工头为壮大自己的势力和人脉，将家支聚会的形式带到了珠三角，并以家支的形式成立

---

① 刘东旭：《流动社会的秩序：珠三角彝人的组织与群体行为研究》，北京：中央民族大学出版社2016年版，第101页。

彝人劳务派遣公司。此时珠三角彝人家支制度和领工制度因为卷入市场化过程而走向结合，是一种对家支聚会的创新，作者指出这种努力是在失序社会中试图重新建立秩序的过程，同时也是彝族工人作为劳动力资源被深度市场化，而社会又不断生成抵制市场化现象的过程[1]。也正是波兰尼所说的，当社会不可避免地面临市场化趋势时，来自文化、政治的其他因素会在一定程度上限制这一过程的过度发展。

四、结语

纵观全书对珠三角彝人群体的研究，就田野调查而言，作者的田野工作累计时长近13个月，对于李知路、老陈和马海英等几个工头都进行了深描和细致的跟踪访谈，并前往凉山深处的美姑县走访调查。在理论分析方面作者对"不适应论"提出质疑，在总结珠三角彝人群体行动的事例后认为，类似珠三角彝人的群体抗议虽然也属于工人行动的一种形式，但这种形式与传统工会活动是不同的，产生的主要原因是劳动者在劳动力市场中遭遇到深度的市场化[2]。作者立足于深入而详尽的田野调查，为读者全方位呈现在珠三角地区务工的彝族工人的组织形式、群体活动特点和生产生活状态。书中并没有任何为理论而理论的故弄玄虚，有的只是实事求是的探索精神和以人为本的人文关怀。

但本研究也略有缺憾，从研究内容来看，作者将视角集中于珠三角打工的彝人群体，这的确是具有代表性的研究对象，但通读全书却发现，其对领工工头的深描较多，对该群体中其他个体的着墨较少，作者的7次田野中，只有一次前往凉山美姑县，在师妹吉吉衣石的带领下，与其家人短暂交流，对彝区进行了简要的了解，但很遗憾未能记录下工头回乡带人的场面。也许是语言不通造成的不便因素，以及未赶上工头回乡带人等原因，全书对流出地彝区的描写较少，对彝族工人的家人访谈较少，如果这部分田野信息得以在书中适当呈现，则会使全书内容更加完整丰富。

从研究方法来看，作者的田野工作非常扎实，向读者呈现了一个人类学研究的完整过程，但未见其对已有相关研究进行梳理分析，绪论部分仅提及本研究的理论背景、思路框架及研究方法，并无研究问题的文献综述，从本书列出的参考文献中也可看出，其参考的有关少数民族人口流动、有关珠三角务工群体的民族志作品较少，未能做到承前启后，将自身研究嵌入相关的研究脉络之中。如果有对相关文献的梳理总结，对已有研究的不足之处进行评析和回应，将更加突出本研究在少数民族人口流动方面研究的重要性。从对理论的运用来看，马克思、波兰尼以及沈原等人的理论皆是从哲学、政治学、经济学角度提出的，严格意义上讲，作为一本人类学的民族志，更应运用人类学理论对田野事实作出必要分析和理论性对话。

总之，在经济全球化和后疫情时代的背景下，我国人口流动与以往相比呈现出较大变化，在推进各民族交往交流交融的今天，从民族学、人类学和社会学视角研究少数民族人口流动，对于完善少数民族流动人口服务管理体系有重要意义，中央民族大学刘东旭副教授《流动社会的秩序》一书是值得后续学人参考和借鉴的较为优秀的少数民族人口流动民族志作品。

---

[1] 刘东旭：《流动社会的秩序：珠三角彝人的组织与群体行为研究》，北京：中央民族大学出版社2016年版，第318页。
[2] 刘东旭：《流动社会的秩序：珠三角彝人的组织与群体行为研究》，北京：中央民族大学出版社2016年版，第331页。

Reshaping Group Identity in the Context of Population Mobility: Review of The Order of Mobile Society

ZHENG Jiaqi, FENG Xuehong

Abstract: Under the background of more than 30 years of reform and open in the 20th century, Liu Dongxu's book The Order of Mobile Society mainly describes the basic situation of Yi people from Sichuan, Yunnan and Guizhou who came to the Pearl River Delta to work and make a living, and discusses the formation of a strong organizational form in the new environment by migrant workers from outside, as well as the impact of group behavior caused by this organizational form on Yi people and local society. Using the method of multi-point ethnography, the author presents the production and living conditions of Yi people flowing into many field sites, such as Dongguan and Liangshan, with the intention of breaking the public's inherent impression of Yi people and migrant workers, and tries to analyze the emergence of Yi workers' group behavior by combining multiple theories, taking this as an example to reveal the impact of marketization and sociality on the construction of current social mobility order in China.

Key words: Yizu; Leading Work System; Population Mobility